摩泽尔河畔的血战

——突破梅斯筑垒地域

潘学基 著

 上海社会科学院出版社

图书在版编目（CIP）数据

摩泽尔河畔的血战 : 突破梅斯筑垒地域 / 潘学基著
. — 上海 : 上海社会科学院出版社, 2021
ISBN 978-7-5520-3441-7

Ⅰ. ①摩… Ⅱ. ①潘… Ⅲ. ①第二次世界大战—战争史—史料—德国 Ⅳ. ①E516.9

中国版本图书馆CIP数据核字（2021）第221327号

摩泽尔河畔的血战——突破梅斯筑垒地域

著　　者：潘学基
责任编辑：霍　覃
封面设计：舒正序
出版发行：上海社会科学院出版社
　　　　　上海市顺昌路622号　邮编 200025
　　　　　电话总机 021-63315947　销售热线 021-53063735
　　　　　http://www.sassp.cn　E-mail:sassp@sassp.cn
印　　刷：上海普顺印刷包装有限公司
开　　本：720毫米×1000毫米　1/16
印　　张：17
字　　数：310千
版　　次：2021年12月第1版　2021年12月第1次印刷

ISBN 978-7-5520-3441-7/E·034　　定价：69.80元

前　言

对于第二次世界大战的后期战局，广大的战史爱好者们都能从各种书刊、影视作品和回忆录中获得宏观上的了解。而在各参战国高级将领们的回忆录中，恐怕又要数号称“血胆将军”的巴顿最为突出和耀眼。在公众眼里早已成为传奇人物的巴顿，他的个人魅力甚至能让“二战”后期的进程，完全按照当时的报纸对他头条报道的标题来进行一番回顾。

当盟军在诺曼底战役中获胜后，西方的新闻媒体就把注意力聚焦在不断飞速进军的美军第 3 集团军的身上，几乎每天都以一条醒目的标题向普通民众展示巴顿部队在法国的进军之路。然而自从第 3 集团军跨越塞纳河后，新闻界似乎一下子失去了巴顿的行踪，直到 1944 年 12 月他的部队的消息才重新回到报纸的头版，可那已经是阿登战役爆发的时候了。为使读者能对巴顿从 9 月至 11 月的作战有个完整的了解，本书将把重点放在介绍第 3 集团军如何强渡摩泽尔河并参与梅斯战役的作战历程上。假如你去寻找美军官方记录的话，也许会发现他们对于摩泽尔河作战以及后来在要塞城市梅斯的作战经过几乎都没有给予正面的详细描述，巴顿和布莱德利两人的回忆录里也未必有多少线索可寻，这对于那些在梅斯经历过生死搏杀的将士们来说，实在是一件令人十分惋惜的事情。为了能将这段几乎被淡忘的战史重新提升到它应有的地位，我们认为读者应好好地了解一下有关梅斯之战中交战双方英勇奋战的经过。梅斯之战并不是一场能让高级将领觉得自豪的战役，它是一场从死亡线上生存下来的普通中下级官兵之间的荣誉之战。

战史学家往往会说“‘二战’中的梅斯之战充满了对过去命运的嘲弄”。从一开始梅斯就注定要亲眼见证两场在同一战场，并以相似战术进行的战役——一场是 1870 年的普法战争，而另一场则是 1944 年由巴顿指挥的梅斯之战。除此之外，德国人自己甚至在 1918 年也差点让梅斯成为一场残酷战役的发生地，幸好当时的德军统帅部最后下令停火，这才避免了一场毫无必要的血腥杀戮。

历史往往充满了令人觉得不可思议的巧合。1870 年，普鲁士的大军曾对一支困守在梅斯西面要塞中的法军进行正面猛攻，惨遭重创后不得不改变战术，对要塞进行围困。而在 1944 年，由巴顿率领的美军第 3 集团军用正面突击的方法进攻了梅斯，同样也在付出重大代价后被迫改道向德军的两翼进行迂回。

1944 年的梅斯之战中另一个令人觉得奇妙的事情是德国人对城防设施的充分利

用。这一战术曾使1870—1914年，由老一代德国陆军工程人员构筑的要塞长期立于不败之地。当1918年德国战败并将梅斯归还给法国后，他们又在1940年的战争中几乎不费一枪一弹就重新攻占了该城，令全世界的军事家都为之震惊不已。

巴顿之所以会在1944年9月挥军攻打梅斯，那纯粹只是各种偶然因素交汇而成的结果罢了。如果当时的美军部队没有受到补给上的困扰，德军部队就有可能在巴顿的猛攻之下被赶过摩泽尔河并一直退到齐格菲防线之后。但与原本的设想正相反，战况的实际结果却是巴顿的大军在9月初因为补给短缺不得不放走了已经被围的德军，而对方则利用美军停滞不前的时期在梅斯重新整顿部队，并以该城精锐的候补军官团成功地阻挡美军于梅斯城下。等巴顿缓过神来的时候，他才发觉自己已经不知不觉的卷入了一场意料之外的残酷战斗之中。对于眼前的这座陌生的法国要塞城市，巴顿既不熟悉，也没有足够的手段和信心将其拿下。

与盟军以往的作战方式不同，梅斯之战是一场主要在双方步兵之间发生的对决。洛林糟糕的地形以及恶劣的天气，使盟军无法发挥装甲部队和空军方面的优势。令人惊讶的是，梅斯这座在“一战”前得到空前发展但在战争中默默无闻的要塞城市，却在30多年后重新发挥出它阻挡进攻方优势兵力的重要作用，真可谓是一个奇迹。假如当时的德国守军能够在梅斯再多坚持一个星期的话，巴顿也许就无法对德军12月间凌厉的阿登攻势做出任何回应了。很多人也许对希特勒后期“死守到底”的战术持怀疑态度，但就梅斯之战的过程来说，他的战术思想倒是应该予以一定的肯定。德军除了在该战役中损失一些较弱的次要部队之外，却获得了一次宣传意义上的重大胜利。

从战略角度来说，在冬季到来前爆发的梅斯之战并不是“西线”上的一场十分关键的战役，但它却是由无数场小规模但又充满血腥的激烈战斗组合而成的，双方的士兵都饱受残酷战斗的精神折磨。梅斯之战让多数在20世纪中诞生的新式武器都失去了威力，在各种不利条件下的普通士兵们只能紧紧地团结为一个整体，努力地在漫长的战役期间求生存。值得注意的是，梅斯之战也是众多刚到达欧洲战场的美军新兵亲身体验的首场战斗。他们在这场为解放欧洲和粉碎纳粹德国独裁统治的正义之战中，英勇地贡献了自己的全部力量。那些对西方盟国在整个“二战”中的作用持怀疑态度的人，首先应该想想对于在战斗中牺牲的美军官兵，自己是否拥有批评他们行为的资格。

CONTENTS

目录

绪　语　梅斯要塞化的发展历程

梅斯城位于法国东北部，是洛林地区的首府，坐落在摩泽尔河（Maselle River）与塞耶河（Seille River）交汇处，邻近德国、卢森堡与比利时，是法国通向西欧诸国重要的交通枢纽，战略地位十分重要，在军事和商运方面都具有十分重要的意义。

作为一个自古以来就十分重要的要塞化城市，梅斯在漫长的战争岁月中一直备受关注。公元前1200年，梅斯成为梅蒂奥马特里克人（Mediomatrica，塞尔特人中的一支）的主要城市，部落名称的简写“梅蒂斯”(Mettis）便成了“梅斯”这个叫法的雏形；该城另一个拉丁化的名称则叫作“迪沃杜伦”(Divodurum)，是拉丁语的“位于圣山的城市”之意。在古罗马帝国时期，罗马人为了加强他们北部边界和部队转移中的安全，出兵攻占了梅斯，并把它变成罗马军队的一处军事重镇。其实在1944年美国第20军攻打梅斯之前，它仅仅在公元451年被阿提拉率领的匈奴人占领过，此后该城虽然也曾数次面临危境，但每次均能化险为夷。中世纪初，梅斯成为神圣罗马帝国的重要教区，接着又于1220年有幸被特别指定为帝国的一座自由都市。1552年，法国国王亨利二世率领一支军队兵不血刃地占领了梅斯，从此梅斯脱离神圣罗马帝国，然后开始大规模地建造防御工事。没过多久，不甘心失败的神圣罗马帝国皇帝查理五世果然挥军来攻打梅斯城，经过持续两个半月的围攻后，却迫于城防的坚固而不得不退兵。

▲ 描绘1552年4月18日法国国王亨利二世进入梅斯城时的一幅画作。该城是在亨利二世与萨克森选帝侯莫里茨于1552年1月15日在香波尔城堡签订了《香波尔条约》后换取的三座城市之一，另外两座分别是图勒和凡尔登。作为回报，亨利二世将在军事与经济上帮助莫里茨对抗神圣罗马帝国皇帝查理五世。

危机解除后的梅斯城虽然在法国的保护下获得了名义上的独立，但随着1648年的《威斯特法里亚条约》的签订，梅斯最终还是被割让给了法国，它在军事战略上的地位也日渐明显起来。对于像梅斯这样一座被两条主要河流所环绕，同时又是处于交通网络中心位置的城市而言，正是进行整体要

▲ 17 世纪的梅斯城地形图，出自 1645 年在法兰克福出版的《日耳曼地形》丛书中的《莱茵河帕拉廷与周边区域地形》分卷。

塞化改建的最佳对象，法国人便很自然地为它规划下了未来的城市设计蓝图。在如今的梅斯，虽然我们已经无法再看到多少 17 世纪—18 世纪构筑的堡垒和工事，却依然能看到那两座从中世纪晚期遗留至今的城门。1676 年后，先是法国的工程师沃邦（Vauban）主持了对梅斯城大刀阔斧式的改造工程，接着又由作为继承者之一的科尔蒙泰尼（Cormontaigne）于 1728—1752 年间负责完成了其前任的后续工程。当时的科尔蒙泰尼曾在摩泽尔河和塞耶河边设计建造了两座用于防御跨河攻击的桥头堡，其中一座名为贝勒克鲁瓦堡（Fort Bellecroix）的桥头堡甚至参加了 1944 年的梅斯战役，另一座则在 20 世纪初就被完全破坏。德国人在“二战”中保留贝勒克鲁瓦堡的理由，最初仅仅是设想当法国人发动起义或暴乱时，梅斯的德国守军至少可以利用该堡作为临时防御据点。他们那时并没有想到，这座古老但目前只是用来作为临时物资贮藏所的桥头堡，将在日后给进攻的美军部队造成不小的麻烦。

随着 19 世纪初新式火炮射程的不断增大，如何在战争中确保被围城镇的中心部分免受围城炮火的侵袭，就成了欧洲各国陆军需要研讨的一个紧迫议题。由于无法在有限的空间里建造连绵不断的防御战线，人们转而开始为重要的都市增设独立防御要塞的做法。从理论上讲，这些平时分散配置，同时拥有良好防御能力的坚固堡垒，一到战时不仅会成为抵抗敌军炮火打击的中坚力量，还能随时获得来自其他友军要塞的火力支援。在理想状态下，防御一方总是会将各个要塞建造在地势较高的位置上，然后通过堑壕系统将它们联系成一个要塞链，并将一整支的军队驻屯其中。这样一来任何需要通过此地或是正在实施突破进攻的敌国军队都会处在他们的火力打击范围之内，这些敌国军队必将遭到惨重的损失和伤亡。

▲ 英国《图片报》刊登的一幅绘画，表现的是 1870 年梅斯战役初期，法军将抓获的普鲁士俘虏在梅斯街头游街。

▲ 这幅绘画表现的是梅斯城中的法军突围失败的情景。

▲ 这幅绘画表现的是接到投降消息后，梅斯城中的法军在焚烧战旗。

1867 年，就在普法战争爆发前夕，另一位著名的法军要塞工程设计师塞雷·德·里维埃（Sere de Rivieres）将军根据自己的设计方案，开始在梅斯陆续建造四座大型独立堡垒，这便是日后著名的普拉普维尔（Plappeville）、圣康坦（St. Quentin）、圣朱里安（St.Julian）和克鲁（Queuleu）要塞。尽管法国人在这段时期里也在不断实践自己的要塞防御理论，但这四座要塞却都是按早已过时的棱堡样式设计建造的。3 年过后，当普法战争真的爆发时，这批要塞还根本没有完工。除此之外，负责设计要塞的里维埃还严重低估了当时火炮技术的发展速度，因为在仅仅数年内，普军火炮的射程就迅速地提高到了14.4千米，而里维埃所设计的那四座要塞离梅斯城中心的距离才3.2～4.8千米，这不能不说是设计师所犯下的一个重大失误。

▲ 这幅绘画表现的是普鲁士军队进城之后，投降的法军列队进入战俘营。

普法战争期间，困守于梅斯城中的法国守军迫于围城普军的巨大压力，仅仅尝试了几次不成功的突围行动后就宣告投降。战争结束后，梅斯城的要塞全都被作为阿尔萨斯－洛林的一部分割让给了战胜者。没过多久，德国人为了完成整个环城要塞链系统，在迅速地完成了那四座战时未完工的法国要塞后，又开始兴建另外五座新的要塞，并分别命名为欣德辛［Hindersin，法文名为甘贝塔（Gambetta）］、施韦林［Schwerin，法文名为德康（Dacaen）］、卡梅克［Kameke，法文名为德鲁莱德（Deroulede）］、符腾堡亲王奥古斯特要塞［Württemberg，法文名为圣普里瓦（St.Privat）］以及察斯特罗［Zastrow，法文名为博尔德（Des Bordes）］要塞。另外，普法战争前，法国的普拉普维尔、圣朱里安和克鲁要塞，也分别被改名为阿尔冯施莱本（Alvenslebenn）、曼托菲尔（Manteuffel）和哥本（Goeben）要塞。

与法国人自己设计的四座要塞不同，德国人所设计的五座新要塞全都是以更为现代化的多角形结构建造，这在“一战”之前可称得上是走在时代前列的军事工程结构设计。虽然新要塞拥有专门的掩蔽式兵营，但由于19世纪80年代的要塞火炮还未采用炮塔结构设计，所以它们全都是直接架设在堡垒的开口处的，没有任何遮挡。到了1880年代晚期，富有创造力的德国工程师们又在圣康坦要塞所在的高地上，开始尝试一种全新而有趣的防御工事设计：他们首先在圣康坦要塞前方大约

▲ 梅斯要塞化早期的三位重要推动者。从左到右：沃邦元帅、科尔蒙泰尼和里维埃。德军是在这三位法国人的工作基础上完善了梅斯的要塞体系。

▲ 早期拍摄的弗里德里希－卡尔亲王要塞群中的曼斯坦因要塞里的一处炮台，顶部的几处凹陷处是火炮设置位置，而几处隆起处是弹药与炮兵掩体，下层是供守备炮兵和步兵居住的兵营。

900 米处建造了另一座名为曼斯坦因［Manstein，法文名为吉拉丁（Girardin）］的要塞，接着用堑壕系统将两座要塞结合为一个大型的防御体系，取名为弗里德里希－卡尔亲王要塞群（Feste Friedrich-Karl），然后德国人再用更多的堑壕把它与普拉普维尔要塞联系在一起，于是整个摩泽尔河的西岸便出现了一整片连绵分布的巨大堡垒。德国人正是期望以如此固若金汤的防御工事，来粉碎法军可能从这个方向上向梅斯发动的任何进攻。

时间转眼间便到了 1880 年，德国人也终于全部完成了为加强梅斯本身的防御能力而布置在周围高地上的环形要塞链。可就在这个时候，高爆榴弹的出现和改进使得欧洲的军事技术发生了不小的变革。至 1885 年年底，多数西欧国家均装备了这种威力强大的武器，它的存在使得暴露在战场开阔地带上的火炮和步兵受到了根本性的威胁，同样也直接威胁到了那些以对称外形著称的要塞的安危。为了应对这种危险，德军高层产生了撤除要塞本身火炮或是分散布置火炮这两种意见。最终，他们在 1889—1898 年间在梅斯陆续组建了八个新的炮兵连，装备了 150 毫米和 210 毫米口径的带旋转炮塔的大口径火炮。同时为了保护守军的安全，德国人还在梅斯建造了数量众多的掩体和隐蔽所。照军事术语中的话来讲，“一战”前陆军所看中的堡垒防御战术正把他们自己“愈来愈深地埋入地下”。这些巨大而无比坚固的要塞和工事系统就如同“陆地上的战列舰”般，在耗费巨大数量金钱和时间的前提下把西欧各国陆军的防御战术变得

▲ 装甲旋转炮塔安装之后拍摄的设置在弗里德里希－卡尔亲王要塞群中的东方要塞与曼斯坦因要塞之间的一处 210 毫米炮台，远处高点是一个装甲观察塔。这处炮台于 1890 年建成，是梅斯要塞体系中第一批完成的装甲炮台之一。

死气沉沉。不过这也难怪，因为在当时没有革命性的技术兵器和成熟的战术思想的条件下，和平时期为未来战争做准备时的情况往往都相当类似。

德军高层最初拟定的战略设想，是意图以梅斯这座要塞都市作为抵御法国攻打阿尔萨斯—洛林地区的一道屏障。他们将位于摩泽尔河以北的蒂翁维尔要塞（Fortress of Thionville）与梅斯一起归并入整个“摩泽尔河筑垒地域”，用来封锁重要的渡河河口以及陆上的进军通道。为了能在战时向摩泽尔河地区迅速输送援军，德国人在梅斯附近开始兴建铁路系统，并在城内构筑更多的兵营和补给仓库。当年德国的工程师们为梅斯建造的一座大型火车站，时至今日仍在使用，甚至能在战时为军队提供军事调动，无论从设计上还是构建上来说都是相当的出色。

仅仅过了数年，随着 1899 年史里芬计划的出台，德国较为保守的防御战略立即有了根本性的转变。根据史里芬计划中要求德军通过中立的比利时攻打法国的构想，“摩泽尔河筑垒地域”将成为整个德军进攻集团的重要支撑点，以协助德军迂回袭击法军薄弱后部的作战计划。因此，梅斯城势必得正面承受法军全部的进攻压力，所以说在未来战争即将爆发之前，必须对梅斯的城防系统进行进一步的加强才行。当时梅斯第一要塞链的要塞总数已增加至十座要塞和一座要塞群，于 1892 年建成了最后一座名为“东方”[Ostfort，法文名为迪乌（Diou）] 的要塞。

其实对梅斯要塞的强化工程，早在 1897 年就已开始实施了。德国工程师准备再次采用两年前在阿尔萨斯的“米齐格”（Mutzig）要塞，以及更早时候在梅斯的圣康坦要塞就已经运用过的一种革命性的设计方案，只不过位于米齐格的这种被称为“德皇威廉二世要塞群”（Feste Kaiser Wilhelm II）的防御工事要比圣康坦要塞的那种更复杂，规模也更庞大而已。整个工事系统从斯特拉斯堡附近的高地一直延伸到孚日山脉一带，居高临下地控制着沿途的所有主要道路，也使欧洲各国的军事学者们第一次见识到了所谓“要塞群”这个新名词的真正含义。

▲ 凯瑟琳要塞的 7 号兵营在 1919 年的外观。

在要塞群的概念出现之前，以往要塞的构造形式都十分传统，步兵和炮兵全都集中在同一座独立的防御建筑里，各自负责对付不同距离内出现的敌人。可是德国人的这个新玩意却彻底抛弃了将堡垒分散配置的做法，他们提出了“将要塞集中建造以形成整片防御体系”的口号，并强调充分利用地形以及对工事进行伪装的必要性。就一般来说，一个普通要塞群中的每个独立堡垒都能互相照应，而且据推算，在战时被围困的条件下，要塞群中的守军可以连续支撑上数星期甚至是数月之久。

现在来说说要塞群的防御方式。在近距离防御上，防御方主要是通过开凿错综复杂的堑壕系统，以建造碉堡、警戒点和炮兵观察哨所等手段来加以实现防御。而在远距离防御上，要塞守军则装备了两种带装甲的火炮：其一，为了阻止敌军部队的集结或进行远距离炮击，德军为要塞配置了100毫米口径的回旋式炮塔；其二，为了与敌军直接进行炮战或驱散敌军的进攻，德军又为要塞加配了150毫米口径的带炮塔火炮。在战时，这些炮塔均编成炮兵连部署在要塞的反斜坡上，每连下辖2—4门火炮，同时也配有自己的兵营以及布置在前方、带装甲防护的炮兵观察哨。每个观察哨都以堑壕系统与各个炮塔以及其他据点相连，平时则以电话和传声管道来与上级进行通信联络。

为了加强要塞群的防御能力，德军还在各块防区之间打上了大量10英尺（约3米）左右长的木桩，并拉起了成片的铁丝网。至于在地下，整个要塞群用各种地下通道互相连接，假如哪支敌军真的攻陷了要塞群中的某个区域，守军甚至还能用炸药炸塌地下的通道，从而杜绝敌军对其他独立堡垒的继续渗透。

除了以上措施外，要塞里如果没有驻军驻扎的话那还是不行的。德军为他们的部队驻屯所设计了休息区、面包房、厨房和医院，同样还设立了指挥单位、通信单位与负责供电和供暖的独立单位。一旦要塞群的电力中断，士兵甚至可以通过手摇的方式保持堡垒内的通风。与此相类似，德国炮塔设计的旋转方法同样是手摇式，在那个时代的战争中至少还算是一种比较简便的驱动方式。

1899—1905年间，要塞群的弱点主要在于缺乏侧翼的防护，以及无法进行跨域射击。根据1897年制订的梅斯要塞扩建计划，以及从1904年爆发的日俄战争中吸取的经验教训，德军在开始为梅斯建造第二个要塞链的同时为各防区挖掘了更多的地下掩蔽所和堑壕，并建造了用来防止战时敌军从侧翼袭击要塞的碉堡以及各种障碍物。全部八座新要塞群在完工后，将从梅斯的西侧正对着1870年终战时法军一线的方向展开。

就梅斯这些新建要塞群的规模来说，其规模之大超乎了当时人们的想象。例如在1905年建成的“皇太子”［Feste Kronprinz，法文名为“德里昂”（Fortifie Driant）］要塞群，光是堡垒本身就占地355英亩（约1.44平方千米）。所有的新建要塞群都经过了良好的伪装，使敌军的侦察机难以从空中注意到它们的存在，每一个要塞群的构造和火力配置都不相同，所以当时的德军自信地认为假如进攻方要在短期内攻克这些坚固的堡垒群，简直就是天方夜谭。在1899年开始的第一期工程中，德国人首先在梅斯城西陆续建造了“洛特林格”[Lothringer，法文名为“洛林”（Lorraine）]、“莱比锡”[Leipzig，法文名为“吉斯”（De Guise）]、“凯瑟琳”[Kaiserin，法文名为“圣女贞德”（Jeanne D'Arc）]、“皇太子”以及“黑泽勒伯爵”[Haensler，法文名为“凡尔登”（Verdun）]要塞群，这样便将第二要塞链的范围一直扩展到了摩泽尔河以东。另外在梅斯北面的蒂翁维尔，德国人同样在城西建造了一座名为“奥伯－根特林根”[Ober–Gentringen，法文名为“冈特朗日”（Guentrange）]的要塞群，随后又马不停蹄地展开了要塞扩建计划中的第二期工程。

在1906年展开的第二期工程里，摩泽尔河的东岸上先后出现了“瓦格纳”[Wagner，法文名为“埃纳”（Asine）]、“卢伊特波尔德摄政王”[Prinz Regent，法文名为“伊西”（Yser）]和“葛兹元帅”[Feldmarshall Goltz，法文名为“马恩”（Marne）]三座要塞群。与此同时，更多的小型工事群以及在蒂翁维尔的两座要塞——“柯尼希斯马克”（Koenigsmacker）与“伊朗格”（D'Illange）也纷纷被建立起来。只不过这些后期建成的堡垒仅配备了为数不多的火炮，其防御火力远不如第一期工程中的那些要塞和工事而已。好在德军迅速为这些要塞工事补充了数个装备远程150毫米火炮的机动炮兵连，多少解决了要塞守军的难题。

当第二期工程还在进行中时，从位于摩泽尔河西岸的洛林要塞群（即洛特林格要塞群）那儿却传来了一个坏消息，说由于缺乏炮兵观察所，可能对防御产生不利影响，所以德军工程师决定干脆对要塞群周边的整个阿蒙维莱－卡雷地区（Amanvillers Quarry）实施整体要塞化的强化工程，将康罗贝尔要塞（Fort Canrobert）的防御工事沿着费夫山岭（Feves Ridge）一直扩建到费夫要塞（Fort Feves）所在的位置上。如此一来，位于洛林要塞群和圣女贞德要塞群之间的堑壕系统就获得了碉堡群的有效保护，而原先通往德里昂要塞群方向上的缺口，也

▲ 1914年8月在曼斯坦因要塞兵营前留影的3名德军驻防士兵。

被七座在梅斯战役里由美国人起名为“七矮人”的小型防御工事群封闭了起来。

1914 年第一次世界大战的突然爆发，迫使梅斯要塞化的二期工程暂停了一段时间。虽然还有计划中的三座大型要塞群没能在战前及时完工，德军还是紧急向“摩泽尔河筑垒地域”调遣了一支 8.5 万人的大军，并在梅斯城周围集中起包括 100 门大口径要塞炮在内的 600 余门火炮，准备随时抵御法军的入侵。尽管法国人到战争结束前也没向梅斯发起过任何进攻，德军仍然坚持完成了该城所有的要塞化扩建工程，并在 1916 年的凡尔登战役失败后，为梅斯的各主要要塞群建造了更多的小型碉堡。从这些记录中我们可以说，1914 年的梅斯无疑是全欧洲最强大的要塞都市。一旦战争爆发，梅斯就能在集中兵力的前提下坚守数月之久。有人后来预计过，如果当时法军的主力向洛林发动进攻，他们势必得先包围梅斯。但假设他们真想要一座座地去打那些坚固堡垒的话，没有 25 万兵力就休想啃下梅斯这块硬骨头！

通过绪语的论述，我们应该已能对梅斯城防的复杂程度有了一定的初步认识。如果读者有兴趣对此进行深入了解的话，最好去查阅一下 1920 年前的军事记录，因为能系统地介绍德军在 1914 年前要塞化设计的参考书籍毕竟还是相当稀少的。

梅斯城各主要要塞/防御工事名单一览

第一要塞链各要塞			
序号	法国人的称谓	德国人的称谓	起工及竣工年份
1	圣朱里安要塞 (Fort de Saint-Julien)	曼托菲尔要塞 (Feste Manteuffel)	1867—1875
2	博尔德要塞 (Fort des Bordes)	冯·察斯特罗要塞 (Feste von Zastrow)	1873—1875
3	克鲁要塞 (Fort de Queuleu)	哥本要塞 (Feste Goeben)	1867—1875
4	萨布隆装甲炮台 (Batteries cuirassées du Sablon)	萨布隆装甲炮台 (Panzerbatterie Sablon)	
5	圣普里瓦要塞 (Fort de Saint-Privat)	符腾堡亲王奥古斯特要塞 (Feste Prinz August von Württemberg)	1872—1875
6	运河炮台 (Batterie du Canal)	运河炮台 (Kanalbatterie)	1875—1877
7	圣康坦要塞群 (Groupe Fortifiē Saint-Quentin)	弗里德里希-卡尔亲王要塞群 (Feste Prinz Friedrich-Karl)	1867—1879
8	普拉普维尔装甲炮台 (Batteries cuirassées Plappeville)	普拉普维尔装甲炮台 (Panzerbatterie Plappevile)	
9	普拉普维尔要塞 (Fort de Plappevile)	阿尔冯施莱本要塞 (Feste Alvenslebenn)	1867—1891
10	德康要塞 (Fort Decaen)	施韦林要塞 (Feste Schwerin)	1878—1880
11	橡树装甲炮台 (Batteries cuirassées du Chēne)	西橡树与东橡树装甲炮台 (Panzerbatterie Westeiche und Osteiche)	
12	德鲁莱德要塞 (Fort Deroulede)	卡梅克要塞 (Feste Kameke)	1876—1879
13	甘贝塔要塞 (Fort Gambetta)	欣德辛要塞 (Feste Hindersin)	1879—1881

第二要塞链各要塞			
序号	法国人的称谓	德国人的称谓	起工及竣工年份
14	圣芭贝工事 (Ouvrages Sainte-Barbe)	圣芭贝防御炮台 (Vorgeschobene Batterie St.Barbe)	1907—1909
15	香槟要塞 (Fort Champagne)	梅伊步兵工事 (Infanterie-Werk Mey)	1907—1912
16	拉瓦利埃要塞 (Fort de Lauvallière)	贝勒克鲁瓦步兵工事 (Infanterie-Werk Bellecroix)	1908—1914
17	西利工事 (Ouvrages de Silly)	莱默斯贝格防御炮台 (Vorgeschobene Batterie Lemmersberg)	1905—1908
18	蒙工事 (Ouvrages de Mont)	蒙防御炮台 (Vorgeschobe ne Batterie Mont)	1905—1907
19	马恩要塞群 (Groupe Fortifiē La Marne)	葛兹元帅要塞群 (Feste FeldMarshall Freiherr von der Goltz)	1907—1916
20	索尔贝工事 (Ouvrages de Sorbey)	索尔贝防御炮台 (Vorgeschobene Batterie Sorbey)	1905—1908
21	克雷皮炮台 (Batterie de Crēpy)	克雷皮装甲炮台 (Schirmlafettenbatterie Crēpy)	

第二要塞链各要塞

序号	法国人的称谓	德国人的称谓	起工及竣工年份
22	谢斯尼工事 (Ouvrages de Chesny)	谢斯尼装甲炮台 (Schirmlafettenbatterie Chesny)	1907—1911
23	伊西要塞群 (Groupe Fortifiē l'Yser)	卢伊特波尔德摄政王要塞 (Feste Prinzregent Luitpold) /奥尔尼要塞 (Feste Orny)	1907—1910
24	沃克斯树林炮台 (Batterie du Bois des Veaux)	霍斯皮特尔瓦尔德装甲炮台 (Schirmlafettenbatterie Hospitalwald)	
25	埃纳要塞群 (Groupe Fortifiē l'Aisne)	瓦格纳要塞 (Feste Wagner)	1904—1910
26	凡尔登要塞群 (Groupe Fortifiē Verdun)	黑泽勒伯爵要塞 (Feste Graf Haeseler)	1899—1905
27	德里昂要塞群 (Groupe fortifie Driant)	皇太子要塞 (Feste Kronprinz)	1899—1905
28	阿尔斯炮台 (Batterie d'Ars)	摩泽尔河畔阿尔斯装甲炮台 (Schimlafettenbaterie Ars an der Mosel)	
29	马里沃要塞 (Fort de Marival)★	马里沃串连工事 (Zwischenwerke Marival)	1912—1916
30	沃克斯工事 (Ouvrage de Vaux)★	沃克斯串连工事 (Zwischenwerke Vaux)	
31	达姆树林工事 (Ouvrage de Bois-le-Dame)★	达姆树林串连工事 (Zwischenwerke Bois-le-Dame)	1913—1916
32	朱西工事(Ouvrage de Jussy)★	朱西串连工事 (Zwischenwerke Jussy)	
33	圣于贝尔工事 (Ouvrage de Saint-Hubert)★	圣于贝尔串连工事 (Zwischenwerke St.Hubert)	
34	圣女贞德要塞群 (Groupe Fortifiē Jeanne d'Arc)	凯瑟琳要塞 (Feste Kaiserin)	1899—1908
35	35 莫斯科要塞兵营 (Caserne forte de Moscou)	6 号步兵营区 (Infanterieraum 6)	
36	弗朗索瓦·德·吉斯要塞群 (Groupe Fortifiē Frangois de Guise)	莱比锡要塞 (Feste Leipzig)	1907—1913
37	沃克斯山炮台 (Batterie Montvaux)	沃克斯山装甲炮台 (Schirmlafettenbatterie Montvaux)	1905—1907
38	圣文森特要塞兵营 (Caserne fort de Saint-Vincent)	圣文森特 3 号步兵营区 (Infanterieraum 3-St.Vincent)	
39	科勒曼工事 (Ouvrage Kellerman)	狼山阵地 (Wolfsberg-Stellung)	1904—1906
40	洛林要塞群 (Groupe Fortifiē Lorraine)	洛特林格要塞 (Feste Lothringen)	1899—1905
41	里什庞斯工事 (Ouvrage Richepanse)	佛蒙特阵地 (Vemont-Stellung)	
42	拉萨尔棱堡 (Redoubte Lasalle)	不明	
43	阿芒维莱尔采石场工事 (Ouvrages des Carrieresd'Amanvilers)	施泰因布鲁赫阵地 (Steinbruch-Stellung)	1912—1916
44	康罗贝尔工事 (Ouvrage Canrobert)	霍里蒙特据点 (Horimont-Befestigungen)	1912—1916
45	朱利耶树林工事 (Ouvrage du Bois de la Juliere)	圣安妮 1 号步兵营区 (Infanterieraum 1-St.Anne)	
46	圣阿加特炮台 (Batterie de Sainte Agathe)	圣阿加特装甲炮台 (Schirmlafetten batterie St.Agathe)	

注：在带★的这几个工事中，沃克斯和朱西又分为南北两部分，因此它们是挨得很近的七座小型防御工事，1944 年美军在进攻时将它们统称为“七矮人”工事群

附录：战后美军对梅斯城郊圣布莱兹要塞受损程度的调查报告

相信通过在绪语中的描述，读者已经对梅斯城各要塞的来龙去脉有了大致上的了解。在第二次世界大战中，虽然美国人以最大努力试图摧毁梅斯城周边的各个大型要塞，但却收效甚微。这些原本早在20世纪初就存在的防御工事，这些应该只能应付“一战”条件的要塞和堡垒，却在1944年9月—11月经受住了轮番的狂轰滥炸而屹立不倒，不禁给很多当时负责攻打该城的美军指挥官造成不少心理上的冲击。

“二战”结束前夕，美军战略轰炸调查组（United States Strategic Bombing Survey，简称USSBS）派遣了各支由专家组成的调查队远赴欧洲，以便确认空中轰炸对各种地面目标的打击效果。出于对梅斯的城防系统为其守军提供的有效掩护的考虑，以及战役进行时盟军轰炸次数的频繁，USSBS便决定从梅斯附近挑选一座要塞来做进一步的研究。1945年2月，被派遣到梅斯地区的第17号调查组在经过详细比较后，选择了凡尔登要塞群中的圣布莱兹要塞（Fort St.Blaise）作为他们的调查对象，相关的调查结果则被写入《美军战略轰炸调查组-欧洲战争》的第144号报告书中。

将此报告单独列出而没有插入正文中，主要是因为圣布莱兹要塞只是梅斯附近受到美军高强度打击的堡垒之一，也是唯一受到美国官方调查的梅斯要塞。虽说缺乏一定的代表性，但它的构造与凡尔登要塞群内的其他堡垒十分接近，所以我们也可以用这份调查报告中的结果来推测出整个要塞群大致上的受损情况。

在长达两个月的进攻中，美军地面部队曾动用从105毫米到250毫米口径不等的各型火炮，并派遣携带250磅或1 000磅炸弹的战斗轰炸机，对圣布莱兹要塞进行了持续轰炸。可是战后的调查报告却声称：“陆军的这些行动对梅斯附近的目标基本没造成多大的伤害。”1944年10月8日，支援巴顿第3集团军作战的美军第9战术航空队派出17架B26轰炸机，从3 600米的高度向圣布莱兹要塞投掷了总计约33.2万磅重的炸弹。关于这次轰炸的成效，报告书认为只有28枚2 000磅炸弹达到效果：其中有六枚直接命中，四枚稍稍偏离，剩下的炸弹则落到了距离目标150～450米远的范围内，使位于要塞中央的三座掩蔽式炮台受到了一定的冲击。

圣布莱兹要塞在1899—1905年，由德国人设计建造完成。作为梅斯要塞化一期工程中凡尔登要塞群的典范之一，它总共拥有三座掩蔽式炮台（其中两座为单层结构，另一座为三层结构），各炮台的后墙均以0.6米厚的沙石构筑而成。虽然那时梅斯的其他要塞已开始使用钢筋混凝土结构来保护暴露的炮台后部，但在凡尔登要塞群德军却没有沿用这一方法。美国人的报告指出，圣布莱兹要塞没经过加固的顶部以及内部结构质量不佳，实际上早在20世纪初德国和法国的工程师就已经提出过类似的报告，但不知为何一直没有对其进行改良。要塞内部的拱顶主要以4～6英寸（10～15厘米）厚的墙壁支撑，顶部厚度最小处为约10英寸（25厘米），并以15英寸（约38厘米）厚的土方予以加固。这份调查报告中还提到，德军对圣布莱兹要塞进行的唯一改造，仅仅是对各处门窗开口进行了加强并增设了一些新的20毫米防空

▲ 1944 年 4 月 25 日，美军第 303 轰炸机大队的 B-17 对梅斯的一次轰炸中从 6 120 米高空拍摄的画面，此时炸弹刚刚从弹仓中落下。

炮位。所以说，美国调查组所调查研究的圣布莱兹要塞其实是梅斯城所有防御工事中最薄弱的环节之一，其他后期建造的新式要塞都得到了混凝土结构的特别加固。读者可以通过与圣布莱兹要塞遭轰炸后情况的对比，想象一下那些后期建造的堡垒对于空中轰炸的抵御力到底有多强。

德国人为大口径要塞炮设计的防护结构，主要由圆顶状的炮塔和基座这两部分构成。其中炮塔装甲的厚度为 200 毫米，以整体式铸造而成，而基座部分则半埋于地下并拥有隔间构造，其装甲厚度大约在 200 ～ 300 毫米。

圣布莱兹要塞的一号炮台主要装备有四门 150 毫米口径的榴弹炮和两座带装甲圆顶结构的炮兵观察所。这座炮台在美军的空袭时曾被三颗炸弹击中，其中的两颗洞穿了炮台顶部结构，另一颗则通过管道掉进了邻近的另一座炮台。三颗炸弹起爆后，给炮台的顶部和内部造成了一定损失。然而令人意外的是，除了一座炮塔被炸得失去作战能力外，这场爆炸并没能给炮台的整体结构造成致命的破坏。

圣布莱兹要塞的二号炮台同样在空袭中被命中三颗炸弹。其中头一颗由于失灵未能起爆，只是在炮台顶部开了一个口子；第二颗在击穿顶部后在炮台内部造成小范围破坏；第三颗则命中炮台的后部，造成顶部部分坍塌并给沙石结构的后墙造成一定的冲击，却没有证据显示炸弹伤及了二号炮台的任何一座掩蔽式炮塔。

圣布莱兹要塞的三号炮台在空袭中仅受到一颗近失弹的袭击，所以损失轻微。美国的调查组成员发现该炮台在遭到B26轰炸之前顶部就已被炸得尽是弹坑，炮台本身却依然岿然不动。经过分析，他们认为炮台顶部留下的那些小型弹坑应该是美军战斗轰炸机的炸弹所留下的痕迹，同时也并未发现有任何的贯穿迹象。另外，虽然美国人在他们的调查报告中总结说“圣布莱兹要塞的建设水平总体上并没达到同类防御工事的平均水准”，但他们也知道实际上这个要塞在美军的空中轰炸中根本没遭到什么损失。就拿三号炮台为例，除德军早先自行拆除一门100毫米榴弹炮外，该炮台剩下的三门100毫米炮中还有两门在11月的前期一直处于良好的状态，它们将一直持续作战到11月26日要塞守军投降前夕才被放弃。

美国调查组在最后的总结段落中坦承，对于像梅斯这样的防御体系，只有当炸弹真正穿透并钻入工事内足够深度后再起爆，才会有更大的效果。不过话说回来，调查组也承认梅斯要塞群的规模过于庞大，普通的空中轰炸和炮击根本不足以对任何一座独立要塞的内部结构造成足够的破坏。也许美军只有通过借鉴英国皇家空军第617轰炸机中队的做法，采用类似“大满贯”或“高脚杯”一样的特种炸弹，对梅斯进行低空精确轰炸才能有效破坏那些连绵不断的大型工事群。可是在梅斯战役的进行阶段，洛林地区糟糕的天气，再加上盟国战略空军在其他战区内的繁重任务，都使巴顿的第3集团军根本得不到多少有力的空中支援。

“二战”期间，为了避免重蹈“一战”僵持战局的覆辙，盟军中没有任何一个国家装备有超强的攻城火炮。1944年时，美国陆军中最强的火炮是240毫米的加农炮以及203毫米的榴弹炮。很多人后来都觉得，要是负责攻打梅斯的美军第3集团军，能得到像“一战”中德军攻打比利时要塞和法国凡尔登时用的“大贝莎”420毫米臼炮，梅斯战役打起来也许就会相对容易得多。

既然梅斯城防是如此的坚不可摧，那美国人最终又是如何突破它的呢？实际上美军在战役的后期，更多情况下是使用普通的工兵对那些要塞进行渗透和爆破的战术。在对很多梅斯要塞群的调查中我们可以发现，尽管多数要塞都轻松承受住了数月之久的连续轰炸，它们却没能抵挡住那些英勇顽强的美军工兵。在摩泽尔河畔的德里昂要塞群遗址上，我们至今还能看到很多当年被工兵炸药炸塌的混凝土结构堡垒遗迹，以及那些满是弹孔和凿痕的残垣断壁。除了在梅斯的激战外，美军工兵还在德军展开阿登攻势后完全破坏了蒂翁维尔西边冈特朗日要塞群的所有炮台（这也是梅斯战役中唯一被完全摧毁掉的要塞群），要知道这些无比坚固的炮台曾给坚守在此的德军以莫大精神上的鼓舞，摧毁它们可真不是一件弹指一挥间就能办到的事。

第一章　1944 年 8 月后的西线战局

梅斯之战并不是一场普通的战役。它不仅有着复杂的背景，而且还是盟军在西欧战场的一个重要组成部分。与以往那些战线单一的战争不同，梅斯之战的起因可以一直追述到诺曼底战役结束的前夕。自从盟军在 1944 年 8 月初以强大的攻势粉碎诺曼底地区德军的抵抗后，由巴顿率领的美军第 3 集团军就以迅雷不及掩耳之势横扫法国并很快进抵塞纳河畔。一个月后，重新获得补给的第 3 集团军深入洛林地区，梅斯城自然成了美军需要优先夺取的重要目标。也正是从那时候开始，德美双方为了争夺对梅斯周边要塞的控制权而展开了一场持续三个月之久的血腥厮杀。

其实就规模而言，梅斯之战只是整个洛林战役的一部分而已。广大的战史爱好者们如果不对当时西线战场上的整体形势做个大概的了解，恐怕就只能从孤立的角度来探讨梅斯之战，那样也就无法理解交战双方的各种谋略与决策。为了避免出现这种状况，就有必要先对盟军与德军的情况分别做个简介。

盟军的总体形势

自“霸王”行动成功后，联合参谋委员会交给盟军最高指挥官艾森豪威尔的任务，是要他“协同其他西方盟国，尽一切可能迅速地摧毁纳粹德国武装部队的抵抗力量”。然而实际情况并没有想象中的那么乐观，德军方面在诺曼底地区内的激烈抵抗远远超出了预期的估计。盟军参谋部的一封报告甚至悲观地认为，至少要到 D+90 天时才有可能拿下巴黎并推进到塞纳河一线。不过好在两个月来连续不断的残酷战斗，也使坚守诺曼底的德军成了强弩之末。莫尔坦反击和法莱斯之战的连续惨败导致德军的防线全面崩溃，盟军终于在 D+74 天（8 月 15 日）时解放了巴黎，而巴顿的第 3 集团军也在次日获得了一个位于巴黎西面的桥头堡，实现了饮马塞纳河的目标。

在“霸王”行动计划原先的构想中，盟军在抵达塞纳河后应停下，重新进行补给和整编，以便为渡河攻击行动做好准备，但由于德军在诺曼底战役后期输得实在太快，盟军吃惊地发现实际上塞纳河的对岸已经没有任何威胁，他们的部队不费吹灰之力就渡过了塞纳河，通向比利时的大门已经完全敞开。

早在诺曼底登陆前，盟军最高统帅部的决策者们就决定将鲁尔区而不是柏林作为他们军事行动的最终目标。他们认为攻打柏林是纯粹政治性的举动，没有太大战略意义。只有拿下了作为德国工业心脏的鲁尔区，才有可能更快地摧毁德国的战争机器并迫使德国屈膝投降。从另一个角度来说，德国人自己肯定也意识到鲁尔工业区的重要性，他们一定会拼尽全力来保卫鲁尔，于是盟军便通过一场场的战役来逐步摧毁德国仅存的那点抵抗力量。

行动方案确立后，盟军内部又为“如何打通前往鲁尔区的道路”这一问题而展开了激烈的争论。最初，参谋部计划要在北部的亚琛和南部的凡尔登与梅斯之间选择一处作为进攻方向。该计划立即遭到了另一批人的反对，因为这样的“重点攻击”策略势必会让军队在推进时遇到侧翼暴露的危险。盟军最高统帅部经过再三权衡，最后还是采用了类似德军在苏德战场上运用过的“宽大战线”策略，即同时在阿登地区的南北两线实施全线进攻以迫使德军分散自己的后备军力。在具体行动计划上，盟军的“宽大战线”策略将以北方比利时方向上的进攻为主，南面洛林方向上的进攻为辅。当两个方向上的盟军分别强渡莱茵河后，他们就将从南北两翼包围鲁尔工业区，粉碎包围圈中的一切抵抗，然后越过北德平原朝柏林方向进军。

作为“宽大战线”策略的组成部分之一，位于南线的美军第 3 集团军便要首先拿下梅斯，但这不是一件轻易就能完成的任务。熟悉洛林地形的人都晓得，任何军队假如要从阿登南部向莱茵河方向挺进，就肯定得通过阿登高原和孚日山脉之间的隘口，而梅斯城就恰恰挡在这一唯一的必经之路上。另外我们如果再对比一下南北线的不同之处的话，就会发现其实阿登以北的道路要比南部的道路好走得多，那里地势平坦，路程较短，一路上都有各处可为军队提供补充支援的港口和机场。至于巴顿要走的南线，不但地势险峻，道路崎岖不平，严重缺乏补给堆放点和完善的机场，甚至还横有像梅斯那样的坚固壁垒屏障。在没有有效空中支援的情况下，装甲部队在通过地形复杂的战区时就要冒相当大的风险。除此之外，第 3 集团军即便抵达了法兰克福附近的莱茵河地区，其实也没有多少战略目标可打，最多只有去夺取那些在萨尔地区的煤矿和铁矿。另有一点必须要牢记，美军必须转向北面通过难行的莱茵河河谷地带前去配合从比利时方向过来的盟军主力合围鲁尔。虽然有不少战史学者认为梅斯方向才是进军德国最短的路线，问题是这条路线在“二战”中对盟军来说实际意义并不算太大，毕竟他们的目标鲁尔区是在北面而不在南面。

诺曼底战役的结束从表面看来的确是盟军的一次大胜，却也埋下了另一些不可见的隐患。首先就战线飞速进展的结果来说，盟军参谋部似乎没准备好在拿下巴黎后该怎样继续进军的行动计划。为此他们在 8 月中旬为了挺进鲁尔区的方案而争论不休，结果造成了不必要的拖延，也给德军带来了难得的喘息时机。其次盟军高层在指挥权责上的划分也有问题，比如作为最高总司令艾森豪威尔只负责海空方面的管理，无权干涉地面作战。地面作战的职权在诺曼底登陆和后续的攻势中被交给了第 21 集团军群司令蒙哥马利来管，其麾下拥有布莱德利指挥的美军第 1 集团军和邓普西指挥的英军第 2 集团军。当巴顿的第 3 集团军投入作战时，布莱德利虽然被调任为第 12 集团军群司令（下辖第 1 和第 3 集团军），理论上应与蒙哥马利平起平坐，可实际上作战的优先供应权仍旧被抓在蒙蒂手里。在以后的时间里，随着美国在盟军内部人事方面比重的增加，蒙哥马利大权独揽的意图自然就受到了挑战，于是他一面声称自己愿意在布莱德利之下任职，一面又要求高层继续让自己留任盟军地面部队司令，直到艾森豪威尔于 9 月 1 日亲自接管了这一职位为止，蒙蒂才打消了原先的念头。

蒙哥马利在自己的回忆录中这样描述了当时盟军内部的情况："我认为我们现在最需要做的，是立即制订出下一步该如何行动的计划来。可就我所知，那时候参谋部根本就没有一个具体可行的方案。"如果撇开蒙蒂对权力欲望的渴求不谈，我们应该承认在这一点上他倒是看得很明白。缺乏具体的进攻计划，不仅直接导致日后参谋部内出现"重点进攻"与"宽大战线"之争，还使很多盟军高级军官产生了轻敌思想，认为很可能在圣诞节前结束这场战争。这种对战局缺乏清醒认识的判断，可以从 8 月 25 日（即巴黎解放的第二天）盟军最高统帅部的一封情报总结报告中得到充分的体现。这封报告书里是这么说的："经过两个半月的激烈战斗，欧战胜利之日已经再也不是遥不可及的事情。驻扎在西线上的德国军队已经受到了致命的打击，而我们的军队已经可以从各个方向上进逼德国本土，看样子这场战争很快就要结束了。"

▲ 蒙哥马利与艾森豪威尔在诺曼底，摄于 1944 年 7 月 26 日。

虽然蒙蒂一再地强调盟军当时并没有合适的进攻方案，但他却在 8 月 17 日向布莱德利提出了一个自己雪藏已久的新计划，并称之为"1914 年

▲ 艾森豪威尔在诺曼底与美军的几名高级将领合影。左一是第 12 集团军群司令奥马尔·尼尔森·布莱德利中将，左二是第 5 军军长伦纳德·汤森·杰罗少将，右一是第 7 军军长劳顿·约瑟夫·科林斯少将。

德国史里芬计划的翻版”。蒙蒂这一计划的重点，是要让两个盟军集团军群大约 40 多个师的兵力从巴黎方向出发沿着阿登高原的东北方向齐头并进，以摧枯拉朽之势从比利时的平原地带强行打开通往德国鲁尔区的道路。为了掩护这支主攻部队的侧翼，另一支美国部队将同时向兰斯和鲁昂进军。两支大军在强渡莱茵河后会在鲁尔区附近寻机摧毁德军残存的所有后备军力量，然后争取在冬季来临前攻占整个鲁尔。令人觉得有趣的是，虽然蒙蒂在战后的回忆录中说布莱德利当时“完全赞同”了他的这一伟大计划，可布莱德利自己的回忆录里从没承认过这件事。

蒙哥马利也许没有想到，美国方面其实早已开始制订他们自己的进攻计划了。美军参谋人员在计划中认为盟军新的攻势应以美军第 1 集团军和第 3 集团军为主力，在突破梅斯和马奇诺防线以后一路穿越萨尔和莱茵河地区进抵法兰克福。根据布莱德利等人的说法，“巴顿第 3 集团军的进攻轴线上将不会有多少德国军队驻扎，有些地方可能根本就无人驻防”。从这一点上说，我们可以认为布莱德利和其他美军军官对于梅斯筑垒地域的情况基本一无所知，恐怕只有等他们跌跌撞撞地闯入梅斯地区后才会明白所谓的“梅斯壁垒”到底是个什么概念。

无论英国还是美国的行动方案，都是由专业的资深参谋人员负责规划制订，以优势兵力“聚焦于德军防线的一点”的重点式进攻计划。他们的想法固然精彩，却都与盟军最高统帅部的“宽大战线”策略唱了反调，甚至还出现了两个完全不同的进攻出击点，这些都是艾森豪威尔所不愿意看到的。除了这两个计划都与梅斯之战有部分关联外，我们在这里也无意继续探讨“宽大战线”与“重点进攻”两种策略的优劣。这是因为造成盟军内部在进攻计划上争吵不休的缘由十分复杂，与参战各国的政治、个人以及民意都有不小的关系。举个例子来说，就算是艾森豪威尔要停止对巴顿的补给供应而转而优先供给蒙哥马利的行动计划，那也是不可能实现的。要知道当时的巴顿在美国国内可是个英雄人物，他在法国的飞速进军一直都是各党派记者争相报道的头条新闻，即便蒙蒂在这一个人竞争之中拔得头筹，美国的民意也会很快迫使他做出必要的让步。

长久以来，很多战史学者往往都会指责艾森豪威尔“严重缺乏战略意识”。但就综合各方面的情况考量而言，艾克往往必须在权衡各国意见与各种复杂形势后才能做出决策。当 8 月间一系列重要的盟军战略会议结束后，艾克决定还是采用最高统帅部的“宽大战线”策略作为未来攻势的准则，随后又在 9 月 1 日公开宣布由他自己接替蒙蒂担任盟军地面部队最高司令一职。其实艾克非常清楚在实施“宽大战线”的进攻时应以北方的进攻轴线为重点，只不过由于英美两军之间的意见分歧实在过大，所以他只能在中间充当调停人的角色，除了采用“宽大战线”策略之外基本别无他法，“赶走”蒙蒂并由自己接任地面部队最高司令也实在是一种无奈之举。

好歹摆平了难缠的两国指挥官，现在是到了讨论一下各人具体承担任务的时候了。蒙哥马利的部队届时将穿越比利时，前去攻打安特卫普并消灭德国部署在加来地区的 V2 发射基地。为了帮助他分散德军的注意力，美军方面将从霍奇斯的第 1 集团军中抽出两个军来协助英军的作战。与此同时，巴顿的第 3 集团军将继续向东面的兰斯进军，与在里维耶尔（Riviera）登陆的英国龙骑兵部队汇合后，穿过罗讷河河谷（Rhone Valley）朝孚日山脉方向挺进。虽说作战计划上是这么写，布莱德利的大部分油料供给仍被划给了美军第 1 集团军，第 3 集团军获得的汽油数量非常有限。照战史学者切斯特·威尔莫特的看法，巴顿拿到的油料只够进行作战巡逻之用，根本无法让他赢得一场大规模的战役。除此之外，盟军还极度缺乏能有效保障作战部队之用的补给港，这也使巴顿的部队难以施展自己的拳脚。面对紧张的补给难题，英美两国之间虽然争吵不断，可油料和弹药依然得从遥远的诺曼底海滩运来，距离遥远的最终目标鲁尔和莱茵河地区更是显得鞭长莫及。

8 月 29 日，就在艾森豪威尔正式宣布“宽大战线”进攻策略开始实施的那一天，第3集团军前锋已经逼近了兰斯，正在设法强渡马恩河。照这个速度计算巴顿原本应在三天后渡过马斯河，但他的部队因油料短缺很快在离摩泽尔河还有30千米的地方停止了前进。

数年来，对于法国诺曼底战役结束后盟军进展缓慢、决策迟疑的批评之声一直不绝于耳。任何支持蒙哥马利或巴顿的人们都认为他们之中无论是谁，都有能力单独在1944年年末赢得欧战的胜利。可实际上，即使这两位将领能够通过协作或完全靠单打独斗来解放西欧各国，那他们又该如何去有效地解决当前最紧迫的补给供应问题呢？如果从这方面来重新考虑的话，我们就会发现其实艾森豪威尔那种“用政治手段指导军事决策”的做法才是最合乎情理的。

德军的总体形势

假如说当时盟军是因为犹豫不决而使他们失去了歼灭更多德军部队的大好时机，那么这一点同样让战后那些重新回过头来研究西线战史的原德军高级将领们吃惊不已。

诺曼底战役的失败对德军来说无疑是一场重大的灾难。他们的部队在诺曼底滩头与塞纳河之间的地段差不多损失了50万人，惊慌失措的残兵败将仅带着100余辆坦克拼命狂奔，这才侥幸逃脱了盟军的围追堵截。德军精锐的装甲部队几乎损失了他们全部的装备，而多数步兵师在溃逃中仅剩下不到一个团级战斗群的实力。

克鲁格自杀后，莫德尔元帅在8月17日接替了西线部队总司令官一职。走马上任后的莫德尔很快就发现了位于B集团军群与G集团军群当中正在不断扩大的缺口（后者由布拉斯科维茨指挥，当时正在撤向孚日山脉一带），虽然赶紧着手补救但也无济于事。作为德国军队中相当有才干的防御战术专家，莫德尔以往总会在德军陷入不利境地的时候站出来扭转乾坤。虽说莫德尔强烈支持纳粹党的主张，却敢于向希特勒大胆进言，丝毫不害怕受到那性情多变的元首的责备。大家应该都清楚自从希特勒上台后，他就逐渐地控制了军队并使之成为完全听话的工具。然而“7·20”事件的爆发又使元首完全失去了对军队的信任感，他开始对手下不信任的将领进行监视（继莫德尔之

▲德国陆军元帅瓦尔特·莫德尔(1891—1945)是一位优秀的防御战术专家。

后重新担任西线德军总司令的龙德施泰特就曾向柏林抱怨，说要更换他司令部外面的岗哨），然后又对整个西线战局横加干涉。在这种高压控制的情况下，大多数的德军西线高级指挥官只能战战兢兢地对元首唯命是从。西线战役成了“希特勒自己的战役”，没有他的允许，任何德军军官都没有权力自作主张地对西线上德军的防御态势做出哪怕一丁点的调整。

1944 年夏，纳粹德国在东西两线的形势都已岌岌可危。除诺曼底战败而造成的严重后果外，德军还在苏军发动的白俄罗斯攻势中损失惨重。从逻辑上来说，希特勒这时就应该立即向西方盟国和苏联投降以乞求和平。包括龙德施泰特在内的数名高级将领，都曾劝说他放弃继续抵抗的念头。但是元首那如同坚冰一般的顽固思想是怎么也软化不了的，他在 8 月间唯一考虑的事情就是该如何在西线发动一场反击，也就是后来 12 月间阿登攻势计划的雏形。

盟军登陆前希特勒的兴趣大半都在东线，他在那里部署了近 200 万人的军队，相比较下来西线各地加起来才不过 70 万人。如今西线的惨败一下子导致德军兵员严重不足，而逐渐吃紧的东线上又调不出人手来支援西线作战，希特勒就迫切需要一个喘息的时期来酝酿新的反击。于是他下令西线各地的德军部队在他的监督下进行有步骤的后撤，一批批地慢慢退到齐格菲防线（德国称为“西墙”）的工事里。

▲ 正在塞纳河上乘渡船撤退至对岸的德军部队。

说到齐格菲防线，它原本是为在德军入侵波兰时抵挡住法国乘虚而入兴建起来的。但在1944年秋，该防线上的多数碉堡和工事依然未能完工，西线德军连自己都吃不开，又哪有精力去重新巩固这条原本快被废弃的防线呢。从8月至9月，德军仅仅为齐格菲防线临时拼凑了数个要塞营的兵力，知晓“西墙”防御薄弱的莫德尔再也忍不下去，决定亲自去向元首说明情况。

8月24日，莫德尔请求希特勒为他的西线部队增派30～35个步兵师以及12个装甲师，但未得到任何回复，德国光是为了应付苏联人就已经够吃力的了，根本就拿不出那么庞大的援军来。到9月初离职前夕，莫德尔终于从希特勒那儿收到了数份有关未来德军防御计划的指示，可等他仔细看过后便失望地发现那都只是些要德军“在每寸土地上死守到底”的废话。这种在莫德尔看来“顽固不化的愚蠢命令”正是造成德军在东西两线的口袋包围圈中连续损兵折将的罪魁祸首。然而在希特勒的眼里，让德军在齐格菲防线前坚守不退的做法，有助于保住荷兰和德国本土的“完整”，即使德军失去对安特卫普的控制，部署于斯凯尔德河北岸的第15集团军也会阻挡住盟国的进军步伐。只要阻止盟军越出比利时，德国也就能确保最重要的鲁尔工业区和萨尔煤矿的安全。

希特勒的决断造就了德军在洛林地区的防御策略，即尽可能地迟滞盟军的推进，为未来在阿登地区的反击做好准备。有些读者可能认为在盟军方面强大而又压倒性的优势面前德军的防御方式并不能起多大的作用，但他们也许忽略了盟军实际上因为受到补给上的严重制约，巴顿的部队根本无法在如此难行的地区里展开大规模的进攻行动。1944年9月间，无论是德军还是美军都被各自的难题所困扰，双方都在为恢复主动权而暗中积累实力。与此同时，随着蒙哥马利天才的“市场花园行动”在荷兰遭到意外挫败，阿登高原以北的战况也和巴顿那边一样陷入了相持局面。

第二章　巴顿和他的第 3 集团军

一提到“二战”中美国第 3 集团军这支部队，人们往往就会立即想到巴顿的大名。与古今历史上那些著名的将领一样，身材高大又充满个性的小乔治·S. 巴顿中将经常被形容为第 3 集团军的灵魂人物，第 3 集团军也无疑是这位“血胆将军”手下传奇式的“铁血军团”。虽说进攻梅斯时巴顿只动用了一个军的兵力，但整个战役的过程和行动方案的制订仍然与他本人息息相关。为了能使读者更好地了解巴顿在梅斯之战中所扮演的角色，我们就先来谈论一下巴顿的从军生涯，以便理解美军当年进攻梅斯的做法并非是由于巴顿的天才或是个人喜好，而纯粹是为形势所迫的缘故（具体内容将在第三章中详细阐述）。

“一战”时期，各参战国的高级将领们在普通士兵的眼中无疑是“神一般的存在”。他们既没有个性又态度冷淡，而且总是缩在离前线数千米之外的后方指挥着整个军团的作战。将军们的个人行为仅仅在总部的公报中略有提及，他们与下级官兵的接触几乎为零。好在这种情况很快有了根本性的改变，“一战”后的新闻媒体和民众的力量得到了空前的发展，普通老百姓终于能从前线传回的照片和各种新闻纪录影片里了解到战局的走向。到第二次世界大战时，各国都为自己的军队配置了战地记者，有了这些狂热新闻工作者的存在，各条战线上的战况和各种所见所闻纷纷通过报纸和杂志刊载出来，同时也大大提高了军队高级将领们在公众当中的威信。随着对将军们的个人崇拜以及胜利新闻大幅标题风气的盛行，盟军中便诞生出了两位超级大英雄，英国的蒙哥马利和美国的巴顿。对于那些头脑简单的记者来说，他们并不会去关心和考量这两名将领能力的高低，蒙蒂和巴顿只是为他们的新闻报道“添油加醋”的原料，他们要的只是两人在不经意间露出的各种“惊世之语”而已。对于盟军中其他平时显得并不那么“聪明”，但骨子里却是深谋远虑的将领，记者就往往会将他们撇在一边，甚至懒得去进行所谓的“批判”，比方说美军记者就从没为辛普森和布莱德利拍过什么像样的新闻影片。

巴顿于 1885 年 11 月 11 日出身于加利福尼亚州一个富有的美国军人世家。所以从一开始，巴顿在家庭背景上就有别于其他那些出生贫寒，但通过后天努力成材的美军将领。

直到 12 岁为止，巴顿都没有受过正规的前期教育。虽然当他最终被送往学校就读时几乎一字不识，拼写能力也一直不好，但头脑中却装满了他父亲教给他的各种知识，并向老师证明了自己的学习能力。

▲ 在维吉尼亚军校就读期间的巴顿。

从学校毕业后的巴顿于1904年入读西点军校，虽然说环境变了，可在该校的经历并没有让他的智力获得多大的提升，反倒是使他转型成了一名运动好手。有意思的是，巴顿在体育上的成就与他后来在职业生涯中的表现多少也有些关系。他发现自己不适合参加那些需要团队合作精神的运动，而他所娴熟的骑术和射击都带有个人表演的性质。1909年从西点毕业的巴顿参加了骑兵队，然后靠着自己家族在社会中的关系和地位迎娶了一位新英格兰的女继承人。这一举动无疑成了巴顿从军历程中的一个重大转折点，此后他很快就打通了与军界上层人士间的关系，并与时任参谋长的亨利·史丁生（未来的战争部长）建立了良好的友谊。正因为有如此特殊的关系网，巴顿才能够在时运不济的时候不至于被排挤出去，同时还获得了高层不少有力人物的大力支持（比如艾克）。

要说巴顿的首次参战经历，那还是在1916年对付墨西哥人起义的潘趣维拉战役时的事情。在这场几乎是好莱坞骑兵电影翻版的进攻中，巴顿的表现引起了未来的美国欧洲远征军司令官潘兴将军的注意（巴顿当时担任潘兴的副官）。

在潘兴的提拔下，巴顿于1917年赴法参加第一次世界大战。充满战斗渴望的他当时面临两种选择：要么指挥一个步兵营，要么就率领一支刚组建的坦克部队投入作战。经过一番考虑后，巴顿还是选择了指挥坦克部队这样一支在当时还基本算是停留在纸面上的新兵种。在他的严格训练下，巴顿的坦克部队成了当时美国远征军中最时髦的部队。不过对于美国陆军来说，巴顿做出的最大功绩还是将坦克这样一种革命性的新式武器引入了美国。

▲ 1918年夏在法国战场上的巴顿，此时他率领的是第1坦克营，身后为该营装备的法国雷诺FT-17坦克。

1918年9月圣米耶尔战役爆发后，苦苦等待时机已久的巴顿终于逮到了教训德国人的机会。尽管这个战役本身并不算十分关键性的战斗，但对巴顿来说它却是一次十分难得的作战体验。他在激战中不断地东奔西走，几乎完全靠步行来指挥战斗。可当时美军的高层非但不欣赏巴顿的战斗特色，反而指责他企图独自对抗圣米耶尔战区内整个德军集团的个人冒险主义。9 月底，巴顿在马斯 – 阿贡讷战役中受伤住院，等“一战”德军投降后他才发现自己已从上尉被提升为上校军衔，从此以后他就在心目中逐渐确立了以装甲部队快速歼敌的作战方针。当时的巴顿可能没想到这个核心战术将在未来陪伴自己走过整整 26 年的时光，并为他带来辉煌的荣誉。

与巴顿原来的预期正相反，“一战”刚结束时的西方各国都在和平年代中大力裁军。眼见陆军部不再对装甲部队有兴趣的巴顿只得再次转职成了一名骑兵军官，要不是乔治 · 马歇尔将军再次将他提拔出来的话，巴顿很可能会以一名上校的身份退役。从这一点上来说，马歇尔的举动无疑让巴顿的职业生涯产生了第二次转机。

时间一晃就到了 1940 年。德军新式的“闪击战术”在西欧战场上取得了巨大的成功，受到不小震撼的巴顿于是全身心地投入为坦克游说的活动中。随着美国陆军逐渐走上战争的轨道，巴顿也被委派前去指挥新建第 2 装甲师的其中一个旅，训

▲ 1942 年北非战场上的巴顿，刚来到北非时他是第 2 装甲师师长，1943 年 3 月起担任第 2 军军长，继而在西西里战役中担任第 7 集团军司令。

练时对部下要求严格的他很快就在新兵中获得了“血胆指挥官”的绰号。用巴顿自己的话来说，“装甲进攻战术的发展，将使我的部队成为整个美军中最厉害的部队”。巴顿平日祈祷虔诚，可又会用下流话骂人。虽然他是一个多种矛盾因素的综合体，却在手下的官兵之中广受爱戴。士兵们往往十分讨厌只会用严苛的制度来压制部下的长官，反倒是对巴顿这样一个既严厉又出色的人仰慕不已。

北非战役和西西里之战中巴顿获得了辉煌的胜利，并向全世界证明了自己的价值。可是麻烦事也随即接踵而至。因为在西西里的野战医院中动手打了一名装病士兵的耳光，巴顿的这一“粗鲁举动”很快就被见了报，导致他被解除了第 7 集团军司令的职务。对于普通美国大众来说，巴顿的名声与其说是一名出色的将军，倒不如说只是一个爱出名的吹牛王。造成这么多麻烦事的缘由，还是因为巴顿的人格过于复杂。从表面来看，他那支时刻别于腰际的象牙柄转轮手枪就无时不在体现着主人那种喜欢表现自我的外露性格，可在巴顿的内心深处他却又是个容易动感情的人，还经常会为了某件伤感的事情而落泪。

自从被“遣返”回美国后，不安分的巴顿又在盟国计划反攻欧洲大陆的时期惹上了新的麻烦。由于在一次民间演说时激怒了盟国苏联，巴顿的能力再次受到了

▲ 1944 年 7 月 7 日巴顿与布莱德利（中）及蒙哥马利（右）的一次会面，照片中巴顿的腰上就别着那把著名的象牙柄转轮手枪。

公众的质疑。后在新任美国远征军司令布莱德利的安排下，他被调往伦敦东南部去指挥当时还不存在的第 3 集团军。高层的意思是要用巴顿的身份来迷惑德国的谍报网，让他们错误地认为未来盟军登陆的地点很可能会是在加莱而不是诺曼底。憋了一肚子气的巴顿可无法担任这种闲来无事的“空头司令”，他利用这段时间开始积极研究起“霸王”行动来，甚至还给出了不少的批评意见，可就是无人理睬。

诺曼底登陆过后一个月，虽已身在法国但手头依然没有一兵一卒的巴顿终于按捺不住了。他知道自己已经 59 岁，如若再不能亲身投入战斗的话，可能就会永远地身处二线指挥官的位置。诺曼底战役的转机终于给他创造了大显身手的机会，盟军最高统帅部在 8 月 1 日正式委任巴顿指挥美军的第 3 集团军，他的名字与他所热爱的部队一同再次出现在了各大报刊的头条新闻位置上。当时巴顿的名气是如此之大，甚至让他的敌人都错误地认为他将指挥盟军的一整个集团军群前来横扫整个法国。

第 95 步兵师属下第 379 步兵团的一名名叫查尔斯·克劳福德（Charles Crawford）的年轻排长，刚于 10 月来到位于梅斯东南的一处桥头堡参战。他后来回忆了巴顿在 11 月 5 日对第 379 团发表演讲时的情况，我们便能从中了解到这位著名“血胆将军”的突出个性：“我师刚刚加入第 3 集团军的序列，巴顿将军就下令把本团的高级军官和士官们召集起来，说要亲自前来为他们打气。当时在那片又冷又潮的会场上聚集了大约 500 多人，大家甚至能听到从远方前线那边传来的隆隆炮击声。随着‘立——正’口令的发出，我下意识地转向道路的朝向，接着周围就响起了嘹亮的军号声。只见一辆挂有三星将军旗的吉普车在两辆宪兵吉普的陪伴下，缓缓地驶入了会场空地。在一片肃静之中，我亲眼望着巴顿那辆漆得崭新的座车离开了车队序列径直向我所站的位置开来，并在士兵队伍前方大约 50 码的位置停了车。等司机降下挡风玻璃后将军本人从车座上站起身来，一旁的军官赶忙下令让大家稍息。在我的印象当中巴顿应该是个身材高大而又双肩宽阔的指挥官，但当他从车内完全直立起来的时候我还是吃了一惊，毕竟自己在之前还从没见过像他这样‘雄

▲ 巴顿有多辆座车，其中最出名的是这辆道奇 WC57 型指挥车。

▲ 1944 年 9 月 30 日，巴顿在位于埃坦的司令部与其第 3 集团军部分高级军官合影。右一身材矮壮的是第 20 军军长沃尔顿·沃克少将，他身后站在巴顿左手边的是巴顿的副参谋长霍巴特·盖伊准将，巴顿右手边身后的是其另一位副参谋长保罗·哈金斯上校，哈金斯右手边露出半个脑袋的是巴顿的 G-4 军官“强盗兼丐帮帮主”沃尔特·穆勒准将，哈金斯身前的是第 5 步兵师师长勒罗伊·欧文少将，左一是第 7 装甲师 B 战斗群指挥官约翰·汤普森准将。

壮如牛’的高级将领。在如此接近的距离内，我能清楚地瞧见他钢盔上的三颗银星，以及他穿在身上的那件带编织领口的坦克兵用夹克衫。将军的腰间系有一条带着黄铜扣子的腰带，不过似乎系得有些过紧，只能勉强维系住他的上半身。除此之外，最引人注目的恐怕就要算是别在将军胯下的那对标志性的镶珍珠的象牙柄左轮手枪了，它们都被装在带有铜扣子的小型枪套中，并用皮带挂在他的腰带上。在普通士兵的眼里，站在吉普车里的巴顿就像是站在四轮战车中的赫拉克勒斯。当将军开始开口讲话的时候，他那种高亢的嗓音却与他粗鲁的外表形成了鲜明的反差。最初他演讲的内容让我觉得有些失望，但没过多久我就意识到将军所说的其实并没有错。这是一个久经沙场的老将对一群年轻人的训导，巴顿并不想在我们面前用华丽的辞藻来掩饰未来战斗有多么艰苦，而且他很快就抓住了要点。我记得他在演讲中有过这么一句话：‘你们的师长告诉我，说你们是一支渴望战斗的优秀队伍。我那时答复说让他先不要着急，还是先等他把手下带去打上两个星期，再来告诉我他们到底优不优秀也不迟。’巴顿的话很明显是一种警告，他要提醒我们注意在战斗中如果不当心的话就会很快丧命。当时我曾环顾四周，结果只瞧见了一群眉头紧蹙、如同花岗岩一般的面庞——他们也许听得血液都已经凝固了，几乎没有人敢眨一眨自己的眼睛。接下来巴顿又强调了勇气在战斗中的重要性：‘我已经要你们的指挥官立即交出所有的挖掘工具。我可不想让自己的部队在作战的时候老是靠挖掘防御工事混日子。不过假如你们中的某些人坚持要挖坑躲避的话，我是不会强行把你踹出来的。另外，我不希望听到你们有人对我说什么我们被炮火压制之类的屁话。如果你们不能在战斗中勇往直前，那么就别给我回来好了。你们必须牢记一点，那就是一个人在战场上只有不断奋勇前进，才会有活下去的机会。’他这段特别以着重语气说出来的话，立即使会场内的紧张气氛达到了令人窒息的程度，让我觉得巴顿当时的腔调就好似在对全世界的听众宣扬他的末世预言。这真是无比糟糕的一天。以前我只是从新闻报纸上晓得真正的战争大概是个什么模样，但如今我已明白自己马上就要亲身体验上这种滋味了，除了在战场上奋勇杀敌之外别无他法。在国内训练时期的好日子结束了，我很气愤以前居然没人出来向我说明战争是这么个鬼样子，感觉受了欺骗的自己就像个傻瓜一样乖乖地跟着部队来到了梅斯。巴顿这时也似乎察觉出了士兵的不安心理，他马上用一个有关美军士兵和英国小姐热恋的笑话缓解了大家压抑的心情。到最后，将军高举起自己紧握着的右拳，向士兵们道了声‘我祝你们好运’，接着坐下并关上了车窗，整个车队于是便迅速掉头驶离了会场。”

梅斯战役爆发前的美国第 3 集团军由三个军组成，它们分别是第 20 军、第 12 军和第 8 军（第 8 军前段时候还在布列塔尼半岛肃清残余德军）。巴顿指挥部的参谋人员大多是骑兵出身，曾跟随巴顿从北非、西西里一路转战至法国，并且都是他那套“以速度出奇制胜”战略方针的坚定拥护者。坦白地讲，巴顿参谋团虽然一直处于他们那位喜怒无常的长官的阴影之下，但他们的内部工作却从未受到任何影响。平日里讨厌思考逻辑问题和处理俗事的巴顿经常会离开他的驻地独自一人前去巡游旧时的古战场，边叼着雪茄烟边对它抒发自己的赞美之情，所以每当巴顿跑出去怀旧的时候，一个高效率的参谋团就成了第 3 集团军内部必不可少的一个重要环节。不过话要说回来，尽管巴顿脾气火暴，可他还是十分重视处理与同事间的协作关系，这种优良的习惯会一直保持到战争结束。

▲ 自上而下分别是：第 3 集团军司令部一名少校的 M–1 钢盔实物、第 3 集团军臂章实物、第 20 军臂章实物。

到 1944 年 8 月底为止，巴顿的第 3 集团军拥有七个步兵师、两个装甲师以及大批后勤、指挥单位，总计有 314 814 名官兵。初经战阵的第 3 集团军士兵斗志昂扬，充满了对杀敌立功的渴望。与历史上那些有名的军队一样，巴顿的部队拥有高昂的士气、自上而下的统一指挥以及一名出色的将领。有人甚至说，第 3 集团军完全是一支为巴顿量身打造出来的军团，而每个加入该部队的普通士兵都会骄傲地向他人宣称："能与巴顿将军一同奋战是我一生中最大的荣幸！"

其实就梅斯之战本身来说，我们的兴趣只集中在第 3 集团军麾下的第 20 军身上。当时刚完成横穿法国追击德军任务后的第 20 军，是由沃尔顿·H. 沃克（Walton.H.Walker）将军指挥的部队。和巴顿一样，沃克也是参加过 1918 年圣米耶尔战役的一名老兵。从外表上看，沃克就像是一头身材短小、脸庞宽大、满面怒容的凶猛斗牛犬。战后负责撰写巴顿传记的拉迪斯拉斯·法拉戈，曾相当无礼地把沃克形容为是"一只圆滚滚的油桶"。尽管巴顿自己很欣赏沃克的能力，但他实际上从未严肃认真地对待过沃克。于是沃克只能借着这位他所崇拜的上级身上的光环，从一次次的战斗中体现他自己的价值，这对一个军长而言不能不说是一种悲哀。与巴顿那种喜欢自我表现的嗜好不同，沃克是个朴素的人。他从来都是只穿一双士兵皮鞋，腰系一条普通的厚边腰带。在人际关系方面，几乎无人欣赏沃克那种平易近人的个性，所以他可没有像巴顿那样的大批崇拜者。从他身上你休想找到任何传奇故事，也榨不出一点趣事或是逸闻。巴顿认为沃克最优秀的品德，就是你叫他去干什么他都会乖乖的从命，于是便把他长期保留在军长的这一职位上。

和集团军的情况类似，美军军级编制内的各师在战时也会因为战况的不同而有所调动，只不过他们无一例外地都会在必要的时候得到工兵、炮兵和医疗单位的支援。对于美军来说，师才是他们最基本的战术单位，各师所属的团会在战时陪伴着该师的指挥单位共同作战直到战争结束。

第二次世界大战中的美军步兵师在执行作战行动时，同样将获得以下单位的加强，其中就包括了：若干个野战炮兵营，一个医护营，一个工兵营，一个军需营，一个通信连，一支侦察分队，一个军械连，一个防空营，一至两个坦克营以及一至两个坦克歼击营。

▲ 鲁尔包围圈战斗中的第 7 装甲师 M4"谢尔曼"坦克。

美军步兵师的骨干力量在于它的三个步兵团，每个都由一名上校级军官负责指挥。每个步兵团下辖三个营，每个营又下辖三个步兵连和一个重武器连。同时美军也为它的步兵团配备了工兵、炮兵和坦克部队，一旦爆发战斗，这些部队就会立即组织成为团级战斗队（Regimental Combat Team，简称 RCT），以便能在作战中发挥多兵种协同的优势。

至于美军装甲师在编制上则与步兵师有着诸多不同之处。装甲师的核心战斗力量不是团而是它的三个装甲战斗群（Combat Command），由一名准将或上校负责指挥。每个装甲战斗群由各种坦克、坦克歼击车、装甲步兵、自行火炮等单位组建而来，都拥有实行独立作战的强大机动能力。

“二战”后期战役中的德军与美军相比就显得相当落后了，他们直到 1944 年年末还在大量使用马匹行军，并用它们来拖曳各种重型装备。不过美军的高度机械化并不意味着他们就没有任何难处。为了保障前线每一名士兵的作战能力，美军就必须组织大量后勤力量来保障他们的供应和补给，这无疑加大了对补给能力的要求。

1944 年 8 月，位于梅斯战区内的美军第 20 军拥有第 5、第 90 步兵师以及第 7 装甲师这三个师的部队。其中由勒罗伊·欧文（LeRoy Irwin）少将指挥的第 5 步兵师是一支正规军，先前一直都在冰岛担任防御任务；第 90 步兵师则刚在雷蒙德·麦克莱恩（Raymond Mclain）准将的指挥下结束了不走运的诺曼底战役；与这两个师一样，西尔维斯特少将的第 7 装甲师同样也在诺曼底战场损失轻微。所以说还没经历过梅斯血战的第 20 军还是一支初出茅庐的队伍，他们并不知道将有一场长达两个月之久的大战在等待着他们。

美军第 5 步兵师

作为一支正规军部队，以第 10 和第 11 步兵团编制为主的第 5 步兵师早在“一战”中就参加了圣米耶尔战役（1917）和马斯－阿贡讷战役（1918）。第 5 步兵师的臂章是在一战中设计的，图案为著名的“红色之钻”，同时该师也以“我们将坚持到底”这句座右铭而闻名全军。由于在“一战”中的出色表现，第 5 步兵师从德国人的嘴里赢得了“红魔”的绰号，全师官兵都把它看成是部队的一项荣誉。“一战”结束后，第 5 步兵师被暂时撤编，直到 1939 年 10 月才重新恢复番号。随着美国逐渐迈向战争之路，第 5 步兵师由早期的“四角师”（即拥有两个旅共四个步兵团编制的步兵师）重新整编为新的“三角师”（即拥有三个步兵团编制的

▲ 第 5 步兵师臂章。

▲勒罗伊·欧文生于1893年3月。1915年从西点军校毕业后加入陆军骑兵部队，随后的1916年他在潘兴将军麾下参与了潘趣维拉战役，1917年又转入炮兵部队。1919—1920年，他还曾在耶鲁大学担任军事学教授。“二战”中，欧文先是在北非指挥第9步兵师的炮兵部队，随后就开始担任第5步兵师师长投入欧洲战场的作战。欧战结束时他已经是第12军军长，1946年回到美国后担任第5军军长，1950—1952年担任驻奥地利美军司令，之后退休，1955年在加利福尼亚州死于心肌梗死。

步兵师），一共编有第2、第10和第11步兵团，每个团均由大批参加过“一战”的老兵们组成。

1941年4月，第5步兵师在师长卡明斯（Cummins）少将的指挥下，前往位于密歇根州的卡斯特堡（Fort Custer）驻防并展开最初的训练工作，然后又先后换防到田纳西和路易斯安那州。同年8月，隶属第5师的第10步兵团被首先派往冰岛担任防御任务，随后该师的其他部队也陆续跟着抵达了冰岛驻地。在冰岛驻防的日子里，第5师的广大官兵通常只能通过滩头巡逻、修筑道路、搭建营房或是在码头充当装卸工来打发闲暇的时间。就在前一个月，一名名叫勒罗伊·欧文的新任少将接替了卡明斯的职位，此人将在以后的日子里与第5师官兵一起经历漫长的战争岁月，直到他在欧战结束前晋升为一名军长为止。

1943年8月，第5步兵师终于获准离开冰岛前往英国的提德沃斯营地（Tidworth Camp）接受进攻欧洲大陆计划的先期训练，之后又于10月转移到北爱尔兰，并在那里经历了实弹模拟作战的考验。

1944年6月底，第5步兵师做好了前往诺曼底的一切战斗准备。该师于7月6日分别搭乘12艘运兵船从贝尔法斯特港出发开赴法国，并于两天后在犹他滩头登陆。7月12日，抵达科蒙的第5步兵师被划归给了第5军，接着很快就被卷入灌木丛地带的血战中。一个月过后，第5师被转到巴顿第3集团军所属的第20军麾下，先后解放了卢瓦尔和沙特尔镇。然后该师跟随着巴顿的大军飞速地向摩泽尔河方向挺进（一天内进军96千米），渡过塞纳河并进抵巴黎东南方向的枫丹白露，从而在德军防线上打开了一个缺口。几天后，第5步兵师途经“一战”时的马恩河以及马斯－阿贡讷旧战场，以闪电般的速度直扑凡尔登附近的马斯河，最终来到梅斯城下并与守城德军展开了激烈的要塞争夺战。

1944年11月，解放了梅斯的第5师的士兵们先是参加了萨尔河沿岸的激战，接下来又被派往卢森堡去协助盟军抵挡德军的阿登反击战。等盟军打响莱茵河战役时，西线德军早已溃不成军，无法阻挡第5步兵师向德国的心脏地带长驱直入。奥本海姆与法兰克福先后落入美军之手，而“红色之钻”师的官兵此时也已来到了巴伐利亚与捷克斯洛伐克的边境交界地带。1945年5月随着纳粹德国正式投降，已成为美军最优秀步兵师之一的第5师于是班师回国，从而结束了它在欧洲的整个征战史。

“二战”中的第 5 步兵师编制序列

第 2 步兵团	第 5 军需连
第 10 步兵团	第 5 通信连
第 11 步兵团	第 5 侦察分队
第 19 野战炮兵营	第 705 军械连
第 21 野战炮兵营	第 449 高炮营
第 46 野战炮兵营	第 735 坦克营（1944 年 7 月—12 月）
第 50 野战炮兵营	第 737 坦克营（1944 年 12 月—1945 年 6 月）
第 5 医护营	第 818 坦克歼击营（1944 年 7 月—12 月）
第 7 战斗工兵营	第 803 坦克歼击营（1944 年 12 月—1945 年 6 月）

美军第 7 装甲师

第 7 装甲师的绰号叫作“幸运第七”（Lucky Seventh），该师于 1942 年 3 月 1 日组建，1944 年 6 月在师长林德塞·西尔维斯特（Lindsay M.Silvester）少将的率领下来到英国，开始了他们的“二战”征程。

1944 年 8 月 13—14 日，该师在奥马哈与犹他海滩登陆，被编入第 3 集团军麾下。该师登陆之后立即投入战斗，向沙特尔（Chartres）进攻，接着又解放了德勒（Dreux）和默伦（Melun），并于 8 月 24 日跨过了塞纳河。随后该师绕过兰斯（Reims）推进，8 月 31 日相继解放了蒂耶里堡（Chateau-Thierry）和凡尔登。

▲第 7 装甲师首任师长林德塞·西尔维斯特（1889—1963）。有关他的生平资料非常稀少，无法得知他在指挥第 7 装甲师之前及之后的经历。

短暂休整并补充燃料之后，该师于 9 月 6 日向摩泽尔河冲去，并在多尔诺（Dornot）附近建立了一个渡河点。但渡河行动在梅斯附近严密的要塞火力面前受阻。然后该师又试图在梅斯西北面渡过摩泽尔河，但是深深的河谷地形并不适合发动装甲突击。随后该师配合第 5 步兵师扩展了阿纳维尔桥头堡，9 月 15 日该师大部分在此过河。

9 月 25 日，该师被编入第 9 集团军，向荷兰方向运动参与“市场 - 花园”行动。在随后的一系列战斗中，该师与英军的同名装甲师一道打退了德军的反攻，最终将局势稳定。其中在 9 月 30 日开始的一轮八天进攻战斗中，该师付

▲ 第 7 装甲师师徽臂章。

出了 452 人阵亡及 29 辆“谢尔曼”坦克、六辆轻型坦克和 43 辆其他车辆损失的代价，仅仅得以推进 2 000 米。

11 月 1 日，罗伯特·哈斯布鲁克 (Robert W. Hasbrouck) 少将接替西尔维斯特成为第 7 装甲师师长。12 月，当德军发动阿登攻势的时候，第 7 装甲师正在鲁尔河畔，该师随即被编入第 1 集团军向比利时的圣维特 (St. Vith) 转移，在此迟滞德军的推进，1945 年 1 月底转守为攻之后重新夺回圣维特。2 月，该师在许特根森林里作战。

3 月，该师运动至波恩南面的莱茵河，并发动攻势突破雷马根桥头堡。4 月，该师参与了鲁尔口袋的战斗，在东南面将包围圈封闭。接着该师北进至波罗的海岸边，然后向东与苏军建立了联系。在此地区该师迎来了胜利日。之后该师便继续训练，准备投入登陆日本的行动，但此次行动最终没有成为现实，于是该师便于 1945 年 10 月返回美国，随后解散。1950 年初，由于朝鲜战争的缘故，该师被重新组建，但最终还是没有前往远东，不久后再次解散。

作为“二战”美军一支典型的轻型装甲师，该师人员总数达到约 1.1 万人。全师完全实现了机械化，拥有 168 辆中型坦克和 77 辆轻型坦克，及 18 辆装备 105 毫米炮的 M4 坦克。在整个“二战”中，该师总计阵亡 1 366 人。

“二战”中的第 7 装甲师编制序列

A 战斗群
B 战斗群
第 17 坦克营
第 31 坦克营
第 40 坦克营
第 23 装甲步兵营
第 38 装甲步兵营
第 48 装甲步兵营
第 87 骑兵侦察队
第 33 装甲工兵营
第 147 装甲通信营
第 434 装甲野战炮兵营
第 440 装甲野战炮兵营
第 489 装甲野战炮兵营
第 7 装甲师补给队
第 129 军械维护营
第 77 装甲医护营

美军第 90 步兵师

与第 5 步兵师一样，第 90 步兵师也是参加过“一战”战斗的老部队，也同样参加过圣米耶尔和马斯－阿贡讷战役。绰号为“老牌手”的该师臂章以“T”和“O”两个字母结合而成，表示部队里的成员大多为得克萨斯人或俄克拉荷马人。1942 年 3 月，美军高层指令第 357、358 和 359 步兵团共同组建成新的第 90 师，同时也为这支新部队增加了炮兵、坦克、工兵等辅助兵种。诺曼底登陆前，第 90 师一直在英国西部进行战前的训练准备，并在 6 月 8 日—9 日有幸成为盟军登陆诺曼底的第二波部队之一。自在犹他滩头上岸后，第 90 步兵师参加了切断瑟堡以西德军的作战行动，并于 6 月 10 日与德军伞兵进行了激烈的战斗。由于伤亡严重，该师的士气受到了沉重的打击。仅仅在数星期内，第 90 师就连续撤换了 2 名少将师长和数名团营级的指挥官，糟糕的战况甚至使第 1 集团军的司令布莱德利一度考虑将第 90 师解散以补充入其他部队的可能性。然而自从新任该师师长的雷蒙德·麦克莱恩准将于 7 月 29 日走马上任后，他便以极其出色的能力“拯救了第 90 师的灵魂”，同时也把这支部队重新塑造成美军中最具威力的战斗机器之一。

▲ 第 90 步兵师师徽臂章。

▲ 雷蒙德·麦克莱恩，生于 1890 年 4 月。1912 年加入俄克拉荷马州国民警卫队，后参加过潘趣维拉战役，“一战”中也曾跟随美国远征军赴欧参战，“一战”后继续在国民警卫队服役。1938 年晋升为国民警卫队准将，经过一次高级指挥培训之后成为了第 45 步兵师参谋长助理。1940 年 9 月被召入现役成为第 45 步兵师炮兵部队指挥官，后参加了北非战役。1944 年 7 月接任第 90 步兵师师长，10 月中旬升任第 19 军军长，成为战时唯一担任军长作战的国民警卫队人员。1954 年在华盛顿去世。

诺曼底血战是第 90 师经历过的最艰难的战斗，光是在进攻蒙卡斯特附近的灌木丛地带这一场战斗中，该师就曾与德军精锐的伞兵部队碰了个头破血流。不过要不是从这些痛苦的经历中汲取了足够的经验，第 90 师恐怕就无法在后来的“眼镜蛇作战行动”中以其人之道还治其人之身，并一路把慌乱撤退中的德军残兵败将逼向阿夫朗什。

为了加快突破速度，第 90 步兵师在诺曼底战役的后期获得了空中力量的大力配合。由奥托·韦兰德准将指挥下的第 19 战术航空队，在 8 月底受命开始支援巴顿第 3 集团军的作战行动。为了充分运用好这支空中打击力量，第 90 师与该航空队建立了密切的空－地联络系统。拥有两支战斗轰炸机大队的第 19 战术航空队，到时将把自己的 600 余架战机配置在布列塔尼和芒特之间的各处机场，随时听候地面部队的差遣。整个 8 月里第 19 战术航空队执行了数次大规模行动，除了派遣战斗轰炸机执行直接对地攻击外，它们还被用于实施战区封锁，阻击敌军援军和保护第 3 集团军的侧翼等各类任务，其活动范围之广甚至达到了布列斯特和梅斯附近的空域。尽管此时早已残破不堪的德国空军对于美军频繁的空中打击几乎束手无策，但第 19 战术航空队在梅斯之战中执行空中支援任务时，还是受到了该地区内恶劣气候的严重干扰，导致美军战机对梅斯要塞群的摧毁效能大打折扣。

梅斯战役结束后，第 90 步兵师继续留在巴顿的第 3 集团军序列内，并跟着这位著名的美国将军转战大半个欧洲。在突破莱茵河后第 90 师几乎就没遇到过更大的困难，他们一路飞快地冲向柏林并最终为他们自己赢得了战争的最后胜利。

第三章　1944 年 9 月初洛林地区的形势

盟军的补给难题

1944 年 9 月 1 日，西方盟国的各大报纸争相报道有关第 3 集团军因汽油用完而停止进军的消息，不禁令美军高层大为难堪。如果从现代化军队后勤便利的角度来考虑，我们或许会认为在拥有庞大后勤资源的盟军一方出现这样的情况简直是不可思议的，然而这却的的确确是事实。那些拥有“先见之明”的军事评论员随即开始对汽油问题大做文章，不断地指责高层在决策上的错误，甚至还暗示盟军内部可能出现了所谓的“背信弃义之举”。其实盟军汽油短缺的问题并非是凭空出现的，之前已经有不少盟军军官意识到自己的军队迟早会有停下来的一天，而巴顿的部队只不过是当前大环境制约因素下的受害者之一罢了。

盟军在后勤补给方面的问题，基本上决定了未来三个月内洛林战役的大致走向。在 1944 年秋负责攻打洛林的美国军队发现，决定他们作战范围大小的不再是高级将领，而是负责后勤补给事务的 G–4 官员。从很大程度上来说，军队机械化程度的不断提高已经改变了现代化战争的面貌。“一战”中各参战国的军队虽然规模庞大，但军队的主体仍然由大量配备着武器的步兵组成，所以那时各参战国的后勤补给主要是依靠铁路和畜力运输，这样一来也使得战场上的各条战线相对较为固定。可仅仅在过了 20 多年后，装甲突击、空降作战和两栖登陆战术的诞生就改变了一切，甚至连原先完全依靠步行的步兵部队也逐渐实现了摩托化，并得到了诸如反坦克炮、轻型榴弹炮等重型武器的有力支持。所有这些革命性的变革，都使“二战”中的战术运用发生了翻天覆地般的变化。从另一方面来说，“一战”时的协约国至少还能获得法国在军事以及政治上的大力协助，比如法国在长达四年之久的战争中不仅为英美盟国提供了大量作战资源，同时还允许他们使用法国的铁路设施和警察部队并给予行政上的全力支持。可在 1944 年的战争中，英美盟军只能从英伦三岛入侵被德军占领的法国本土，而法国本身却根本无法为盟军提供任何补给上的支援，于是规模庞大的盟军部队只能靠自己通过大西洋航运的方式来为自己的军队运送补给物资。

1942 年灾难性的迪耶普登陆行动，使盟军决策者们对采用闪电式突袭来夺取一个严密设防的港口的作战方式投了否决票。他们转而采用建造人工港，并将之拖曳

▲ 一批从瑟堡运来的汽油刚刚抵达蒙斯火车站。

到诺曼底海滩附近的方法来为登陆部队提供登陆最初阶段内的后勤保障。然而从1944年6月初一直到8月底，盟军补给物资的主要卸载地点不但依然被限制在那几处滩头阵地上，却又同时要为多达40多个师规模的部队和各种辅助单位提供数量异常庞大的补给，这无疑显得有些杯水车薪。已被攻占的瑟堡港因为遭到德军的严重破坏只能发挥一半的吞吐能力，而布列斯特、加莱、敦刻尔克以及安特卫普等沿海港口仍处于德军的控制之下。盟军如果想要使用这些港口来缓解自己的补给困难，还得花不小的力气去逐一拿下。

谈过了盟军整体上缺乏可用补给港口的问题，现在再让我们来单独看看巴顿的情况。自从巴顿停止进军后，诺曼底的滩头上已经逐渐堆积起了大量的补给物资，但就是没有足够的运输车辆把它们运上前线去。对巴顿来说他的麻烦并非来自汽油本身，而是部队严重缺乏运输工具造成的。所以现在看来，那时盟军高层让军队先在塞纳河附近停下进行补给整编，然后再采用系统逐步推进的做法应该说还算是一个明智之举。其实除了运输工具外，在空袭中严重受损的法国交通网络也是造成盟军补给速度迟缓的原因之一。盟军各部队在诺曼底战役结束后的飞速进军，曾让不少高级将领忘乎所以，把原先细心准备的周全计划全都抛到了一边。早在D日登陆行动展开前后，盟军的战术轰炸机为了阻止德军增援诺曼底，曾肆意地轰炸位于法国北部的各种铁路设施和交通枢纽。可自从盟军冲出诺曼底地区时，他们发现完全瘫痪的交通系统也给自己的进军带来了极大的不便。经过工兵部队的不懈努力，他们的首列列车直到8月30日才沿着一条蜿蜒的路线抵达巴黎。

综上所述，缺乏可用的港口、运输车辆和完好的交通系统，是造成盟军补给困难的三大主要因素。由此我们可以想象一下，时任第12集团军群司令布莱德利此时正面对着多么巨大的难题。他的补给路线比蒙哥马利的更长，每当巴顿的部队前进哪怕1 000米都会给他增加更多的麻烦。蒙哥马利至少能等安特卫普以及其他沿海港口开放后再来解决后勤供应问题，而正在向洛林以东不断挺进的第3集团军却完全无法享受这样的福利。由于洛林地区缺乏完善的铁路系统，美军只能选择通过公路来运送补给物资，好在这个问题没过多久就得到了一定程度的缓解。在天才的设计规划下，美军建立了一支完全由卡车组成并为军队提供补给输送的车队，名字就叫作“红球特快”。从此以后，大批美军运输车队就将日夜不停地奔驰在法国境内的公路上，为前线的部队运送大量急需的作战物资。只要是在“红球特快”使用的专线上，即便某辆卡车在半路出了故障，美军也会无情地调来推土机把车辆推下公路以保证路线的畅通。根据统计，“红球特快”将以每天 7 000 吨的规模向前线输送各种补给品和油料。尽管所需的各种车辆都必须从各个步兵师内抽调（其中有部分部队的卡车甚至还没抵达法国），美国人还是聚集起了大批的专用输送车辆来执行这一计划。由于考虑到特快车辆在路上往返一次需要花费三天时间，所以平均每运送一天所需的作战物资就需要同时动用三辆卡车才行。

然而即使是“红球特快”也无法完全解决巴顿部队的供应需求。直到 9 月 6 日，首辆负责运送补给品的列车才到达了第 3 集团军所在的洛林地区。虽然一条专用的油料输送管早在 8 月 26 日就被铺设到了阿朗松，却只能输送较少的燃油。美军为此曾专门考虑过动用飞机来为军队运送油料和补给品，但也只能达到第 3 集团军日常需求的一半而已。从 8 月 23 日起，美军空中运输指挥系统的 C47 运输机以每天一波的速度，展开了前往奥尔良机场的空中补给行动。可是没过多久这批飞机就被全部撤了回去，虽说上级给出的理由是需要它们前去执行预定于 9 月 3 日对图尔奈发动的空降任务，但该计划在实施之前却因为布莱德利第 1 集团军过早地到达图奈而被临时取消。在这之后，布莱德利曾试图让巴顿停止在洛林的作战行动，艾森豪威尔却态度坚决地要巴顿把战役继续打下去。除此之外布莱德利自己还面临着一个我们也许不知道的难题，他必须在指挥第 12 集团军群作战的同时负责巴黎的日常供给之需，而当时的盟军最高统帅部还没有集中精力来关注这一点。

▲ 1944 年 9 月，盟军的补给系统正面临无比严峻的挑战。图为阿朗松附近的美军“红球特快”告示牌。

在各种后勤物资中，美军最需要的还是汽油。每当美军打退德军部队后，他们往往会要求暂时停止弹药供应而为作战车辆优先进行油料补给。要是德军部队不撤退并坚决抵抗的话，美军则会反过来要求暂缓汽油供应而优先进行弹药补给。这可不是什么“美国人的小聪明”，实在是一种无奈之举。假如当时的盟军有能力解决自己的后勤问题，美国人也许就不会这么做了。几个月过后，当西欧的气候逐渐转冷时，毛毯、冬衣和冬靴这些东西也成了士兵们急需的热门货，盟军在后勤供应上的负担自然就显得更为沉重。

西线美军内部有关补给方面的大小事务，照规定都被交由后勤补给部门［Services of Supply，简称SOS，是盟军最高统帅部里的后勤区（Corn Z）的一部分］来处理。当时该部门的全权负责人是约翰·李（John Lee）将军，一个几乎被所有美军高级将领所讨厌的人物，巴顿自然也对他很不以为然。巴顿传记的作者法拉戈曾把李形容为“一个有着光洁皮肤和灼人目光，稍微又有些谢顶的金发男人；一个好莱坞电影里经常出现的那种充满了虚假热情的乡下教士；一个出身于美国旧式军校制度下的，自认要成为一名严厉军官的家伙”。李与巴顿的“孽缘”不浅，早在北非和西西里他就一直是巴顿的后勤负责人。甚至有传言说，李就是造成巴顿在“打耳光事件”后被迫下台的幕后元凶。如果我们暂时抛开巴顿与李的私人恩怨并从公平的角度来进行评价，SOS部门在洛林战役期间的确是以有限的资源和设施，尽了他们最大的努力来为巴顿的部队提供补给。只不过对于那些缺乏油料的坦克兵们来说SOS做得还很不够，于是便理所当然地成了第3集团军全体官兵们的埋怨对象。SOS让自己成为众矢之的的另一个原因是因为李自己的某些出格表现，例如他在8月底曾不顾艾森豪威尔禁止在巴黎建立任何指挥机构的命令，带着大批细软从诺曼底一路赶到巴黎城，并在一处最豪华的旅馆区里建立了自己的总部。为了李的这次奢侈旅行，美军的后勤仓库一下就消耗掉了2.5万吨的汽油，另有大批的输送卡车被他临时征用。得知此事的第12集团军群司令布莱德利后来在日志中气愤地写下了如下的评价：“当严重缺乏给养的我军士兵正在一线艰苦奋战的时候，一批来自最高统帅部后勤区的官员们倒在巴黎过着花天酒地般的舒适生活！我认为这是很不公平的待遇，广大普通士兵对这件事的积怨到战争结束时都一直未能消除。”

▲约翰·李（1887—1958），全名为约翰·克利福德·霍金斯·李。1909年从西点军校毕业，工兵出身，“一战”中获得过杰出服役奖章和银星勋章。

在第3集团军这一级，负责处理巴顿个人补给问题的是他手下自1941年起就担任G–4官员的沃尔特·穆

▲ 沃尔特・穆勒 (1895—1967)，全名为瓦尔特・约瑟夫・穆勒。1918 年从西点军校毕业，后在诺克斯堡的装甲兵学校任教期间结识了巴顿，从此便被其作为 G-4 军官一直带在身边。

勒（Walter Muller）上校。穆勒的个人作风十分强硬，几乎毫不理会外界对他做法的任何批评，以致在军内获得了一个“清道夫”的外号。作为一名优秀的 G-4 官员，穆勒具有仓鼠般储藏稀有物资的本能以及肉食猛禽般的贪婪个性。每当巴顿的部队占领一处德军的补给仓库，马勒总会抛出他那屡试不爽的“欺上瞒下”大法来督促部队继续前进。在穆勒的眼中，任何非法劫掠补给品的行为都是正大光明的合理手段。他手下的数支“打劫队”在 9 月间多次光顾第 1 集团军的补给站，并从那里掠夺走了相当数量的战利品。穆勒大胆的个人作风很快就感染了巴顿，有人记得他某次故意坐着一辆差不多耗光汽油的吉普车前去拜访布莱德利，为的就是要感化布莱德利以说明自己目前的困境，顺便使他的部队以后能就近取材地从第 12 集团军群的油库中拿到更多的油料。

根据 8 月间的统计，美军第 3 集团军平均每天需要消耗包括 1 500 吨汽油和润滑油在内的 6 000 吨补给品。但这只不过是理论上的估计，当时第 3 集团军每天实际消耗掉的汽油已高达 40 万加仑之巨。布莱德利认为上次由于需要支援空降行动而被撤走的那批运输机，使他的部队差不多损失了 150 万加仑的汽油供应。照他自己的话讲，如果不是这批油料被撤走，巴顿就能“比计划中的早四天抵达莱茵河了”。此外布莱德利还记得单是在 8 月 28 日那天，上级下发的汽油供应就比预期的减少了 10 万加仑（足够一个装甲师进行一整天越野行军），即使在两天过后也仅有 3.2 万加仑汽油被交付到他的手中。后来有人回忆说当巴顿的大军抵达马斯河附近的凡尔登时，他又亲自跑去见布莱德利并对他恳求道：“见鬼布莱德利，只要现在能给我 40 万加仑的汽油，我马上就能让你的军团在两天之内进入

▲ 1944 年 8 月 26 日，第 3 集团军的士兵正在桑恩的某处地下通道内忙着搬运缴获的德军补给物资。这批缴获物资对于经常面临补给紧缺问题的巴顿来说无疑是一个难得的好消息。

德国！”

虽然巴顿的话是没错，但他也说得太简单了，显得他似乎只需要努努嘴就能立即获得新的后勤供应。巴顿也许忘了，倘若没有穆勒这样一位勤勤恳恳的G-4负责人在背后帮他不断夺取敌方的油料供应，他的第3集团军现在别说凡尔登，可能就连马斯河也过不去。之前单是在桑恩发现的1万加仑汽油就能使他的部队进抵马恩河，第12军在沙隆（Chlons）发现的另外一批数目相近的油料就可以将第3集团军送到马斯河的对岸。在另一方面，美军从德军仓库中发现的大量药品和食物补给，也使巴顿的部队能为运输车空出更多的空间来运送更为急需的汽油。

最后还有一点需要说明，到现在也没有任何证据能证明后来由第3集团军部分参谋人员提出的一个论点，说什么当时巴顿的军队之所以会“挨饿”，是因为盟军最高统帅部内的某种阴谋在作怪，或是他们中的某些人要恶意整整巴顿。盟军整个补给系统内部的庞大规模以及大量检查人员的存在，都让像约翰·李那样的人物无法顺利实施他们的个人报复计划。部队补给物资的具体堆放地点都是由艾森豪威尔按照他参谋部的建议亲自指定的，差别只是在地点选择上，因为并不是我们本文的重点，所以在这里也就不再继续展开讨论了。

向马斯河进军

8月28日，布莱德利与巴顿会了次面，就最高统帅部的决定以及相关的补给问题与后者进行了商议。布莱德利告诉巴顿，因上级要保障第1集团军的进攻优先权，他的第3集团军必须在马恩河一线暂时停止前进。巴顿对此表示了强烈的不满，在他的激烈争辩下，布莱德利只好勉强同意让第3集团军再前进一段距离以到达马斯河。获得批准的巴顿生怕布莱德利事后反悔，于是赶紧指令沃克的第20军朝凡尔登方向开始进军，埃迪的第12军也奉命在科梅尔西（Commercy）附近展开了强渡马斯河的准备工作。对于这种有些轻率的举动，巴顿手下的G-2情报官科克（Koch）上校曾提醒他说德军目前还没有被完全击败，所以要他小心行事，但巴顿觉得这只不过是科克自己的一种臆想，他对未来战局的看法还是相当乐观的。直到一次在与埃迪商量渡河计划的时候接到了有关14万加仑汽油供应无法运抵的报告，巴顿这才发觉情况并没有像他预料中的那么顺利。假如当时接到这份报告的是一名作风谨慎的指挥官，那他很可能会马上下令部队停下以等待补给的到达，然而指挥整个第3集团军的不是别人而是巴顿。在他的头脑中西线德军正处于濒临崩溃的边缘，他们的齐格菲防线几乎无人防守，所以在没有突破到莱茵河前只有让部队不断地前进才是正确的做法。敢想敢做的巴顿在挥军东进时为保证部队的汽油供应不出现短缺，下令对整个集团军实行严格的油料保管制度。此外因为考虑到沃克和埃迪两人的部队经常需要使用缴获的德军汽油来维持日常所需，所以他还严令两军向马斯河挺进的时候必须齐头并进，绝对不能在半途分道扬镳。

有意思的是，巴顿此刻正在重游自己早在 1918 年便曾到过的地方。当第 3 集团军的部队先后途经马斯 – 阿贡讷以及圣米歇尔等一战旧战场的时候，那些年轻的美军士兵也许并不知道这里的土地埋藏着多少当年在这里牺牲的先辈们的遗体。自从美国加入国际联盟的努力失败，并在“一战”结束时陷入孤立主义 20 年后，美国人终于得以有机会重返欧洲大陆。他们军队中的年轻一代也和先辈们一样，再次来到洛林地区为法国的自由而战。

对沃克的第 20 军来说，他们当前的首要目标是去攻占作为“一战”重要标志之一的要塞城市凡尔登。德皇威廉二世在 1916 年间曾率军对该城进行了长达十个月之久的围攻，但最终还是失败了。直到几十年后，以闪电战战术闻名于世的德国军队才在革命性战术的保障下占领了凡尔登，迫使城中英勇抵抗的法国军队屈膝投降。

担任第 20 军前锋的是由西尔维斯特少将指挥的第 7 装甲师，欧文少将的第 5 步兵师则紧跟其后。这两个师在紧密配合下，沿着一条蜿蜒曲折的路线艰难地穿越法国香槟省的开阔乡野和很多历史上著名的古战场，一路开往在历史上经常作为法国国王加冕仪式举行地点的兰斯。第 5 步兵师的第 2 步兵团于 28 日晚在埃佩奈附近的马恩河上搭建了舟桥，从那儿到达兰斯仅有几千米之遥的路程。

▲ 在前往凡尔登的路上经过阿贡讷森林里一处“一战”的旧战场时，美军第 7 装甲师的一名中士在一处废弃据点发现了一顶当年留存下来的被打烂了的法军钢盔。

8 月 29 日下午，第 2 步兵团的团级战斗队抵达兰斯近郊，仅遇到了德军微弱的抵抗。当守城的德军部队试图撤离时，美军调遣了三个营的兵力对他们进行了合围。随着兰斯以东高地上的抵抗在夜间被肃清，美军第 2 步兵团主力便在 30 日早上开进城去到处搜捕德军残存的狙击手。兰斯的陷落使美军缴获了大量的食品和医药补给，士兵们为此兴高采烈地以示庆祝。有了这些新鲜食物的补充，他们就再也不用去啃那些难吃的战斗口粮了。更令人惊喜的事情还在后头，一批美军士兵从兰斯城的某处地下仓库内发现了香槟酒窖，其中大多数酒瓶都贴有“德国武装部队后备储藏之用”的字样，他们把这些酒都给运了出来，准备留到以后合适的时机再开瓶享用。

正当第 2 步兵团的士兵们忙着搬运各种战利品的时候，第 5 步兵师的其他单位也陆续抵达了兰斯地区。沃克将军手下目前只有第 90 步兵师因为油料短缺，依然滞留在马恩河的后方无法赶来与主力汇合。与此同时在第 3 集团军司令部内，巴顿发现攻占兰斯并未能给他带来更多的好运。由于一批负责运油的运输机被上级临时撤走，原本要于 30 日当天运来的 14 万加仑汽油仅有 3.2 万加仑运抵部队。面对严峻的补给问题，巴顿赶紧开始思考对策。他听说担任艾森豪威尔的 G–4 官员一职的布尔（Bull）将军会来布莱德利设在沙特尔的战术司令部的消息，就马上乘飞机飞到沙特尔去，一面请求布莱德利准许让他的部队立即向东进军，一面也想顺便从布尔那里捞到更多的物资供应。读者应该很容易就能猜到这次面谈的结果，尽管布莱德利和布尔两人都很有同情心，但巴顿的要求老实说也太过分了。没等巴顿把话说完，布莱德利就生硬地回绝了他的要求，并告诉他第 3 集团军以后只能获得数量有限的补给，所以不允许他再有任何自作主张的行为。

▲ 美军第 3 集团军的两名士兵在一条废弃的“一战”堑壕里互敬香烟，然后两人开始继续执行上级交代下来的巡逻任务。

在明白要同时对付两个对手——德国人和自己的上司以后，巴顿只好急匆匆地返回了指挥部，准备一个人单枪匹马地干到底。但他紧接着又从自己的参谋长加菲将军那里得知了另一个坏消息：负责指挥第

12 军，正在科梅尔西指挥部队渡河的埃迪发急电说如果巴顿再要让他前进的话，部队就会完全没汽油了。照加菲的意见，巴顿应该让第 12 军在圣迪齐耶（St.Dizier）附近停下待命。一听到这句话，都快气炸了的巴顿一把抓起电话听筒大声训斥可怜的埃迪少将，让他“把屁股动起来”，还要他一直前进“直到耗光最后一滴汽油”。

第 12 军军长埃迪少将自己很清楚巴顿的最终目标是莱茵河，可办不到的事情就是办不到。如今他的部队不但没有足够的汽油，其他诸如军衣、毛毯和车辆备件等主要物资的供应也日趋紧张。在之前横穿法国的长途行军过程中，美军为了保证进军速度总是忽略人员的休整以及对车辆的有效保养。如此一个月下来，整个第 3 集团军已显得相当疲惫，补给物资的短缺无疑令情况雪上加霜。

8 月 31 日下午，第 11 步兵团的团级战斗队挣扎着穿过第 7 装甲师拥堵在公路上的车辆洪流，继续向凡尔登方向挺进。除了在经过阿贡讷战场时遇到一点地形上的阻碍，第 11 团的部队仍然在夜晚 7 点抵达了离凡尔登仅有 9.6 千米远的地方。在那儿，他们从侦察部队的口中得知有座位于东面马斯河上的桥梁正无人守护，于是还没来得及歇口气的第 11 团又派遣 1 营马不停蹄地前去夺桥。从现在的观点看来这个做法多少显得有些多余，因为当 1 营抵达目标时才发觉他们来迟了一步，该桥实际上早已被第 7 装甲师 A 战斗群的三辆坦克以及第 40 装甲步兵营的一个连所占领。

当时担任第 11 步兵团副官的布鲁斯·坎贝尔（Bruce Campbell）上尉在战后所写的一篇题为《香槟早餐》的报告中描述了自己在进军凡尔登时的经历。我们便从中节选了部分片段出来，希望读者能从坎贝尔的亲身体验中发现战争中较为轻松，甚至带少许喜剧色彩的另一面：

▲ 第 11 步兵团团副官布鲁斯·坎贝尔上尉，《香槟早餐》一文的作者兼当事人之一。

“8 月 31 日晚，我在随团渡过马斯河后直接前往凡尔登。当我进城时 1 营的部队刚冒着炮火把德军驱逐出城，顺便占领了城外的一座高地；跟随 1 营进城的 2 营在贝尔维旅馆（Hotel Bellevue）里设立了营部。我记得一位重武器连的少尉曾以‘这里的香槟酒真是源源不绝’来评价他们的新指挥部，到后来我才得知它其实是城中两家最豪华的旅馆之一。

“察觉美国人已经到来的法国地下抵抗组织成员很快就以通敌者的罪名将旅馆老板逮捕，并将他投入了监狱。贝尔维旅馆在德军占领时期一直是城防司令部所在地，还拥有凡尔登城内最棒的酒窖。当第 11 步兵团 2 营的人半夜里在旅馆 1 楼设立营部时，他们发现法国地下抵抗组织的人已进入了地下酒窖，双方立刻发生了冲突，谁都不肯把这批美酒轻易让人。抵抗组织的发言人与 2 营的营长眼见无法马上解决争端，便暂时同意各派一人看守酒窖的大门，准备在第二天早上再来讨论有关这批美酒的归属问题。一名来自 F 连，名叫弗莱德·拉金（Fred Larkin）的美军列兵于是被挑选来担任美方的哨兵。他后来在站岗时设法用一瓶私藏的干邑白兰地（Cognac）将法方的哨兵灌得烂醉，这样 2 营的士兵们便趁机进入酒窖将所有美酒搬了个一干二尽。不过让我觉得奇怪的是，居然没人在干活的时候想到要停下喝上一口，大家只顾埋头搬运而已。

“与此同时在旅馆的厨房里，法国厨师们正忙着做炒鸡蛋、炸牛排以及番茄薄片，准备以丰盛的大餐来促进我们这些营部军官们的食欲。当我们的随军牧师和炮兵联络官在凌晨 3 点享用完两大块牛排后，那些法国人仍在紧张地制作煎蛋饼。他们的鸡蛋储备量之多远远超出了我的想象，我记得全营里的每个人最后都享受到了那份久违的美味，这令旅馆的厨师们感到既兴奋又愉快。

“直到天空破晓，我们这里都没有什么重大的事情发生。除了一些第 7 装甲师的醉汉搭着坦克来营部附近转悠外，就只有第 11 步兵团团长与其他随行军官们的到来让营部稍稍热闹了一下。接下来这位上校团长对我们宣布他已接管这所旅馆作为自己新的团部，2 营必须立即出城前往 1 营左翼的要塞上驻扎。除此之外，他还态度强硬地命令 2 营在临行前上交从地窖里辛苦收罗来的所有美酒，这一决定差点就让 2 营官兵发生了暴动。其实我也知道团长自己对那批美酒同样充满了欲望，但他当时还是故作姿态地说什么‘我知道你们这一段时间里都打得很辛苦，但我决不会容忍出现任何的偷窃行为’。

▲ 被美军缴获的德军香槟酒上贴的标签。

“对于团长的决定，2 营营长准备提出反对意见：‘但是上校先生，我认为……’

“‘不，别再说了。’团长打断了他的话，然后又斩钉截铁地补充道，‘你还是马上给我去前线多杀几个德国鬼子吧。’

“2 营就这样在团长的严令下离开凡尔登，击毙了 2 名在城外高地附近徘徊的德军并俘获了另外 50 余人。我自己作为团长的副官，被派去将剩下的团部人员领到旅馆里安歇。记得当时我在临走前做的头一件事是另派一名中士去警戒酒窖的大门，然后从法国侍者那里拿到了备用的酒窖钥匙。可令我懊恼的是，法国地下抵抗组织成员趁岗哨更换的时候悄悄地从酒窖搬走了两卡车之多的‘黑与白’（Black & White）和一些干邑白兰地。现在重新想想的话，我觉得自己当时在匆忙之中根本没搞清是怎么回事。我只记得当时一名法国人过来递给我一瓶苦艾酒（Chartreuse）和一瓶‘黑与白’，我以为是要送给团长的礼物，于是兴冲冲地跑到楼上把它们交给了他。可等我花了 10 分钟时间用牙齿为团长咬开‘黑与白’的瓶盖并回到酒窖时，这才发觉法国人已经趁我不在的时候将酒窖里所有的同类酒都搬空了，而那名中士却什么也没做，令我大光其火。

“没等我准备处罚中士，旅馆的主厨和侍者跑来问我准备什么时候用晚餐，我便把那倒霉的中士派去厨房帮忙做饭。之后旅馆的女侍们又向我报告说所有客房都已打扫干净，也没有房间出现断水的问题。折腾了好一阵子，我才发觉还是以传统的德国方式管理旅馆最为有效，其原则就是‘随你想，随你用’。忙碌数小时后的我累垮在了一张松软的沙发椅上，自言自语地对自己说：‘我的坎贝尔老伙计，你现在可真成了这所旅馆的负责人了。接下来是不是又该去找个私家侦探，让他帮忙追寻那批美酒的踪迹啦？’

“因为担心酒窖的安全，我马上打电话联系指挥连的约瑟夫·加尼西（Joseph Janisse）来为我充当法语翻译（我的法语很糟糕，能为自己从法国人那里讨点酒喝就不错了）。然后我们俩一同去向旅馆的侍者和服务员们打听情况，并尽力说服他们同意由我军接管整个酒窖。在北爱尔兰买一瓶爱尔兰威士忌得花上 3 英镑或 12 美元，对比下来这次不花钱的买卖实在是太划算了。有了这些酒的陪伴，我便宁可冒着风险投入战斗也不愿意待在后方无所事事。原先驻扎在这家旅馆的德国人把法国各地的美酒集中到了这里，现在倒方便了我们美国人的接管工作。从另一方面讲，既然法国地下抵抗组织在未经允许的情况下已经偷偷地运走了不少库存，那么我们美国人就更有理由占有这所酒窖了。移交谈判达成之后，一名法国侍者问我：‘你们要不要去看看我们酒窖里的科纳克白兰地等其他美酒？’我当即点头同意。在那位侍者的殷勤带领下，我们花了整整半小时时间才完成了对所有酒架的巡览。这所酒窖的库存量之大令我十分吃惊，因为在这里除了苦艾酒、干邑白兰地和香槟外，我还看到了苏玳白葡萄酒（Sauternes）、红酒、普通白兰地、君度酒（Cointreau）、薄荷利口酒（creme de menthe）、英国当酒（Benedictine DOM）、薄荷甜酒（peppermint）、雪利酒（Cherry rocher）、雅马邑白兰地（armagnac）和朗姆酒。

“陪同我们一起巡视酒窖的还有一名来自团部，外号‘肯塔基酒鬼’的情报官。等巡视刚一结束，他就开始骂骂咧咧起来。我问他怎么了，他却回答说：‘你问我怎么回事吗？真是活见鬼，这么大的酒窖里居然没有一瓶波本威士忌（Bourbon）！’听到这话，我便很不以为然地讽刺他说：‘哦这样啊。如果你能撇开与那帮威士忌私酿商的关系，不再去喝这种如同阴沟水一样的劣质酒的话，你的口味将会更上档次一些。想想看吧老伙计，有了这酒窖，我们以后的每日三餐都能品尝上高档香槟了，那可是以前只有在音乐剧里才会有的好事！’差事完结后，我赶紧向上校团长报告了目前的状况，他对此事也表现出强烈的兴趣：‘那行，你就继续派人负责守卫酒窖吧。但你得让团级战斗队中的所有人都明白，它是攻占凡尔登时各单位所共有的集体财产，不允许有任何私自享用的行为出现。顺便再提一件事情，你有空的话去找负责人定下旅馆里所有的客房，再帮我挑一间床铺舒适的卧房好了。我觉得如果今晚我们要继续留在这里过夜，出于安全考虑最好要先知道旅馆里都住有些什么人。’上校简单的一席话等于又交给我两个苦差。除了团部的管理事务外，我必

▲ 贝尔维旅馆 1944 年时的外观。它是凡尔登当时两家最豪华的旅馆之一，也是那场搞笑的“香槟争夺战”的爆发地。

须分发 5 000 份酒水给部队的士兵们享用，然后还得去帮四个月来都没有好好睡过安稳觉的其他军官们预定旅馆的客房。好在军校至少教会了我如何在有限的时间里完成繁重的工作，所以我将分发酒品这项任务交给一名自认是品酒高手的后勤连军官去处理，自己肩上的担子一下轻松了许多。但我很快就发现，预定旅馆客房的工作要比料想的更为麻烦。在连续检查了 50 多间房间后，我在旅馆各处出口布置了哨兵，搬来一张办公桌亲自守在楼梯口。至少到目前为止团部内的情况一切正常，来自团属炮兵部队的各位高级军官们也随后顺利地在旅馆下榻。当时住在旅馆内的除了军官之外还有一大批不知从哪里出现的新闻记者，自称分别来自世界上的 20 多家独立新闻机构。如果要问世界上还有什么人能比普通士兵和水手更为'大胆'的话，那肯定就是那些去战场搞战地新闻的人。正是这些家伙，一开始还满脸堆笑地用干邑白兰地代替房钱来找你订房，可 2 小时过后马上就翻脸不认人了。来自《巴尔的摩太阳报》的马克·沃森（Mark Watson）就是这样一种人，我记得他在晚餐前刚订下旅馆里最后一间房，旅馆内其他剩余的空房早被团部的其他闲杂人员订走。我们那天晚餐的菜色可真是异常丰盛。大伙们的餐桌上摆满了出自厨房大厨之手的烤肉、面包、黄油、土豆、番茄、果酱、樱桃与香槟酒。这趟原本应该充满欢快气氛的聚餐最初预计将有 20 位军官到场，实际却聚集了整整 75 位军官和大约 30 名左右的新闻记者。第 7 装甲师的人先前说服了《芝加哥新闻报》的人，让他们以为凡尔登是被三辆坦克单独攻占的，第 5 步兵师的士兵只是'胜利果实的窃取者'。聚餐时有六位来自第 7 装甲师师部的军官以及其他一些人员到场助兴，他们的出现不禁让我大倒胃口。我记得前夜里当第 7 装甲师前锋在城外桥头上迎接前去进攻高地的第 11 步兵团时，还与 1 营的士兵互相握手和拥抱。他们也许并不清楚，要不是 1 营的人帮他们打退了盘踞在高地附近的德军部队，就单凭他们那几辆坦克和一个连的步兵根本支撑不了多久。

"有关凡尔登是被第 7 装甲师占领的消息立刻传到了我们团长的耳朵里，他只用了一句话就立刻拆穿了这种虚假的传言，迫使《芝加哥新闻报》的记者只好用三瓶香槟来为拿下凡尔登的美军步兵做迟到的祝贺。我记得当时团长一边愤怒地用叉子敲着他盘里的土豆，一边大声对那些愚蠢的记者们嚷道：'真见鬼，那些坦克根本就没进入过凡尔登，他们只是过来夺取城市西边的一座桥梁而已。'团长的话使记者们不得不尴尬地回答：'装甲部队的官兵只是想与真正攻占凡尔登的英雄们共同庆祝这次伟大的胜利，并没别的意思。'听闻此言的团长便笑了笑：'既然如此，那你们就再拿些香槟来为我们干杯吧。'晚餐结束后，酒足饭饱的众人满意地回到了各自的岗位并美美地睡了一觉。凡尔登的战况似乎正在向有利的方向发展，随着城市周围的高地被第5步兵师占领，德军的任何反击行动都将直接暴露在炮兵火力下，他们注定再也无法从我军手中夺回这座城市。”

俗话说：“好运总有完结的时候。”坎贝尔接着又描述了后来他在旅馆三楼与一位知名记者交谈时，受到德军轰炸机“意外打扰”的经历：

“突然之间，我们都听到了头顶上传来德军战机引擎的隆隆轰鸣声。紧接着，凡尔登城的城区中央地带就被飞机投下的伞降照明弹给点得通亮。‘怎么搞的，那些德国混蛋难道今晚就想要来炸我们吗！’我身旁的那名知名记者从床上直起身来嘟哝着。从窗口望去，我俩至少看到有两架德军飞机飞过城市上空，它们还投下了更多的照明弹。

“飞机经过时，我瞧见楼下的街道上有个法国人举起一支步枪鸣枪示警，而另一名明显喝醉了的地下抵抗组织成员也从枪套中拔出自己的手枪，还朝着空中胡乱地放了几枪。‘我认为德国人并不会轰炸这里。’我对记者说，‘这只不过是他们的一次例行侦察行动而已。自从我们在圣洛获得突破后，他们的飞机就经常这么干了。每次都只是朝部队的宿营地投掷照明弹，所以你不用担心……’可没等我把话说完，我们立即听到了第一枚炸弹下落时的尖锐呼啸声！我于是赶紧冲出房门，刚下到二楼的临时作战会议室，那枚炸弹就在离旅馆大约300码左右的地方爆炸了。整座旅馆顿时陷入一片混乱，各个套房的住客都在慌忙中涌入了漆黑的旅馆大厅：‘楼梯在哪儿？’‘我的上帝，谁有手电？’‘嘿，快把电筒给我灭了！’会议室内空无一人，估计值班军官可能已经跑到别处躲避空袭去了。正当我准备回去找自己的团长时，我那位光着身子的上校团长已提着自己的衣物从睡房跑到大厅里来，先放下手里的皮鞋，然后以单脚站立的姿势把一条腿伸进裤管。没等他将另一条腿也塞进裤管，德军轰炸机投下的第二枚炸弹便落在离旅馆更近的地方，爆炸产生的强烈冲击使大厅剧烈地摇晃起来，旅馆里的各种物品和摆设都被震得东倒西歪。惊慌失措的众人在推搡之中不小心碰着了正在穿裤子的团长，差点让他失去了平衡。‘真是该死！’上校骂了一句。虽然他努力地试图站稳脚跟，却很快又被另一帮涌向楼

▲ 当年德军轰炸机夜袭凡尔登时的目标就是要破坏这座桥，但始终未能获得成功。

梯口的人群给撞了一下。为了避免自己再被像个台球似的推来撞去，团长最后只好自己摸索着回到大厅中间坐下穿裤子，而我自己则在一旁笑得前仰后合。可说时迟那时快，第三架德军飞机的炸弹、火箭弹和机炮扫射让我马上闭了嘴。在爆炸以及各种喧闹声中，那位半蹲在地上且衣冠不整的团长对我喊道：'我看我们还是进酒窖里避避吧！'我同意了他的意见。团长光着双脚拿着鞋子离开时垂头丧气地对我说：'今晚的情况实在是糟透了。'此刻旅馆外终于开始响起我军高射炮的射击轰鸣声，我留意了一下估计有 24 门之多。我刚准备离开，从大厅的另一端却传来了 S–4 军官阿尔弗雷德·蒂加登（Alfred Teagarden）上尉嘶哑的声音：'请问要去地下室的话该怎么走？''那你跟我来吧！'我边向他喊，边趴着身子小心地爬出了早已碎片满地的大厅。尽管一路上我都注意利用桌子或沙发的掩护来抵挡炸弹爆炸时飞散的碎片，但还是受了点伤。经过一番周折，我们最后从一扇开着的窗子进入了地下酒窖，结果发现那里早已挤满了近百名前来避难的人，其中有美军士兵、各新闻机构的战地记者、三名侍女和其他旅馆的工作人员，而我和蒂加登上尉则是最后两个到达的人。经过这番波折，大家都显得十分害怕。每当有人试图在地窖的窗口处点烟时都会招致一顿痛骂：'快把那该死的东西灭了！'虽然窗外的闪光已经在明显减弱，但德军的轰炸却仍在继续。每颗炸弹的爆炸声都是那么让人心惊肉跳，就怕哪颗炸弹不偏不倚地落在旅馆里，那样我们就会被全部炸上天的。根据我的估计，德军这次轰炸凡尔登的目的，可能主要是为了破坏城内那座离旅馆仅有 200 来码远的桥梁。等外面的炸弹的爆炸声以及飞机的轰鸣声逐渐消失后，酒窖内的某人神经质地笑着说：'也许这不过是那些德国混蛋为我们准备的一小部分礼物罢了。'

"他说的果然没错。我和其他人跑到旅馆外，发现城中包括市政厅以及临近一家旅馆在内的数栋建筑遭到了炸弹的直接命中，全都已经起火燃烧。片刻之后，德军的第二波轰炸机群又带着隆隆的声响飞临城市上空，幸好大家都及时地再次进入地下酒窖隐蔽起来了。在这次持续长达 10 多分钟的空袭中德国人投下了更多的炸弹，几乎使整座凡尔登城完全笼罩在了浓烟烈火之中。过了 1 分钟，一名神经脆弱的战地记者似乎已无法继续忍受下去，他开始抱怨：'嘿，这里不是一座酒窖吗？我现在口渴了，想要瓶喝的。'经他这么一说，其他人便开始在黑暗中跌跌撞撞地到处收集酒窖内的美酒，等我们这 100 多人在德军飞机远去以后上到地面时，差不多也带走了同样数目的酒瓶。德军短暂的轰炸行动使这座原本无比豪华的旅馆变得满目疮痍，整座城市也被炸得面目全非，但城中的那座桥梁却依然完好无损。我曾在空袭结束后的大街上看到一辆被炸弹直接命中的中型坦克，幸好人员已经逃出。考虑到由于本团的人员和物资在轰炸中基本没有受到多大的损失，德军空军这次夜

▲ 1944 年 9 月 1 日，美军第 7 装甲师师长林德塞・西尔维斯特少将正搭乘一辆装甲车进入凡尔登城。他背后是于 1918 年建造的一座纪念凡尔登战役的纪念碑。

袭应该说是完全失败了。那天晚上，其他驻扎在凡尔登外围高地上的本团步兵营一定也看到了城市以及团部所在地遭到轰炸的情景，2 营营长甚至多少有些幸灾乐祸地认为这次轰炸是对团部先前将他们全营驱赶出城的一次报应。”

坎贝尔报告中提到的那位“上校团长”不是别人，正是当时担任第 11 步兵团指挥官的查尔斯・尤伊尔（Charles Yuill）上校。尤伊尔本人也是一名“一战”老兵，由于他经常习惯性地剃个有点像丘比娃娃（Kewpie，一种以小天使丘比特为原型制作的美国娃娃）式的发型，于是便在同龄人中获得了一个“丘比团长”的绰号。至于那名对上校有些耿耿于怀的 2 营营长，则是凯利・莱蒙（Kelly Lemmon）中校，我们在后面的章节里还会再见到这两张熟悉的面孔。

9 月 2 日，原先落在马恩河后方的第 90 步兵师也抵达了凡尔登。到那天为止，沃克的第 20 军在一个月内已经急行军 960 千米，它的工兵部队一路上在厄尔河（Eure）、马恩河、塞纳河与马斯河等地完成了 16 座桥梁，第 5 步兵师在凡尔登城下的胜利也使美军从德国人手里缴获了大量物资和弹药。德军撤退时，凡尔登城内某些仓库中的食物、衣物和武器甚至没来得及及时销毁，很多起爆装置的导索都被法国地下抵抗组织以及城内的居民们及时切断，最后完整地落入了美军手中。

为了摧毁凡尔登城内的桥梁，德国空军在以后的一两天内继续对该城进行夜间轰炸。城内的建筑在空袭中遭到了更多破坏，对美军造成的伤亡却十分轻微，桥梁本身也依然完好无缺。在如此有利的条件下，沃克原本应该可以继续他向莱茵河方向的进军，但是第 20 军即便到了凡尔登，油料短缺问题仍然没有得到缓解。城内只有物资没有汽油这一事实，令美军 17 辆入城坦克中的 14 辆相继抛了锚。到 9 月 4 日时，整个第 5 步兵师只有 2 000 加仑的油料储备，其中有一半得用来维持部队日常的伙食供应。

第 11 步兵团团长尤伊尔上校此时正在考虑一个计划。他要从团内尽一切可能筹集出能够供给一个加强战斗特遣队作战之用的汽油，并派这支部队前去夺取位于凡尔登南面 24 千米处的一座桥梁。为此，他挑选了由赫伯・威廉姆斯（Herb Williams）上尉指挥的 3 营 L 连来执行这次行动。这名上尉到现在还记得自己在 8 月 31 日晚，曾与营长伯德桑（Birdsong）中校一起在凡尔登以西的山丘上远眺德军轰炸行动时的情景。

这支搭乘卡车和吉普车的战斗特遣队于 9 月 1 日上午出发，沿着马斯河岸向巴努考特（Bannoncourt）的方向驶去。除了配备有一般的步兵装备外，他们还带上了数门团属炮兵连的短管榴弹炮，以及一批从 M 连加强过来的迫击炮和机枪。美军最初没有遇到任何抵抗，他们顺利地抵达巴努考特镇并夺取了目标桥梁。临近的德军部队过了好一阵子才反应过来，他们抽调了一批炮兵试图驱散美军特遣队，但没能成功。威廉姆斯上尉指挥部队在这里待了大约五六天之久，甚至还从当地的一户平民那儿获得了一整只烤牛打了打牙祭。

第 20 军在马斯河停滞不前的消息很快传到了艾森豪威尔的耳朵里，他赶紧于 9 月 2 日召集布莱德利和巴顿两人在沙特尔会面以商讨对策。布莱德利在前一天刚下令从第 1 集团军抽出 5 000 吨库存物资来支援蒙哥马利准备在北方展开的进攻计划，导致巴顿的第 3 集团军只获得了 2 000 余吨的补给。巴顿对此相当恼火，甚至怀疑上头正在策划某些要从他手中夺取胜利果实的阴谋。艾森豪威尔在会上宣布将原计划调整为确保夺取关键的安特卫普港，并对巴顿等人指明未来的补给重点将依然是北方而不是南方。巴顿立刻反驳了艾克的决定，他的理由是第 3 集团军前锋目前已经到达了摩泽尔河正准备进攻梅斯，部队十分需要油料补充。“我的人即使再艰苦也可以用皮带充饥，但我的坦克却绝不能缺少一滴汽油！”巴顿当时是这么说的，他接着又向艾克保证只要恢复汽油供应，第 3 集团军就能在布莱德利的支援下一路打到莱茵河。和以往一样，艾克最终还是在巴顿的压力下做出了让步，允许他在获得汽油补充后立即率部前去肃清摩泽尔河地区。然而实际上巴顿当时对艾克隐瞒了这样一个事实：尽管沃克的第 20 军的确缺乏足够前进所需的油料，但埃迪的第 12 军刚从德国人手中缴获了 11 万加仑汽油，这其实已足够让他们挺进到下一处河流的渡口了。由此我们也见识到了巴顿为获得油料而使出的全部伎俩：在进攻中先命令部下尽可能地一直前进直到耗光所有汽油，然后再去向布莱德利要挟，直到他为第 3 集团军重新补满全部所需的油料为止。巴顿将这种方法称为他的“用石头熬汤”大法，它最初是来源于一则古老的寓言，说某个流浪汉跑到一户农家去讨要食物，最初他只说要些以石头熬汤用的水，过了一会儿却说为了让汤更美味所以还要点蔬菜，接着他又讨了些盐和猪肉，直到终于熬成一碗鲜美的肉汤，那农户才发现自己已经不知不觉地上了流浪汉的当了。巴顿正是这么想也是这么做的，虽说这种做法多少有些得寸进尺之嫌，但在某些时候它的确是一味针对汽油短缺难题的灵丹妙药。

沃克对巴顿“偏袒”第 12 军的做法没有表示太多的异议，他手头还有其他事先要处理。第 20 军暂时无法行动，沃克派了一批装备有装甲侦察车和吉普车的骑兵分队前往摩泽尔河沿岸执行侦察任务。以往的战史经常会提到当时曾有传闻说沃克的某支侦察分队已经进入了梅斯城，这一论据现已被证明不过是某些人异想天开的猜测罢了。既然上级已经做出限制巴顿部队补给供应的决定，沃克的部队又哪会

▲ 1944 年 8 月下旬，美军进入沙特尔。

有足够的油料够他们抵达那么远的地方呢？第 20 军直属的第 3 骑兵侦察群于 8 月 31 日夜里冲出了马斯河桥头堡，用一天一夜的时间抵达了距离出发地东面 19.2 千米之遥的埃泰镇（Etain）。这支部队在埃泰缴获了大约 4 000 加仑汽油，足够他们进抵摩泽尔河。在接下来的几天里，第 3 骑兵侦察群的大部分人马一直在摩泽尔河沿岸不断往返，但这并没能给沃克带来多少有用的情报，反倒让附近的一些德军部队有了警觉。

无独有偶，侦察群内由杰克逊少尉指挥的一个排在一名法国人的指引下深入德军防线 112 千米，后于 9 月 2 日抵达梅斯以北的蒂翁维尔。驻扎蒂翁维尔的德国人完全没料到美军会来这么一手，被杰克逊的小分队打了个措手不及。美军的三辆装甲车和六辆吉普趁乱冲入城中大肆开火，甚至还拆除了城内德军安置于桥梁下的炸药。但美军到底人少力单，德军重新组织的反击最终将他们逼出了蒂翁维尔城。杰克逊本人在这次奇袭行动中两度负伤，因此获得了杰出服务十字章的嘉奖。受此行动的鼓舞，美军的其他侦察部队也开始活跃起来：第 43 骑兵侦察中队的一个排向北前进到了隆吉永（Longuyon），而另一个也在摩泽尔河岸边的高地上建立了观察哨，以便监视河对岸蒂翁维尔的德军动静。第 3 骑兵侦察群的指挥部很快就收到了他们发回的电报，说“尚未发现摩泽尔河北岸有德军活动迹象，所有适合架桥的河口目前也处于无人防守的状态”。

然而汽油短缺的问题到底还是限制了美军侦察部队的活动。更糟糕的是，他们在追击撤退德军时也发现对方的抵抗开始明显增强了，迫使沃克不断地把力量投入靠近卢森堡的北部战线上去。9 月 2 日，沃克派遣第 7 装甲师的两支战斗特遣队沿着马斯河两岸齐头并进，准备前去攻打色当。但这两支部队没走多远就耗光了汽油，足足在原地等待了两天后才获得补给重新上路。

用著名的历史学家 H.M. 科尔（H.M.Cole）的话来讲，补给严重短缺的美军正在失去打击德军的大好时机：“这些天来，第 20 军的指挥官和他的参谋人员一直在忙于制订一项进军莱茵河附近美因茨城的计划。如果可能的话，第 20 军将向东前进 224 千米，趁德军没能聚集起力量突破他们的齐格菲防线。然而实际的情况并不那么令人乐观，9 月初，全面爆发的补给问题让第 20 军的计划只能停留在纸面上。前方的各路侦察部队一再发回有关摩泽尔河防线空虚的情报，沃克仍然对油料短缺这一难题束手无策。德国空军甚至对凡尔登城内的桥梁进行了持续夜袭，我军第 5 步兵师只能在凡尔登坐等下一批补给的到来，却什么事也干不了。”

巴顿将上级限制他补给供应的做法称为“战争史上最严重的错误”。他一再地公开强调说只要让他领头，就能在数天内让部队抵达离摩泽尔河仅有 160 千米路程的莱茵河。在这个问题上他也许忽略了关键的一点，那就是洛林地区糟糕的地形。巴顿自己的那套宣言只是建立在对方已经溃逃，而他必须趁对方还没恢复状态前就将其置于死地的前提之下。虽然从战术上讲巴顿并没有错，问题是洛林的地形与法国北部的平原有着很大不同，那里根本不适合装甲部队做长距离的快速进军，而且缺少通往萨尔地区的重要公路。除此之外，沃克的第 20 军目前首先要做到的还是得先跨越摩泽尔河，然后再设法通过梅斯隘口，而这两个地方很快将成为两道阻挡巴顿进军矛头的坚固屏障，沃克的部队只能通过数月的激烈战斗才能打开前往莱茵河的出口。

历史往往充满了“这样那样的可能性”，无数制约因素的存在能够在不经意间改变一场重要战役的进程。我们或许有各种理由提出自己对于西线战役的见解，却无法忽视这样一个事实，那就是假如巴顿的部队无法获得优先的补给，战争就不可能在 1944 年的 9 月里提前结束。

梅斯之战的地理环境简介

沃克的第 20 军此刻正面对着位于马斯河东岸，长度约 48 千米左右的摩泽尔河平原地带。尽管这里人口稀少，却享受着道路交通的便利。清澈的河水越过树木葱郁的山岭，流入险峻的摩泽尔河河谷中央。与河谷遥相呼应的是向着萨尔河河谷方向延伸，被塞耶河与尼德河穿过的高原。摩泽尔河本身以南北走向贯穿于梅斯和蒂翁维尔之间，梅斯以北是一片宽广的冲积平原；而在梅斯以南，摩泽尔河则蜿蜒地经过一系列狭窄多风的山涧流出河谷。

摩泽尔河流速不快，河面宽阔足以行船。梅斯城正坐落在该河周围一系列的岛屿上，并被河床东西两边的高地所环抱。德国人在 1914 年前大力强化了西边高地上的要塞群，使整个梅斯地区形成一整片容易固守的突出部。

只需要稍微看一看洛林的地图，我们就会发现摩泽尔河以北那些崎岖不平的乡野将是未来德美双方争夺的焦点。当进攻一方想要通过梅斯前往萨尔布吕肯或莱茵河畔的曼恩海姆时，他们只能沿着过去古罗马大道遗址的方向一直向东前进。正因为历史上所有进攻梅斯的军队几乎都选择走这条路线，摩泽尔河一带便理所当然地成了兵家必争之地。只不过到第二次世界大战爆发前，梅斯还从未被人用直接强攻的方式攻占过。甚至连 1870 年时任德军总参谋长的老毛奇都说：“梅斯城要塞的坚固程度堪比 12 万人的大军。”由此可见该城的防御能力有多么强大。

摩泽尔河防线以及梅斯地区德军的情况

诺曼底战役的惨败以及盟军的长驱直入，的确让德军的一些高级将领产生了战争即将完结的念头。陆军元帅冯·龙德施泰特就曾在战后对审问他的盟军人员说过：“以我个人的看法，这场战争早在 1944 年的 9 月时就已经结束了。”这可不是他的什么灵光乍现，早在 6 月底当凯特尔问他该如何应对盟军登陆部队时，他便嘲讽地回答：“当然是立即与盟军开始和谈啦，你这个蠢货！”结果他因此而被解除了西线总司令的职务，由莫德尔接替。可仅仅过了两个月，龙德施泰特与他的参谋长威斯特法尔又被元首从“光荣退休”中拉了回来，于 9 月 5 日重新执掌西线最高统帅部。莫德尔对这一任命似乎十分高兴，他在卸任后回到下面继续去当他的 B 集团军群司令。希特勒之所以会起用帝国老元帅，主要是因为他觉得如果让莫德尔一个人同时兼任西线最高统帅和 B 集团军群司令的话，负担可能过于沉重。

莫德尔在担任西线总司令时最大的问题在于他老是过度夸大西线战况的不利，以此来要挟元首增加西线防御部队的数量。龙德施泰特与莫德尔不同，他不仅在陆军中广受爱戴，还得到威斯特法尔那样年轻有才干的参谋长的大力辅佐，无疑成了希特勒眼中挽救西线危局的最佳人选。9 月 3 日，龙德施泰特的新总部从希特勒那里接到了一份有关未来西线总体战略和洛林形势的指令：“鉴于我军目前的不利局面以及严重缺乏增援部队，我认为要在盟军的攻势前稳定住战线几乎是不可能的事。我军应设法在各个方向上尽可能地迟滞盟军的推进速度，以此来为正在筹划中的西线大反攻赢得足够的准备时间。”根据这道指令的主要内容，龙德施泰特必须立即增援正在摩泽尔河一带与巴顿对峙的德军第 1 集团军，然后再从第 5 装甲集团军中集结起一支机动打击力量来袭击巴顿薄弱的南翼，从而彻底粉碎美军第 3 集团军对洛林地区的威胁。从这份指令中我们虽然看不出多少有关未来阿登攻势计划的细节，但至少希特勒自己在两天前的一次大本营会议上曾透露说：“等我们打退深入洛林的美军以后，大雾、黑夜和暴风雪会为我提供一次绝好的机会。”由此暗示了他会用不惜一切代

▲（左）德军西线部队总司令龙德施泰特陆军元帅。（右）龙德施泰特陆军元帅的参谋长威斯特法尔。

价进攻巴顿的做法为自己未来的阿登攻势铺平道路。

巴顿在洛林的主要对手将是德军的第1集团军，这支部队也和德军最高统帅部一样发生了人事变动。9月6日，第1集团军原司令官冯·切雅勒里（Von Checallerie）将军以“健康欠佳”为由退职，他的指挥权被转交给奥托·冯·克诺贝尔斯多夫（Otto Von Knobelsdorf）将军。克诺贝尔斯多夫是一名有经验的步兵军司令，早在东线时期就以乐观和难缠而出名。根据上头的命令，他的第1集团军与位于其南部战线上的第19集团军一起被划归布拉斯科维茨将军的G集团军群管辖。

8月底，在盟军的紧追下，被打得七零八落的德军第1集团军从诺曼底溃败到摩泽尔河一带。当时集团军的防御作战大多是孤立的行动，既缺乏有效的统一指挥，也无法抵挡美军凶猛的不断进攻。在兵力方面，第1集团军由于连续损兵折将，实力已下降至九个步兵营、两个炮兵连、十辆坦克以及一小批反坦克炮和高

SS第17装甲掷弹兵师的补充情况

SS第17装甲掷弹兵师在诺曼底战役中损失惨重，上级批准将来自丹麦的SS第49装甲掷弹兵旅和SS第51装甲掷弹兵旅并入该师作为兵力补充。1944年9月初，两个旅先后到达梅斯附近并开始重建SS第17师的两个装甲掷弹兵团。其中SS第37装甲掷弹兵团第2营和第3营的重建工作主要由SS第51装甲掷弹兵旅来完成，该团还在梅斯之战初期获得了第4营——拥有三个连的“施米特营”的加强。SS第38装甲掷弹兵团的重建则由SS第49装甲掷弹兵旅负责，仍旧保持三个营的编制。全师总人数在9月15日时的报告中为1.4万余人，其中一半以上的兵力来自上述的两个SS装甲掷弹兵旅。

SS第49装甲掷弹兵旅于1944年8月10日从丹麦前往法国准备组建新的SS第26装甲师，但吃紧的战况使高层放弃了这个打算，并将它迅速转移到巴黎东南，准备在那里堵截盟军的凶猛攻势。该旅当时拥有三个步兵营、一个炮兵营以及16个团属连级单位，总共75名军官、575名士官和3 886名士兵。

SS第51装甲掷弹兵旅和前者一样于8月转移到法国参战，原先是为了组建新的SS第27装甲师，但很快被迫取消，投入巴黎东南方向上的激烈防御战中。该旅在1944年6月30日时拥有两个步兵营和一个炮兵营，总共59名军官、398名士官和2 466名士兵。

SS第49装甲掷弹兵旅先后参加了普罗旺斯、埃斯特纳以及沙朗-索-玛尼附近的防御战，最后被美军第5步兵师切成数段，于8月30日撤退到凡尔登一线。与此同时，SS第51装甲掷弹兵旅也先后参加了桑恩地区和特鲁亚地区（Troyes Area）内的激战（该旅旅长于8月28日在特鲁亚地区被美军俘虏），并在美军第4装甲师的追击下撤退到凡尔登近郊，与SS第49装甲掷弹兵旅一同编入SS第17装甲掷弹兵师。

射炮的可怜规模。幸好德军最高统帅部紧急从意大利战场把第 3 和第 15 两个装甲掷弹兵师派到法国的凡尔登—科梅尔西—摩泽尔河一线堵截美军（9 月 2 日完成布防），第 1 集团军才得以侥幸脱险。除这两支新抵达的部队外，在诺曼底打得筋疲力尽的 SS 第 17“葛兹·冯·贝利欣根”装甲掷弹兵师此时也来到摩泽河附近，准备在第 1 集团军的战区内进行休整，于是克诺贝尔斯多夫将 SS 第 17 师的部分兵力配置到了梅斯城以西去封锁通往凡尔登的公路。正如龙德施泰特所想的那样，1944 年 9 月时的西线德军差不多已经处于崩溃的边缘，德国人原本应该立即向西方盟国屈膝求和以避免遭到更多不必要的损失，但希特勒却没有这么做，而是顽固地命令他的军队继续抵抗下去。

在另一方面，莫德尔按照元首“不惜代价也要阻止巴顿”的战略方针，开始向第 1 集团军增派援军。从 9 月 1 日到 6 日这段美军因缺油而停滞不前的时间里，德国人向摩泽尔河方向陆续增调了四个步兵师和一个装甲旅的兵力，让第 1 集团军从 8 月底的低迷状态一下变成了“西线德军中状态最好的部队”。

当时在梅斯与蒂翁维尔之间的摩泽尔河沿岸与沃克的第 20 军对峙的，是第 1 集团军旗下由约翰·辛胡贝尔（Johann Sinnhuber）将军指挥的第 82 军。该军表面上的编制不错，但它严重缺乏人员、火炮、坦克和各种反坦克武器，只能通过挖壕据守的方式在河岸上进行布防。要不是对岸的美军严重缺乏油料以及凭借摩泽尔河天险的掩护，第 82 军在兵力 1:3 的情况下根本坚持不了多久。

照美军的估计，德国守军应该不会在“光秃秃”的摩泽尔河岸边与他们打上一场消耗战，拥有坚固工事的齐格菲防线才是更理想的防御地点，然而他们错了。希特勒早在 8 月 24 日就下令部队开始在齐格菲防线的大前方兴建防御工事，然后又在 9 月 1 日宣布恢复原本停工的齐格菲防线工程项目。根据这道命令，驻摩泽尔河地区的大区领袖约瑟夫·比尔克（Gauleiter Joserf Burckel）紧急召集了大批平民去河岸附近修筑各种碉堡和火力点，而远在后方的梅斯城和蒂翁维尔也接到了类似的命令，并对那些已经许久不用的城防设施进行了加强。

▲（左）冯·切雅勒里（1891—1945）。（右）奥托·冯·克诺贝尔斯多夹夫（1886—1966）。

研究梅斯之战的战史学家们往往会发现，他们很难从德国官方的档案中搜集到有关战役进程的记录和资料。大部分处于溃逃中的德军部队缺乏足够的时间来写战地日志，很多单位的建制又都是以各式各样的掉队者临时七拼八凑起来的。可以想象一下，这样的部队投入战斗时他们很可能会忽略例行性的文书记录工作，找不到有关德军集团军级以下部队的作战资料也就不奇怪了。我们要研究梅斯之战时德军总体状况，就得从一份份互相矛盾的材料中做更细致的对比总结才行。

▲ 约翰·辛胡贝尔 (1887—1974)。

▲ 约瑟夫·比尔克 (1895—1944)，生于林根菲尔德。参加过“一战”，1925 年起积极参与纳粹运动，1934 年成为一名大区领袖，1939 年 1 月 30 日起担任维也纳大区领袖，但是由于其生活方式极其奢侈，不但吞占了大量犹太人的财产，还引起了纳粹党高层的不满，于是于 1940 年 8 月被调回维斯特马克大区。1944 年 9 月 28 日，在莱茵兰—普法尔茨州一个叫“葡萄酒之路上的诺伊施塔特”的地方病死。

战后，德军第 1 集团军司令克诺贝尔斯多夫将军在他的回忆录中描述了自己在 9 月初刚接任指挥时各部队一片混乱的情况。他记得当时有一些撤退中的空军以及其他单位的人正在后方四处散播流言，说什么美军正在逼近梅斯而德军已经完蛋。克诺贝尔斯多夫花了不少心思试图稳定动摇的军心，却无济于事。这种惊恐的气氛很快传染到了梅斯，城内的行政和民事官员惊慌失措地逃离该城，却撇下了大批德国定居者（他们都是在 1940 年法国原住民迁移后搬来梅斯的）。驻扎在梅斯的德国守军也没好到哪里去，一些胆小的下级军官在尚未接到命令的情况下，开始点火焚烧部分弹药库和物资库房，甚至还带着部分要塞大门的钥匙飞也似的逃出城去。担任克鲁要塞指挥官的德尼斯（Denis）将军下令枪毙了手下一名负责被服仓库管理的肇事军官，但该仓库以及另外一批市政设施、一大笔的财物和一座豪华图书馆还是被人为造成的大火焚毁。除此之外，城内的混乱状况使德军在对比城防工事的防御效能时也遇到了非常大的阻力，他们花了数天时间才将开小差的工程人员召集回来，那些已被烧毁的仓库和各种库存物资却再也无法弥补。

克诺贝尔斯多夫的说法可能多少有些夸张，但至少从一个方面反映了部分事实。作为对比，就让我们再来看看另一份与前面的报告记录完全相反的、充满自豪感的材料吧。

1944 年 7 月底，原先担任梅斯城 SS 通信学校指挥官的恩斯特·肯珀（Ernst Kemper）SS 上校刚被德国后备军总指挥官希姆莱（这只是希姆莱的数个头衔之一）任命为梅斯要塞司令。上任后的肯珀很快召集起各位军官，准备就“梅斯要塞”未来的防御计划开一次会。所谓“要塞”这一称号，意味着肯珀可根据希特勒于 1944 年 3 月 8 日下达的第 11 号元首令里的内容，为梅斯征集尽可能多的防御部队。会上的肯珀一边挥舞着拳头，一边狂热地向手下军官宣扬他的“铁血原则”：“我坚信，勇敢的德国士兵们将使梅斯这座过去的堡垒完全复活！我们将在敌军的重重围困下牵制大量的敌军部队，从而为未来的西线大反击贡献自己的一切！”接着他又补充说：“到时候，我将亲自从你们之中挑选各个要塞的指挥官。元首令中已讲得很明白，只有德国武装部队的参谋总长才有资格准许要塞投降。所以说未经我的同意，你们在没有战斗到最后一人之前就不能向敌人投降！”

光有口头上的宣传当然还是远远不够的，肯珀还采取了一些在他看来有利于防御的措施，但并非所有措施都显得卓有成效。肯珀允许那些同情法国的居民自由地离开梅斯，却没想到这么做反倒给城市的防御工作带来了更多麻烦。1870 年普法战争结束后，德国人就一直致力于将阿尔萨斯－洛林地区里的法国人日尔曼化。这种政策非但没有多大成效，反而加深了两个民族间的鸿沟。1918 年战败的德国将阿尔萨斯－洛林还给法国人，仍有部分德国移民一直在这里居住到 1940 年德国军队重返为止。占领法国后的希特勒认为阿尔萨斯－洛林是第三帝国的一部分，所以让手下把这两个省份接纳入德国的版图。元首的态度意味着这两块地方并不是严格意义上的“被占领地区”，居住在那里的人能够加入德国军队或成为法定意义上的德国居民。然而希特勒的这一政策也妨碍了阿尔萨斯－洛林地区为德军提供给养的工作，法国居民纷纷自发抵制向德军捐献物资的做法，迫使部队长官只能通过法律手段从法国居民那里征得所需要的东西。强征来的物资总无法达到规定的数量，从一定程度上损害了德军的作战效能。而且就算德国人驱逐掉了大部分支持法国的居民并从东方“引进”大批德国农民到阿尔萨斯－洛林定居，但还是有少数的“第五纵队分子”（德国人语）留存下来。正是这些人在以后的梅斯之战中为美军提供了很多有利而又准确的情报，为美军攻克梅斯

▲ 恩斯特・肯珀 (1902—1982)。1919—1931 年曾在魏玛国防军通信部队中担任军士，1934 年加入党卫队，后在 SS—VT 通信营任职，1940 年 1 月起担任党卫队炮兵训练与补充营第 3(通信) 连连长，5 月起担任党卫队炮兵训练与补充营营长，1942 年 10 月起担任第 5“维京”师通信营营长，之后担任党卫军装甲军军属通信营营长，1944 年出任党卫队通信学校校长，7 月底担任梅斯城防司令，10 月离开梅斯。

城要塞的作战行动做出了突出的贡献。

为了协助肯珀的工作，大区领袖约瑟夫·比尔克想了个点子。他准备委派肯珀来全权接管梅斯的民政事务，以便将所有的法国民政官员转移到萨尔布吕肯去。比尔克的主意很快就泡了汤，被转移走的民政官在半路上躲开了德国看守，又悄悄地返回了自己原来的岗位。比尔克另一道强行迁移摩泽尔河以西地区内所有居民的命令同样也没能得到有效的实行，那里的法国人正热切地盼望盟军的到来，他们通过藏身于各家地下室或逃进森林的办法，让那些前来搜捕的德军根本找不到人，只好无奈地离去。

美军在8月底的迅猛推进加速了德军向梅斯城的溃退，迫使肯珀在梅斯西边的进城公路上设置起关卡来堵截溃军。为了预防出现不测情况，梅斯地区的守军一下猛增到了1万人（其中2 000人负责城市防御任务），还为此特别搜罗了大批车辆和武器。原先储藏在弗雷斯卡蒂机场（Frescaty）的飞机零部件被分批运出城去，同时被运走的还有一大批原SS通信学校的训练用器材。肯珀接着下令烧毁克鲁要塞中最大的一处被服仓库（但负责执行的那名军官后来却被要塞司令德尼斯将军给毙了，见前面克诺贝尔斯多夫将军的相关描述），同时命令部队销毁所有“不再继续使用的弹药”。我们从这里可以看到代表党卫军系统的肯珀与代表国防军系统的德尼斯以及克诺贝尔斯多夫将军两人的思想方式有着明显的差异。前者唱着背水一战的高调，宁愿将弹药和衣物销毁也不愿把它们留给美国人。后者则尽力确保各种作战物资的完备，以便为今后漫长而艰苦的城市防御战做好必要的准备工作。

战史学者们在比较克诺贝尔斯多夫和肯珀两人的陈述后，认为他们的看法多少都有失偏颇，因此又从当年的历史文件中找出了第三份令人更为信服的材料。

瓦尔特·克劳泽（Walther Krause）中将于1944年7月底被任命为驻防梅斯的第462步兵师师长，当他到任后才发现自己的部队除了师部和参谋班子已经就位外，差不多还只是个空架子。虽然克劳泽的第462师在名义上将负责统一指挥梅斯地区内所有的军校士官生和训练补充部队，但这些队伍还需要一定时间的作战适应期。多数的带队军官和士官要不是缺乏经验就是年龄过大，在克劳泽的眼里他的部队根本就是白纸一张。

克劳泽承认自8月22日起，诺曼底战败后的悲观情绪开始逐渐影响到了梅斯。身在德国威斯巴登的第12军区司令官为此亲自向克劳泽发出指令，要他尽力确保城内以及周边地区的秩序，同时还要负责做好平民的疏散工作。克劳泽对此的答复是，由于大区领袖比尔克掌管下的纳粹党政机构“未能有效参与梅斯城的保卫工作”，所以可能会对这项任务造成一定的负面干扰。通过克劳泽与肯珀两人说法的对比，我们可以看到纳粹党军政部门与国防军部队的矛盾冲突，这可能也是导致肯珀过早下令销毁城内部分弹药的原因之一。另外在平民疏散工作方面，尽管没有证据显示梅斯的所有居民都在 9 月之前得到撤离，但克劳泽的确完成了其中大部分人的转移工作，并牢牢地控制住了梅斯地区的局势。

9 月 2 日，第 82 军军长辛胡贝尔将军委派克劳泽接替肯珀担任梅斯的要塞司令，这让党卫军的高层很不高兴，他们马上对此进行了干预。9 月 7 日，设在梅斯南部的 SS 第 13 军军部（除军长普里斯本人是党卫军将领外，该军所有下辖部队其实都是国防军）又从设在蒂翁维尔的第 82 军军部手中夺回了对梅斯城的指挥权，这多少也从一个方面反映出党卫军与国防军之间那种根深蒂固的过节。

好在对于克劳泽来说，上级的更替并没有给他的工作带来太多麻烦。早在 8 月底时克劳泽便控制了梅斯城外的所有关卡，由他指挥的第 462 师也拥有了两个营的兵力。为进一步增强部队实力，克劳泽在 9 月初先后将来自候补军官团、第 1010 警卫团以及第 12 军区士官学校的人统统补充进第 462 师，使该师达到了三个正规步兵团的规模。现在就让我们来说说上面提到的这些部队。

▲ 瓦尔特·克劳泽 (1890—1960)。1909 年参军进入第 3 西里西亚步兵团，1910 年 6 月成为少尉。“一战”后继续留在军中，先在第 17 步兵团任职，1939 年 10 月就任多贝利茨步兵学校校长，西线战役中率领第 243 步兵师第 60 步兵团，后继续在军校任教，1942 年 1 月晋升少将，10 月出任第 14 步兵师师长，1943 年 6 月 10 日在担任第 170 步兵师少将师长时获得骑士十字勋章，1944 年 7 月中旬至 10 月中旬担任第 462 师师长，后转往奥地利指挥一个以其名字命名的师级集群。战争结束时被美军俘虏，1947 年获释。

候补军官团（有时也被叫作冯·西格罗特战斗群）最初是一支由冯·西格罗特（Von Siegroth）上校指挥的，全部由军官训练学校的学员们组成的部队。该团于 1943 年 4 月从比利时来到梅斯，成员全是从东线战场提拔起来的作战老手，共有 1 800 人，其中大部分人在 9 月初的考试后拥有了少尉军衔。克劳泽后来又从撤退到梅斯附近的部队中，另外挑了 1 500 名经验较为丰富的士兵补充进来，使得全团最终拥有了 3 300 人的兵力。需要注意的是，这不是一支党卫军部队，而且成员的平均年龄并不小。

第 1010 警卫团是由里希特（Richter）上校指挥，刚从法国西部撤过来的部队。全团仅有两个营的兵力（克劳泽给的数字是每营大约 500 ～ 600 人），还缺少重武器。成员多数年龄过大，所以战斗力不佳。

从第 12 军区士官学校派来的 1 500 人也组成了一个团，由瓦格纳（Wagner）上校负责指挥。尽管这些人以前从没在一起打过仗，但克劳泽认为他们的作战能力还是相当高的。

除了以上这三支部队外，第462师还把另两个补充营部署在梅斯城南靠近摩泽尔河的东岸一带，并得到了来自SS通信学校一个营的支援，该营因其指挥官的名字也常被称为“贝格”营（Battalion Berg），人数在400人左右。由于严重缺乏炮兵部队，克劳泽只能把某支补充单位里的两个苏制76毫米炮营借来凑数。根据他的说法，“拖曳火炮的马匹只能从医院和补给站搞到，而且大炮的重量对于这些可怜牲畜的体力来说也是一种考验”。好在上级也意识到了这一点，他们后来为梅斯增调了一个105毫米炮兵连，多少缓解了克劳泽的一些难处。

按照克劳泽的计划，梅斯未来的防御重点将会集中于城西的要塞工事群一带。为此，他将第1010警卫团部署在右翼的费夫山岭与摩泽尔河之间，将第12军区士官学校的人部署在中央从圣-普里瓦要塞到韦纳维尔（Verneville）的地段上，最后将候补军官团部署在左翼从韦纳维尔到阿斯-索-莫德（Ars-sur-Moselle）一线，并为这个团加强了一批炮兵部队。

▲约阿希姆·冯·西格罗特（1896—1945），生于下西里西亚。1910年参军，“一战”后进入警察部门，1935年重返陆军。在波兰和法国战役期间，在第122步兵团担任营长，后成为第255步兵团团长，随第110步兵师投身苏德战场，1944年春通过第10期师长训练班培训，7月1日成为第6步兵候补军官学校校长，后因领导该校战斗群参与梅斯战役而于10月24日获得骑士十字勋章，1945年2月起担任第712步兵师师长，4月中旬时曾获橡叶饰推荐，但未能通过，5月2日在胡贝口袋中阵亡，最终军衔为少将。

可惜的是，虽然我们掌握了德军的具体布防，却缺乏有关他们如何有效利用梅斯城防设施的可靠资料。自从“一战”结束后，法国其实已开始逐渐失去了对梅斯要塞的兴趣。他们撤除了位于摩泽尔河东岸大部分要塞的武备，位于西岸的主要要塞群也成了法国人的指挥所、储藏库或是兵营。这种状况在1940年德军重新占领梅斯后显得愈加糟糕，很多要塞堡垒都被德国人充作地下工厂的掩蔽所，大批的炮台火炮被纷纷拆下运去加强“大西洋壁垒”。战后，曾有一些美国战史学家自以为是地声称德国人在1940—1944年曾大力加强过梅斯的城防设施，这明显是不符实际的说法。对于梅斯这样已经过时的要塞城市，德国人是根本不会为它花上一个子儿的。自从他们有了闪击战术这样的法宝，梅斯的价值就根本不值得一提了。

然而到了1944年9月时，德国人却迫于巴顿第3集团军来袭的压力而重新看到了梅斯城防设施的价值。8月24日，希特勒在一道有关在西线建设防御工事系统的命令中强调：“必须对位于梅斯-蒂翁维尔筑垒地域里的所有要塞工事重新进行作战价值的考量，那些不能用的设施应立即予以摧毁。”可是此时的德国人既没有时间，也没有足够的人力和资源来完成这么复杂的工作，他们于是只能就地取材地对部分要塞设施进行修复和再利用。

对于元首的命令，梅斯要塞司令肯珀 SS 上校声称为加强梅斯要塞防御火力，就必须让其中一座装备有四门 100 毫米旋转炮塔的要塞炮台恢复运作。为此德国实业家赫尔曼·勒希林（Hermann Rochling）率领一批工程技师，专门从萨尔布吕肯来到梅斯负责检修这座炮台。经过数星期的努力，他们成功地修复了炮台的旋转系统、扬弹机和探照灯平台，并使要塞系统的电信联络恢复了正常工作。为了安全考虑，德国人还将所有原本堆放在要塞外面的弹药转移至地下的弹药库中储藏。但因其中大部分都是德国“一战”时期或战后法国人制造的炮弹，光是对它们进行分拣就花了不少的时间。

与肯珀的说法相呼应，梅斯要塞司令克劳泽也在他的作战报告中提到，一名工兵部队指挥官曾以要塞设施过于老旧为由劝告他放弃梅斯。克劳泽坚决地驳斥了对方的说法，理由是来自候补军官团的一批人刚向他报告说德里昂要塞群的一座炮台仍可以射击（可能就是肯珀所指的那座炮台），圣女贞德要塞群的一批 150 毫米口径的榴弹炮也将很快投入使用。只不过这些炮台的大部分火炮已经失去了观瞄装置，在实战时必须以人工的方式引导炮塔射击。

德国人充分利用了巴顿大军由于补给短缺而停止进攻的这段宝贵的时间，把梅斯城的要塞系统和摩泽尔河结合成一个完整的防御体系。除其他一些质量参次不齐的部队外，德军第 462 步兵师在梅斯城以及周围地区内一共部署了大约 1.4 万人。对比“一战”前梅斯能在和平时期容纳 2.5 万守军，在战时容纳 12 万守军的情况（每座大型要塞工事里的守军人数差不多在 2 000 人左右，而且包括步兵、炮兵和工兵），德军在 1944 年 9 月时防御梅斯的力量投入根本就是微不足道的。不仅如此，梅斯城防设施内大多数的要塞火炮都因为弹药短缺或弹药型号不匹配的关系而无法使用，好在守军至少还能利用地形上的优势来弥补掉一些防御火力上的不足。

▲ 德国空军第 9 高炮师部署在梅斯附近的高炮阵地。

9 月 5 日，德军西线司令部

的一份记录表明第 82 军在梅斯 – 蒂翁维尔一带大约集结了第 559 国民掷弹师、SS 17 装甲掷弹师、第 462 步兵师、第 3 装甲掷弹师和第 100 装甲旅共 4 个师又 1 个旅。除已经提到的第 462 步兵师外，还有三个师被分散布置在摩泽尔河的东岸。尽管在这些部队中有部分单位素质不佳且装备较差，但德军中的大多数人却有着相当坚定的作战信念。沃克的第 20 军真的发动渡河作战时，就会发现他们的任务其实并不轻松，对手也没有想象中的那么容易对付。

第四章　一条难以逾越的河

艾森豪威尔本想通过由自己亲自接任盟军地面部队司令的方式，来缓解内部对于“宽大战略”与“重点进攻”策略的争执。结果实践证明他的做法非但并没有改善目前的状况，反而令矛盾进一步扩大。英军第43步兵师师长埃塞姆将军在他的一篇有关巴顿生平的文章中提到：“很多战史研究者往往会忽略1944年9月刚开始时盟军高层缺乏实际行动，缺乏明确作战目的这一事实。”无论第3集团军的广大官兵是否意识到这点，诺曼底战役尾声时的好日子都已经过去，一场全新模式的战斗正在前头等待着他们。

9月2日，艾森豪威尔召集手下的各位将领到布莱德利设在沙特尔的司令部里开了一次会。到场的除艾克、布莱德利、巴顿与霍奇斯外，还有空军将领范登堡。巴顿在会上和往常一样提出了对他进行优先补给的要求，但艾克却坚定地继续贯彻他的“宽大战略”。一方面他对巴顿承认当前物资供应确实不足，另一方面也再三强调必须着重供给北方战线的重要性。不过艾克最后还是向巴顿做出保证，只要蒙哥马利的部队能够顺利地肃清加莱地区，他马上就会同意让第3集团军继续东进。

巴顿对艾克的决定感到异常失望。为了解闷，他再次驱车前去瞻仰了一下自己曾经率军战斗过的“一战”旧战场。在巴顿看来，他所有的计划似乎都已成了泡影，而高层的某些阴谋正变得愈加明显。《最长一日》的作者科尼利厄斯·赖恩曾对此有过如下评价：“巴顿飞速进军的头条新闻一直为各大报刊所争相报道，这已经成了他习惯看到的事情。但是自从9月以后，外界对他的关注程度似乎一下落到了最低谷。我有次幸运地作为战地记者参加了对巴顿的采访，会上的巴顿边敲着桌上的地图，边以他特有的大嗓门对我们吼道：‘我认为至少还有5 000至1万名的德国杂种，正躲藏在我们第3集团军进军道路前方的各处钢筋混凝土工事之中。如果艾克能马上把为蒙哥马利准备的补给物资转交到我的手里，我就能立即率领第3集团军捅破德国佬那道纸糊的齐格菲防线！”

其实巴顿根本用不着表现得那么夸张和激动，毕竟前线的情况正在缓慢地得到改善。9月4日，美军工兵部队设法修复了一座位于兰斯附近的大型机场，使第3集团军原本中断了的侦察行动得以恢复。根据前方骑兵侦察部队在梅斯南北两线的频繁回报，德军似乎尚未控制住摩泽尔河上的桥梁。然而不幸的是，第3骑兵侦察群的指挥官却在一次从马尔斯拉图尔（Mars-la-Tour）到格拉沃洛（Gravelotte）的侦察行动中，因为迎面撞上了德军一支候补军官团的队伍而遭到俘虏。德军其实早就发现了美军这批侦察部队的行踪，他们故意放过美军的装甲车过河，然后再将桥梁炸断，由此切断了美军的退路。经过10多分钟的激战，大部分的美军轻型作战车辆都被摧毁或缴获，一支宝贵的侦察小队就这么失去了。

与此同时，暂时恢复油料供应的第20军正忙于集结它那散落在各地的部队，准备重新向莱茵河发起冲击。沃克的参谋部为此制订了两个强渡摩泽尔河的进攻计划：前者只考虑动用第7装甲师作为前锋来突破德军沿河设置的防线，后者则以两个步兵师为主力实施进攻。因为考虑到摩泽尔河一带以及梅斯以南糟糕的地形，第7装甲师师长西尔维斯特少将和他的参谋人员都认为，最好要避免在一开始就使用装甲部队来实施渡河作战。

9月5日，布莱德利来到巴顿设在沙朗－索－玛尼（Chalons-sur-Marne）附近的指挥部，顺便召集各位军长前来商议未来作战行动的相关事宜，会上布莱德利再次将莱茵河上的法兰克福定为第3集团军在突破齐格菲防线后要夺取的最终目标。巴顿在会议结束后立即下达指令，让沃克的第20军分两个阶段实施它的东进攻势。沃克的部队必须先在摩泽尔河上建立一个桥头堡，然后再去进攻莱茵河。照巴顿的估计，德军在摩泽尔河一线上的抵抗不会太强，齐格菲防线才是他们应该优先予以固守的地方。于是他便不顾西尔维斯特的坚决反对，执意先让第7装甲师的部队前去突破德军的摩泽尔河防线。

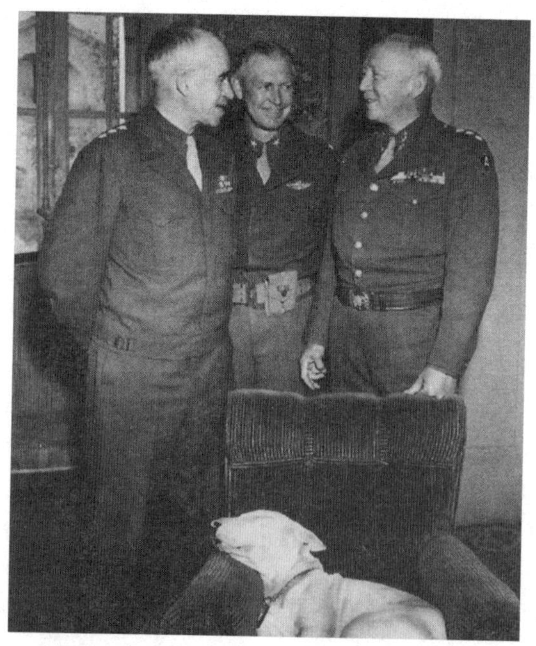

▲布莱德利（左）在巴顿的指挥所里，中间的是第19战术航空指挥部司令韦兰德准将，躺在沙发椅上睡觉的则是巴顿的爱犬“威利”。

第20军军长沃克在返回指挥部后高兴地向参谋人员宣称：“巴顿已经为我们打开了通往莱茵河的道路。”紧接着在第二天，上头又发来了巴顿下达的第10号战地指令：“第3集团军将负责夺取位于曼恩海姆与科布伦茨之间的莱茵河渡口。”这道命令意味着沃克的第20军在渡过摩泽尔河后，必须首先攻占梅斯和蒂翁维尔，其次才可夺取美因茨和位于更后方的法兰克福。具体各个部队的任务布置如下：

第3骑兵侦察群将奉命继续对莱茵河一线进行侦察，以判明敌军的实力以及动向。

第 7 装甲师将分成数个战斗群继续向东挺进，绕过路上所有遇到的德军据点并夺取重要的莱茵河渡口。

为了配合第 7 装甲师的行动，第 5 步兵师和第 90 步兵师会分别攻打梅斯与蒂翁维尔，然后它们将跟着第 7 装甲师一同前往莱茵河并负责肃清一路上残留的德军据点。

第 10 号战地指令从表面看来无疑是项伟大的杰作，可实际上这项指令的内容却异常模糊不清。对于强渡摩泽尔河这么重要的事情，巴顿只是轻描淡写地提了一下而已。让装甲部队前去夺取桥梁原本是为了出其不意，但令巴顿没料到的是，就在他下达战地指令没多久，前方的侦察部队就回报说摩泽尔河上的所有桥梁均已被德军炸毁。第 7 装甲师虽然受命分成数个战斗群投入作战，但该师到底是要在一个渡口集中渡河，还是从几个方向上分别渡河，巴顿根本就没给出详细的说明。

巴顿总是乐观地轻信来自骑兵侦察群的报告，以为德军不会在摩泽尔河沿岸设防，直到 9 月 5 日一份来自第 20 军情报官的报告方才引起他的警觉。该报告认为德军目前在摩泽尔河一带已差不多集结了大约 3.8 万人，以及 160 辆左右的坦克和自行火炮。如果拿这些数字与前面德军西线总司令部的报告相比对，我们可以认为兵员数字比较接近真实情况，坦克数量则显得过分夸大。

除不明敌情外，美军面临的另一个麻烦问题是作战地图的短缺。进入洛林地区的美军部队直到现在依然还在使用 1:100 000 的米奇林公路地图，这种旅游向导性质的地图一般只适合进行每天推进 48 ～ 64 千米路程的追击作战，完全不适合相对固定战线上的攻防战。盟军最高统帅部当初在计划进攻法国本土的行动时过分强调了逐步推进的重要性，他们为每一阶段的进军步骤都严格规划了所需的时间和路程的长短。德军在诺曼底战役后期的突然全线崩溃，令盟军高层在感到意外之余，也多少有些措手不及。盟军高层内那些追击德军残部计划的制订者们根本没有预计到 8 月里的进展是如此之大，所以也就没有及时为进攻部队准备好塞纳河以北地区的地图。尽管沃克的参谋人员在他们的军用地图上标注了梅斯和蒂翁维尔两处地点，

▲ 1944 年 8 月梅斯城内的街景，可见那时的市民情绪还相当平静。

但无人知晓那里要塞设施的具体类型、设计方式以及每座工事的确切位置。也许读者们会对此觉得很不可思议，然而这就是当时的实际情况。梅斯和蒂翁维尔两地堡垒要塞群的伪装非常出色，大部分重要的大型工事早与周围的天然地形融为一体，盟军的侦察机很难从空中发现它们的存在。美国军队以往从未有过大规模攻城作战的经验，即使从他们的国家档案馆里也找不出多少对进攻欧洲要塞城市的战斗有帮助的材料来。

从战后收藏于蒂翁维尔档案馆的一封信中，我们可以看到第 20 军的工兵顾问霍华德·克拉克（Howard Clark）中校对当时的矛盾情况所做的描述：“第 20 军的情报官与工兵部队指挥官其实都很清楚摩泽尔河一带的地形将会给渡河作战造成巨人的阻碍，他们也明白自己极度缺乏梅斯城防工事系统的相关情报。那些 1:100 000 的地图根本派不上用处，我们甚至连梅斯城外要塞的具体位置在哪儿都不清楚。有情报猜测梅斯的德国守军也许已废弃了一部分‘一战’时的旧工事，真希望这是真的。但就我自己的观点来看，德国人恐怕不会轻易放弃摩泽尔河这条天然防线。”

在发起渡河作战前，沃克必须首先集结他那些分散在兰斯和凡尔登之间的军队。在他的指挥下，第 5 步兵师奉命从马斯河桥头堡出发，向东挺进 19.2 千米来到埃泰和凡尔登之间，差不多走了马斯河与摩泽尔河间的一半路程。与此同时，第 20 军的另一个师第 90 步兵师因为缺乏交通工具和汽油仍旧逗留在兰斯。该师当时的油料供应量最多只够它的第 357 团级战斗队推进之用（该战斗队当时位于第 5 步兵师的左翼），负责运送架桥器材的美军工兵车队也因为没有汽油而零散地分布在兰斯以西的地区。虽说它们能直接从军需卡车队那里重新补充油料，但这并不是一件很快就能干完的轻松活。第 90 步兵师直到 9 月 6 日才补给完毕并抵达指定的进攻集结地，与它一同到来的还有负责架桥任务的工兵车队以及第 20 军的军属炮兵单位。

第 20 军这样一支由三个师组成的现代化军队，却在近乎盲目的状态下带着自信和乐观态度朝着莱茵河方向不断挺进，这本身就显得相当滑稽可笑。读者们肯定要问，美军在进攻前不仅缺乏详细的计划，缺乏足够的敌军情报，甚至连准确的战区地图都没有，难道真的要搞“即兴表演”不成？说到即兴表演，巴顿老是以这条理由来诟病蒙哥马利，说他战前那些小心谨慎的计划完全都是在浪费时间。可巴顿也许忘了，沃克目前最需要的正是一位具有蒙蒂般性格的行动计划制订人，而不是一位只会叫部队猛冲直撞的莽汉。只需要哪怕多上几天工夫的准备，第 20 军就能在渡河时挽救下一大批美国士兵的宝贵生命。

9 月 6 日凌晨，美军第 87 骑兵侦察营（隶属第 7 装甲师）和第 5 侦察营（隶属第 5 步兵师）分成四路，借着尚未褪去的夜色朝梅斯方向开去，他们的任务是去支援已经渗透到梅斯附近的第 3 骑兵侦察群并负责占领摩泽尔河上余下的桥梁。虽然其中一支侦察分队成功地突破到了梅斯以南，但很快又被德军逐退。战后的情报显示，当时德军 SS 第 17 装甲掷弹兵师正在分批退往摩泽尔河东岸进行休整，美军侦察分队遇到的很可能便是 SS 第 17 师的后卫部队。除此之外，美军侦察部队还发来报告说，尽管摩泽尔河上的所有桥梁均已被德军摧毁，他们仍在帕尼（Pagny）、阿尔以及阿纳维尔（Arnaville）等三个地方发现了一些可供部队渡河之用的浅滩。

在向总部发送桥梁情报后，第 87 骑兵侦察营沿着唯一的道路继续前进，攻占了德军设在马尔斯拉图尔的防御据点。这个据点本是建立在从凡尔登至梅斯古道上的一座小村，如今早已被扩建为一座现代化城镇。1870 年 8 月，普鲁士和法国的骑兵部队曾在此遭遇，由此揭开了一场名为“维奥维尔 – 马尔斯拉图尔之战”（Battle of Vionville–Mars–la–Tour）的激烈战斗。美军侦察部队的指挥官博伊兰（Boylan）中校（后参加过马斯河突出部之战中抵御德军第 47 装甲军反击的作战）在战斗结束后下令部队停止前进，开始召集他手下那些分散过开的骑兵分队，背后美军第 7 装甲师的主力也陆续跟了上来。照美国战史学者 H.M. 科尔的描述，第 7 装甲师当时是被派来寻找一处位于该城北面的渡河地点，但实际上这个任务早已被交给了博伊兰中校。

第 7 装甲师此刻正沿着由侦察部队开辟出来的道路，以 A 装甲战斗群为左翼（北线），B 装甲战斗群为右翼（南线），R 装甲战斗群为后卫向着梅斯方向挺进。油料的短缺迫使该师将第 23 装甲步兵营留在后方待命，A 战斗群的战斗力因此受到一定的影响。在攻打圣玛丽奥谢内（St–Marie–aux–Chenes）外围德军据点的战斗中，A 战斗群就因为缺乏足够的步兵，直到次日上午方才突破德军的防线。

B 战斗群所遭遇的抵抗比 A 战斗群要弱得多。他们发现德军正在有计划地撤离马尔斯拉图尔镇，便趁机

▲ 9 月 6 日首批进入圣玛丽奥谢内的美军第 7 装甲师 A 战斗群的 M10 坦克歼击车和牵引反坦克炮部队。

进行了追击。这支美军混编装甲部队向东一直打到格拉沃洛附近，被在此等候多时的德军候补军官团拦住。和马尔斯拉图尔一样，格拉沃洛曾是普法战争时的著名战场。直到今天，绿色的田野中到处可见代表双方阵亡将士墓碑的白色小十字架，镇中那座欧洲最早的战争纪念碑也是在 1870 年后建立的。

负责指挥 B 战斗群的汤普森（Thompson）准将发现格拉沃洛附近的德军抵抗十分激烈，立即向第 7 装甲师师部通报了战况。西尔维斯特指示汤普森绕过格拉沃洛，率部从南面包抄到摩泽尔河的侧翼。这道命令的确让 B 战斗群甩开了德军候补军官团的纠缠，但汤普森却失望地发现格拉沃洛南面的山涧地形完全不适合装甲部队的通行，那里的道路异常狭窄难走，两侧高耸的石壁和茂密的山林都使这个地方成为打埋伏的绝佳地点。当 B 战斗群右翼部队穿越比克塞尔村（Buxieres，位于戈茨村以西大约 12.8 千米的地方）东边的山涧小道，快要抵达位于出口处的戈茨村（Gorze，1870 年间普军曾经过此地）时果然中了埋伏，陷入德军早就布置好的雷场与反坦克火力网中，搞得第 31 坦克营 B 连整整一天一夜都动弹不得。在无法展开装甲部队或绕行通过的情况下，B 战斗群只能向后方的第 23 装甲步兵营求援，让他们派人来戈茨村帮忙打开一个缺口。此后第 23 装甲步兵营 B 连徒步赶来，引导第 31 坦克营的部分坦克从戈茨村西南的树林高地穿行而过，并于 7 日凌晨抵达摩泽尔河岸边。但因遭到诺维昂（Noveant）和阿纳维尔南北两处德军据点的猛烈攻击，这支美军很快放弃渡河打算撤回原地。

9 月 6 日深夜，获得油料补给的第 23 装甲步兵营主力前来支援 B 战斗群左翼部队。在营长艾利森（Allison）中校的指挥下，步兵营很快就与正停在阿尔附近一处山涧走道里的装甲纵队建立了联系。这个名叫芒瑟山涧（Mance Ravine）的地方在 1870 年 8 月的圣普里瓦战役（Battle of St.Privat）期间曾是一处血腥的战场，当时普军将领冯·斯坦因梅茨（Steinmetz）曾愚蠢地试图让部队正面强行通过山涧，然而在连续折损近 1 000 人后却依然一无所获。70 余年后，德军候补军官团代替过去的普鲁士军队反过来保卫芒瑟山涧，这多少也是一种历史上的巧合吧。正因为德国人

▲ 挺进到戈尔泽西南树林高地一带的美军第 7 装甲师 B 战斗群 M10 坦克歼击车，他们很快将在东面的芒瑟山涧入口前遇上德军的激烈抵抗。

▲ 格拉沃洛区域的芒瑟山涧一带鸟瞰。

知道过去普军惨败的教训，所以这次在防御上下了不少工夫，用地雷和火力点将本来就难以通行的山涧封了个严严实实，以为这样就可以万无一失地阻挡住美军第 7 装甲师的进攻矛头。

德国人没过多久就发现自己错了。毕竟美军知道作为首要目标的摩泽尔河已近在咫尺，他们不可能就这么轻易地放弃渡河的打算。9 月 6 日深夜，第 23 装甲步兵营的一队负责探路的侦察兵发现在戈茨村和芒瑟山涧当中，有片名叫奥尼翁的树林高地（Bois des Ognons）无人防卫，可以通行［如今地图上标注为多曼内尔 – 戈茨树林（Foret Domaniale de Gorze）］。9 月 7 日黎明，当美军装甲步兵穿过这片树林高地来到摩泽尔河岸边的舍纳村（La Chene）时，在河对岸发现美军活动的德军赶紧向驻扎在安希 – 東 – 莫瑟林（Ancy–sur–Moselle，位于舍纳村以北）附近的候补军官团寻求支援。德军猛烈的压制火力没能让美军轻易退缩，第 23 装甲步兵营的人甚至在下午发动过一次强渡摩泽尔河的行动。虽然全部的三条橡皮艇很快就被对岸的迫击炮火和轻武器逐了回来，但仍不失为一次大胆英勇的尝试。

既然美军的南线攻势已经受阻，那么北面的情况会不会好一些呢？ 9 月 7 日上午，在北线作战的 A 战斗群部分部队突破了德军的封锁，从摩泽尔河畔的蒙代朗日（Mondelange）沿着一条南向延伸的道路，对迈齐埃 – 莱斯 – 梅斯镇（Maizieres–les–Metz）展开了攻击。接着，他们又在中午时与 A 战斗群的其他车队共同汇合于圣 – 普里瓦城下，结果发现摩泽尔河上所有能用的三座桥梁都被炸毁，而且对岸也早已有德军部队严密布防。幸好 A 战斗群最后在哈肯考特（Hauconcourt）附近找到了一处可供部队渡河用的浅滩。收到报告的西尔维斯特少将马上指派架桥工兵部队前往支援，并电告沃克说他的第 7 装甲师已经在梅斯以北找到了渡河地点，正准备展开渡河行动。

读者可以发现，沃克差不多已经一头撞入了德军为他准备好的“摩泽尔河陷阱”。不过从另一个角度来讲，要不是美军在渡过马斯河后因缺乏汽油无法前进，德军在五天之前也根本不可能来得及在摩泽尔河东岸完成全部的部署。沃克在摩泽尔河受阻的消息不但鼓舞了他的敌人，同样令整个第 3 集团军有了警觉。巴顿马上意识到强渡摩泽尔河这一仗，将是他在欧洲战场上遇到的第一个真正意义上的挑战。他认为第 20 军只有完全抛弃以往那种对战局过于乐观轻率的态度，才能全力投入一场他们从没预料到的恶战中去。从这个时候起，德美双方在前期阶段的较量将不再作为一个整体，而是以许多看似相对独立，但又有着紧密内在联系的小规模作战的形式一直延续到 9 月的中旬。

多尔诺桥头堡争夺战

从当年的新闻报刊上，我们恐怕已经很难找到多少有关多尔诺桥头堡之战（Battle of the Dornot Bridgehead）的详细报道。19 世纪时，德国的军事理论家克劳塞维茨曾说：“人为因素经常会对战争的结局产生决定性的影响。”这场小规模的渡河作战也不例外，它能从一个方面反映出在战前制订完善作战计划的重要性。尽管多尔诺桥头堡之战也体现出美军英勇无畏的战斗精神，但上级没能在进攻发动前做好细致的准备工作，无疑是造成广大士兵在战斗中身陷险境的罪魁祸首。

曾担任美国陆军军事历史主任的奥兰多·沃德（Orlando Ward）少将，在他有关多尔诺桥头堡之战研究报告的开头写道：“这场战斗的结果充分说明，如果一位高级指挥官试图以模棱两可的情报来发动盲目性的进攻，往往会使自己陷入被动局面甚至惨遭失败的下场。只有知己知彼，才能百战百胜。”

9 月 5 日夜晚，沃克通知第 5 步兵师师长勒罗伊·欧文少将，要他的部队紧随第 7 装甲师的步伐，为强渡摩泽尔河的行动提供必要的支援。可欧文不清楚沃克的意思到底是要他赶到第 7 装甲师的前头，还是要他在第 20 军的右翼方向上建立新的渡河桥头堡。他打电话询问了军部有关第 7 装甲师 B 战斗群的情况，军部回复说他们也不知道这支前锋突击部队现在进展如何了。如今第 5 步兵师的各支部队正分散在一片广阔的地区内，根本就没有所谓固定的战线，于是欧文只能命令各部暂时继续分头前进，直到与第 7 装甲师汇合为止。根据师长的这道命令，第 5 步兵师左翼位置上的第 2 步兵团跟着第 7 装甲师 A 战斗群的尾巴，用了两天时间推进到北方战线上的阿曼维莱（Amanvillers）近郊，开始进攻德军的外围据点。同样，右翼位置上沿着公路东进中的第 11 步兵团（第 10 步兵团被部署在它的后方做预备队）也在 9 月 7 日遇上了第 7 装甲师 B 战斗群的队伍。第 11 步兵团 3 营 L 连的连长赫伯·威廉姆斯上尉（在“香槟早餐”事件中出现过）在战后一份未公开发表的回忆录中叙述了当时的情况：“9 月 7 日早上 8 点，四周的田野都被迷雾所充斥，似乎预示着一场糟糕旅途的开始。本团的团级战斗队搭乘卡车，以 3 营—2 营—1 营的车队顺序先后抵达位于东南方向的比克塞尔。”在比克塞尔完成集结的第 11 步兵团本该立即前去支援第 7 装甲师的渡河行动，然而该团因为受到交通堵塞的困扰，只能将下午的行军改成三路纵队分头前进。其中 1 营抵达了东南方向的阿纳维尔近郊，2 营与第 23 装甲步兵营一同汇合于舍纳村，走东北路线的 3 营则在穿越奥尼翁树林后又折回到多尔诺村附近完成了布防。

早先到达舍纳的第 23 装甲步兵营因为缺乏架桥设备和渡河船只，正处于进退两难的窘境，涂有醒目的白色五角星标记的美军车辆也成了摩泽尔河东岸高地上德军优先攻击的目标。美军通过进一步的侦察发现部署在梅斯以北的德军部队尚未全部撤过摩泽尔河，第 7 装甲师的 A 战斗群只是穿透了他们的外围防线。部署于梅斯以南的德军同样没有撤退，他们正集中盘踞在阿纳维尔与阿尔两地的工事中。更糟的是，来自北方德里昂要塞群的炮火能直接覆盖奥尼翁树林高地和多尔诺村，甚至能一直打到多尔诺南面 4.8 千米处的阿纳维尔一带，它的存在无疑会对美军本来就很少的行军通道产生严重威胁，第 20 军的情报部门对此仍然一无所知。

为了能尽快将位于阿尔镇一带的德军赶走，第 7 装甲师 B 战斗群的指挥官汤普森准将请求上级准许让他调用作为预备队的 R 战斗群向阿尔发动攻击。第 20 军军部虽然同意出动 R 战斗群，但没马上把它交给汤普森，而是先派它去支援步兵作战。他们的理由很简单，舍纳村方向上的第 23 装甲步兵营传来消息说他们准备在摩泽尔河上建立桥头堡，有必要优先对其进行支援。实际上我们早就知道了，这个在 9 月 7 日上午发动的渡河尝试其实早已失败，全部的三艘橡皮艇在半途就被对岸的德军火力全部逐了回去，上头这时候派遣 R 战斗群过去

▲ 第 11 步兵团第 2 营官兵步行经戈尔泽向多尔诺挺进途中。

不过是在浪费宝贵的时间而已。

就这么一直折腾到中午，总算弄明白情况的第20军军部命令欧文少将将部分部队集中到舍纳村南面的多诺尔村附近准备渡河，欧文随即让第11步兵团负责执行这个重要的任务。被公路拥堵折磨了大半天的11团终于在傍晚前接到要他们在次日上午执行渡河行动的指令，同时还得知为了增强实力可以动用第23装甲步兵营的部分兵力作为支援。作为团长的尤伊尔上校为此向作战参谋提出异议，此刻远在阿纳维尔一线的1营还无法马上赶来，渡河行动应另选更加靠南的地点。可惜他的建议没有得到上级批准，尤伊尔于是先让在多尔诺近郊的3营移动到小村后方的高地上，然后再让凯利·莱蒙的2营负责担任渡河作战的主攻任务。

当第11步兵团在半夜里摸黑来到多尔诺村时，他们似乎并没有料到会在这里遇上第7装甲师的部队。反之，第23装甲步兵营也同样没想到第5步兵师的人会赶来这里支援他们。由于美军必须在次日黎明之前完成整个渡河行动，两支部队便顾不上休息连夜开始了准备工作。

第11步兵团3营营长伯德桑中校的作战军官理查德·德斯特（Richard Durst）上尉当时正与两名2营的连长——内森·德雷克（Nathan Drake）上尉（负责指挥F连）与杰克·格里（Jack Gerrie）上尉（负责指挥G连）一同返回设在比克塞尔的团部，他在自己战后的回忆录中对多尔诺桥头堡之战的经过做了如下描述："晚上大约7点时天上下起了大雨，我、内森、杰克和其他几人一起来到团部，准备听取有关渡河步骤的任务简报。在我看来，杰克和往常一样对这个任务显得相当兴奋，而内森则多少有些精神颓丧的感觉，因为他刚从家信中得知自己的老婆带着孩子跟别人跑了……对这件事我无能为力，只能干坐在一旁等着别人来打破这种沉闷的气氛。过了许久，我们的营长莱蒙中校和他的副官弗里斯·丘奇两人同时出现在房门口，我便知道该来的终于还是来了，渡河行动马上就要开始了。"

另一位来自第11团的不知名士兵也在他未公开的回忆录中写道："两位抵达团部的指挥官刚为我们做完有关渡河行动的说明，我就看出这次的任务基本上是凶多吉少。当渡河行动打响后，来自对岸的德军火力几乎完全封锁了多尔诺村以及整个河面。他们占据了多尔诺村西北方向上的高地并从那里不断打来致命而精准的炮弹，我们的车辆因天雨路滑在村内的小道以及村外的田野里挤成了一团，几乎完全成了德军的活靶。第23装甲步兵营的存在非但没有把我们救出险境，反令战况变得更加糟糕。该营营长一再试图恢复渡河行动，第20军军长沃克将军却自始至终再也没有发来过新的指示。"

当时的多尔诺村，只不过是一个位于摩泽尔河西岸大约500米山丘下坡处的小村。这里只有一条主街道、一条铁轨、一小块湖泊和湖泊旁大片松软的泥地。村子对岸是一片马蹄形树林以及维系着梅斯与南锡交通的公路（公路一侧尽是葡萄园）。设在对岸的德军观察哨能完全掌握对岸村里的一切动静，整个渡口也全部处在他们的火力范围之内。除此之外，德军还能获得北方德里昂要塞群以及东岸高地上两座一战要塞的有力支援。这两座分别名为索米（Sommy）和圣布莱兹的要塞共同组成了“凡尔登要塞群”，配备有十多座 100 ～ 150 毫米的大型炮台，均能有效抵御各种现代化的炮击和轰炸手段。虽然第 11 步兵团已在作战地图上标注了它们的位置，但由于不知道要塞的建造结构和设计特点，再加上德军良好的伪装，所以光从表面上来判断难免会造成对要塞设施位置的错误判断，从而给渡河行动造成极为严重的威胁。

在没搞清对岸上德军的防御位置之前，德军的兵力构成一直是一个谜。经过战后的一系列研究，我们才大致获得了一份有关多尔诺桥头堡之战时德军的作战序列：

摩泽尔河西岸，多尔诺村以北——候补军官团，这是一支训练有素，作战相当狂热的部队。

摩泽尔河东岸——“福斯”训练补充营（Voss Battalion，这个营的成员多为年龄较大的士兵，且经常出现胃溃疡症患者）以及来自 SS 通信学校的部队“贝格营”。

除以上三支部队外，正在河对岸休整中的 SS 第 17 装甲掷弹兵师部分单位后来也投入了防御作战。

美军在渡河之前仍然认为对岸的少数德军残余部队不会给他们造成多大威胁，所以不顾一切地要求部队加紧完成渡河准备工作。首先从作战协调方面来说，正是这种过度自信又急于求成的态度，使他们的行动从一开始就乱了套。9 月 8 日那天黎明时危机达到了顶点，争先恐后的美军卡车和装甲车全都猬集在多尔诺村后方一条狭窄的道路上，被从德里昂要塞群方向射来的德军炮火打得动弹不得。瓢泼的大雨使整个小村变成了一片泥沼，数辆美军弹药车先后中弹起火，这些都更加剧了士兵们的恐慌心理。其次从指挥控制方面来说，美军步兵部队和装甲部队同时使用一处渡河口的做法，也令

▲ 在多尔诺村中抓获的少量德军俘虏。

▲ 从多尔诺村位置向东遥望摩泽尔河对岸。

美军的作战指挥系统同样陷于一片混乱。当负责执行主要突击任务的第 11 步兵团 2 营营长莱蒙中校率部抵达多尔诺村时，他惊讶地发现第 7 装甲师也在使用这个地方。虽然第 5 步兵师师长欧文少将是上级指派来的战区指挥官，但第 7 装甲师 B 战斗群的指挥官汤普森中校并没弄明白这点。作为多尔诺村附近级别最高的军官，汤普森认定他自己才是这次渡河行动的全权负责人。在各种相互矛盾的命令干扰下，军部和师部之间为了厘清指挥优先权而展开了激烈的争执。等莱蒙中校与第 23 装甲步兵营营长艾利森中校达成协议时，时间都已过去数个小时了。在多尔诺村北的激战中已遭到严重损失的第 23 装甲步兵营，决定让自己的人马跟随第 11 步兵团 2 营从村口的湖泊旁一同渡河。根据计划，第 23 装甲步兵营在渡河成功后将在对岸的树林中集结，接着向左突破德军的封锁前进到茹尔阿谢尔（Jour–les–Arches）一线。与此同时，第 11 步兵团的 1 营和 2 营将负责攻打正前方高地上的圣布莱兹要塞，第 3 营则在稍晚时候渡河，负责夺取索米要塞并确保桥头堡右翼的安全。

美军光是在制订作战计划和协调各部队的行动上就花去了整整六个小时，差不多完全丧失了夜间渡河进行奇袭的突然性。但他们还忘了一件事，那就是第 11 步兵团直到天空开始破晓时才发觉自己缺乏足够渡河行动用的船只。原先负责支援第 11 步兵团的美军第 7 战斗工兵营 C 连因为一路上交通阻塞的关系，一开始仅带来了数艘小艇。直到上午 8 点，其他工兵才带着剩余的船只姗姗来迟，同时也带来一个坏消息，第 7 装甲师 B 战斗群的指挥官汤普森中校被撤职了。这又是怎么回事呢？

▲ 渡河之前，身负重荷的美军机枪手正准备攀登铁路路基附近的人行桥。

原来汤普森因为船只久等不到的关系曾在昨日夜间数次催促上级，但未能得到回音。但让他没料到的是，有关第23装甲步兵营的几艘橡皮艇渡过摩泽尔河的消息，却在经过添油加醋地夸大之后传到了第20军军部，让参谋们错误地以为第7装甲师B战斗群已经在对岸建立了桥头堡。但等他们经过核实发现这件事纯属子虚乌有时，就以“擅自放弃桥头堡”的罪名解除了汤普森的职务。直到1958年，倒霉的汤普森中校才获得平反并恢复了军衔。

除缺乏渡河用的船只外，久等不到的炮兵支援也大大拖延了整个作战行动。美军直到上午10点45分才终于得以展开进攻，三个步兵连在工兵的支援下，冒着德军轻武器和迫击炮火的攻击分批穿过村外的铁路线，抵达摩泽尔河岸边的湖泊旁。其中有部分聪明的士兵没有直接攀越铁路路基，而是借着一座横跨于路基上方的人行桥梁的掩护，同样抵达了岸边的集结地点。

11点45分，负责打头阵的2营F连分别搭乘五艘冲锋舟开始渡河。在德军对岸密集的弹雨射击中，展开冲锋舟的工作显得格外危险。除负责操作的工兵外，其他步兵只能躲在岸边20米外的沟渠内一动都不敢动。等出击令下达后，这些士兵纷纷连滚带爬地越出沟渠，背负着沉重的装备跑向浮在水上的冲锋舟，有很多人在慌乱之中甚至丢失了自己的武器和弹药。

▲ 遭到德军猛烈炮击的铁路线及铁路线与河岸之间开阔地带，还可以看到铁路线上的人行桥。

为了减轻伤亡，美军不得不在岸边另外部署了一道巡逻线来压制对岸德军的火力。来自后方的有力支援果然起了效果，除少数德军仍在骚扰渡河行动外，对岸大部分的敌军据点都被击溃。有人后来记得，当时曾有一名隐藏在对岸一处土坑里的德军炮手一直在向湖泊所在的方向发射迫击炮弹。有意思的是，这家伙一到夜里就会以嘹亮高亢的嗓音大声地唱起德文歌曲来，惹得这边的美军得不时地开上几枪才打消了他的兴致。

由于负责支援渡河行动的美军榴弹炮都严重缺乏弹药，2 营的 F 连和 G 连又在午后各自派遣一个排的重机枪射手和 81 毫米迫击炮炮手开始渡河，另外部署在多尔诺村后方高地上的 3 营重武器连也加入了支援作战的行列（他们的弹药其实也很有限）。H 连负责管理重机枪和迫击炮的克莱特斯·霍伦贝克（Cletus Hollenbeck）下士在此为我们提供了一则他的经历："当时我正在指挥一个架设在村前的 81 毫米迫击炮排，上级命令我必须以每 15 秒 8 发的速度为对岸提供火力掩护。可问题是我自己没那么多的弹药，而且我排大部分负责运送弹药的官兵早已在先前的战斗中死伤殆尽。在无计可施的情况下，我只能亲自召集了 20 多个人，跑到后方的弹药补给点拼着老命搬来了大约 200 多发炮弹。等我们回到原先的阵地时，发现前方的工兵已经撤了下来。我知道他们的半履带车上装备有迫击炮，于是便带上十个人进村找到辆停在医护站旁的半履带迫击炮车。经过与司机的交谈，他不但同意了为我们提供弹药，甚至还慷慨地对我说：'假如你需要的话，就干脆把我这辆车也带走好了。'"

来自 2 营 G 连的安迪·麦克格林（Andy Mcglynn）于 2000 年同样为我们送来一则他在渡河行动期间的所见所闻："作战行动开始之前，大家还在村内讨论着将会由哪些人来担负渡河任务。在德军的猛烈炮火打击下，我所在的连很快就被迫离开了原先的隐蔽所，陆续来到岸边那些由工兵们准备好的冲锋舟旁。我当时瞧了瞧这些小艇，基本上每艘大约只能搭乘八名士兵和两名工兵的样子（配备工兵是为了负责在渡河后把船带回对岸）。在整个渡河过程中，德国人不断用轻武器向我们猛烈射击，甚至打死了我面前的一名战友。等 G 连上岸后我们并没有马上发动进攻，而是隐蔽在岸边的树林里等待全营其他连队的到来。"

另一份和多尔诺桥头堡之战有关的个人记述，出自 3 营 K 连的技术军士诺曼·里维金（Norman Rivkin）于 1944 年 9 月 24 日写的一封家信："当时全连的人马都聚集在多尔诺村内进行分组，而我作为其中一支小队的指挥，正带着手下和几名负责驾船的工兵离开村落准备登上冲锋舟。突然德国佬的炮弹不断地落在距离河岸 300 码左右的范围之内，一瞬间到处尘土飞扬，88 毫米火炮和不知从哪里打来的重炮火力（估计是说那些要塞炮）把我的人都纷纷打趴在了地上以躲避那些四散的弹片。好在他们尽了最大努力保持着镇静暂时没有动摇。数分钟后，德军的炮击稍稍缓和了下来，我赶紧抓住这个机会下令全队飞速奔向河岸边的冲锋舟。在一名负责掌舵工兵的协助下我第一个跳上船去，但等我回头一看才发现手下的人并没跟上来，他们全都在半路上被炮弹冲击和巨大的爆炸声吓坏了。无奈之下我只能不断鼓励和鞭策他们，本连的连长也在对岸向我们不断呼喊挥手，要我们尽快渡河以便空出冲锋舟来运载伤员。片刻之后，一名士兵终于鼓起勇气踉踉跄跄地赶了过来，他的行为立即带动了其他人，于是大家全都一窝蜂似的拥向了我乘坐的冲锋舟……"

从以上这些士兵的回忆和记述中，我们不难看到当时作战的激烈程度。在莱蒙中校的指挥下，F连、G连、E连和48名第23装甲步兵营的士兵都已顺利渡河，最后一批进入桥头堡的是来自3营K连的部队，于下午5点抵达对岸。到9月8日夜，已有四个美军步兵连、两个重武器排和少数的装甲步兵在摩泽尔河东岸完成集结，负责火力支援的3营I连则被留在西岸没有过河。

美军部队正是在这样一场缺乏协调而又充满混乱的进攻中，径直闯进了德军福斯营和贝格营的阵地之间。受到惊动的贝格营赶快向驻扎在附近的"冯·贝利欣根"师所属SS第37装甲掷弹兵团发去了几份自相矛盾的报告，这也说明德国人自己的状态其实并不比美军好上多少。作为当时摩泽尔河东岸编制规模最大的预备队，SS第37装甲掷弹兵团还获得了团属炮兵，SS第17防空营的几辆防空自行火炮，第103装甲营的一个突击炮连以及"拉策尔装甲连"IV坦克的支援（抽调自第3装甲掷弹兵师的这些突击炮和坦克，现都归SS第49装甲掷弹兵旅指挥）。该团团部在接到来自福斯营的报告后认为福斯营已经陷入混乱状态，美国人也不可能来得那么快，于是便派遣了一名SS士官前往一线查看到底发生了什么事情。这名士官的回报证实福斯营并没有说谎，SS第37装甲掷弹兵团被迫马上修改了自己的作战计划（原先他们只准备从南北方向对美军发动排级规模的反击）。直到前方的

▲ 一队隐蔽在河堤后，负责为对岸提供火力支援的第11步兵团连士兵。

▲ 朝河岸进发的一名美军士兵和一名医护兵。

侦察兵确认美军的渡河行动已全面展开后，德军才把用于反击的兵力提升到两个连的规模，并随之出动了装甲作战车辆。

德军在经过侦察后发现美军第 11 步兵团 2 营的部队正集中于河对岸的“马蹄形树林”一带，但在没有摸清美军实力之前他们也不敢贸然主动进攻。9 月 8 日傍晚，莱蒙中校出于兵力有限的考虑取消了派遣第 23 装甲步兵营向北进攻茹尔阿谢尔村的计划，但他还是执意让 F 连和 G 连前去攻打位于树林前方的圣布莱兹要塞。负责进攻的队伍小心地一路穿越山丘上的葡萄园和灌木丛地带，逐步接近要塞前的开阔地。四周静得出奇，美军直到来要塞跟前时都没有遭到任何伤亡，不禁让他们疑惑不已。然而，正当 F 连连长内森 · 德雷克上尉跑到队伍前头刚准备询问一名负伤的德军战俘时，早就隐蔽在堡垒里的德军狙击手便马上开枪击中了德雷克。担任 3 营营长副官，同时也是德雷克好友的理查德 · 德斯特上尉在战后悲痛地回忆说：“当时情况来得实在是太突然，可怜的内森在倒下后的几分钟内便停止了呼吸。后来有人在报告里指责说他毫无必要地过分暴露了自己，简直就和自己找死没两样。每当读到这样的报道时，我都会回想起渡河行动之前与他最后一次在团部交谈时的情景。可怜的内森，在失去了整个家庭后又在圣布莱兹丢掉了自己的性命……我不禁怀疑这个世界上的人都怎么了，那些写报道的人有必要这么尖酸刻薄地侮辱一个已经牺牲的人吗？”

攻打圣布莱兹要塞的行动很快就变成一项不可能完成的任务。作为进攻方的美军部队在剪除要塞外围的 5 道带刺铁丝网后，发现自己正面对着一道足有 4 米之高的铁栅栏。而在这道栅栏的后面，则是一条围绕着整座要塞，足有 15 米宽、5 米深的反坦克壕沟。一名德军战俘后来向美军撒谎说圣布莱兹要塞内驻扎着大约 1 500 名德国党卫军，但实际上当时这座要塞内并没有多少驻军，要塞内的大多数火炮也因没有炮手而处于无法使用的状态[①]。尽管如此，圣布莱兹要塞对美军来说却仍是一

① 当时在圣布莱兹要塞北面担任防御任务的是SS 第 37 装甲掷弹兵团“施米特营”三个连的步兵、SS 第 17 防空营、第 103 装甲营的一个突击炮连以及一个装甲连。

▲ 从西岸高处遥望多尔诺渡河点的战斗，到处弥漫着炮击的硝烟及美军释放的烟雾屏障。同时在这张照片中也可以看到，当时的天空阴云密布，云层十分低矮，这种天气下美军无法出动战斗轰炸机对渡河行动进行近距离支援。

座无比坚固的堡垒，2营的作战军官弗里斯·丘奇上尉最终下令部队放弃了进攻，并电告对岸的炮兵部队对要塞进行火力覆盖。结果3发炮弹偏离目标落在了2营头上，不幸的2营为此又死伤了数名士兵。

发现美军正在撤退的德国人大喜过望，他们立即调动了自己的炮兵向美军实施猛烈的炮击，同时从SS第37装甲掷弹兵团中出动第6和第7连对美军进行南北夹击。于是，莱蒙中校的F连和G连就这样被孤立在了离马蹄形树林足有2 000码距离远的开阔地上，他们的后路也即将遭到德军的切断。为了摆脱困境，2营的作战军官丘奇上尉又电令E连前来支援，但一切都已经太晚了。德军密集的机枪扫射差不多已经从两翼完全封锁了援军的前进道路，F连和G连的命运已经危在旦夕。

丘奇上尉于是只好下令部队全力突围，但在那种糟糕的情况下，美军几乎已经不可能井然有序地实施突围行动了。F连和G连只能沿着西南方向上两条崎岖不平的小路逐步后退到高地的脚下，这才避免了被德军吃掉的危险。圣布莱兹要塞一战令2营遭到高昂的伤亡代价，大批走散的士兵直到次日上午才陆续返回河岸边的马蹄形树林，还有不少重伤员被沿途抛弃。美军的很多伤员都是德军诡诈伎俩的牺牲品：他们往往会用一挺安置在高地上的机枪朝美军发射曳光弹，打得他们动弹不得或转身逃跑，这样另一挺隐蔽在低坡处的机枪便会朝着美军预计到来的方向发射实弹，从而给美军带来了不少的伤亡。不过总的来说，德军最初的反应速度还是慢了一拍，随后投入的反击力量也不算太强，以致没能从一开始就兜住美军的进攻主力。

F连和G连撤回树林阵地后，莱蒙中校放弃了进攻的打算，开始挖壕据守。在后方炮火的支援下，整整四个连的美军整晚都猬集在一片只有200平方米的树林内，一边忍受着德军持续不断的炮击，一边打退德军向树林发动的一次次反扑。

2营G连的安迪·麦克格林后来对这次艰苦的夜间防御战做了生动的描述："没等我们进入一条刚挖好的堑壕隐蔽起来，德军的一辆坦克就从前方的道路上开

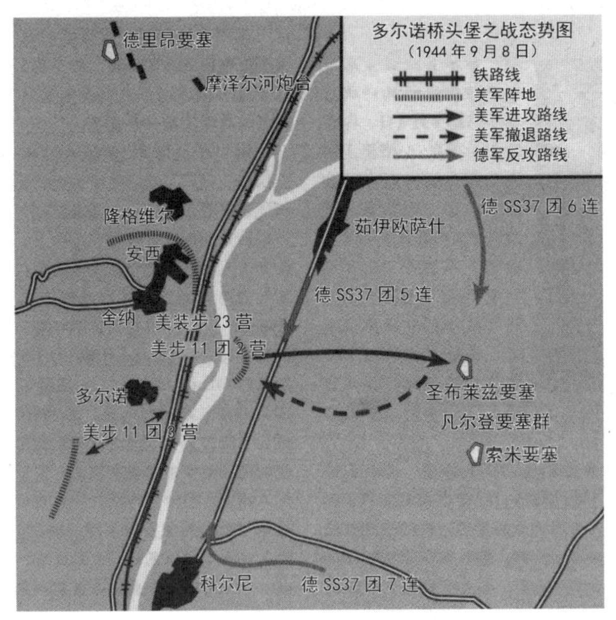

▲ 1944 年 9 月 8 日多尔诺桥头堡之战态势图。

来，把我们所有人都一个个地轰了出去。当时天实在太黑，我根本无法用巴祖卡瞄准那辆该死的德军坦克。幸好雨后的泥泞地形也妨碍了德军的行动，他们的坦克基本上也不敢过于深入我军的阵地……所以到第二天，德军就没再派遣装甲部队而是继续用大炮轮番轰击我们的阵地。因为我们是处于一片树林的环境下，所以德军打来的每颗炮弹几乎都成了空爆弹，我的很多战友因此而受伤。”

9 月 8 日深夜 11 点，德美双方为了争夺摩泽尔河东岸的马蹄形树林展开了极为激烈的拼杀。德军 SS 第 37 装甲掷弹兵团 2 营兵分三路同时进攻美军阵地：5 连从茹尔阿谢尔方向南下攻打美军左翼，6 连协同一批作战车辆从圣布莱兹要塞以北方向过来支援 5 连，7 连则从南面的科尔尼村（Corny）方向向北进攻美军右翼。德军在每次进攻之前会先在远处的道路口上集结，然后便在坦克或迫击炮的掩护下一波又一波地冲击美军单薄的树林防线。进攻中的德国党卫军士兵们一边用英语高喊着“美国佬完蛋了”或“希特勒万岁”之类的口号，一边则奋不顾身地向前面美军所在的位置冲来。为了使美军暴露他们的火力点，德军战车以强大的火力不断地射击树丛，而美军则遵循他们的射击准则，耐心地等待德军步兵进逼到足够近的距离时才开火射击。在前后 26 次近乎自杀式的进攻中，SS 第 37 装甲掷弹兵团 2 营付出了相当高昂的代价（其中 7 连的伤亡接近 60%，该连原有 140 人）。美军第 11 步兵团的士兵声称“倒在马蹄形树林周围的德军尸体足有近 100 具，差不多是诺曼底卡朗坦防御战的又一次重演”（1944 年 6 月 13 日，“冯・贝利欣根”师的 SS 第 37 装甲掷弹兵团曾向位于卡朗坦近郊的美国空降兵阵地发动过类似的进攻）。9 月 8 日，G 连的连长杰克・格里上尉为此还专门向对岸的营部发送了一封电文，里面写着：“要千万小心这些党卫军杂种。他们和一般的德国佬不一样，作战时都相当勇猛难缠。我从没经历过像今天这般的恶战，虽然暂时击退了他们，但我估计他们还会再来的。”

德军的反扑的确令他们损失惨重，但他们连续不断冲击美军防御阵地的做法，同样也大大削弱了树林里美军的战斗力。战斗现场异常惨烈，树林里到处能听到美军受伤士兵凄惨的呼救声。据一名负责抬担架的军士长亨伯利（Hembree）回忆，每当听到有人负伤时，他就会跑出去告诫那些伤员，叫他们尽力保持克制，不要喊出声来："上头的人说过，假如有人在受伤后大声叫喊的话，那些该死的德国佬就会知道他们已经伤到我们了。在那种环境下每个士兵只有做到自我约束，才有可能从德国人那里把失去的比分给扳回来。"亨伯利说得一点都没错，在战后资料的整理中我们可以找到许多有关应征参战的美军普通士兵在超越职责的感召下奋勇杀敌的优异表现，多尔诺桥头堡之战也因此涌现了一大批感人的英雄事迹。第 11 步兵团 2 营的一封作战报告声称在 9 月 8 日那天夜晚，曾有两名分别叫作迪基（Dickey）与拉罗帕（Lalopa）的美军列兵志愿前往防守一处孤立的树林外围据点，在无视后撤命令和缺乏重武器的情况下阻挡住了数十名德国党卫军的凶猛突击。迪基和拉罗帕凭借着手中仅有的两支步枪一直坚持战斗到了最后一刻，当他们的战友在上午返回现场时发现，约有 22 具德军的尸首横七竖八地倒在两人牺牲时的散兵坑周围。从他们遗体上满是伤痕的情况来看，估计是在与德军发生激烈肉搏时对方刺刀造成的创伤。而在另一则报告中，刚参军仅有 18 个月的列兵雷克斯（Rex）在战斗中独自接管了一挺刚失去全部射手的机枪，用凶猛的压制火力成功击退了 100 多名德军的刺刀冲锋，并给对方造成了重大伤亡。雷克斯后来把自己的外套送给了一名受伤的同伴，还协助参与了四趟往返摩泽尔河两岸救助伤员的任务。由于他的英勇表现，上级破例授予其一枚优异服务十字勋章以表彰他在防御战中的突出贡献（这种勋章一般只授予军士）。读者应该意识到，以上这两个例子只不过是多尔诺桥头堡之战中众多个人英雄事迹的冰山一角。除了提到的三个人之外，我们这里还有很

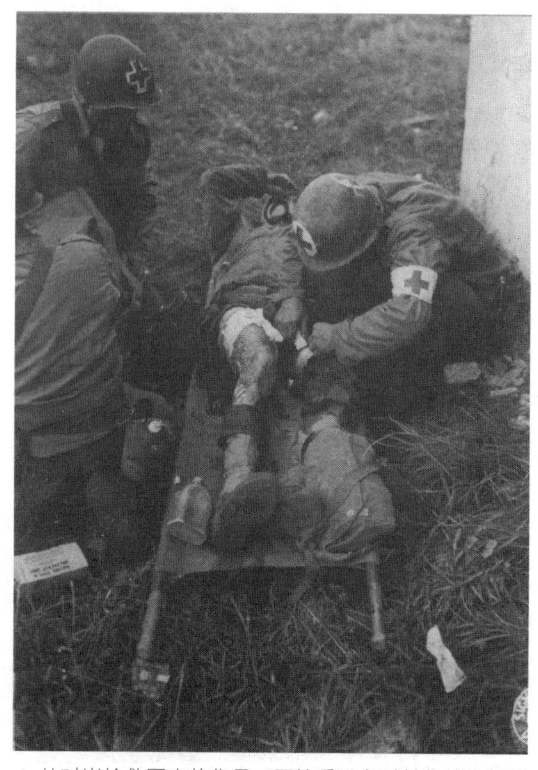

▲ 从对岸抢救回来的伤员，医护兵正在对其伤处进行紧急处理。

▲ G 连连长杰克・格里上尉。

多以战友生命为重而甘愿牺牲自己的普通士兵的名字无法一一提及。

第 11 步兵团 2 营原本打算要在摩泽尔河的对岸直接建立指挥系统，但桥头堡附近激烈的战况令莱蒙中校还是不得不把营部留在多尔诺村内。战斗期间，一枚从对岸射来的德军炮弹差点命中了他的指挥所，这迫使营部的参谋人员赶快逃出屋子准备另找一处地方隐蔽。然而紧接着打来的第二枚炮弹还是不偏不倚地落到他们身边爆炸，炸死了包括营长随身翻译在内的三名美军。说到这名外号叫“法国人约翰”的不幸翻译，他原名琼・马斯佩罗（Jean Maspero），年仅 19 岁，早先曾担任过 G 连连长的翻译的小兵。2 营的老兵中有不少人还记得，当第 11 步兵团 2 营刚到达法国战场那天，稚气未脱的马斯佩罗便穿着新制服，提着支卡宾枪自信满满地加入该团，很快就与全营的人打成了一片。莱蒙中校在战后写给马斯佩罗母亲的一封信中写道：“您的儿子不仅是我手下最出色的一位翻译官，也是一名勇敢无畏的战士。他的死对于我们的国家和我本人来说都是一个无法挽回的损失，在此我向您深表遗憾和惋惜。”

除了马斯佩罗等三人阵亡之外，这次突如其来的炮击还使包括营部情报官道格・哈德格雷福斯（Doug Hardgraves）上尉在内的数人受伤。3 营 L 连的连长赫伯・威廉姆斯上尉后来回忆说，3 营 I 连的连长弗兰克・史密斯（Frank Smith）上尉曾跑来探望负伤者，当他确认威廉姆斯上尉安然无恙后，一旁的哈德格雷福斯上尉睁开了眼睛对他说：“弗兰克，有威士忌喝吗？”史密斯便笑着回了他一句：“道格，看来你确实还活得好好的！”由此看来，对岸高地上的德军的确能随时监视多尔诺村的一举一动。莱蒙中校苦笑着将当时的情况形容为“德军要杀我们简直如同探囊取物一般容易”。

8 日夜晚，2 营的作战军官丘奇上尉和 G 连连长杰克・格里上尉一起返回多尔诺村，一边汇报战况一边开始向对岸输送补给（包括水、食物、弹药和电池）。经过他俩的建议，莱蒙中校向师部提出了准许他将 2 营撤回多尔诺的请求，但上级却指令 2 营不惜一切代价坚持到底，以便为即将在阿纳维尔附近展开的另一次渡河行动牵制德军的兵力。师部的回复令莱蒙感到相当不快，他感觉自己的 2 营受到了遗弃，成了这场作战中毫无必要的牺牲品。

到 9 月 9 日天亮时，美军发现要再派人渡河进行支援已经完全不可能了，他们只能通过无线电通信来保持与对岸的联系，并放弃了架设舟桥的计划。恶劣的天气妨碍了空军的活动，使得两天之内竟然没有一架战斗轰炸机飞到多尔诺桥头堡来执行对地支援任务。就连工兵连夜搞来的船只，也已于前一天夜里被全部用来运送补给或运送对岸的伤员返回多尔诺村。其中大部分的伤员在回到西岸时，都先必须冒着德军的枪林弹雨冲过河岸与铁路路基之间的开阔地，只有这样才能活着抵达设在村内的唯一救护站去接受治疗。

虽然第 20 军的参谋人员普遍认为多尔诺桥头堡完全可以得到巩固，甚至还能继续向南拓展，但那些亲自在一线上奋战的第 11 步兵团官兵却并不这么乐观。他们面对的是一种近乎绝望的境地：既没有空中支援又没有援军，而德军对树林阵地的围攻和对多尔诺村的炮击还在继续不断地增强。有趣的是，德军 SS 第 37 装甲掷弹兵团在一份发给“冯·贝利欣根”师指挥部的电报中坚持认为，正因为对岸的美军整天在输送大批新锐部队过河，才会导致他们在进攻马蹄形树林阵地时屡遭失败，实在显得相当可笑而可悲。

美军阵地屡攻不下，部队又伤亡惨重，SS 第 37 装甲掷弹兵团只好将它的第 4 营“施米特营”也投入反击作战，并开始玩弄各种阴谋诡计。一些德军在进攻前会模仿美军军官的腔调用英语叫嚷：“快停止射击！”可背地里却指示手下的士兵全力突击没有防备的美军。只可惜这种骗术手段最多只能用一次，用得过多反而会给进攻一方带来麻烦。例如美军 E 连的一个排就曾遇到过这样的事情：一名德军在反复喊叫多次停火口令后暴露了自己的德国口音，结果当他们试图从开阔地冲上来时一下被美军打死了 20 多人，只得带着伤员灰溜溜地退了回去。

▲ 多尔诺村内美军第 11 步兵团第 2 营的预备队。对岸不稳定的局势使得该营最终将已经渡河的部队全部撤回。

激战一直持续到 9 月 9 日中午，马蹄形树林阵地中大部分的美军军官不是阵亡就是负了伤，伤亡最大的 3 营 K 连甚至只能用一名军士代替了连长的职务（战后有报道说上级曾因此公开向该连做过道歉)。81毫米迫击炮的阵地被一个一个地放弃，尚能作战的炮手都陆续捡起步枪投入了战斗。尽管树林中仍能找到部分尚存的K级口粮和饮用水，可是大部分官兵已经整整24小时没有合过眼了，他们个个都显得疲惫不堪。

当夜幕降临时，美军方面中断了许久的补给供应和伤员遣返工作再次得以恢复。艰苦的战斗并没有难倒这些第11步兵团的无畏勇士，他们甚至还在第二天早上泰然自若地向德军阵地喊话要他们出来投降呢！在给德军方面的条件中就有那么一条:“只要投降就好说，不然就让你们领教一下前所未见最凶猛的火力!”

9月10日，随着美军在南方的阿纳维尔顺利实施了新的渡河作战方案，多尔诺桥头堡的利用价值便大大降低了。第5步兵师师长欧文少将终于下令第11步兵团放弃多尔诺一带。考虑到无线电静默的关系，莱蒙中校派遣了2名通信兵直接游到对岸向G连连长格里上尉下达撤退指令。当天晚上9点，在对岸马蹄形树林阵地内坚持了三天之久的美军陆续开始撤离，而蒙在鼓里的德军并不清楚美军的行动。他们正在积极筹划即将于晚上11点以SS第37装甲掷弹兵团的三个营发动的最后总攻，所以完全没料到自己的囊中之物居然会趁机从手中溜走。

为了保障撤离行动能顺利进行，美军的工兵部队计划使用最后余下的几艘冲锋舟和橡皮筏子来运送伤员，并在河面上拉起了一道道的绳索，且布置了浮筒，以帮助那些身体强壮但不会游泳的人能安全到达对岸。此外美军还在多尔诺村的岸边集中了一个步兵连用来提供支援火力，也同时负责引导从对岸过来的幸存者返回各自的临时驻地。一旦撤退行动完成，早已等待多时的美军炮兵将对马蹄形树林实施最猛烈的炮击，希望以此给突入树林的德军以毁灭性的打击。美军在撤退中将所有能带走的装备和武器都抛入了摩泽尔河，而携带着渡河用船只、绳索以及其他设备的工兵部队因为受到德军猛烈火力的压制，花了很长时间才赶到岸边展开渡河行动。G连的连长格里上尉目睹了在仅有三艘小船和一根绳索的不利局面下，近100名美军官兵是如何将伤员一一送上船去，又是如何跳入漆黑一片的冰冷河水中，或游或拉着一根救命用的绳索，缓缓向着西岸挣扎前进的场面。瓢泼的大雨和不断翻腾的河水加大了撤退的难度，很多不会游泳的人因不小心被浪头卷走而丧命河中，上级只好从对岸再派遣了一批水性极好的士兵前后往返两岸数次，帮忙将走散或快被淹死的幸存者们从死亡的边缘拉了回来。直到晚上10点多，工兵部队设法从别的地方又增调了一批船只加入援救行动，整个撤退行动才渡过了危险期，运送部队的速度也由此大大加快了。

3营K连的技术军士诺曼·里维金在他的家信中写道:“在撤退前，我与其他弟兄先花了点时间一同掩埋了散兵坑内的所有装备。为了游泳方便，我甚至还用匕

▲ 诺曼·里维金。

首截掉了自己的衣袖和裤管。晚上 10 点，树林阵地右翼的部队接到了撤离令，众人于是深一脚浅一脚地摸黑来到河边。凡是不会游泳的'旱鸭子'都只能坐在岸上等待接应的船只，而我们这些深谙水性的家伙则开始陆续下水。当河水刚没过我的腰际，一名军官却在背后大声呼喊要我回来。我问他出了什么事，他说由于水流湍急的关系造成很多士兵溺水，所以最好还是不要擅自行动。在他的安排下，我勉强登上了一艘满载撤退人员的冲锋舟，并在前方另一艘船只的引导下向着对岸划去。后来有人告诉我说，这艘冲锋舟其实是由我的好友舒尔特冒死从对岸带过来的，他当时也在船上，只是我一时没注意到而已。为了回报，我便自告奋勇地接下了舒尔特的任务，独自一人又将冲锋舟划回东岸继续接人。"

与舒尔特一样，里维金不仅顺利地救回了另一批士兵，还勇敢地冒着德军炮火把他们从岸边一直带到多尔诺村内。途中众人发现了躺在路边担架上的一名伤兵，于是找了辆吉普将他送到医护站去接受治疗。等回到村内，里维金突然觉得脚上很沉，低头一看才恍然大悟：原来自己的脚上居然还穿着靴子，靴子里早已灌满了水。

撤回多尔诺村的美军官兵又累又饿，几乎个个都狼狈不堪。上级为此专门指派卡车队给他们送去了大批食物、毛毯和替换用的干净衣物。凯利·莱蒙中校在战后的一篇简短的作战报告中对此特别做了说明："借此机会，我要向那些冒着生命危险帮助 2 营幸存官兵撤离树林阵地的人表达由衷的感谢。在 H 连担任号手的弗莱德·拉金的大力支持下，我从我们的法国朋友那里搞来了五头肥牛作为对这次作战行动参战人员的特别犒赏。拉金真的是一个天才的家伙，还记得在凡尔登贝尔维旅馆那会儿，就是他把那三名法国地下抵抗组织的成员灌醉，我们才能稳稳当当地运走那批地下酒窖中的美酒。"

树林守军的撤退并不意味着作战行动已经结束了。最后一批船只刚驶离东岸没多久，一名美军军官带着另一名士官再次来到对岸的树林里核实撤退情况。当他们差不多检视完整片河岸后，便打出一颗绿色的信号弹，对岸后方的美军炮兵立即向马蹄形树林展开了猛烈的炮击。也就在这个时候，两辆德军 IV 号坦克突然从树林中钻出并驶过两名趴在岸边的美军身边，开始向河面上的船只发起攻击。有目击者声称德军坦克的炮弹命中了其中一艘冲锋舟，那艘小艇当即断裂成两截，所有乘员无一幸免。第 11 步兵团 2 营在多尔诺桥头堡的伤亡报告中有不少被列为失踪的人员数字，估计都是这两辆德军坦克攻击造成的后果。

也许是出于某种巧合，片刻之后德国人也发射了一颗绿色的信号弹。两名依然逗留在对岸的美军观察员马上意识到对岸的炮击又将降临树林，于是赶快跑回他们的橡皮艇，抓起双桨没命地划向河中央。他们也许走得过早了点，因为那时仍有一名担任后卫任务的美军士兵在树林中的一处散兵坑里睡着了。等他第二天早上醒来后，却惊讶地发觉前日的战友们早就都没了影。不仅如此，他还看到从自己散兵坑的位置一直到河岸上，沿途到处都是德军残缺不全的尸首。意识到已经掉队的他赶紧行动起来，最后靠着一根留在河面上的渡河用绳索过了河，好歹也算是捡回了一条小命。

多尔诺河桥头堡之战令德美双方都付出了沉重的代价。根据美军官方洛林战史的记录，从 9 月 7 日开始至 10 日，德军在多尔诺村一线担任防御的各部队阵亡、受伤和失踪的人数估计至少在 600 人以上。而在美军方面，第 11 步兵团 2 营 E、F、G 等三个步兵连在马蹄形树林地带的攻防战中损失大约 200 人，伤亡率接近 50%；随同过河的第 11 步兵团 3 营 K 连损失了全部军官，全连仅剩 50 人；第 23 装甲步兵营也在这场频繁往返摩泽尔河两岸的作战中伤亡 200 多人。除此之外要是再加上因劳累和疾病造成的非战斗性伤亡，美军官方最后给出的总损失数字是 645 人。

战斗结束后的第二天，美军第 11 步兵团 2 营在莱蒙中校的带领下退往后方进行了休整，并在 17 天后再次重返战线。多尔诺一战的失败说到底，还是得归咎于美军参谋人员制订的那份盲目而粗糙的进攻计划。自从第 20 军突破塞纳河以来，这还是他们第一次尝到重大失败的滋味。不过话说回来，大多数的普通美军士兵在

▲ 从多尔诺村对岸的马蹄形树林中挖掘出来的部分美军遗留物品。（左）两支 M1 加兰德半自动步枪和一只狙击步枪瞄准镜。（右）几只水壶。

这场恶战中还是充分体现出了他们自身价值，上级那种缺乏远见的进攻策略并没有妨碍他们成为真正意义上的战场英雄。莱蒙中校在战后的作战报告里继续描述了他对这场战斗的看法：“说到我自己在多尔诺桥头堡之战时的体会，还是要算那些英勇无私、充满献身精神的战士给我的印象最为深刻。可惜的是，他们的所有努力最终都因为一些复杂因素的干扰而归于失败。当时要不是第7装甲师B战斗群在多尔诺村前与我部争抢同一处渡河口，我的部队可能早在天亮时就已经顺利达成预定目标了。可结果呢，渡河行动的拖拖拉拉使负责架桥的工兵部队负担过于沉重，而步兵部队的指挥官也是说得多，做得少。每当上头的计划出了问题，却要士兵用生命去作为对他们错误的补偿，这实在是太不公平了。”

强夺阿纳维尔渡口

9月8日晚，正当多尔诺村对岸树林中的争夺战进入最白热化阶段的时候，欧文少将就已经察觉出情况不妙。第5步兵师显然无法在如此狭小的桥头堡内投入过多兵力，来自梅斯要塞群以及德军方面的火力正在逐渐压倒进攻的美军第11步兵团2营。为此欧文便把注意力转到了第11步兵团3营以及第10步兵团身上。经过核实，前方的联络员向欧文汇报说第10团3营当时已在一片位于阿纳维尔北面的高地上完成了集结，于是欧文立即指示该团的团长贝尔中校，要他在阿纳维尔附近实施一次渡河作战，以帮助缓解北方多尔诺桥头堡那里的危机。在这次作战开始之前美军吸取了多尔诺作战的教训，对于作战行动的策划也不像上次那样急不可耐。贝尔中校获准进行一天时间的渡河准备，并预定在9月10日展开行动。至于具体的渡河地点和确切的渡河时间，上级也允许贝尔在经过细致的侦察后另行确定。

其实美军选择在阿纳维尔实施强渡时，也并不是没有考虑过在诺维昂进行相同目的的作战的可能性。诺维昂位于多尔诺和阿纳维尔之间，是一个坐落在摩泽尔河畔的小村。作为洛林地区防御体系的一部分，德国人早在1870—1918年就对这个村子实施了要塞化改造，使之成为德意志帝国的一个前线据点和军需中转站。1870年8月，普鲁士军队的数个军曾从这里越过摩泽尔河，并给法军的后方造成极大的威胁。可能正是因为考虑到这一点，这一次德军先下手为强，炸毁了诺维昂村内唯一连接对岸科尔尼村的跨河桥梁。

第11步兵团3营L连连长赫伯·威廉姆斯上尉在他的作战日志中提道：“多尔诺桥头堡之战还未结束，3营部分单位（缺正在多尔诺一带作战的I连和K连）又于9月9日傍晚在诺维昂附近发动了一次不成功的渡河尝试。我当时记得很清楚，这次行动主要是由第11步兵团的团部直接负责指挥。为了摸清渡河地点的实际情况，当天傍晚我陪同3营营长伯德桑中校以及他的一批随员一同来到岸边进行视察，结果除了一大堆生长在河对岸的灌木丛之外就什么也没看到。”

3营的作战军官德斯特上尉当时也在现场，他也对我们讲述了一些自己的所见所闻：“直到次日凌晨3点，防守诺维昂的德国守军才被肃清，L连先头部队小心翼翼地在诺维昂附近的河边陆续放下了几艘冲锋舟准备渡河……虽然我不清楚后来到底发生了什么事情，但我还是从L连连长威廉姆斯上尉与营长伯德桑中校的通话中了解到了部分内情。只听电话那头的威廉姆斯略带气愤地向伯德桑诉苦说：‘比尔，你还记得下午我们一起探察过的那片所谓的河岸吗？其实那只是一座河中小岛而已！我再重复一遍，那不是河岸而是一座岛！我们因为傍晚夜暗的关系都弄错了，现在可好，我们全都夹在摩泽尔河当中的一小块三角地带上了。请求进一步的指示！”

缺乏准确的作战地图，让美国人在诺维昂又栽了次跟头。威廉姆斯的小队先前渡过的“河流”，其实只是那座小岛与西岸之间的狭窄运河。等他们上了岛，穿过那些灌木丛到达岛的另一边时，才发现摩泽尔河那宽阔的主河道正横在自己的眼前。虽然威廉姆斯马上派人回去弄来更多的人手和船只，但美军发觉那些冲锋舟根本无法通过小岛上茂密如林的灌木丛。在与后方营部取得联系后，营长伯德桑命令L连立即撤回，同时也电告第11步兵团团部，请求准许他另选阿纳维尔作为渡河地点，这个请求最后得到了上级的同意。

与此同时，第10步兵团主力奉命从离摩泽尔河岸24千米远的尚布莱（Chambley）迅速赶到指定作战集结地点待命。在这之前，该团团长贝尔中校冒着被德军俘虏的危险，勇敢地带了一批副官前往阿纳维尔一带做了先期侦察。和多尔诺一样，阿纳维尔也是坐落在摩泽尔河冲积平原上的一个小村。其不同之处在于，阿纳维尔村的铁路路基与摩泽尔河河道之间比多尔诺还多了一条运河，以及一道可

▲9月9日，在诺维昂的河岸边搬运冲锋舟的第11步兵团L连小队。

用来让步兵通过的水闸。进攻一方要渡河的话，只有先经过运河前面一片大约200码宽的烂泥地，并在对岸高地上的德军火力封锁下越过摩泽尔河后，才能抵达对岸另一片约500码宽而且毫无遮拦的烂泥地。摩泽尔河东岸上有条南北贯通阿里村（Arry）与科尔尼村的公路，公路的中央位置上有个叫瓦萨日（Voisage）的农舍。如果再往前的话便会遇上大片的树林高地，其中的386号高地与组成费伊山坡（Cote de Faye）的325、370、369号高地均被德军牢牢地控制在手。要完全解除它们对渡河口的威胁，美军只有靠步兵来逐一夺取这些高地。此外，假如把阿里村与科尔尼村分别看作阿纳维尔渡河口的南北两处端点，那么除了那条唯一的公路外，要出入"两点一线"后方的山林地带就只有靠那些狭窄难行的山间小道了。以上这些地形条件都能充分证明阿纳维尔其实并不是一处很理想的渡河地点，甚至有可能比多尔诺桥头堡的情况更糟糕。可是美军如果不选择阿纳维尔渡河也就基本无路可走了，他们唯有拼尽全力在此一战，才有可能突破德军的摩泽尔河防线并打开通往梅斯的道路。

▲ 渡河中的第 11 步兵团 L 连小队。

贝尔中校在返回指挥所后，于下午2点命令第10步兵团的各级单位要在午夜之前做好一切战斗准备。根据预定计划，美军的进攻设想主要有以下几点：

第一，1营将首先负责夺取并固守东岸的386号高地，然后2营将在9月10日的凌晨4点发起对费伊山坡的进攻。

第二，这次进攻将得到美军方面至少13个军属或师属炮兵营的支援。

第三，为了达成进攻的突然性，美军战机将不事先轰炸阿纳维尔地区，他们将在进攻发动后再投入支援作战。

第四，由于吸取了多尔诺作战的教训，美军工兵部队这次也准备了足够多的冲锋舟和其他渡河用的船只。

第五，整个攻击行动主要以第10步兵团的1营和2营为主，3营则被留在阿纳维尔附近的高地上充作预备队。为了对付可能从对岸出现的德军装甲部队，3营还同时获得了一批坦克歼击车，一批反坦克炮和一批105毫米榴弹炮的火力支援。

从贝尔中校的计划上来看，美军这次的确是做足了准备，甚至还投入了空中力

▲ 冲锋舟划向对岸。注意对岸那片灌木丛林，正是这片密林使得L连连长威廉姆斯误以为他所看到的就是摩泽尔河的对岸。等L连登岸后才发觉那只是主河道中间的一座小岛，这迫使L连最终放弃了原本准备在诺维昂实施的渡河计划。

量。虽然美军第9航空队曾于9月9日驳回过巴顿对多尔诺桥头堡进行空袭的要求，但在布莱德利的强烈坚持下第9航空队最终还是妥协了，并承诺会从用于轰炸布列斯特的战斗轰炸机群中抽调一部分用来支援阿纳维尔方向的作战行动（当时德军仍在坚守布列斯特，试图拖住盟军的后腿）。

现在让我们来看看德军方面的情况。由于阿纳维尔这个村子正好处在北方的SS第13军以及南方的第47装甲军的接合部上，所以负责防守阿纳维尔的德军部队主要包括了：

SS第13军临时用于支援第462师作战的第282补充训练营。

由第47装甲军派来担任阿纳维尔南部防御任务的第3装甲掷弹兵师的部分单位。

这些德军部队在人员数量上都还算充足，只是缺乏作战车辆。为此德军将于9月11日—12日向阿纳维尔投入第15装甲掷弹兵师以及SS第17装甲掷弹兵师的部分单位作为援军。[①] 担任SS第13军参谋长的库尔特·冯·艾内姆（Kurt von Einem）上校曾在他的一份报告书中对未来战况做了一番估计："最近几天内我陆续接到从前方不断发来的报告，说敌军试图强渡摩泽尔河并从南北两个方向包抄梅斯。但我认为过长的补给线已经严重妨碍了敌军在洛林的攻势。假如他们真想要拿下洛林或萨尔地区的话，就必须先停下来好好地进行休整和补充。"艾内姆的这番话无疑显示了其敏锐的预见性，但他接下去写的后半段话却明显有失偏颇："虽然我军的物资和兵力都不算充足，而且缺乏有效的空中掩护，但我还是派遣了数支后备力量前往敌军可能要夺取的各处摩泽尔河渡口。不过令我觉得气愤的一点是，敌军有能力在不受干扰的情况下为他们的进攻做好充分的准备，相反我军却极度缺乏用以反

① SS第13军三个师中只有SS第17装甲掷弹兵师是党卫军部队，其他都是国防军。

击的炮弹弹药，这是很不公平的。”很显然，任何一名参加过多尔诺、阿纳维尔桥头堡争夺战的美军官兵都不会同意艾内姆的这种观点。德军如果真像他所说的那样缺乏足够的炮弹，美军在多尔诺、阿纳维尔两地的进攻也就不会那么吃力了。

▲ 一辆美军坦克正从阿纳维尔村内前往渡河口。

9 月 9 日下午，美军的各支主攻部队已经陆续抵达指定位置准备待命行动。每支部队的官兵均配备了 1:50 000 的作战地图，并对阿纳维尔渡河口以及树林高地周围的德军布防情况做了详细的考察。

9 月 10 日天还没亮，由维克（Vick）上尉指挥的 1 营 A 连在向导的指引下按时展开了行动。为了避免重蹈多尔诺的覆辙，他们这次携带着所能带上的一切物品——武器、弹药、三份 K 级军粮以及全套餐具，以应付可能出现的围困战或补给短缺的局面。A 连全体官兵在通过运河上的水闸过道后顺利地抵达摩泽尔河一侧，并于凌晨 1 点 15 分在工兵部队未到的情况下搭乘 20 艘冲锋舟开始渡河。一开始德军的抵抗极其微弱，A 连在整个渡河过程中只遭到了少数轻武器的射击，直到登岸也没出现任何伤亡。但当他们穿过冲积平原并向公路一带突破时，德军的火力一下子猛烈起来，机枪子弹与迫击炮火劈头盖脸地砸向美军。幸好德军的炮兵部队因为通信延迟的关系没有及时加入火力压制，德军第 462 师的指挥官克劳泽后来也声称他自己是在阿纳维尔战斗打响的数小时之后，才接到了第一份作战报告。

跟在 A 连后面第二个上岸的是美军的工兵部队。他们的指挥官清醒地意识到，如果继续在这片烂泥地上盲目前进的话，只会在天亮时成为德军炮兵的活靶子。可是由于背后第 10 步兵团 2 营的人马已经到来，工兵部队为了空出河岸上的登陆场才不得不冒险继续向前推进。随着时间的流逝，越来越多的美军连队陆续与德军交上了火，而此刻已经来到公路附近的 A 连，却被德军架设在道路另一头的机枪打得抬不起头来，就连维克上尉自己也在试图穿越道路的时候被机枪子弹击中身亡。第 10 步兵团的作战战史把维克形容为一个“非常严厉而勇敢的连长”，他在作战时总是勇猛地冲锋在第一线，决不会因为任何缘故拿自己的手下人当盾牌。他的牺牲对于 A 连是个沉重的打击，1 营营长豪伊（Haughey）少校在接到通报后赶紧把他的情报官哈里斯中尉派过来控制局面。来到 A 连阵地前沿的哈里斯在瓦萨日农舍旁发现了可通往386号高地的山间小路，于是便从A连和C连中各抽出一个排的兵力组成一支小分队，命令他们前去打开一条通往高地的通道。经过一番激烈的拼抢和白刃战，美军突击队赶跑了386号高地山脚下的一小股德军并占领了高地的顶端，从而为其他部队的进军铺平了道路。

在386号高地落入1营之手后，310号高地也随即遭到了第10步兵团2营的围攻。根据第10步兵团战史中的记载，进攻高地的美军士兵在山林上遭到一队隐蔽在堑壕内的德军的阻击，但德军的抵抗很快就被美军的手雷加刺刀冲锋所瓦解。也许有部分战史爱好者会怀疑这段记录的真实性，毕竟我们应该知道在第二次世界大战中随着技术和战术的进步，作战双方之间已经很少出现如同“一战”一般的刺刀拼杀。战史中经常出现的所谓的“刺刀冲锋”或“列队射击”，不过是那些作者经常使用的陈词滥调罢了。但是根据大量的考证和研究，至少有一点可以确定，那就是在梅斯之战中虽然德军与美军间几乎从未出现过列队互射的战例，但我们却无法否认白刃战的存在。从这一点上说，第10步兵团的作战记录也从一个侧面多少反映了阿纳维尔之战的激烈与残酷。

到黎明前，美军已经差不多拿下了大部分的预定目标。德军第3装甲掷弹兵师则在南方的阿里村附近聚集起一个排的坦克和一大批步兵，准备从美军手中夺回386号高地。上午8点30分，德军步兵在坦克的支援下向386号高地发起第一轮反攻，但失败了。美军料到德军会和多尔诺之战时一样出动装甲部队，他们早就在对岸集中了一批坦克歼击车和炮兵群。德军的坦克还没推进到高地附近就被迫后撤，他们的步兵也在美军的重炮火力打击下蒙受了不小的损失。

中午12点30分，德军纠集人马向386高地发起了第二轮反击。负责防御高地南部前沿地带的1营C连首先遭到德军炮击，造成包括无线电通信员在内的数名士兵受伤。紧接着德军派遣五辆坦克接近山坡并展开了密集射击，在坦克的火力压制下C连的反坦克手们勉强向其中的三辆发射了巴祖卡，都被对方厚重的正面装甲弹开了。有些经验不足的美军惊慌地一边叫嚷“小心，那些是虎式坦克”，一边向山坡上退去（其实德军在梅斯地区根本就没有虎式坦克）。可没等他们来得及躲进树丛，德军坦克的密集机枪火力就已经切断了他们的退路。混战之中，C连连长意外负伤，其他美军官兵拼死将他救起，抄了一条小路向着高地后方撤退。

德军步兵由于在第一轮的进攻中损失较大，所以这次他们没有协助坦克对C连进行追击，而是继续待在高地脚下观察形势。这种过分的小心谨慎反而给他们带来了麻烦，由386号高地上美军炮兵观察员引导的炮击很快接踵而至，C连的执行军官趁德军步兵后退的时机收拢了自己的部队，从高地背后悄悄地折返原来的阵地。

▲ 支援阿纳维尔作战的美军 155 毫米榴弹炮（隶属第 5 步兵师的第 21 野战炮兵营）正在开火。

发现美军再次现身的德军坦克咆哮着向他们冲来，却被及时出现在战场上空的一个 P47 战斗轰炸机群一一击退。这些 P47 在返航前还用炸弹和火箭弹集中轰炸了阿里村，将它完全变成了一片冒烟的废墟。这是美军地面部队在投入摩泽尔河攻势后，首次获得空中力量支援的一次作战行动。试想一下，要是美军当初在多尔诺时能有如此有效的空中支援，那么要确保对岸的桥头堡不落入德军之手简直易如反掌。

第 5 步兵师师长欧文少将在获知德军的两次反击情况后，命令贝尔中校将原本待在后方作为预备队之用的 3 营也投入了前线。其中 I 连和 K 连将奉命夺取阿里村，以此来扩大桥头堡的右翼控制区。美军对德军炮兵的反击工作进行得并不理想，大多数德军的炮兵阵地都十分隐蔽，有些敌军炮火甚至来自远在阿纳维尔北方 10 千米以外处的德里昂要塞群，而引导工作全靠布置在前沿的炮兵观察组负责完成。SS 第 13 军参谋长艾内姆上校总是再三强调德军的炮兵弹药面临紧缺问题，可实际上德军在阿纳维尔一战中似乎完全不缺乏炮弹，他们的炮兵自始至终一直保持着较高的发射率。相反在美军方面，由于第 3 集团军 9 月初的补给储备空间大多被用来储存汽油了，用于作战的弹药储备自然也就陷入了异常短缺的境地。从 9 月 9 日至 10 日，由美军军属炮兵部队发射的 10 000 发炮弹差不多消耗掉了大半库存，结果造成很多美军部队在进攻时根本就得不到有效的炮火支援，也令本来就落后的突破进度更加缓慢。

▲ 第 10 步兵团团长罗伯特・贝尔中校。

和前两个在黎明前就抵达对岸的步兵营不同，3 营是在午后的大白天进行渡河行动的。为了对付来自德里昂要塞群的威胁，美军指派原本在红球特快运输线上担任运输任务的第 84 化学连来到阿纳维尔，并向摩泽尔河东岸的各处渡河地段施放了大量烟雾。尽管该连的士兵从未亲身经历过战斗，但战后的结果表明正是他们出色的掩护行动有力地支援了阿纳维尔渡河行动，也使渡河时的人员伤亡降低到了最低点。从此以后，第 84 化学连将一直伴随第 20 军作战，直到 11 月 8 日梅斯陷落为止。

除了烟雾掩护措施之外，欧文少将还在 9 月 10 日下午将仍在前线作战的工兵部队调回到西岸，命令他们架设几座舟桥以方便支援部队的通行。要在河面约有 80 码宽又水流湍急的摩泽尔河上架桥可不是一件轻松的工作，除了主河道外，那里还有一条名叫吕德马德（Rupt de Mad）的运河支流需要处理。法国人曾于 1940 年时对运河的河道进行过改造，他们的部分工程设施以及高耸的堤坝直到 1944 年还遗留在此。这使得隐蔽于对岸高地上的德军能够很清楚地看到在运河堤坝上活动的人影，从而人人增加了进攻一方的困难。经过细致的地形勘察，工兵部队决定先在水闸过道旁架设一座可供车辆通过的车辙桥，然后再想办法建造二座跨越摩泽尔河主河道的舟桥以及一座步行桥。然而因为受到德军炮火的威胁，所有工程计划均无法在白天顺利展开，美军工兵只有等到 9 月 10 日夜晚才能开始动工建造他们急需的桥梁。

与此同时，3 营的两个连已从瓦萨日村赶往目标地点阿里村。他们在进村时没有遭到激烈抵抗，负责防守该村的德军步兵和三辆坦克早就闻风而逃，村子本身也在先前的飞机轰炸中化为了一片瓦砾。美军在夜晚 9 点 30 分回报 3 营营部说已经肃清阿里村附近的所有敌军，但他们接着又犯了个致命的错误：居然把步兵统统返回萨瓦日农舍附近去过夜而没有在阿里村内留下一兵一卒（或许是认为没有房屋留存的村子不适合防御）。这不仅是严重违反上级命令的举动，还直接影响到美军继续拓宽桥头堡的速度。从当时的整体局面上来看，第 20 军的两个步兵师非但没能

▲ 多尔诺之战失败后，美军把进攻的重心转到了南方以便全力确保阿纳维尔桥头堡的完整。为此美军的工兵部队想出了种种方法来削弱德军对桥头堡的火力压制，其中起到重要作用的就是施放烟雾。图为渡河点施放的烟雾屏障。

飞速进军莱茵河，反而在一片约有64千米宽的战线上停滞不前。相对如此宽广的作战区域，美军的兵力布置却显得很不平衡。沃克的装甲部队由于地形限制的关系无法为他的步兵部队提供太多的支援，在很多地段上美军都是靠着骑兵侦察部队才能勉强地支撑着脆弱的防线。第20军大多数的兵力陷入了多尔诺和阿纳维尔两地的桥头堡争夺战中无法自拔，这意味着沃克如果要继续在阿纳维尔打下去的话就必须缩短自己的战线。巴顿的第3集团军目前缺乏足够可用于支援沃克的后备力量，而德军的防线似乎也没有多少松动的迹象。在这种情况下，美军如果再不思进取，就会让整体局势变得愈加糟糕。

发现3营没有完成规定任务的贝尔中校虽然十分生气，但也无可奈何。他在夜间先下令从对岸增调一个反坦克炮排，然后又将前日参加过386号高地争夺战的1营C连调了过来，命令它代替3营前去夺取并固守阿里村。9月11日凌晨3点，抵达阿里村不久的C连果然与卷土重来的德军部队遭遇。该连连长和一名排长先后在主街道上爆发的激烈巷战中负伤并退出了战斗（算算那位连长两天来已经是第二次负伤了），于是前日里386高地上的溃败情景再次重现，大批C连的士兵在德军的炮击下惊慌失措地逃离阿里村，幸好一名排长来到村外全力组织才稳定住混乱的局面。在他的带领下，C连仅有的43名幸存者于黎明前撤离阿里村。得知败报的贝尔中校只得下令将3营余下的其他连队也全部抽调到瓦萨日农舍一带，以此来防备德军来自阿里村的反扑。

9月11日凌晨5点，来自396高地方向的德军突然对第10步兵团2营展开了猛烈的攻势。他们的一个步兵连和一个坦克排利用美军炮兵部队通信故障的机会，几乎冲破了2营的防线。要不是美军机枪手和迫击炮炮手的英勇奋战逼退了德军步兵，F连和G连恐怕早就全线崩溃了。德军退走时部署在西岸的美军火炮总算开始发威，恰好将撤退中的德军逮了个正着。不过，夺回阵地的2营官兵并不感到欣慰，因为他们的胜利只不过是一次“皮洛士式的胜利”。德军的这次奇袭进攻使2营伤亡102人，极大地削弱了F连和G连的实力。不久之后，另一支来自阿里村方向的德军又对负责保卫386号高地的第10步兵团1营同样发动了一次步坦协同攻势，但很快就被美军来自对岸的精准炮火以及反坦克火力击退。败退的德军坦克撤回阿里村，却又在下午遭到了P47战斗轰炸机的袭击。战后的研究表明，当天上午进攻386和396号高地的德军主要是来自第3以及第15装甲掷弹兵师的单位。虽然美国的一批战史学者一直坚持认为德军在那次战斗中投入了精锐的候补军官团，但实际上候补军官团当时并没有来过阿纳维尔，而是继续留在摩泽尔河以西和梅斯附近担任防御任务。

连续粉碎德军两次反击的美军暂时确保了桥头堡的安全，他们便把注意力集中到造桥的任务上。9 月 11 日上午，美军在阿纳维尔与吕德马德运河之间架设了阿纳维尔贝雷桥、水闸车辙桥、运河车辙桥等三座桥梁，以便把大批车辆和作战物资输送过河。但在随后开始的摩泽尔河主河道舟桥的搭建过程中，上级因为考虑到烟雾屏障会干扰工兵的作业，只能下令暂停施放烟雾。德军于是借机动用德里昂要塞群的火炮以及其他数个炮兵单位对正在紧急施工作业中的桥梁不断进行轰击，不但令美军蒙受了不小的物资损失，还造成众多美军工兵的伤亡。为了避免更大挫折，美军只能一直等到黄昏风向较为有利的时候恢复施放烟雾，然后才开始在较为靠南的主河道上建造新的舟桥。经过不懈努力，美军工兵终于在夜幕来临前完成了其中一座车辙桥大约 1/3 的工程进度。

另外在上午工程进行的同时，美军还在摩泽尔河的上游位置上意外地发现了一处浅滩。虽然工兵已在上午 10 点 30 分完成了浅滩上的部分基础作业，但他们随后发现摩泽尔河主河道的一部分河床居然有 1.2 米之深，这一数字大大超过了装甲车辆可以通行的深度限制。美军为了降低水位曾动用炮兵部队对一座位于阿尔村附近的下游区水坝进行过轰击，却收效不大。无奈之下他们只好在下午出动战斗轰炸机对其进行空袭，其中一枚炸弹准确命中了水坝并炸开一个大口，才使主河道的整体水位下降了大约 178 毫米。与此同时，为能让两个排的坦克歼击车在下午准时越过摩泽尔河，工兵

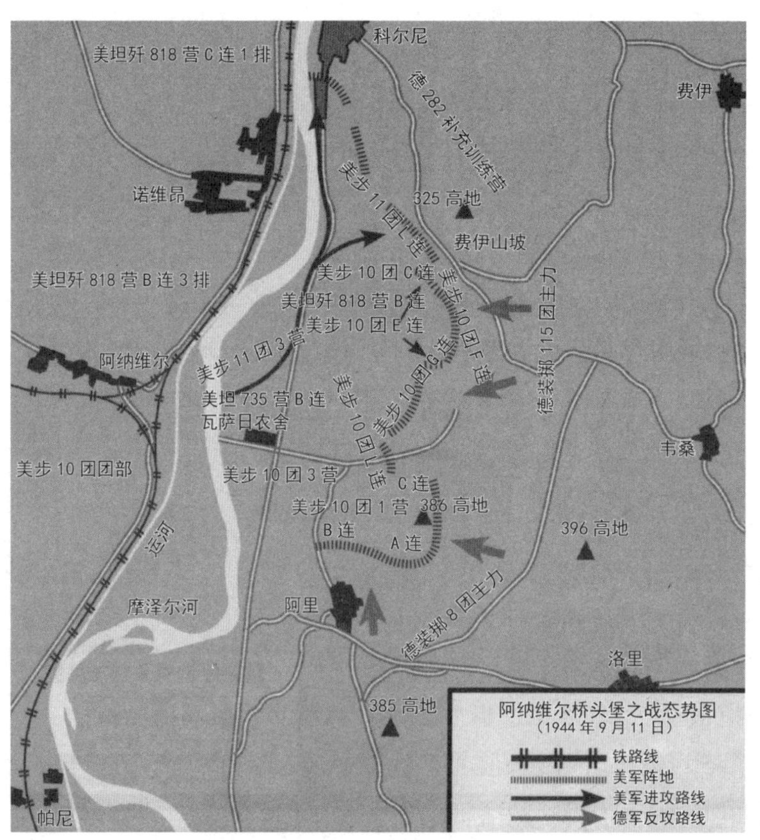

▲ 1944 年 9 月 11 日阿纳维尔桥头堡之战态势图。

开始将一些车辙桥的部件逐一投入河道中以填高河床。在德军的炮击和坦克歼击车的重压下，车辙桥的部件经常发生错位。那些损坏的部件往往必须等待从后方运来新的部件重新进行修理，如此一来也就严重拖慢部队的通行速度。到傍晚时分，第818坦克歼击营的六辆歼击车终于从浅滩这里跨越了摩泽尔河，跟随它们的则是另外来自第733坦克营的九辆中型坦克。到9月12日早上，这两支装甲部队中所有剩下的车辆也都纷纷从浅滩跨过运河，来到对岸公路附近集结地点待命行动。

战后有不少战史学者往往忽视了美军工兵在阿纳维尔作战中付出的努力和牺牲，美军部分高级将领也经常对他们工兵的表现横加责难。例如欧文少将就曾在他的作战日志里不以为然地批评说："工兵部队在执行架桥任务时缺乏足够的协作精神。"他也许已经忘了，要不是德军的不断炮击摧毁不少备用器材并给工兵带来重大伤亡的话，这些舟桥也许早在上午时就已经建成了，根本不用拖到那么晚。和普通的士兵不同，担负架桥使命的工兵在面对敌军的炮火时既没有武器也无法反击。就拿那些在浅滩附近作业的工兵来说，他们只能冒着危险在齐腰深的冰冷河水中坚持工作数小时，这种滋味可不是一般人可以轻松应付下来的。

阿纳维尔的连续激战使美军开始出现了步兵短缺的迹象。第5步兵师于是把第11步兵团的3营也派来阿纳维尔，一方面补充攻打阿里村时的人员损失；另一方面也让它配合反坦克炮排以及第818坦克歼击营的部分单位前去夺取位于公路北面的科尔尼村。当时的3营只能出动L连和B连（后者是来自1营的加强部队），在多尔诺之战中遭到重创的K连和仍在多尔诺附近担任守备任务的I连都一时无法出动。自从在诺维昂附近那次丢脸的渡河行动后，3营的营长伯德桑中校就憋了一肚子的气。当他一接到要3营前去支援阿纳维尔的命令，就立刻急匆匆地率领队伍南下赶往目的地。

攻打科尔尼村的战斗同样并不轻松。伯德桑部尚未到达前，美军反坦克排误以为步兵连已经赶来增援自己，于是大大咧咧地开上了通往科尔尼村的公路，结果把自己完全暴露在德军的射程内。美军的鲁莽行动自然遭遇了德军猛烈的反击，反坦克炮排抵挡不住德军的凶猛火力，不少美军炮手们纷纷丢弃火炮跑回岸边，甚至还有不少人慌乱地跳入河中游回了对岸。当第11步兵团3营终于赶到时，伯德桑中校为了稳住阵脚一边命令B连立即前去占领科尔尼村南面的一家砖厂，一边让反坦克炮排带着残余的几门火炮撤到后方封锁通往瓦萨日村的公路。经过仔细观察，伯德桑发现德军不但已经在科尔尼村内外布置了大量地雷和陷阱，而且对方能从周围的树林高地上直接监视村内的任何动静。看来要直接拿下科尔尼村是不可能的了，但为了确保第10步兵团1营左翼的安全，伯德桑还是把赫伯·威廉姆斯上尉的L

连派到费伊山坡的一处高地上去布置防线。另外根据美军战史的记载，由于担心受到来自德军凡尔登要塞群的炮火威胁，威廉斯只能将连队部署在山脊的背后以避开德军炮兵观察哨的视野范围。

伯德桑等人的作战部署果然体现出他们的先见之明。9月12日凌晨3点一6点，德军在向美军的桥头堡阵地和费伊山坡进行了猛烈炮击后，发动了迄今为止的首次大规模联合攻势。德军通过前日的经验判断美军桥头堡中央的兵力可能较为密集（这个判断大错特错），所以他们这次将派第15装甲掷弹兵师的少数兵力从中路牵制美军，同时命令第3和SS第17两个装甲掷弹兵师从两翼对美军进行向心突击。可是德军并不知道美军在前夜已经加强了左翼和右翼的防御力量，反倒是在前日里受到重创的美军中央部分战线更容易被突破，随后的战斗也证明了这一点。当德军第8装甲掷弹兵团2营在一个坦克连的支援下试图从美军右翼阵地上打开缺口时，他们的第一波突击就遭到美军炮火的阻挡。紧接着美军第10步兵团1营的步兵进行了反冲击，双方之间爆发了长达1小时的混战，德军最终迫于兵力不足撤回了残余的两个连，这一路的进攻就这么失败了。片刻之后，大约一个连左右的党卫军在四辆坦克的配合下又向左翼科尔尼村附近的美军砖厂据点发起了进攻。眼见情况危急的反坦克炮排排长哈赞（Hazan）少尉独自一人飞速跑回公路后方来警告反坦克炮排的炮手，要他们留意道路前方德军坦克的动向。随后第11步兵团3营B连的连长安德森上尉也赶紧带着11名士兵登上砖厂3楼的厂房，命令他们先放过打头的德军坦克，然后再向跟在后面的德军步兵开火。头一辆冲上公路的德军坦克被埋伏的美军反坦克炮打瘫，赶来支援作战的第818坦克歼击营也击毁了另一辆德军坦克，隐蔽在厂房高层的美军则将全部火力倾泻在失去坦克支援的党卫军身上，一共打死打伤22人，还俘虏了另外28人。与此同时，驻守费伊山坡的L连也遭到大约两个排的德军坦克和伴随步兵的进攻。威廉姆斯下令步兵先隐蔽在散兵坑中等德军坦克经过，然后再分别攻击德军坦克的尾巴以及跟在后面的德军步兵。德国人似乎完全没料到美军会在山脊的后方等着他们，经过一番短兵相接的厮杀德军撤退了，而L连则毫发无伤地保住了自己的阵地。

经过两天两夜的恶战，美军在德军的猛击下总算勉强保住了自己的桥头堡。第5步兵师目前已有三个步兵营渡过了摩泽尔河，占据了一片宽约3 500码，纵深约1 500码的地区。尽管所有的补给物资仍旧得靠橡皮艇和冲锋舟从对岸运来，但美军工兵已经逐步加快了主河道舟桥的架设进度，还设法为仍在桥头堡南北两端执行村落肃清作战的部队补充了一批反坦克炮和迫击炮。欧文少将明白形势的紧迫性，他只有从阿纳维尔拼命杀出一条血路来，才能为沃克保住摩泽尔河上这个仅存的桥头堡。为此欧文向第20军军部发出电报，要求立即放弃多尔诺桥头堡，并将部分空出来的兵力调到阿纳维尔参战。

沃克与参谋人员在经过一番商议后同意了欧文少将的请求，决定向阿纳维尔投入最后一批增援部队。第7装甲师的B战斗群以及第11步兵团的2营部队奉命陆续从多尔诺桥头堡一带撤离，开始南下前来支援贝尔中校的第10步兵团。欧文很清楚这两支部队刚在多尔诺遭遇了重大挫折，要他们立即投入阿纳维尔的激战可能有些勉为其难。然而他的第5步兵师到目前为止还缺编1 300名官兵，虽然用于补充的后备人员正在分批抵达，可那些补充兵的战斗力却很值得怀疑。照欧文自己的看法，就是“他们也许刚一听到枪声，就会成为作战报告中的首批伤亡数字”。他要的是一支能马上挽回阿纳维尔危局的队伍，而不是一群只会在战场上添乱的菜鸟。从这一点上来说，欧文现在把刚在多尔诺吃了败仗的队伍又马上派往阿纳维尔，多少有些破釜沉舟、背水一战的感觉。

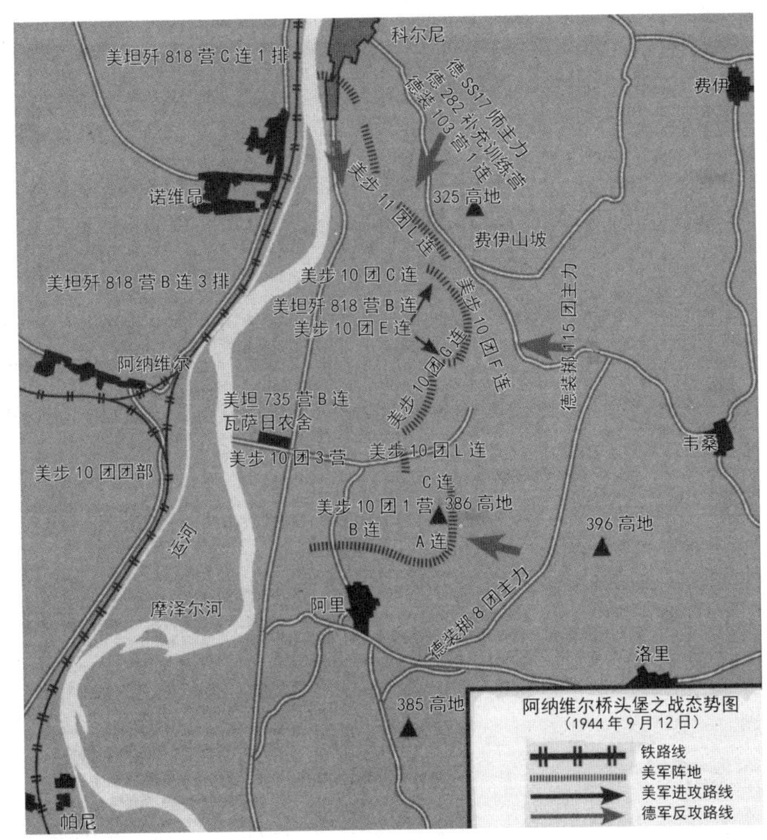

▲ 1944年9月12日阿纳维尔桥头堡之战态势图。

9月12日中午12点30分，英勇的美军工兵终于完成了主河道上的一座车辙桥，以及一座供负伤人员回撤之用的人行桥。第7装甲师B战斗群立即展开渡河行动，虽然有部分坦克在陷入松软的泥地后被德军炮火击毁，但仍然有五个坦克连和七个坦克歼击排在傍晚前从车辙桥上跨越了摩泽尔河。为了切断美军的这条生命线，德军对车辙桥进行了两天两夜的持续炮击，可是美军不但每次都能迅速修复受损的桥梁，而且还在9月14日下午5点又建成了另一座横跨主河道的重型舟桥。

▲ 10 月从空中拍摄的阿纳维尔桥头堡。可以清楚地看见右方摩泽尔河主河道上的重型舟桥、左方位置稍稍移动后的车辙桥，以及下方运河水闸上的车辙桥。同时可见美军仍在施放烟雾以保护桥梁的安全。

根据战后的记录，美军第 1103 工兵群在阿纳维尔附近的战斗付出了 106 人的伤亡代价。尽管牺牲巨大，但他们总共完成了六座跨河桥梁的施工建造，为美军最终获胜奠定了坚实的基础。

12 日深夜，阿纳维尔桥头堡被一场突如其来的暴雨所侵袭。摩泽尔河两岸的冲积平原全部化为了泥泞的海洋，不仅使美军的装甲部队无法行动，也让德军的反击部队同样束手无策。他们的第 15 装甲掷弹兵师的部队于当晚被调往南锡，导致用于围困美军桥头堡的兵力一下子减弱了很多。瓢泼大雨迫使美军官兵纷纷躲进了岸边的散兵坑，他们中的大多数人缺衣少食，而且已经三天三夜没合过眼了。就战况而言美军的进展依然不大，第 10 步兵团的 1 营和 2 营在连续不停的激战中消耗过半，3 营仍然无法夺取科尔尼村，而第 11 步兵团的 3 营则作为预备队被留在瓦萨日农舍一带，他们急需新锐部队的增援才能向南方的阿里村重新发起进攻。

9 月 13 日下午天气稍稍转好，美军派出一支巡逻小分队对阿里村进行了一次例行侦察，结果惊讶地发现村中的德军早已没了踪影。然而令人觉得奇怪的是，美军在接到侦察小队的报告后没有立即派人前去占领阿里村。曾有部分战史学者将这个错误归咎于欧文的疏忽，但这实际上还是因为美军兵力不足所造成的后果。13 日那天，第 20 军的参谋们正在计划重新调整各个师的战线，他们决定让蒂翁维尔方向上的第 90 步兵师前往梅斯附近接管第 7 装甲师 A 战斗群和第 2 步兵团的防区，以便将这两支部队全部转移到阿纳维尔来支援苦战之中的美军第 10 步兵团。受到上级压力的欧文少将终于下令让阿纳维尔西岸上的第 11 步兵团 1 营也跨越摩泽尔河，同时派遣第 7 装甲师 B 战斗群向桥头堡东南方向上的马尔蒂尼村（Mardigny）发动进攻，而第 10 步兵团的 3 营则负责从德军手中夺取整个地区内最为关键的 396 号高地。

但是天公不作美。特大暴雨再次降临阿纳维尔，迫使美军临时取消了 9 月 14 日的作战行动。与此同时，第 20 军军部却在不断发来一道道的加急令，催促欧文的第5步兵师加快扩大阿纳维尔的桥头堡。他们甚至乐观地认为只要在阿纳维尔打开一个缺口，就能让第7装甲师沿着这条通道从西南方向绕到后方去占领梅斯这座要塞城市。为此他们特意又把第23装甲步兵营的余部统统派往阿纳维尔，希望欧文能以这些“新锐”的援军尽快实现他们的目标。

一直等到9月15日，暴雨才终于停歇。负责主攻马尔蒂尼村的美军装甲部队组织了两支战斗特遣队，其中第一支将首先占领桥头堡南端的阿里村和400号高地，然后第二支将沿着通往维东维尔村（Vittonville）的U形公路一路向前猛冲，直到绕回来后与前一支特遣队一同在马尔蒂尼村汇合。

上午9点15分，在一阵猛烈的炮击过后，美军的装甲部队分成两路纵队分别向各自的目标发起了冲击。1号战斗特遣队在能见度很差的情况下趁乱突破了德军的阿里村封锁线，很快就占领了400号高地。与之相反，2号战斗特遣队的进军速度则由于浓雾以及公路上德军的猛烈阻击而被拖慢了不少，直到下午时才肃清了维东维尔村。天黑之前，久等援军不到的1号战斗特遣队单独向马尔蒂尼村发起进攻，但被击退。B战斗群指挥官汤普森准将在接到报告后下令各部暂时停止前进，准备等待步兵部队上来后再去攻打马尔蒂尼和洛里村（Lorry，位于马尔蒂尼村北面）。

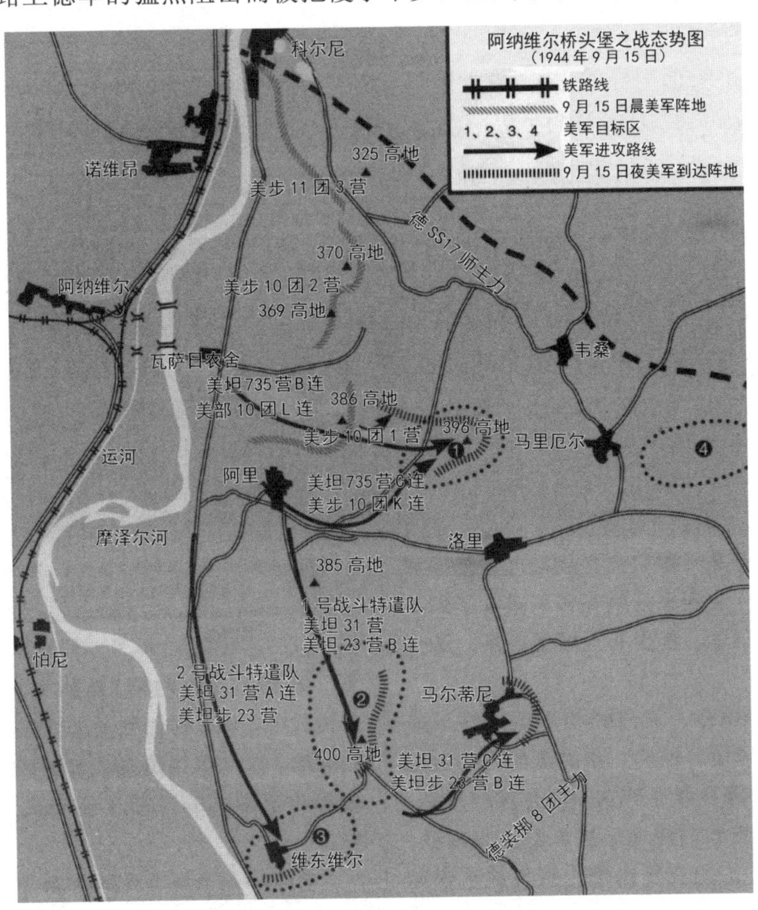

▲1944年9月15日阿纳维尔桥头堡之战态势图。

在另一方面，美军步兵部队也在坦克的支援下于上午9点向396号高地展开了进攻。预订计划，第10步兵团 3 营左翼的两个连将经过兄弟部队 1 营的防线对高地进行迂回，而右翼的另两个连则会穿过阿里村并向高地发动正面进攻。但在实际行动时，这个进攻方案却因为糟糕的地形而遇到不少麻烦。美军右翼的坦克纵队刚刚推进到阿里村南面，便被德军设置的路障阻挡住了去路。为了行动方便，这路美军只能在撇下坦克和部分伤员后独自冒着炮火继续前进。与此同时，美军左翼也有三辆坦克因碰上陡峭的山崖而意外抛锚，迫使士兵在进攻中不得不紧紧地跟随坦克，就怕再出什么意料之外的乱子。经过半天的激战，美军于下午 3 点控制了 396 号高地。两天之后，德军对高地发动了一次反击，结果被美军击退。

从战略地图上看，尽管美军装甲部队没能马上占领马尔蒂尼村，但是 396 号高地的陷落却使他们获得了向阿纳维尔东面继续扩张的一个重要进攻出发点。这也意味着德军对桥头堡的围困计划已经宣告破灭，最终胜利果实也随之落入了美国人之手。在这场长达七天之久的血腥搏杀中，第 10 步兵团总共损失了 725 名官兵，这让美军在前后两次渡河作战中的总损失上升到了近 1 400 人。德军为了消灭美军的桥头堡同样付出了重大代价，虽然他们在多尔诺和阿纳维尔的具体损失数字并不明确，但从 SS 第 17 装甲掷弹兵师于 9 月 15 日向 SS 第 13 军军部汇报一周以来折损 400 人的结果来看，我们也可以由此推测出德军最后的总损失估计也超过了 1 000 人。要说阿纳维尔之战对于交战双方的意义，那也是多方面的：首先就小范围来讲，它让美军渡过了摩泽尔河，第 7 装甲师的 A 战斗群和第 5 步兵师第 2 步兵团也就不必前往南线实施增援了。其次就整体战局而言，通过这一仗沃克的第 20 军终于突破了德军的摩泽尔河防线，同时也为他们打开了通往梅斯和塞耶河的道路；但如果反过来看的话，德军也充分利用多尔诺和阿纳维尔两地的迟滞作战来延缓了第 3 集团军的进军步伐，从而为他们在梅斯的防御作战赢得了十多天宝贵的时间。以上这些情况对于日后双方之间的一系列较量均产生了重大影响，其作用是不容忽视的。

第五章　梅斯以西以及蒂翁维尔附近的恶战

如同我们在前一章里所叙述的那样，打通阿纳维尔渡口使沃克的第20军获得了从南面进攻梅斯的落脚点。如此一来，第7装甲师A战斗群和第5步兵师第2步兵团可以继续执行他们攻打梅斯的任务，第90步兵师同样也可以留在北方的蒂翁维尔一带不用南下前来换防。

那么在多尔诺和阿纳维尔桥头堡争夺战期间，梅斯附近的美军的进展又如何呢？当A战斗群和第2步兵团于9月7日在梅斯筑垒地域的外围受阻后，沃克便下令将第7装甲师R战斗群也调上来参战，并让第7装甲师师长西尔维斯特少将来负责这些部队的指挥工作。委派给他们的任务很简单，就是要通过不断进攻筑垒地域的方式来阻止中央战线上的德军向南实施增援，以便南线美军可以继续巩固和扩大他们的摩泽尔河桥头堡。

与南方相比，梅斯以西的地形也没能好到哪儿去。在那种山涧和密林丛生的地段上，仅有少数几条可供车辆行驶的道路通往该城。梅斯周围几乎所有的高地上都建有大型要塞和工事，还拉起了绵延不断的铁丝网，构筑了数不清的堑壕、碉堡和雷场。负责防御筑垒地域的德国守军人数接近三个团，而进攻的美军才不过一个加强团的实力。照第20军参谋们的看法，攻打这样的要塞城市最起码也得动用整整三个师以及大量的炮兵部队，但在目前无法凑齐足够兵力的情况下，第20军即便在南方的桥头堡争夺战中获得了全胜，他们的中路部队估计也无法从正面直接攻占梅斯。只有等美军在南北两翼都获得突破后，才有可能实现对梅斯守军的合围。

其实早在普法战争时期就已经出现过十分类似的局面。当年在维奥维尔—马尔斯拉图尔之战中失利的法国巴赞军团为了保存实力决定退往梅斯，同时还在阿尔—格拉沃洛—阿曼维尔—圣普里瓦拉蒙坦等地陆续布置了新的防线，种种手法几乎就和1944年德军方面的防御计划如出一辙。唯一的不同之处在于那时的法国人还没有为梅斯建造如此众多的防御堡垒和工事，全是靠着他们设计制造的“夏塞波”（Chassepot）步枪才能有效抵御普军凶猛的正面进攻。1870年8月18日，著名的圣普里瓦战役打响，近33万名普鲁士人和法国人相互残杀。战役的结果是法国人暂时守住了他们阵地，迫使普军开始从两翼对梅斯进行包抄和围困。要不是巴赞自己在几次不成功的突围尝试失败后丧失了继续抵抗的决心，普军可能还需要一段更长的时间才能击败梅斯城内的法国守军。

和过去的普军一样，罗夫（Roffe）上校的第2步兵团如今也在茫然不觉之中闯入了格拉沃洛—韦纳维尔—阿曼维尔一带的德军防线。根据美军战史中的记载，第2步兵团由于缺乏明确的情报和足够次数的空中侦察，结果无意间与德军候补军官团的部队撞了个满怀。美军承认防御者那种不计伤亡的作战方式以及坚定的作战信念，往往会给他们的推进造成很大麻烦。除此之外，德国人还很善于利用地形和步炮协同防御战术，他们一定对梅斯周围的环境了如指掌，每次都能以精确的炮击及时阻挡美军步兵的突击。敌方那种机动灵活的防御战术让美军士兵经常疲于奔命，顾此失彼。虽然第2步兵团2营于9月7日将德军赶出了韦纳维尔，可狡猾的候补军官团很快卷土重来，把刚进入阿曼维尔的1营打回了原来的出发点。还没等1营缓过神来，德军又于9月8日上午对他们发动了一次全力反击，造成大约两名军官和66名士兵在内的美军阵亡。同日下午，1营把它四个经过重整的步兵连全部推上了阿曼维尔方向，希望能以此从兵力上压倒对手，结果却在开阔地上遭到了轻武器和重炮的密集杀伤。随后，候补军官团迅速向西南方向上的美军薄弱环节发起反冲击，迫使罗夫上校把留在后方待命的3营也派往马尔麦森（Malmaison）以东来稳定住第2步兵团的右翼阵脚。

9月9日，位于圣玛丽奥谢内附近的第7装甲师A战斗群应罗夫上校的请求前来支援第2步兵团。战斗群指挥官罗森鲍姆上校计划派遣麦康奈尔战斗特遣队（Task Force McConnell）沿圣玛丽奥谢内—圣普里瓦拉蒙坦公路方向前进，准备从北面迂回到德军候补军官团的侧后。尽管美军装甲部队途中需要穿越圣普里瓦拉蒙坦前方的一条山涧小道，但参谋人员仍认为值得冒险一搏。战斗开始之前美军炮兵照例猛烈轰击了德军的防区，麦康奈尔战斗特遣队于下午1点多开始行动。可是候补军官团也不是吃素的，他们对此早已有了防备。当麦康奈尔的前锋装甲纵队挺进到山涧入口时，隐蔽在两侧高地上的德军反坦克炮突然对美军坦克发起了猛烈攻击。麦康奈尔战斗特遣队在战斗中有七辆坦克和两辆自行火炮被德军击毁，被迫迅速撤回圣普里瓦拉蒙坦。不久之后他们的坦克又在步兵的掩护下尝试了另一次迂回作战，可惜还是被高地上的德军

▲ 表现1870年8月18日格拉沃洛—圣普里瓦战役的一幅绘画，此役普军伤亡2万余人；法军伤亡1.3万人，被俘5 000人。

火力击退。

第2步兵团在9日里的进展十分缓慢，其2营和3营仅仅占据了韦纳维尔东北方向上一片数百码长的地段。美军第2步兵团团长罗夫上校在向西尔维斯特少将提交的作战报告中承认，该团在9月9日的战斗中损失了14名军官和332名士兵，其中光是在阿曼维尔作战的1营就损失了228人。为此罗夫强烈批评了上级的做法，指出盲目攻击德军的“要塞化据点”是毫无用处的。此外罗夫觉得美军重炮在对付德军的要塞时多少有些力不从心，所以他强烈要求增派战斗轰炸机或是重型轰炸机前来支援他的第2步兵团。

罗夫上校在报告中提到建造在阿曼维尔一带的“德军要塞”大约有“20多个”，结果引起了战史学家们对他说法的普遍怀疑。战后的调查结果表明，第2步兵团当时并未接触到梅斯城的要塞主群落，他们只是与城市西北方向上的德军外围防御据点进行了首场接触战。凑巧的是“一战”时期的第2步兵团3营也曾到过此地，当时他们正从马尔麦森朝着莫斯卡农舍（Moscou Farm）的方向进军。读者需要了解的是，这种用石头堆砌而成的农舍不但是普法战争中法军的坚固据点，而且还在1944年间得到了进一步的加强。为了阻挡美军的挺进，德军对圣普里瓦拉蒙坦、韦纳维尔、阿曼维尔以及附近所有的农舍都进行了改造，并为其增设了大量机枪掩体和铁丝网，使防御一方的火力能完全封锁圣普里瓦拉蒙坦—阿曼维尔以西的广阔农地。当美军部队前来进攻时，他们就得冒险冲过几百米长的无遮掩陡坡才能到达村落外围。回想1870年时的圣普里瓦战役，普军正是在如此糟糕的条件下与法军展开了那场无比血腥的厮杀。他们的禁卫师在佩剑军官的带领下带着必死的决心拼命向前猛冲，而另一边的法军则依托坚固的石墙建筑射来一排又一排密集的枪弹，把刚冲上斜坡的普军士兵一批批地打倒在早已横尸遍地的田野里。然而对第2步兵团的普通官兵而言，“普鲁士军团的幽灵”并没有令他们感到多少不快或降低他们的士气。毕竟绝大多数的美国人并不熟悉圣普里瓦战役，他们只是不经意地用自己的鲜血重复了74年前曾经出现过的场面而已。既然已经出现了新的障碍，只要多花点时间设法清除它们就行了。

在经过更深入的研究后我们还会发现一点，那就是几乎所有的美军作战报告都指出阿曼维尔一带的德军防御部队拥有极其凶猛的炮兵支援火力。H.M.科尔在其著作中认为德军炮火主要是来自科勒曼要塞（Fort Kellermann）和洛林要塞群这两个方向上的要塞炮，而且他还描述了当美军的七个炮兵营向洛林要塞群进行火力覆盖后，德军炮台仅仅受到轻微损伤的情况（德军炮台一般都部署在高地斜坡的后方，只有高角度的火力攻击才打得到它们）。可是科尔的说法仍然存在一些漏洞，因为我们都清楚梅斯要塞司令克劳泽中将曾提到9月初他手头唯一能用的要塞炮，就只有德里昂要塞群的一个炮兵连和圣女贞德要塞的三门150毫米榴弹炮。另外科勒曼要塞也并未装备任何要塞火炮，它原本就是作为一个普通的驻军据点建造的。洛林要塞群虽然装备有六门100毫米炮和六门150毫米榴弹炮，但根据德军的记录只有其中两门150毫米炮在11月间投入使用。如此说来，既然第2步兵团遭遇的不是德军的要塞炮火，那么它们又是从哪来的？克劳泽自己也说得很清楚，9月6日以后，梅斯附近所有防空火炮那时都被转移到后方用以保卫补给线去了，他自己手头也没有任何自行火炮。除了圣普里瓦要塞的四门105毫米炮外，克劳泽就只有一个部署在格拉沃洛附近并装备俄制76毫米炮的马拽炮兵连可以用来弥补梅斯防御火力的不足。既然以上这些火炮都不像美军官方战史中描述的那么厉害，那么我们只能认为要么是美国人自己夸大了德军的火力强度，要么就是克劳泽确实隐瞒了他在9月6日之后新获得的重炮数目。

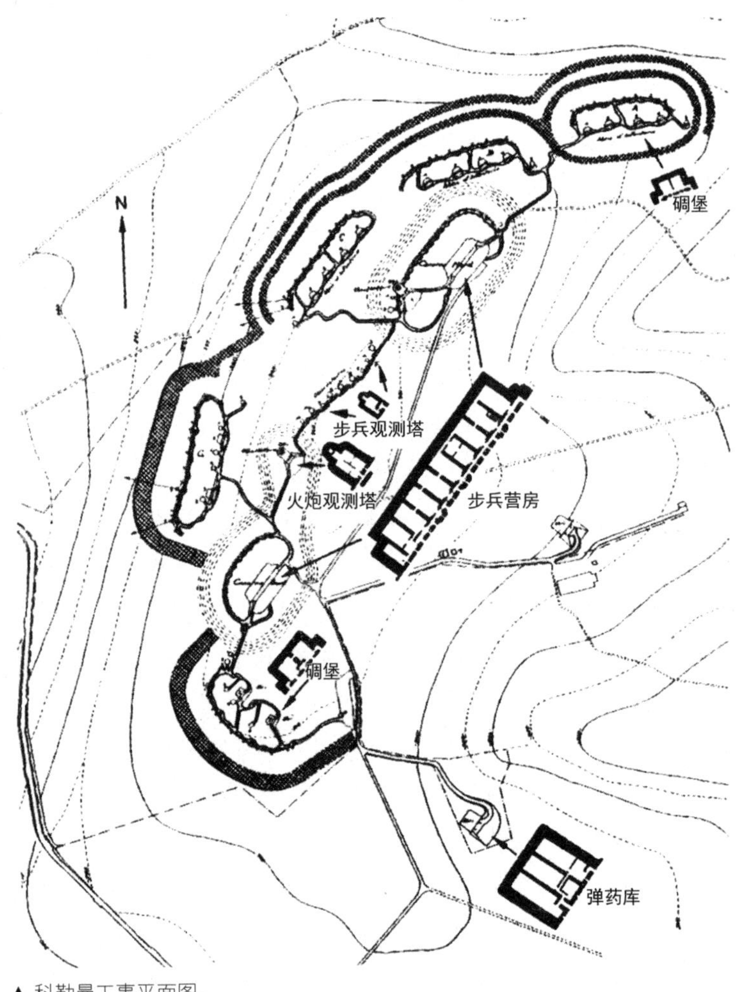

▲ 科勒曼工事平面图。

罗夫上校向上级要求的空中支援在9月10日得到了回应，阿曼维尔于当天遭到美军三个P47战斗轰炸机中队的袭击。美国阿拉巴马州方面的《奥德利卡每日新闻报》（*Opdelika Daily News*）对这次空袭进行了一番生动有趣的描述：“能在战争中被一名美军少将

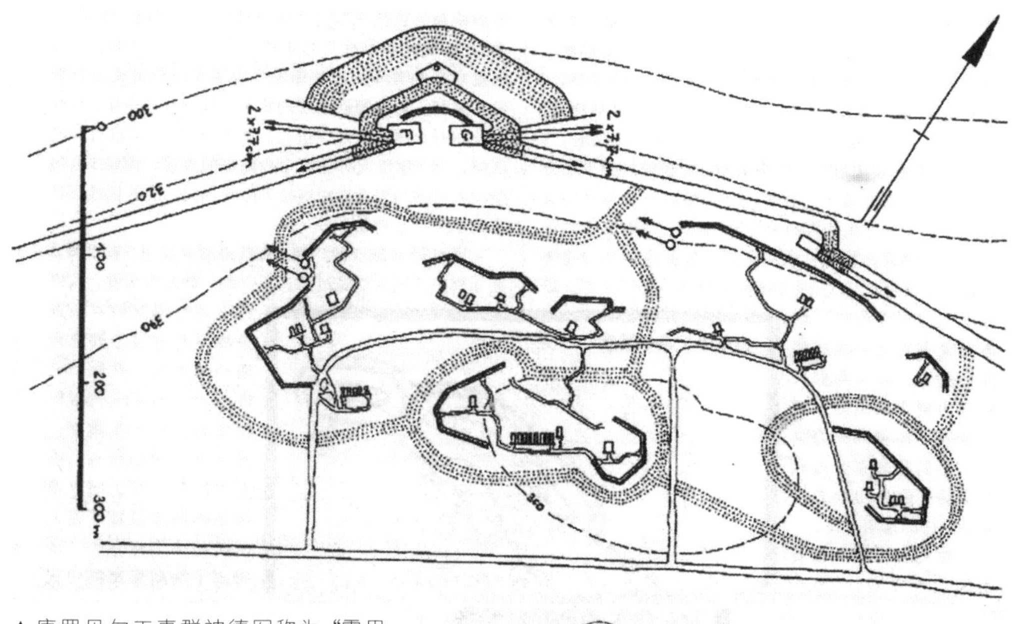

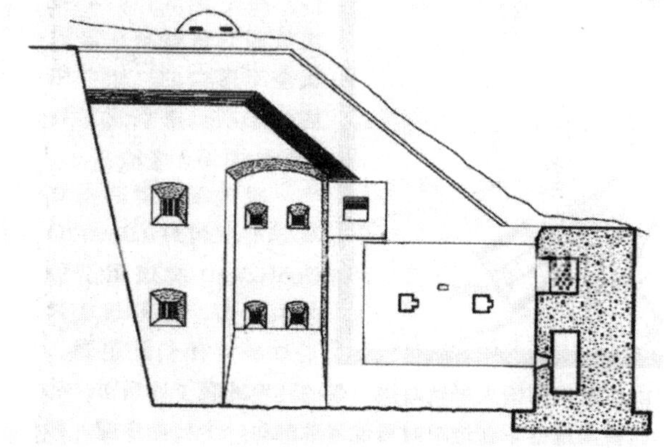

▲康罗贝尔工事群被德军称为“霍里蒙特据点”，实际上它是由 3 处据点组成——霍里蒙特 1 号、2 号和 3 号，而整个工事群又有堑壕体系与东北面的费夫步兵工事相连。上图展示的是霍里蒙特 2 号据点的平面图，右图是该据点里的 G 号碉堡侧视图，顶部有一个装甲观察塔。根据上图显示，F 号和 G 号碉堡原先各装备 2 门 77 毫米火炮。

所拯救并不是什么司空见惯的事情。对于艾克·多尔西（Ike Dorsey）中尉来说，这可是他在战争中遇到的最不同寻常的一次经历。多尔西中尉是我们小镇 I.J. 多尔西夫妇的长子，他在 9 月 10 日驾驶一架 P47 战机参加了对法国梅斯地区小镇阿曼维尔的轰炸作战。他的座机在战斗中不幸被德军的 20 毫米防空炮火击落，并坠毁在阿曼维尔附近的一座山头上。多尔西中尉在跳伞逃生后借着山林的掩护来到山下的田野，却突然听到从身后传来一阵汽车引擎声。在麦田中隐蔽的他许久之后看到一辆漆着白色五角星以及将军标记的美军装甲车缓缓开了过来。欣喜不已的多尔西中尉赶忙奔向这辆装甲车，跑到车前才发现那原来是第 7 装甲师师长林德塞·西尔维斯特少将的座车。将军本人亲切地与多尔西中尉进行了交谈，并执意将中尉带回了师部驻地。”

多尔西中尉的冒险经历的确很有纪念意义，但美军战机对阿曼维尔的空袭效果却十分有限。P47携带的500磅炸弹居然只对该镇造成了轻微的破坏，重新恢复攻势的美军士兵失望地发现德军的防御火力丝毫没有减弱。再次遭遇挫折的罗夫上校只好命令第2步兵团分路对小镇实施迂回进攻，其中1营负责攻打外围区域，2营负责对小镇中心地带的肃清，而3营则绕向右翼的马尔麦森和格拉沃洛方向，准备包抄阿曼维尔守军的后路。

既然要实施迂回，3营就必须穿越第7装甲师B战斗群于三天之前经过的芒瑟山涧。就地形来看，从格拉沃洛出发的那条道路先是越过山涧地带通向圣于贝尔农舍（St.Hubert Farm），几经周折之后再延伸至梅斯。有了上一次的教训，德军这回除了在山涧以及道路的沿途布置了更多的机枪火力点之外，还得到了梅斯要塞群中规模最大的圣女贞德要塞群的火力支援。熟悉1870年战事的人应该记得，当年普军的一个莱茵兰猎兵营就是在这附近全军覆没的。如今相同的悲剧也降临到了第2步兵团3营的头上，当一批美军巡逻队刚要从热尼沃树林（Bois de Genivaux）绕过圣于贝尔农舍时，德军却从背后切断了他们的退路。由此看来，德国人早就对这一带的环境地貌了如指掌，他们很清楚敌军在进攻时可能采取的每一个行动步骤。其实这都是战前反复进行伏击战训练的成果，候补军官团也总算是以此洗刷了之前在芒瑟山涧轻易放过第7装甲师B战斗群的耻辱。

10日夜晚，久候不到的美军第7装甲师R装甲战斗群终于从后方赶到圣普里瓦拉蒙坦与主力会师，西尔维斯特少将便准备用R战斗群从侧翼配合正面的步兵部队对阿曼维尔发动第三轮进攻。11日上午，R战斗群的装甲纵队受命开往东北方向的皮耶尔维莱尔（Pierrevillers），却被德军士官生学校团设置的路障以及反坦克炮阵地挡住了去路（这个团的部分单位两天前刚从圣普里瓦拉蒙坦赶来增援第1010警卫团）。为了避开德军的火力封锁，R战斗群掉头向南面的塞姆考特（Semecourt）开去，因为那里也有一条可通往梅斯的主要公路。尽管美军纵队能够借此绕过梅斯以北的部分据点，可他们并不晓得德军康罗贝尔要塞群那些高大的钢筋混凝土工事就坐落在纵队右翼的费夫山岭上。德军利用这座要塞群里事先构筑的炮位（康罗贝尔要塞群没炮台），直接动用大口径反坦克炮向美军坦克不断射去精准的炮火，造成R战斗群指挥官和两名营长在战斗中负伤。迫于德军凶猛的火力，美军最后采用让徒步装甲步兵冲上费夫山岭的方式在半山腰上建立了一处立足点。但由于要塞群的工事过于坚固以及本身的力量不足，R战斗群的最后一次进攻尝试还是失败了。

与此同时，西尔维斯特事先计划好的步兵正面攻势也因为德军候补军官团的突然反击而受到了延误。在阿曼维尔西南爆发的一场激烈拉锯战中，第2步兵团接连丢失了不少刚从德军手中夺来的宝贵阵地。在防御战中伤亡惨重的1营被迫后撤

500 码，并于夜间退往后方进行休整。危急之下，在芒瑟山涧附近的 3 营奉命立即北上前来堵截德军的突破，而第 87 骑兵侦察中队则开赴 3 营的右翼接管其原来的防区，这才勉强阻挡住德军的进攻势头。

然而阿曼维尔的战斗并没有因此而停止，德军毕竟不可能拥有近乎无限的后备力量。虽然候补军官团在阿曼维尔向美国人充分展示了他们顽强的作战精神，但是三天以来接连不断的激战也让他们自己疲惫不堪。所以当第 2 步兵团 3 营在 9 月 11 日发起第四轮进攻时，德军已成了强弩之末。3 营在其后的两天内不但将候补军官团赶回了阿曼维尔，还收复了之前 1 营的所有失地。第 5 步兵师师长欧文少将在获得第 20 军军部批准后，于 9 月 14 日正式下令美军第 2 步兵团停止进攻并转入防御状态，双方在阿曼维尔一带的战线也随之稳定下来。战后的统计结果表明，第 5 步兵师在 9 月头两周的激烈战斗中损失了近 50% 的兵力。为了弥补惨重的伤亡，该师在整个 9 月里总共先后轮换过近 5 180 名官兵，也刷新了该师在整个战争期间最高的轮换补充纪录。

“老牌手”与“统帅堂”之间的较量

在介绍完了梅斯南面以及中央地段上的作战后，让我们再把目光转向梅斯北面看看美军第 90 步兵师向蒂翁维尔的进攻情况。自从第 7 装甲师 A 战斗群在 9 月 6—7 日前后抵达圣普里瓦拉蒙坦后，他们就与第 90 步兵师的右翼部队建立了联系。可是当时作为整个第 3 集团军左翼的第 90 师，却没能及时和在卢森堡境内作战的第 5 军挂上钩。在建立紧密联络之前，麦克莱恩的第 90 师就只能停止东进，把自己的三个步兵团朝着东北方向一字排开以便形成 24 千米左右长度的绵延战线。在美军对面负责保卫蒂翁维尔的是德军第 559 国民掷弹兵师，该师的两个团当时正沿着城市展开一片弯月状的防线。由于德军兵力有限，所以他们没有派兵驻守比利时边境线上的马奇诺防线，而是将防御重点放在蒂翁维尔近郊的三处要塞群上，其中的一处在城市西面的高地上，另两处则位于摩泽尔河的东岸。这些要塞群既不像梅斯那里的同类工事排列得那么紧密，也缺少足够的重型火炮。大部分的工事都处于年久失修的状态，只是在经过德军工兵的紧急抢修后才恢复了部分战斗力。

与第 5 军建立联系后的第 90 师于 9 月 7 日上午从埃泰镇开始了进军。位于右翼的第 357 步兵团很快就在布里耶（Briey，洛林地区的一处重要煤矿出产地）与德军第 559 国民掷弹兵师的后卫部队发生了交战。由于进攻中的 2 营暂时受阻，1 营

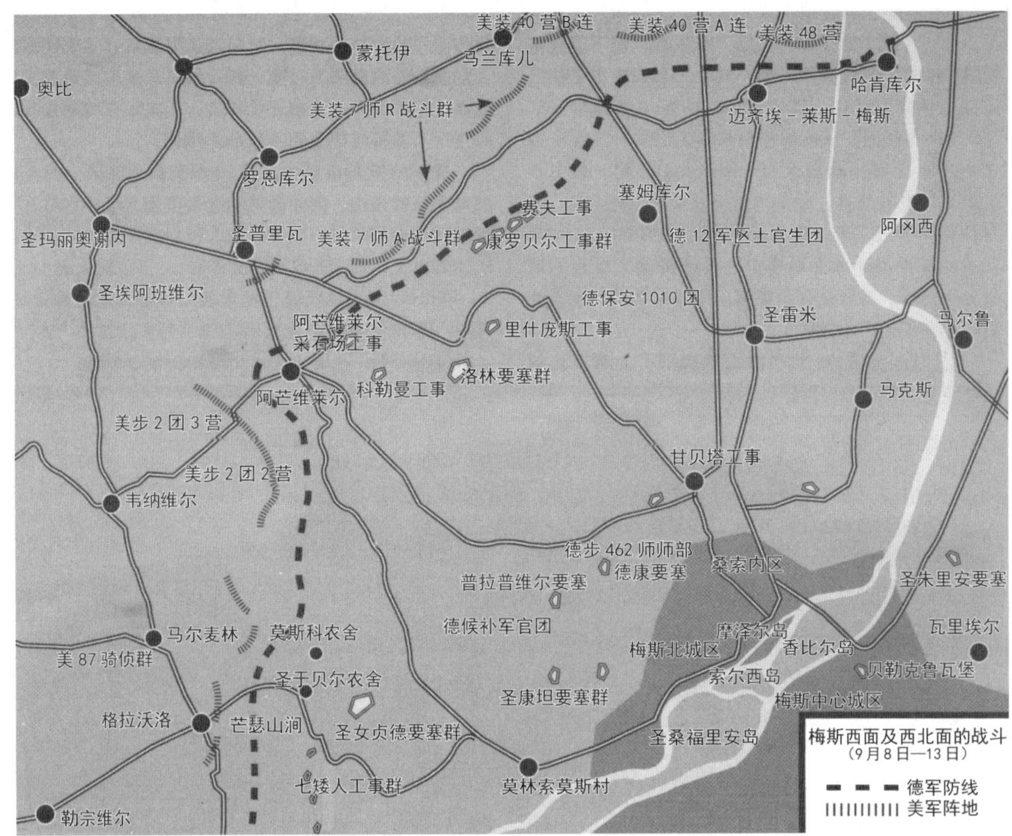

▲ 梅斯西面及西北面的战斗。

和 3 营便设法以一个钳型攻势合围了布里耶，将一个德军步兵营包了饺子。

麦克莱恩此刻并未察觉到来自德军第 106 装甲旅的威胁正在悄悄降临到第 90 步兵师头上。第 106“统帅堂”装甲旅是由德国著名的装甲作战专家贝克（Baeke）上校指挥的部队，该旅于 1944 年 8 月由一些在东线受到惨重损失的装甲部队余部拼凑而成，并配备了一批刚出厂的新式豹式坦克。尽管龙德施泰特强烈坚持用这批有限的资源重新组建新的装甲师而不是什么独立装甲旅，但他的意见却遭到了希特勒的直接否决。为了阻挡巴顿在洛林地区的攻势，于是有数支类似的独立装甲旅在元首的命令下被调遣到摩泽尔河一线参战。从一般意义上来讲，德军的独立装甲旅主要由一个装甲营、一个装甲掷弹兵营和一个工兵连组成，总共装备有 33 辆豹式坦克和 11 辆坦克歼击车。第 106 装甲旅于 9 月初奉命与第 19 国民掷弹兵师一同从卢森堡赶赴洛林，归入由西线司令部掌握的德军战略预备队中。另外既然说到国民掷弹兵师，那我们就不能不先说一下它的由来。与独立装甲旅一样，国民掷弹兵师也是由一些在西线或东线吃了败仗的步兵师经过重新整编组合而来。自从 1944 年 7

月爆发暗杀希特勒的事件后，希姆莱就在元首的命令下当上了德军的补充后备军司令，专门负责为日薄西山的第三帝国继续组建各种新的作战部队。根据希姆莱的理解，国民掷弹兵师就相当于“人民的军队”。它一般是由三个实力缩水的步兵团组建而成（每个团只拥有两个营），每个师最多可达到 1 万人左右的规模。为了达到最终拼凑出 40 个同型师的目标，希姆莱想方设法把包括来自海空军的人员、工厂工人甚至是小孩和老人全都集中起来编入他的后备军中。从 1944 年 8 月至 10 月，希姆莱总计建立了一支差不多多达 50 万人的“大军”。

第 106 装甲旅是在 9 月 6 日夜间按照第 11 号集团军令的内容，从奥迪拉罗曼（Audun–le–Romain）附近紧急出动的。在此之前，光是克诺贝尔斯多夫向西线司令部申请调动第 106 旅的这一过程就花费了不少时间，所以该旅在接到命令后没多久就仓促地投入了战斗。9 月 7 日上午，由于原本预定于前夜赶来支援的第 19 国民掷弹兵师所属步兵尚未完成作战准备，第 106 旅只能独自展开了行动。该旅的部分部队一直向南深入圣普里瓦拉蒙坦一带，炸毁了摩泽尔河上的一座桥梁，留下部分侦察兵继续监视对岸的美军动静，其余人马则在中午按原路退回了奥迪拉罗曼。与此同时，美军第 90 师的第 358、第 359 两个步兵团正从埃泰朝蒂翁维尔进发，并在傍晚时抵达了布里耶 – 隆吉永（Longuyon）公路一线。令人觉得不可思议的是，他们居然就这么轻易地与第 106 装甲旅擦肩而过，谁也没有发现对方的存在。第 90 师师长麦克莱恩甚至大意地将自己的师部建立在麦利村（Mairy）附近，丝毫没有留意到一个德军装甲旅就驻扎在离师部不到 6 000 米远的地方。

9 月 7 日深夜，第 106 装甲旅再次接到了上级下达的作战指令，这次是要他们前去协助第 19 国民掷弹兵师并从美军手中重新夺回布里耶。第 106 旅在从驻地出发后分成了两路纵队，结果其中的一路德军在向麦利进发的时候，却在小镇西边一块树林圆丘附近意外遭遇了美军第 90 师的师部。根据美军战史中的记载，直到大批德军在黑暗中突然出现在师部一旁的小道上时，第 90 师的参谋人员才意识到出了什么事情。不过好在这些德军尚未发觉到自己其实正在通过第 90 师的防区，他们也没有在行军队伍前头配置侦察部队，于是美军借机集合起师部周围所有能动用的一切力量，投入保卫自己师部的混战之中。

从第 90 师官兵对交战过程有着各种不同说法的情况来看，读者也能充分感受到那天夜晚的情况有多么危急。第 90 师师长麦克莱恩亲口描述说，当时正在睡梦中的他被一阵从 20 码外传来的激烈枪声给惊醒，起身一看才发觉师部的所有机密文件都已经被德国人洗劫一空。与麦克莱恩那种多少有些夸张的描述相比，另一份来自副师长比尔 · 韦弗准将的作战报告则要可信得多。韦弗的报告中还提到第 357

团的一名医生威廉·麦科纳希（William McConahy）正在睡觉，大约在凌晨2点的时候他被四周的剧烈枪炮声给吵醒，于是赶紧抓起自己的衣裤跑出了帐篷。麦科纳希当时唯一担心的只是生怕其他美军将他误认为德国人而朝他开枪射击，毕竟在那种敌我难辨的情况下谁都可能会犯下致命的错误。

德军的突然出现也使第90师的炮兵部队一时无法展开有效的还击，因为激战中有很多炮兵指挥官倒在了被围困的师部附近，仅有少数人得以突围逃生。就在这个节骨眼上，第358步兵团的贝尔德（Baird）上尉英勇地扛起巴祖卡跑向道路旁边的灌木丛，并以一发精准的反坦克火箭击毁了领头的德军豹式坦克，迫使路上的整支德军车队全部停了下来。随后他又在双臂负伤的情况下用第二枚火箭弹击毁了第二辆德军坦克，并率领一个连的美军向德军发起了反攻。贝尔德后来被上级授予一枚杰出服务十字勋章，以作为对他在麦利村防御战中优异表现的嘉奖。

在第358团成功切断德军的进攻道路后，美军随即动用从师部周围召集起的数辆坦克和坦克歼击车，再配合一个师部附属步兵连向德军发起了侧翼突击。第90师副师长韦弗准将在他的报告中描述了当时的情况："那天反击开始前我和其他一些人在师部附近找到了数支反坦克火箭筒，但因为不熟悉操作只能放弃了亲自参战的念头。正当我准备让部分师部人员先行疏散到第359团的阵地上时，却遭到了师长的坚决反对。雷·麦克莱恩是和巴顿一样的热血将帅，他希望我们能继续和他一同坚持到底。但在经过我的耐心劝说下，麦克莱恩的态度最终还是软化了。他其实很清楚自己作为一师之长不但要负责师部的安全，也要处理各个步兵团之间的作战协调工作，所以为了防止出现意外情况也就同意让我下达师部人员的撤离令。"

美军师部附近的防御力量在不断地增强，而德军的进攻兵力却在不断地遭到削弱。到9月8日天亮时，麦利村附近的德军已经注定将会面临失败的命运。随着更多美军坦克和其他作战力量从四面八方围拢上来，第106装甲旅1号战斗群已经被团团包围。迫于巨大的压力，德军战斗群的指挥官于上午9点35分请求贝克上校准许他立即率部向东撤退，同时还要求将2号战斗群火速派来增援。没想到这一要

▲麦利村里被击毁的一辆豹式坦克，可能就是贝尔德上尉的战果。

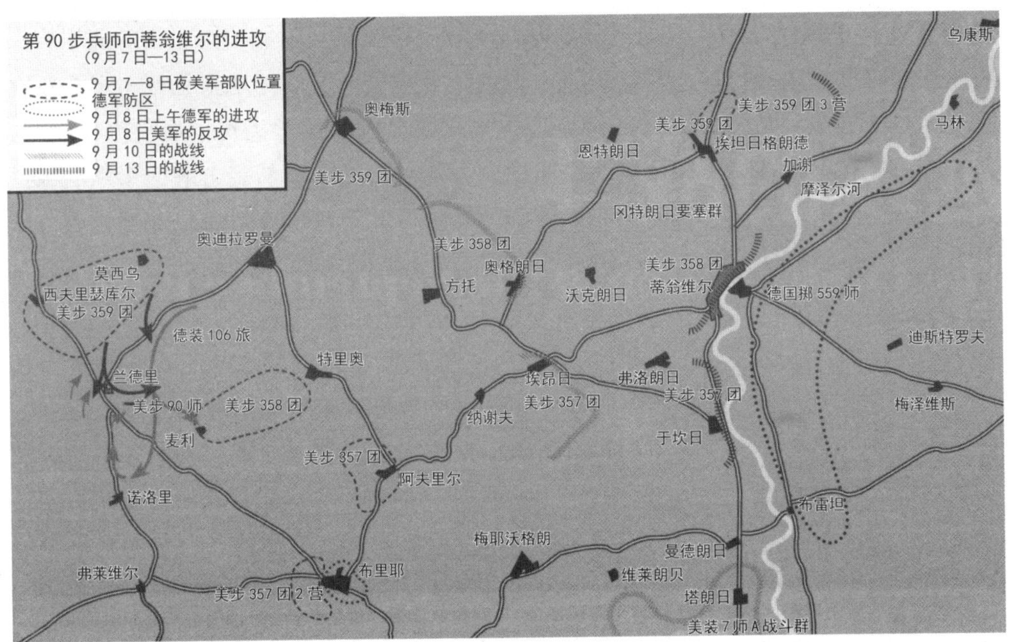

▲ 第 90 步兵师向蒂翁维尔的进攻。

求使得 2 号战斗群随后也落入了美军在阿夫里尔（Avril）预先布置好的陷阱，其大部分车辆在战斗中均遭到美军反坦克火力的摧毁。第 106 装甲旅的残部直到当天晚上 8 点才突破第 90 师的包围，前后总共损失了 21 辆豹式坦克，60 辆以上的半履带车以及 100 多辆其他军用运输车，另有包括装甲营营长和装甲掷弹兵营营长在内的 754 人被俘。德军 G 集团军群的作战报告中提到第 106 装甲旅在返回时仅剩 17 辆左右可用的坦克和坦克歼击车，实力已经一落千丈。尽管德军在战后总结的原因是由于缺乏有效侦察手段和对敌军位置的错误判断，才会导致了第 106 旅这次的惨败，但他们确实并不知道自己离胜利其实仅有一步之遥。只要那天第 106 装甲旅能攻下第 90 师师部的话，麦利村之战的战斗结果也许就会出现完全不同的结局。

麦利村附近的战斗即将结束前，第 357 步兵团也在忙着清点在布里耶村俘获的德军人数。我们前面已经提到过，在那里约有一个营左右的德军被美军团团包围，最后不得不放下了手中的武器。美军将 453 名俘虏押送至后方，并对其中一些军官进行了审讯。从他们身上搜出的一些文件显示德军第 106 装甲旅可能还会对第 90 师发动另一次反击，但因为麦利村方向的美军部队已经在上午的伏击战中消灭了德军 2 号战斗群的大部分兵力，第 357 团参谋人员的担心也就显得有些多余了。

德军反击行动的失败令第 90 师信心倍增，麦克莱恩起初准备让第 357 团 1 营前去占领东北位置上的于坎日村（Uckange），但后来为了保险起见又将该营撤回纳谢夫村（Neufchef）驻防。9 月 8 日夜晚，不甘心在麦利村失利的德军 106 装甲旅果然派兵来攻打于坎日村，而在纳谢夫附近高地上的美军能清楚地望见德军坦克正对着空无一人的散兵坑阵地开枪放炮。德国人很明显没有发觉美军已经放弃于坎日，第 357 团 1 营迅速召唤了炮兵对他们实施火力覆盖。受到突然袭击的德军纵队惊慌失措地撤离时再次遭到 1 营两门反坦克炮的攻击，又有数辆作战车辆遭到摧毁，他们的装甲掷弹兵则赶紧跳上各自的半履带车，飞也似的逃离了战场。

经过麦利和于坎日的连续两场战斗，第 90 师决定暂时按兵不动，以防备德军可能从北面发动的反扑。9 月 10 日，麦克莱恩派遣左翼的第 359 团首先朝奥梅斯（Aumetz）方向挺进，然后沿着北面的山麓打开一条通往摩泽尔河的通道。防守各处山头的德军因抵挡不住美军的迅猛攻势而纷纷撤退，第 359 团逐一拿下了北面的所有高地，并于 9 月 13 日抵达摩泽尔河畔。与此同时，中路的第 358 团也奉师长之命开始攻打蒂翁维尔近郊的冈特朗日要塞群。虽然该要塞群是座位于蒂翁维尔以西高地上的大型防御工事，德国人却丝毫没有要死守它的意图。为了保存有限的兵力，大多数要塞群的守军早就在克诺贝尔斯多夫的命令下及时撤到了摩泽尔河的对岸，所以第 358 团仅用了一天时间就攻陷了这座堡垒，同时也占领了蒂翁维尔河谷的西半部分区域。

9 月 12 日，麦克莱恩在确认德军已经无法组织有效反击后，这才允许第 357 步兵团最后一个投入作战。该团先是占领了两天之前德军曾经袭击过的于坎日村，然后与第 358 团的部分兵力一起突入蒂翁维尔城内。到傍晚时为止，美军已经肃清了蒂翁维尔西半城区内的所有德军。少数逃过河去的德军后卫部队在对岸机枪碉堡的火力掩护下，炸毁了两岸之间的一座桥梁。

尽管美军第 90 师暂时无法渡河进攻剩下的另一半城区，麦克莱恩少将却并不着急。他的侦察部队已经在蒂翁维尔以北找到了更合适的渡河地点，第 359 步兵团也已经受命赶往那里准备实施渡河行动。然而就在 9 月 13 日午夜，第 20 军军部却发来一道命令要第 90 师立即停止一切在蒂翁维尔附近的行动，准备转移到南方去支援第 5 步兵师在梅斯方向上的作战。

小 结

出于研究方便的考虑，大多数的战史学家都把从 9 月 6 日至 14 日的战斗称为德美双方在梅斯地区的首次交战。经过较量，沃克的第 20 军除获得梅斯以南的阿纳维尔桥头堡之外，还占领了梅斯以北蒂翁维尔城的一半城区。从表面上来看，德军的摩泽尔河防线已经在美军的攻击下摇摇欲坠。

但如果从另一个角度来讲，美军为了达到这个目标也付出了沉重的代价。仅仅在一周的时间里第 5 步兵师就损失过半，第 7 装甲师也无法在复杂地形上获得任何突破性的进展。阿纳维尔和蒂翁维尔两地的战况并未给沃克带来多少好运气，他仍旧得继续维持长达 64 千米的宽大战线，除此之外还得忍受来自上级要他不断前进的巨大压力。

沃克其实并不傻。他非常清楚从正面攻击梅斯时会遇到什么样的结果，他也知道洛林地区的复杂地形完全不适合装甲部队的作战。但沃克坚信作为军人就应该服从来自上级的命令，他只不过是在按照巴顿的意思行事罢了。沃克同样也明白巴顿在意识到盲目进攻的错误之后，肯定会允许他改变自己的战术，所以他便早早地开始制订下一阶段的进攻计划。经过与其他参谋的密切协商，沃克认为继续从三个方向向梅斯同时施加压力的话，可能只会让 20 军的两个主力步兵师遭到更多不必要的伤亡。为此他决定暂时停止对梅斯以及蒂翁维尔的进攻，而把大部分的力量投入扩大阿纳维尔桥头堡的行动当中。这个计划的核心思想就是要冒着削弱左翼和中央部分力量的风险，把进攻重点集中在右翼位置上，准备从梅斯的南方获得突破后，再设法恢复其他方向上的推进，以此来实现从背后包抄梅斯的战略目标。

有关美军在第一阶段中所犯的错误，至今仍有很多战史学者在争论不休。有些人认为是盟军高层的战略分歧导致了其进攻力量的分散；有些人认为是补给的严重短缺使得巴顿的部队在五天之内无法行动，并给德军以宝贵的时间用来迅速巩固他们的防御体系；还有些人认为是洛林地区连绵不断的雷雨天气以及潮湿的地形条件妨碍了美军装甲部队和空军的活动，从而使本来就很缺乏的空中支援几乎形同虚设。

可是以上所有这些因素并不是梅斯地区的特产，当时其他战线上的盟军部队也都面对过一些类似的甚至是更为严重的难题。俗话说“一失足成千古恨”，要不是沃克手下的参谋人员在作战准备和侦察行动上的疏忽大意，也就不会造成现在这样令他们感到丢脸的后果。与巴顿的乐观期望正相反，第 20 军一上来就在摩泽尔河碰了个头破血流。由此看来，梅斯之战的高潮还远未来到，一切只能说才刚刚开始。

▲弗朗茨·贝克(1898—1978)。1943年1月11日在担任第11装甲团第2营营长时获得十字勋章，8月1日获得橡叶饰，1944年2月21日在担任第1装甲团团长时获得双剑饰。战争结束时担任第2“统帅堂”装甲师少将师长。

第106“统帅堂”装甲旅

1944年7月24日，德军总司令部下令在华沙东北面约85千米的米尔劳（Mielau）训练场组建第106“统帅堂”装甲旅。该旅核心是来自1944年7月初在明斯克东北被打垮的“统帅堂”装甲掷弹兵师残部，其他大部分人员则来自“统帅堂”训练与补充旅。第11装甲团也为该旅的旅部、旅部连和补给单位提供了一些人员。

其麾下的第2106装甲营由五个连组成，其中第1至第3连是整体从“统帅堂”装甲训练与补充营的三个连改编而成，第10和第18装甲训练与补充营则各又提供了一个连。其他主力单位还包括第2106装甲掷弹兵营、第2106装甲工兵连、第2106补给连和第2106维修连。

1944年8月30日，该旅来到特里尔（Trier），接着从此地向蒂翁维尔西南地区运动，以投入反攻。第106装甲旅的指挥官是东线极富作战经验的弗朗茨·贝克上校，该旅9月抵达第1集团军后方作为预备队准备随时抵御美军突破。第1集团军司令克诺贝尔斯多夫对使用这个旅来反击暂无进展的美军有很大的自信，在希特勒给予第106装甲旅28小时“自由活动”时间后，他立即抓住时机要贝克上校率部队发起反击。经过研究，贝克和他的幕僚最终确定附近的美军步兵作为袭击目标。作为东线资深指挥官，贝克认为，克诺贝尔斯多夫师侧翼防御薄弱，于是将第106装甲旅分作两队，打算通过打击侧翼并快速深入的办法瓦解美军。由于事先没有进行战前侦察，于9月7日夜晚展开行动的该旅在不知不觉中一头撞进了对方的师部所在地。相对于美军迅速而凌厉的反击，第106旅却显得不知所措，更不知美军的薄弱环节到底在哪。持续到次日上午的激烈混战令德军连续受挫，第106旅最终败下阵来，不得不撤离战场。这场遭遇战让其损失了几乎半数的坦克（21/47）和大约60辆半履带车，战斗力丧失1/3，基本失去继续进攻的能力。

反攻行动失败后，该旅撤退至卢森堡以南地区，撤退过程中顺带歼灭了一个美军坦克营的26辆坦克和八辆装甲车。

第106装甲旅是幸运的，尽管袭击美军失利，该旅却没有和其他洛林反击中战败的装甲旅一样被撤编或被其他装甲师吸收，9月末重新补充完毕后成为了第19集团军唯一的装甲预备队。此后该旅一直在洛林和阿尔萨斯地区进行防御作战，直到1945年年初为止。

第六章　延续的战斗

战略背景简介

第 20 军猛攻梅斯期间，德军将他们的全部后备力量集中到摩泽尔河上试图阻挡巴顿的前进步伐。由于德军主力南移，美国第 1 集团军方向上的德军压力得到减轻。艾森豪威尔原本的计划是要第 1 集团军辅佐蒙哥马利在北线上的攻势，但因为此刻巴顿的第 3 集团军已经推进到了摩泽尔河，霍奇斯的部队势必就得回过头去紧跟巴顿军团的步伐。变化的战局并没有影响到第 1 集团军的作战行动，其第 3 装甲师于 9 月 11 日借机突破了齐格菲防线，开始积聚力量准备攻打德国境内的第一个大城市亚琛。

如果要说 9 月间对盟军战略影响最大的一件事，那还得算蒙哥马利于 9 月 17 日发起的“市场－花园”行动，也就是众所周知的阿纳姆之战。虽然它并没有直接给巴顿的洛林攻势造成直接干扰，但这里还是得略微提一下这次行动与盟军的补给系统以及整个战略态势之间的密切关联。

蒙哥马利计划在 9 月初以一次大规模的联合作战行动从荷兰境内绕过齐格菲防线的北端，以便他的第 21 集团军群能够越过下莱茵河并从后方包抄德国的鲁尔工业区。为此他将动用盟军已经雪藏数个月之久的第 1 空降集团军，霍奇斯的第 1 集团军也应随之向左移动前来掩护他的侧翼，第 1 集团军的南部战线则将由巴顿的第 3 集团军负责接管。当时身在布鲁塞尔的艾克在得知蒙蒂的想法后立刻对他投了否决票，迫使后者只好放弃了原先的打算而开始另谋出路。

既然一时无法获得来自第 1 集团军的支援，蒙哥马利就必须另找一支部队来填补自己与美军之间的空隙。经过考虑，他准备将奥康纳的英国第 8 军从塞纳河一带调到荷兰参战，但第 8 军当时却因为汽油的短缺而无法移动半步。蒙哥马利随即于 9 月 11 日向艾克提出警告，威胁说要是无法为第 8 军提供足够的补给，他就只能将“市场－花园”行动推迟至 9 月 23 日。艾森豪威尔于是赶紧派自己的参谋长比特尔·史密斯飞去蒙蒂那里，对他许诺将为其提供大约每天 1 000 吨的汽油供应，此外还保证将暂停巴顿在洛林的攻势，并把优先供应转到第 1 集团军的方向上。蒙哥马利对此大喜过望，看来他已经获得了想要的一切有利条件。

自以为比巴顿占了上风的蒙蒂开始飘飘然起来，他不仅一再对第 3 集团军的作战计划横加干涉，还肆意地从巴顿的手中夺走了不少宝贵的运输工具。9 月 13 日，蒙蒂先是提出让第 3 集团军在未来的两周时间里再次对梅斯—南锡一线发动全线进攻，之后他又强调说为了确保自己那 1 000 吨的汽油日常供应量，就要从巴顿那里抽走三个准备投入梅斯之战的步兵师的所有配属车辆，并把它们全部派去执行补给运输工作。

蒙哥马利的强盗逻辑自然引起了美国人的强烈反感。布莱德利起初还准备不顾蒙蒂的反对，继续坚持贯彻自己确保霍奇斯和巴顿两人供给平衡的原则，但在艾森豪威尔的压力之下他只能被迫做出了让步。布莱德利在 13 日打给巴顿的一次电话中提醒后者，由于最高统帅部已经接受了蒙哥马利的“市场 – 花园”行动，所以第 3 集团军可能需要停止在摩泽尔河一带的攻势。巴顿对此的回复则是：“布莱德利，你现在先别来阻止我们好吗？我这里还有四天的汽油和弹药可以足够保证我们打到莱茵河去！不过看在老朋友的面上我就和你做次交易好了。假如我不能在 14 日之前在摩泽尔河上取得一座桥头堡，我就会马上闭嘴的。”巴顿的意思是只要他能在有限的时间里打过摩泽尔河，就能迫使艾森豪威尔继续保障对他的供应。布莱德利最后给了巴顿两天时间，并一再提醒巴顿说只要超过了这个期限就会立即切断对他的补给，让第 3 集团军转入防御状态。

我们后来应该都看到了，正是阿纳维尔之战的胜利使艾森豪威尔为巴顿的继续挺进开了绿灯。但到了 9 月 15 日，英军占领安特卫普港的消息令艾克再次调整了自己的战略。根据最高统帅部新的命令，所有一切资源将优先供应布莱德利的第 1 集团军以用于夺取位于科隆和波恩两地的桥头堡。从表面来看，高层的决议让巴顿再次陷入了危机，然而巴顿明白这样的行动只有当他的部队彻底肃清摩泽尔河的德军集团后才能实现，所以他一点也不着急。巴顿现在唯一担心的事情就是严重的兵员短缺，毕竟前段的激烈作战已经严重消耗了第 20 军和第 12 军的实力。如果没有足够的兵力，他即使有了艾克的担保也无法继续挺进半步。除非上级能立即为他提供大量的援军或近乎无限的空中支援，否则梅斯方向上的筑垒地域仍将是第 3 集团军进军道路上的最大障碍。

第 20 军的重整

经过第一阶段的战斗，梅斯方向上的德国守军已经充分证明他们自己拥有与第 20 军相匹敌的实力。而在另一方面，沃克中将为了能赶在德军调来更多增援之前打破僵局，也开始积极地筹划新一轮的作战行动。

9 月 14 日，沃克下达了第 11 号作战指令，开始逐步调整第 20 军的进攻部署。就目前的情况来看，由于第 5 步兵师的整体战斗力已经遭到很大削弱，那么美军当前攻势的重心应该转移到梅斯以南的阿纳维尔桥头堡上来。参谋部的新计划要求第 7 装甲师将作为先锋部队冲出阿纳维尔桥头堡，然后一路朝位于东北的梅斯城后方挺进。如果南路进攻顺利的话，第 90 步兵师也会在蒂翁维尔附近渡河并从北面配合第 7 装甲师的行动。为了迷惑德军的情报部门，上级专门指派第 3 骑兵侦察群和第 43 骑兵侦察中队负责填补第 90 步兵师和第 5 步兵师当中的空隙，以便让德军以为美军仍有一个装甲师留在德里昂地区之内。

美军第 3 骑兵侦察群的新任指挥官是 32 岁的詹姆斯·波克（James Polk）上校，他的部队当时正担负着肃清第 20 军左翼并建立与第 1 集团军联系的任务。波克本人可算是美军中最年轻的上校，毕业于西点军校的他将在战后以一名四星中将的身份升任驻欧美军的司令官。然而当波克于 9 月 11 日刚到任后不久，就被一大堆的难题缠住了手脚。令他感到头痛的问题之一是梅斯西北方向仍有德军部队存在，为了驱逐他们，第 3 骑兵侦察群就只能用一个中队的兵力对摩泽尔河西岸进行不断往返巡逻，战线的拉长使骑兵群用于掩护第 90 师右翼的兵力极其薄弱。至于困扰波克的另一个难题则是摩泽尔河周边地区那种糟糕的地形，当地潮湿而又泥泞的环境迫使波克将自己的指挥部立即转移到了蒂翁维尔近郊的贝当日古堡。他在 9 月 15 日写给妻子的一封信中写道："昨晚我们刚刚搬进古堡没多久，它的奢华程度就深深地刺激到了我的神经。你要知道，这还是我这四天以来头一次与有水有电、有舒适床铺的环境打交道。所以我刚一找到自己的卧房就立即去洗了个畅快的热水澡，接着便一头栽倒在铺着亚麻布床单的睡床上进入了梦乡。"

▲ 詹姆斯·波克成为四星上将后的一张肖像照。波克于 1911 年生于一个驻菲律宾美军家庭。1933 年从西点军校毕业进入骑兵部队，"二战"中先是在第 106 骑兵侦察群担任一名骑兵中队长，1944 年 9 月初开始指挥第 3 骑兵侦察群直至战争结束。1967 年年中被晋升为四星上将，同时成为驻欧美军总司令。1971 年 4 月退休，1992 年 2 月 18 日在得克萨斯州去世。

第 3 骑兵侦察群的到来不仅让第 90 步兵师的侧翼有了一定保障，还让原本负责从正面进攻梅斯的第 2 步兵团和第 7 装甲师 A 战斗群得以放开了手脚。没有波克的大力配合，它们便不可能开往阿纳维尔桥头堡，而第 90 师也无法南下前来代替第 5 步兵师继续攻击梅斯的筑垒地域。9 月 14 日夜晚，第 90 师师长麦克莱恩指派第 358 步兵团留下坚守从蒂翁维尔到于坎日的防线，随后亲自率领第357步兵团抵达圣普里瓦拉蒙坦—迈齐埃–莱斯–梅斯一带，第359步兵团则被派往格拉沃洛一带负责接防第2步兵团的阵地。整个行动期间没有遭到德军的任何骚扰，第90师颇为顺利地完成了自己的转移任务。

尽管美军重新对战术部署作了调整，但他们的进攻兵力却依然不足。沃克除了受到巴顿的不断催促外，还感受到了来自布莱德利的巨大压力。自从布莱德利清楚地表明已无任何援军可派之后，沃克便只能用现有的资源和人手再次尝试着进攻梅斯。整个洛林战役期间最艰苦的恶战已经到来，也许只有沃克那种斗牛犬一般性格的军人才能够承受下来。如今美军方面希望在梅斯迅速获胜的可能性已经变得极其渺茫，无比泥泞潮湿的战场环境不禁让很多人都担心第20军会不会在梅斯城下重蹈“一战”时期僵持战局的覆辙。

德军方面的状况其实也并未好到哪里去，他们也和美军一样面临兵员短缺的困境。第1集团军司令克诺贝尔斯多夫甚至悲观地认为，假如美军继续实施猛烈进攻，梅斯将坚持不了多久。在他看来，美国人无比强大的空中优势能使他们的地面部队轻松地从南北两侧绕过梅斯筑垒地域的屏障并从后方包围该城。虽然克诺贝尔斯多夫对美军的机动能力有少许过高的估计，但他有一点担心还是正确的，那就是第1集团军很有可能会在美军未来的攻击行动中被拆成两半，这样梅斯城内的守军就会面临被孤立的危险。美军一旦打开了德军防线上的缺口，要再堵上就很困难了。由于德军的后备力量有限，所以他们暂时还不想失去像候补军官团那样重要的作战力量。克诺贝尔斯多夫为此专门向G集团军群司令布拉斯科维茨上将提议，要他暂时放弃梅斯以把部队后撤到一条相对容易防御的防线上。可令他没料到的是布拉斯科维茨不仅没有同意他的意见，反而再三强调继续坚守梅斯的重要性。既然希特勒已经命令所有筑垒地域上的二线部队应该通过自给自足的方式尽可能迟滞敌军的推进速度，那么这一原则就应该被贯彻到底。9月15日，元首果然亲自向梅斯守军下令要他们吸引美军前来围城，但一天之后他又在参谋人员的劝说后稍稍冷静了下来，转而要第1集团军加强梅斯

▲ 巴顿与第3骑兵侦察群指挥官詹姆斯·波克上校。

突出部的两翼防线以阻止美军的迂回行动。

9 月 18 日，原来担任梅斯要塞司令的克劳泽中将被解除了职务并转入预备役，这意味着他从此以后将被束之高阁，不再参与梅斯的一切防务工作。克诺贝尔斯多夫认为克劳泽“个性不足”，但他在前一阶段的确为第 462 步兵师在梅斯的防御任务起了积极的作用。用克劳泽自己的话来说，他的继任者吕贝（Luebbe）少将在上任后便直接“全盘接受了他的防御计划”，这也从一个侧面反映了克劳泽在梅斯防御的工作做得的确是卓有成效。

▲ 福尔拉特・吕贝 (1894—1969)，生于博丁。1906 年参军成为一名皇家萨克森军官学校生，1914 年 2 月以少尉军衔进入皇家萨克森第 4 步兵团，“一战”中多次负伤。“一战”结束后进入魏玛国防军，1935 年已经成为德累斯顿战争学院的一名战术教官和监察长。1938 年 11 月成为第 5 装甲师麾下的第 13 步枪兵团团长。率领该团参与了波兰、法国和巴尔干战役后，于 1941 年 8 月升任第 2 步枪兵旅旅长，1942 年 8 月又成为第 2 装甲师师长，10 月 1 日晋升少将，1943 年 8 月 18 日荣获骑士十字勋章并晋升中将。1944 年 2 月因病转为高级指挥官后备，4 月 5 日出任第 81 步兵师师长，9 月下旬出任梅斯要塞司令及第 462 国民掷弹兵师师长，11 月 12 日接任第 49 步兵师师长，12 月 27 日出任第 433 师师长投入奥得河畔法兰克福战区战斗，1945 年 2 月 5 日被苏军俘虏，1955 年才获释。

扩展阿纳维尔桥头堡

自从美军占领 396 号高地之后，阿纳维尔桥头堡附近的战况开始逐渐稳定下来。9 月 15 日，第 7 装甲师 R 战斗群越过了摩泽尔河，A 战斗群随后也奉命从梅斯方向南下前来支援。在展开对梅斯的南北合围前，第 3 集团军参谋部计划派遣以上两个战斗群先从梅斯南面渡过塞耶河，接着 A 战斗群就会在 R 战斗群的右翼掩护下渡过尼德河，并向梅斯的后方地区发起最后冲刺。美军的这一计划不愧是巴顿式打法的典范，德军当时在塞耶河以及尼德河两地都没有部署多少防御兵力，这个方向的确是他们的一大薄弱环节。美军认为唯一需要担心的是那里较差的交通状况，他们的装甲部队可能会被完全限制在公路上，而且极易遭到德军炮火的袭击。其实美国人根本不用担心这点，因为梅斯东南方向上的要塞链对第 7 装甲师的进军基本不构成威胁。那里的大多数要塞早在战前就已经被解除了武装，虽然还有很多大口径火炮留存下来，但它们基本都因为缺乏标尺而处于无法使用的状态，其中最大的马恩要塞群甚至被德军用来作为储藏鱼雷雷头的军用仓库。大约 9 月中旬的时候，一架从马恩要塞群上空低空掠过的 P47 战斗轰炸机发现了一长列停在要塞中央兵营入口处的德军卡车，于是马上展开了攻击。美军战机投下的一枚炸弹命中了其中一辆卡车，结果无意中引发了

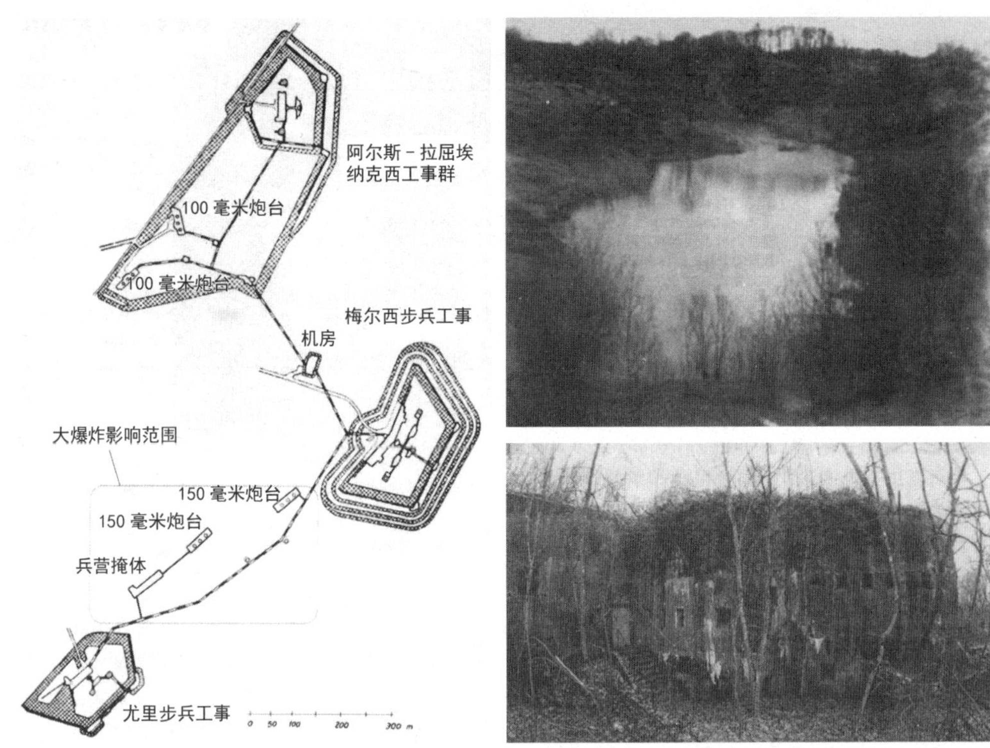

▲（左）马恩要塞群平面图。（右上）大爆炸留下的巨型弹坑。（右下）马恩要塞群今日留存的残迹。

一长串的连锁反应。这次号称“西线破坏力最大的爆炸”将中央兵营完全夷为了平地，就连其巨大的钢筋混凝土结构也都未能在这场毁灭性的灾难中幸免。通过后来的空中侦察，美军发现在兵营原来的位置上只留下一个足以容纳下一座教堂的巨型弹坑，这也迫使后来抵达此地的 SS 第 17 装甲掷弹兵师把师部转移到更为安全的地方。

不过话说回来，第 3 集团军的作战方案也并非完全没有漏洞。有不少战史研究者认为美军当时只考虑到了敌人的情况，却没有意识到自己能力的不足。首先巴顿的参谋人员没有料到恶劣的气候会妨碍战斗轰炸机的活动，其次他们大大低估了塞耶河与尼德河的阻碍作用。因为战后的研究报告表明，光靠第 7 装甲师少量的装甲步兵要顺利渡过那两条河显然是远远不够的，而远在南锡附近作战的埃迪少将也一时抽不出身来掩护西尔维斯特的侧翼。即便第 7 装甲师真能一直打到梅斯城的后方，那他们与阿纳维尔桥头堡之间的补给线也将长达 32 千米，德军随时都可以对其薄弱的侧翼和后部发动袭击，并切断他们与阿纳维尔之间的联系。

然而西尔维斯特少将当时却顾不上那么多了，他的时间相当紧迫。第 7 装甲师如果不能立即发起进攻，不但会拖慢整个第 20 军的进军步伐，甚至可能使沃克再次受到上级的责难。9 月 16 日上午，R 战斗群受命通过 B 战斗群的防区，先是抢占了德军弃守的洛里村，然后又朝塞耶河方向上的谢勒尼村（Sillegny）扑去。埋伏在洛里—谢勒尼公路两侧树丛中的德军部队向美军展开了猛烈的攻击，受到阻挡的美军半履带车在回撤中又遭到了来自谢勒尼村附近高地上的德军炮击，只能纷纷让步兵下车躲进公路一旁的树林之中隐蔽起来。接到报告的西尔维斯特于是在下午改变了战术，把左翼的 A 战斗群派去进攻位于洛里村东北的马里厄尔（Marieulles）和韦桑（Vezon）。由于起雾和陡峭的地形，美军放弃了半履带车，开始徒步上山，部分坦克还得靠着绞盘的拖带才驶上了进攻集结点。在随后的进攻中，向韦桑挺进的第 48 装甲步兵营意外受到德军凡尔登要塞群炮火的阻挡，该营营长便指挥全营改变方向朝马里厄尔村进发，可令他没想到的是德军居然靠着事先挖好的隐蔽所躲过美军的轮番炮击，并把攻进小村的美军又赶出了村子。

正当第 7 装甲师与阿纳维尔桥头堡外围德军血战的时候，第 5 步兵师一直在后方进行部队的休整和换防工作，并没有直接参与前方的战斗。从地图上看，贝尔上校的第 2 步兵团已接管了桥头堡右翼位置上第 7 装甲师 B 战斗群的防区，第 10 步兵团的三个营正在中央地段上休整，第 11 步兵团的 1 营和 3 营占据了面向梅斯的桥头堡左翼阵地，同团的 2 营则在紧靠德里昂要塞群的摩泽尔河西岸上设防。位于 2 营左翼的美军部队，是沃克用来维持第 5 步兵师和第 90 步兵师联系之用的第 3 骑兵侦察群的一个中队以及第 5 侦察分队。以上这些情况都被第 20 军的参谋人员一一记录下来，并及时向巴顿作了汇报。

不出所料，9 月 16 日的阿纳维尔战况果然让巴顿极为恼火。沃克后来在向欧文少将的指示中谈到了巴顿的不满：“将军刚来到第 20 军的指挥部，就对我大发雷霆。他说要是我们还不能立即越过塞耶河，他就会把我们抛在那儿，然后独自率领第 3 集团军前去攻打莱茵河。”从沃克的描述中，我们不难看出这不过是巴顿试图再次激励部下“奋发图强”而使出的手段罢了。除此之外，巴顿的话也很清楚地体现出他其实并不特别关注梅斯方向上的战斗。对他来说，梅斯不过是“人类愚蠢的标志之一”，只要第 3 集团军能马上打到莱茵河，这场战争也就赢定了。然而作为其对手的德国人可不是什么蠢驴，他们从梅斯方向上第 90 师逐渐转入防御的情况推断出阿纳维尔桥头堡才是第 20 军未来的作战重点，于是赶紧从北线调集兵力投入南方

▲党卫军上尉魏斯弗洛格在 1944 年 9 月的留影，他当时负责指挥马茨多夫特别战斗团的一个营。

▲ 党卫军少校维尔纳·马茨多夫（中）与SS第17师的两名同僚在1944年的合影。马茨多夫，1912年2月24日生于柏林，1935年进入警察部门，1940年1月1日加入党卫队，同时获得党卫队二级突击队中队长（中尉）衔级，后加入新组建的党卫军“警察”师，1943年3月29日在担任党卫军第4“警察”师第2警察掷弹兵团第3营营长时以党卫军上尉军衔获得金质德意志十字奖章。1943年6月21日晋升党卫军少校，1944年8月转入党卫军第17装甲掷弹兵师，随后率领一个特别战斗团在梅斯战区与美军激战，11月20日被推荐颁发骑士十字勋章，但是最终被希姆莱否决，后来的经历不详。2010年2月17日，97岁高龄的他在霍尔茨豪森去世。

来阻击第7装甲师和第5步兵师。正因为这个原因，SS第17装甲掷弹兵师于9月15日又增派一批部队奔赴南线准备实施对美军的反击作战。多尔诺桥头堡之战刚刚结束，SS第13军军部就为SS第17装甲掷弹兵师补充了一批来自空军和东线的后备军。这些部队随后被组织成一个拥有三个营的特别战斗团（Z.B.V），由马茨多夫（Martzdorf）SS少校负责指挥，作为SS第17装甲掷弹兵师的第三个团投入梅斯之战。虽然SS第17师此刻的作战车辆仍然不足，但并不缺乏机动灵活的炮兵部队。在洛林地区装甲部队不能发挥作用的地方，往往正是炮兵大展身手的最好之地。

SS第17装甲掷弹兵师的到来，使桥头堡左翼的第11步兵团即将面对又一次严峻的考验。16日，1营I连[①]刚刚抵达费伊山坡的右侧，为的只是前来替换原先驻守在310号以及361号高地上的第10步兵团单位。但他们也许还不知道，SS第17装甲掷弹兵师已经将他们进攻的目标定在了这里。这也就是说在9月17日将有一个营左右的德军从韦桑出发前来攻打费伊山坡，而美军却丝毫没有察觉到危机正在悄悄逼近。

9月17日清晨，整片费伊山坡都被浓雾和大雨所笼罩，德军充分利用了这种

① 根据第11步兵团L连连长赫伯·威廉姆斯上尉的说法，自从第11步兵团从多尔诺桥头堡撤出后，该团团长尤伊尔上校为了平衡各营的实力，便趁着步兵团在德里昂附近休整的机会对全团进行了一次不同寻常的整编。它的三个营的配属调动如下：1营下辖A、I、K、D连，2营下辖E、B、G、H连，3营下辖L、F、C、M连。

能见度极差的环境对I连发起了偷袭，导致很多美军士兵在毫无察觉之下便与敌人展开了激烈的肉搏战。经过10多分钟的战斗，I连连部逐渐陷入了德军的包围，连长弗兰克·史密斯上尉和他的执行军官都在激战中受了伤。不过令德军感到吃惊的是，I连的部队即便在遭受重创的情况下仍然死战不退。他们通过相互间的密切配合，继续依托良好的掩护向冲上山坡的德军不断还击。战后，I连的列兵布莱尔（Bleier）对当时的战况作了生动的描述："当时我军担任警戒的一名机枪手突然发现德国佬正从后方包抄上来，可还没等他警告其他人，参谋军士斯托伦便抬起他手中的加兰德冲锋枪向着远处树林间的人影就是一梭子。他的这一反应无疑激怒了德军，他们马上大喊着冲了上来，结果恰好落入我军的机枪交叉火力下。德军的两次冲击均告失败，他们甚至都没能突破到足够向我军机枪阵地投掷手雷的距离之内。"

由于I连是前夜刚刚抵达费伊山坡并完成防区交接任务的，所以该连能在德军的突然袭击下屹立不倒实在是相当难能可贵。我们不难注意到，整个梅斯战役期间这种短兵相接式的营连级攻防战一直层出不穷。双方往往刚一碰面就进入了近距离交战的混战状态，费伊山坡上甚至出现过一名美军机枪手用一把左轮手枪击毙企图向他投掷手雷的德军的情况。与之类似的还有来自列兵布莱尔的另一则回忆："虽然我军一再打退德军的冲锋，但他们毕竟人多势众。I连阵地左翼到最后仅剩下了由乔治·沃德尔（George Woodal）中士率领的一个班的人马。据他所说，德军在进攻时曾冒险攀上陡坡并不断用德语和半吊子的英语对他呼喊：'美国佬，快从树林里滚出来与我们一战！'受够了的沃德尔中士于是从他的散兵坑中探出身子向山坡下大声喊道：'你们给我等着，我马上就来！'紧接着他为自己的步枪安上一支枪榴弹，瞄准了距他仅有35码左右的一挺德军机枪并射击。德军的机枪组被沃德尔的枪榴弹直接命中，五名成员还来不及反应就全部上了西天。"

▲一个刚刚从进攻一线被替换下来休整的SS第17师的装甲掷弹兵排。照片可能就是摄于1944年9月17日。

随着德军的伤亡不断增大，他们最终在美军坦克到来时放弃了进攻。I连的幸存者们发现有94具德军尸体倒在自己的阵地前，于是推断负伤的德军人数可能还要高于他们的阵亡数字。

第11步兵团L连当时正在I连的左侧同样担任费伊山坡的

防御任务。尽管德军攻击的是I连与L连的接合部，但L连却由于大雾和阵雨而无法准确判断德军的来袭方向。L连连长赫伯·威廉姆斯上尉在得知右翼的I连遭到攻击后，立即派遣了几支巡逻队前去探明德军的方位。他后来在自己的战斗日志中写道："本连在9月17日的战斗巡逻中阵亡一名士兵，而且他的同伴们也未能将其遗体带回。此人有一个在师部或军部担任少校职务的哥哥，他在得知弟弟的失踪消息后立即来到L连连部并要我再次派人前去寻找他弟弟的遗体。可是那样做很明显会让我的人再次遭到不必要的伤亡，所以我最后还是拒绝了他的请求。"

9月17日一整天，第7装甲师A战斗群仍在马里厄尔村一带与德军鏖战。目前该村由500名新近赶来增援的SS第17装甲掷弹兵师的士兵负责防御，美军第48以及第23装甲步兵营上午的第一次联合进攻被德军的88毫米炮打得伤亡惨重。到下午时，美军调来两个155毫米榴弹炮营对小村进行了1分钟轰击，接着两个营的美军再次发动进攻，结果又一次被德军击退。西尔维斯特少将发觉炮兵部队的弹药已经告罄，只好命令A战斗群将所有轻型火炮和反坦克炮全部投入战斗并增派了近两个连的坦克，才在天黑之前好不容易地拿下了马里厄尔村。SS第17装甲掷弹兵师在这一仗中表现出了极其顽强的作战意志，很多士兵直到最后一刻还在用手中仅有的冲锋枪朝冲上街道的美军坦克不断开火。不过他们的伤亡也相当可观：整整一个营的士兵在马里厄尔全军覆没，到最后仅有135人被美军俘虏。

马里厄尔之战尚未结束，第7装甲师右翼位置上的R战斗群仍在忙于清理德军设在洛里—谢勒尼公路上的路障，以便为进攻谢勒尼的行动铺平道路。德军凡尔登要塞群按照早就规划好的射击区坐标不断向美军打来致命的炮火，而美军却因为该死的雨雾天气而几乎无法还手。一天之中有众多负责开路作业的美军装甲步兵和工兵不幸身亡，另有部分车辆因为躲避德军的炮火而陷入公路边的泥潭中动弹不得，迫使R战斗群只得从后方调来拖车将它们一一救出困境。

西尔维斯特对第7装甲师缓慢的推进速度表示了强烈的担忧，于是他发电给欧文少将的第5步兵师通报了战况。经过商议欧文同意将调遣部分单位前来支援西尔维斯特，以便两师能以一次全面的攻势突破德军的塞耶河防线。在具体的进攻安排上，欧文准备让第10步兵团2营从左翼攻打普尔诺拉谢蒂维（Pournoy-la-Chetive），让第2步兵团1营负责占领库安索瑟勒（Coin-sur-Seille），而西尔维斯特也将指派R战斗群进攻谢勒尼，另派B战斗群取代A战斗群以负责夺取隆格维尔勒斯舍米诺（Lonqueville-les-Cheminot）。如今假如有游客去塞耶河旅游的话，他们也许还能在这些法国村庄的建筑物墙壁上发现当年交战双方留下的弹痕。回想1944年9月期间，德军的SS第37和SS第38装甲掷弹兵团正是在这里背靠塞耶河展开他们的防线，试图以拼死一战的决心将美军阻挡在谢勒尼村之外。

9月18日上午，战线右翼的美军第7装甲师首先展开了朝塞耶河的攻击行动，但该师的进攻从一开始就颇为不利。B战斗群出发后不久便在布克西尔村（Bouxieres）撞上德军的雷场，工兵部队花费了不少时间才让后续的坦克部队通过该村。一批美军装甲步兵好不容易来到谢勒尼南方的塞耶河畔，又遭到了223号高地上德军工事的火力压制因而无法渡河。由于它们的位置事先没有在作战地图上标明出来，进攻部队与师部沟通了好久才让上头明白情况的严重性。实际上，这些德军工事都是1916年凡尔登战役后德军为了抵挡法军可能发动的反攻，而布置在梅斯侧翼的一条临时防线。1918年时，参加穆松地区作战的美军第60步兵师曾从这里经过。要不是这条防线当时大部分还没能完工，美军就很可能得通过正面进攻才能突破德军的封锁。数十年后，一名第60步兵师的“一战”老兵回忆说，他还清楚地记得那些塞耶河畔的德军工事附近有一处路标，上面写着“距梅斯33千米”的字样。从他的这一证词进行推断，我们可以认为第7装甲师所遭遇的德军抵抗就是来自这条“一战”期间临时建立的防线。

B战斗群在塞耶河沿岸失利的消息并没有动摇西尔维斯特的决心，他在18日下午又派遣R战斗群从中路向谢勒尼村发起突击，并很快与SS第38装甲掷弹兵团的第2和第3营遭遇。谢勒尼村外围的战斗一度相当激烈，美军第38装甲步兵营在坦克支援下刚从树林中冲到村前的开阔地带便受到了德军的猛烈炮击，无奈之下美军坦克只好抛下步兵先行抵达村落外围压制德军火力点，但不久以后就因弹药耗尽而撤退。眼看坦克后退，美军步兵于是纷纷撤回树林之中，第一轮进攻也随之宣告失败。当西尔维斯特向R战斗群指挥官赫夫纳（Heffner）上校质问情况时，后者却向少将回话说他差不多已经将左右的进攻力量都投入了进攻，目前唯一可用的后备力量仅有两个装甲步兵排，所以他认为即便把这两个排投入谢勒尼方向恐怕也是无济于事。赫夫纳的话让西尔维斯特十分生气，他马上抓着话筒大声斥责了赫夫纳的想法，然后要他再尝试一次进攻。在第二轮进攻中尽管赫夫纳投入了最后的两个排，但美军仍旧在树林外围遭到德军装甲掷弹兵的猛击，

▲ SS第17师高炮营的一个88毫米高射炮阵地，美军第7装甲师为此吃尽苦头。

大部分人又一次慌乱地逃回了树林。直到日落时西尔维斯特另派一批坦克前来支援他们，R 战斗群总算从谢勒尼村的右侧攻入了镇子的外围。但是德军迅速从后方调来了援军，R 战斗群在夜间的混战中抵挡不住德军的凌厉反击，被迫放弃谢勒尼村的部分房屋再次退入树林。

对第 38 装甲步兵营来说，9 月 19 日那天的恶战要比前日更为残酷和血腥。光是那天早上该营的营长罗斯伯（Rosebro）中校就身负重伤，他的执行军官也已阵亡。随后接替罗伯斯指挥全营作战的威尔斯少校则更为不幸，刚上任没多久便丢了性命。西尔维斯特只好把指挥另一个营的金中校派来顶替威尔斯，并于上午 11 点下令部队暂时停止进攻，让早就准备好的炮兵部队对早已是一片废墟的谢勒尼村实施轮番炮击。经过午后的短暂休整，第 38 装甲步兵营为自己补充了一个连。正当它准备恢复对谢勒尼村的进攻时却发现德军已经撤离，村子内早已空空如也。其实德军这么做并不是真的要放弃谢勒尼，他们只是将部队后撤到小村后方的高地上布置新的防线，同时用凶猛的炮击手段将进入谢勒尼的美军打得动弹不得。随后德军调动集结完毕的装甲部队向美军实施了反攻，但他们的车队刚从高地上下来就遭到了正准备前去轰炸埃纳要塞群的一队美军战斗轰炸机的火箭弹袭击，最终仅有五辆第 106 装甲旅的坦克和少量步兵得以突入谢勒尼村。两辆逗留在村内的美军坦克试图向领头的德军坦克开火，但由于自身没有步兵掩护，最后还是放弃了攻击的打算。与此同时，在村内指挥抵抗的金少校也负伤退场，这已经是第 38 装甲步兵营在一天之内损失的第三名指挥官了，该营也差不多已经达到了其作战能力的极限。19 日傍晚 6 点 30 分，兵力占据优势的党卫军部队把一名美军上尉和另外 23 名士兵

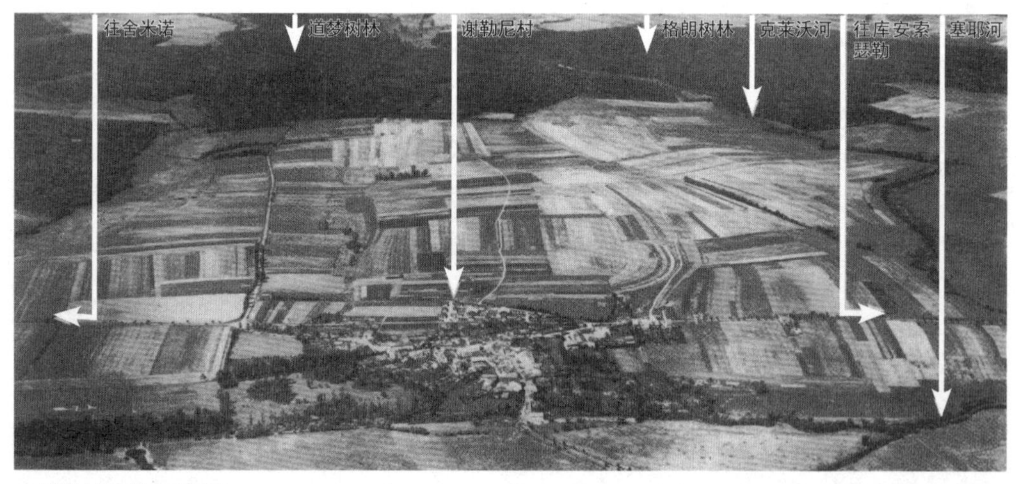

▲ 谢勒尼村地形示意图。

团团包围在谢勒尼村内的一所大房子里。第 38 装甲步兵营所尝试的几次解救行动都归于失败，与这批人之间的通信联络也在当晚彻底中断。

眼看部队伤亡惨重，接替金担任第四任营长职务的雷（Rae）中校在西尔维斯特的同意下终于率部退出了战斗。在历时两天的谢勒尼村争夺战中，第 38 装甲步兵营损失了 300 多人和几乎全部的高级指挥官。该营的幸存者在 9 月 20 日上午撤往后方休整，并由第 7 装甲师的 A 战斗群接管了防务。

与第 7 装甲师相比，战线左翼的美军第 5 步兵师虽然在攻打普尔诺拉谢蒂维和库安索瑟勒两地之前负担较轻，但欧文少将却并不觉得宽慰。从 9 月 10 日至 16 日，第 10 步兵团已经损失了 24 名军官和 674 名士兵。在连续 11 天之久的不间断作战中，严酷的气候条件让很多官兵都患上了战壕足病，从而产生了大量的非战斗性伤亡。除此之外，美军战史学家 H.M. 科尔还提到第 20 军军部由于考虑到来自韦尔尼（Verny）方向上德军要塞的威胁，为了保护第 5 步兵师的推进，他们决定调动战机对这些德军堡垒进行空中打击。科尔所提到的这些要塞其实是德军埃纳要塞群的一部分，该要塞群的大部分武装在“二战”爆发之前就已经被撤除。这也就是说美军所提到的威胁很有可能是来自德军的野战炮兵部队而不是要塞群本身。这座要塞群原本装备有四门 150 毫米榴弹炮和四门 100 毫米火炮炮塔，另有两门 150 毫米榴弹炮安置在露天的炮架上。工事本身还拥有三座钢筋混凝土结构的兵营，可以驻扎大约 2 000 人的部队。假如埃纳要塞群的工事当时能够完全恢复运作的话，美军根本不可能接近得了塞耶河。除非动用英国皇家空军的“高脚杯”或“大满贯”，否则单凭第 20 军目前的火力很难对要塞群构成致命的威胁。随后的战斗也证明了这点，尽管美军战斗轰炸机不顾恶劣的天气冒险出击，但仅有少数飞机得以向埃纳要塞群投掷了一批凝固汽油弹，对德军工事造成的破坏也极其有限。

由于第 20 军军部命令第 5 步兵师在第 7 装甲师进攻谢勒尼村期间暂时不要行动，所以欧文的部队在 9 月 19 日那天度过了相对平静的 24 小时，自从当天德军一次从库安索瑟勒方向发动的反击被美军炮兵击退后，他们就没有再次发动进攻。与此同时，第 7 装甲师的 B 战斗群正忙着设法规避德军位于 223 号高地上的工事火力，以便前去攻占塞耶河畔的隆格维尔村。虽然 B 战斗群达到了预期目标，但他们没能趁势夺取位于河对岸的舍米诺村，还在对岸德军的反坦克炮火下连续损失了五辆坦克。幸好盘踞在舍米诺村的德军于三天之后主动撤离，从一定程度上缓解了来自第 7 装甲师右翼的压力。

9 月 20 日下午，第 7 装甲师 A 战斗群推进至谢勒尼村正前方，接着试图配合 B 战斗群以一个钳型攻势从谢勒尼后方渡过塞耶河。可是德军早已在河对岸的碉堡内布置了反坦克炮和机枪火力点，猛烈的火力完全封锁了美军的渡河口。结果除少数美军单位突破德军的防线抵达河边外，这次进攻还是以失败告终。从A战斗群递交的作战报告中，西尔维斯特察觉到他的第7装甲师在经过持续鏖战后早已疲惫不堪。从9月1日到21日为止，仅仅该师的R战斗群一支部队就先后调换了八名重要军官。而在另一方面，德军第3装甲掷弹兵师的部分单位正从舍米诺村方向对美军右翼逐渐形成威胁。为了改变这种不利局面，西尔维斯特于9月21日命令B战斗群以两个连的兵力实施一次夜间渡河行动。不过当B战斗群趁着夜色悄悄抵达河边正准备架桥时，他们的工兵才尴尬地发现渡河用的三卡车器材已经在前日的激战中被德军炮火摧毁了。与此同时，第1集团军却发来了一道紧急命令要第7装甲师迅速北上前往支援，这个情况使得西尔维斯特不得不撤回了步兵并放弃了所有强渡塞耶河的计划，集结起部队开始朝比利时方向进发。

欧文原本打算于20日前后协同第7装甲师对塞耶河发动全线攻势，如今却因为后者的突然离去而受到了延误。在目前弹药短缺和缺乏空中支援的情况下，第5步兵师只好靠自己的力量单独从塞耶河上杀出一条血路来。欧文为此专门派了他的副师长，素有“救火队员”之称的沃诺克（Warnock）准将到前线负责协调整个第5步兵师的作战行动。

▲ 比里农舍在1940年时的外观。

▲ 在1944年9月的战斗中被炸成废墟的普尔诺村内的教堂。

9月20日，第2步兵团的1营和3营冒着德军的猛烈炮火开始攻打库安索瑟勒村，位于其左面的第10步兵团2营也在坦克和坦克歼击车的掩护下进攻了普尔诺拉谢蒂维村。负责防守普尔诺的是德军的一个防空营以及SS第17装甲掷弹兵师的两个侦察连，另外德军还得到来自第106装甲旅的少量坦克支援。美军进攻出发地的树林前方是一片大约200码宽的开阔地，普尔诺村的西边不远处则是比里农舍（Bury Farm）。虽然这座农舍在经过战后的重建后已经变了样，但当年它却是第 10 步兵团 A 连的连部和临时医疗站所在地。为了躲避德军的炮击，部分美军士兵甚至在农舍的果园内挖掘了散兵坑，但还是遭到了德军空爆弹弹片的杀伤，其中有数人不幸阵亡。

只要美军一脱离农舍的掩护，他们便会受到来自正面和右翼方向上德军交叉火力的猛烈攻击。在战斗中，2 营接连有两名连长阵亡，另有一名连长受伤。在如此不利的情况下，2 营还是不顾伤亡拼死向前猛冲，并用手雷、刺刀和步枪与普尔诺村内德军展开激烈的白刃战。到夜晚降临时，已有近 1/3 的村落被美军攻占，不过德军的步坦联合反击又把美军逼退 300 码并迫使其转入防御状态。在激战中，2 营的一个连在被德军重创后失去了控制，尽管该连在部分老兵的努力下最终停止了后撤，但仍有很多人脱离了战线返回到比里农舍后方的树林里，令该连的兵力一下子大打折扣。然而少数士兵的异常表现并不能抹杀第 10 步兵团 2 营在普尔诺拉谢蒂维之战中的功绩。比如列兵卡特里（Cartri）的表现就相当英勇和出色。当德军的坦克向 G 连的阵地逼近时，身为反坦克手的卡特里在副射手受伤的情况下独自扛着巴祖卡冒险奔到 50 码之外的一处土坑里，先用火箭筒将一辆德军坦克打得失去行动能力，接着又将另一辆跟进的德军坦克击退，由此确保了 G 连阵地的完整。

▲ 普尔诺村废墟之间的一辆德军坦克残骸。

经过努力，2 营营长卡罗尔上校和其他幸存的军官设法重整了自己支离破碎的部队，然后对普尔诺村再次展开了进攻。幸运的是，2 营的步兵在坦克的配合下又一次突入村内。根据卡罗尔的命令，这次他们的目标有两个：一是要肃清村内的德军，二是要在小村以东建立一条牢固的新防线。

▲ 普尔诺村内的民房废墟。

占领普尔诺拉谢蒂维村的美军部队在德军防线上形成了一个危险的突出部，德军当然不会对此置之不理。与之相反，美军第 5 步兵师则要保住普尔诺村以便获得绕过埃纳要塞群的跳板。欧文少将已经从第 20 军军部得知现在由于弹药紧缺，所有的进攻计划都已取消，上级唯一要他达成的目标就是要全力死守目前的阵地不许后退半步。9 月 20 日深夜，德军部署在战线后方的重型火炮和 88 毫米炮不断向普尔诺村开火，给第 5 步兵师的通信联络造成了很大困难。9 月 21 日凌晨，刚从蒂翁维尔赶来增援的第 559 国民掷弹兵师第 1125 掷弹兵团 2 营以两个突击连的兵力从侧翼绕到 F 连的后方试图从东面包抄普尔诺村，美军炮兵则由于通信延误而无法及时予以还击。危急之下，F 连被完全切断，E 连随后也遭到德军的猛攻。美军在天亮前将东面的防线大幅收缩，这才将德军的进攻打退。经过统计，第 10 步兵团的两个营在进攻普尔诺拉谢蒂维村的两天战斗中大约损失了 350 多人，差不多是全团兵力的 1/3 以上，可以说是付出了相当高昂的代价。

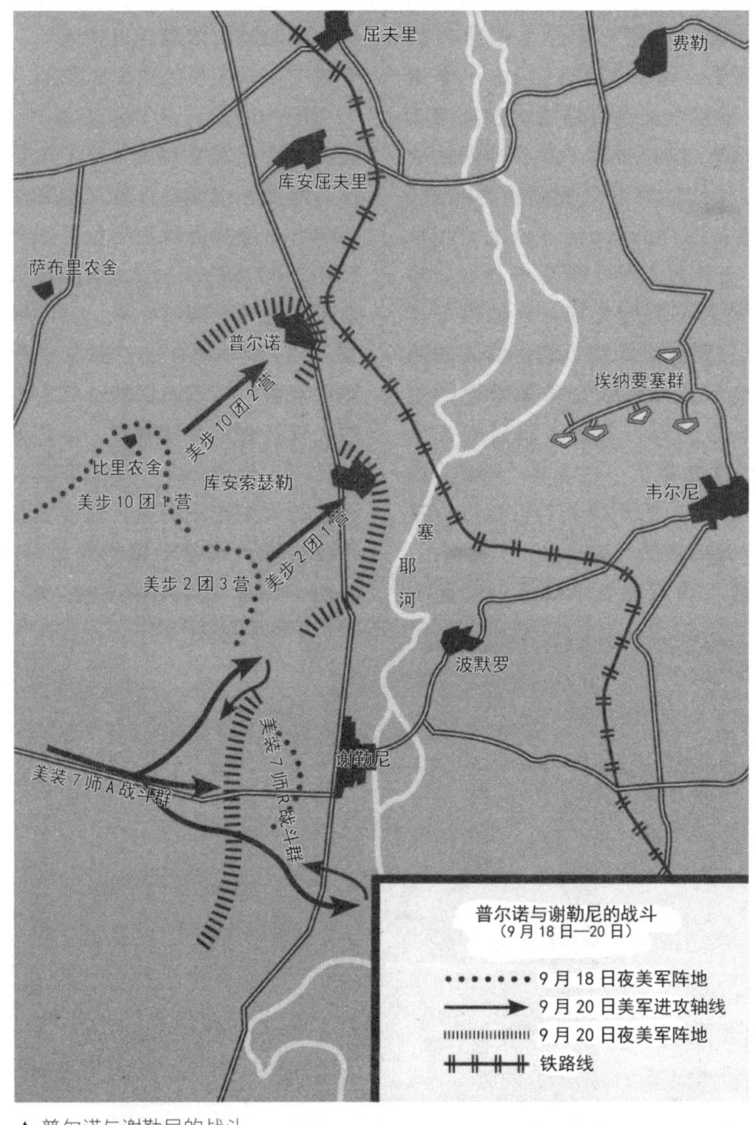

▲ 普尔诺与谢勒尼的战斗。

为德军的进攻起到关键性支持作用的，其实是位于普尔诺村更北面的另一个小村库安屈夫里（Coin-les-Cuvry，注意：不是南面靠近塞耶河的那个库安索瑟勒村）。只要马茨多夫（Marzdorf）SS 少校指挥的 SS 第

17 装甲掷弹兵师特别战斗团占领该村，德军就能将第 106 装甲旅的部队和其他炮兵部队顺利调往南方参战，所以说这个地方等于是德军的一个兵力中转站。正因为库安屈夫里落入德军之手，南面的美军便经常遭到来自西北方向的重炮火力打击，第 10 步兵团 2 营为此怨声载道。虽然上级已经增派了一个步兵连来补充前日间的损失，但 2 营的士兵却根本无法外出获取食物补给，只能闷在各自的散兵坑内默默忍受德军的炮击。一名该营的士兵甚至在日记中写道："我以前从没经历过如此凶猛的炮火，光在普尔诺待过一夜我就受够了那个鬼地方！"欧文少将为此马上向沃克提出支援请求，第 20 军军部于是派遣军属炮兵营和其他独立炮兵单位向库安屈夫里展开了毁灭性炮击行动，以便将该村"完全从地图上抹去"。与此同时，德军针对普尔诺村的反击仍在继续，直到 9 月 22 日他们才逐渐放弃对 2 营的围攻。战斗结束后，2 营营长向第 10 步兵团团部提出的休整提议得到了通过。于是该营陆续将残破不全的部队撤离了普尔诺，他们的阵地将由 1 营负责接管。

普尔诺拉谢蒂维之战从表面上看来似乎是美军略胜一筹，可是第 20 军军部却并不这么认为。沃克因为兵力不足的关系已经开始逐步缩短防线，所以他认为单靠第 5 步兵师的实力是不可能守住塞耶河畔的防线的。欧文少将的部队不久之后就接到了从普尔诺村向西撤退的命令，如此一来美军向塞耶河推进的整个攻势便几乎被全盘废止。唯一令人感到欣慰的是，这一仗也同样消耗和牵制了德军大量的防御兵力，美军所付出的努力和牺牲也总算是没有白费。

对梅斯筑垒地域的再次进攻

9 月 14 日，美军不顾巨大伤亡，意图从中路继续对梅斯施加压力，从蒂翁维尔南下的第 90 步兵师已开始接管第 2 步兵团和第 7 装甲师 A 战斗群留下的战区。沃克之所以要将第 90 步兵师从北方调往中路，无非是要第 90 步兵师用正面进攻梅斯的方法，阻止德军派遣更多的增援部队南下支援阿纳维尔战区。等到南路美军达成突破塞耶河和尼德河的目标之后，第 90 师再伺机从蒂翁维尔附近越过摩泽尔河并从北面包抄梅斯的后方。

第 90 步兵师抵达目的地后，其第 359 步兵团控制了右翼的格拉沃洛—梅斯公路，第 357 步兵团也占据了左翼阿曼维尔村方向上的阵地，两团之间形成一条长度大约达 32 千米的防线。第 90 师师长麦克莱恩觉得过长的防线不利于防守，但又拿不出足够的兵力来填补战线上的空缺。他的第三个步兵团第 358 团此刻还远在梅斯以北的蒂翁维尔担任第20军的左翼护卫，所以无法抽出身来支援梅斯方向上的作战。第90师的防区既没有任何纵深可言，也没有部署任何的预备队，这对德军来说实在是一个大好的反击机会。好在麦克莱恩的运气非常不错，因为德军目前已经将梅斯附近的大部分兵力抽去南方堵截美军对塞耶河的进攻，他们在梅斯的防御兵力同样非常单薄，所以也一时无法对第90师采取行动。除非德军能从蒂翁维尔发动强大的渡河反击，才有可能将第90步兵师切成两半，令它首尾不能相顾。

麦克莱恩可以不用担心德军的反扑，但第90步兵师为进攻所做的准备工作却并不顺利。当地的恶劣气候妨碍了美军的空中侦察活动，而美军炮兵部队的观察员也很难发现隐蔽在山岭背面的德军火炮。每当麦克莱恩派出徒步巡逻队时，总会发现新的防线、工事、雷场或其他障碍物。对梅斯筑垒地域的进攻难度远远超出了麦克莱恩最初的估计，这一点令他非常头疼。

就表面来看，德美双方的实力基本是旗鼓相当。负责抵御美军第357团进攻的是德军的第1010警卫团，这是一支战斗力非常有限的部队。克劳泽曾如此评价该团："决不能对它有过高的期望。"第359步兵团面对的对手则要强得多，那便是正在担任芒瑟山涧防御的德军候补军官团。自从第90步兵师离开凡尔登以来它还没遭受过什么重大的损失，不过这样的好日子很快就要结束了。弹药的短缺和糟糕的天气，使美军的进攻受到了严重限制，而作为对手的德军一方则对梅斯附近的地形了如指掌。如果麦克莱恩下决心要在这里与德军周旋到底的话，他就无法向正在南面作战的第5步兵师提供支援，沃克试图从南面包抄梅斯后方的计划肯定也会因此受到一定的挫折。

在9月15日的首轮攻势中，麦克莱恩让两个步兵团各派一个营前去攻打德军。第357团1营①在一个工兵排的支援下，奉命沿着圣普里瓦拉蒙坦至梅斯的道路从南面绕过康罗贝尔要塞群的封锁。这是美军工兵在梅斯之战中首次动用火焰喷射器，他们的官方战史提到当时第3集团军中还很少有部队装备这样的武器："由于平时很少进行攻坚作战的训练，士兵对火焰喷射器都存在一定的偏见。"然而为了对付梅斯的坚固要塞，火焰喷射器看来是美军唯一的选择。只要射手能接近到足够近的距离上，他就能把致命而灼热的烈焰喷进德军碉堡的射击口里。在这个问题上

① 在讨论作战过程之前，我们先要来澄清一些美军官方战史中未能说清的细节。某些美国战史学家认为美军第357团1营要经过的狭窄隘口通道正好位于康罗贝尔要塞群和科勒曼要塞之间，这明显是不对的。科勒曼要塞实际位置在康罗贝尔要塞群西南500码处的阿曼维尔采石场（Amenvillers Quarries）下面，这两座工事之间是相互独立的，并不靠在一起。

美军的同行英国人就颇有先见之明，早在诺曼底时英军就装备了一种名为“鳄鱼”的丘吉尔式喷火坦克，它能从很远的距离对目标进行喷射，这样就避免了近身作战所带来的风险。

▲ 位于格拉沃洛 – 梅斯公路附近的芒瑟山涧。

战斗打响没多久后天上就下起了倾盆大雨，从阿曼维尔附近出发的第 357 团 1 营跨越途经费夫山岭的铁路线，穿过茂密的灌木丛地带，开始进攻阿曼维尔采石场附近的德军外围据点。随后第 357 团 2 营试图从北面的山涧过道包抄康罗贝尔要塞群，但却因为遭到费夫要塞的火力压制而未能成功。

同一时刻，从马尔麦森方向出击的第 359 团 2 营也向圣女贞德要塞群展开了攻势。圣女贞德要塞群不仅是梅斯地区规模最大的工事群落，而且它的部分炮台在 1944 年 9 月时仍保存完好。这并不是什么奇怪的事情，早在 1940 年的法国战役期间圣女贞德要塞群就曾作为法国第 2 集团军的司令部所在地，因而可能得到了一定程度的修复。第 359 团现在的目标是要避免再次落入芒瑟山涧的死亡陷阱，所以他们准备从山涧的北面找小道绕过它再前去攻打德军的要塞群。尽管美军前锋在下午取得了一定进展，但 2 营主力还是被一座位于马尔麦森以东树林里的大型德军碉堡拦住了去路。在调动坦克、反坦克火箭筒和火焰喷射器均告失败的情况下，第 359 团 2 营不得不于夜晚前放弃了进攻。

第 357 团 2 营的营部军医威廉·麦科纳希对此有一番深刻的体会：“自从我们从蒂翁维尔南下到梅斯近郊参战后，就一直在与德军的筑垒地域进行殊死的较量。几乎天天都是滂沱大雨，天天都要在那些泥泞潮湿的环境下进行艰苦的行军。我们一边诅咒着老天爷和德国人，一边只能浑身湿透地冒着对方的猛烈炮火在泥沼中跌打滚爬。我突然之间觉得我们在诺曼底获得的胜利并没有将德国人真的打败，那些可怜的步兵恐怕真的在法国经历漫长的冬季战役了。在向康罗贝尔要塞群的进攻中，负责打头阵的 2 营需要穿越一片 1.6 千米宽的泥沼和铁丝网障碍。前方高地上的德军工事守军不断用机枪和重炮向我们射来致命的火力，给我军的进攻造成了众多的伤亡。我当时亲眼看到少数幸存下来的士兵无奈之下都纷纷趴在山脚下的水沟里来躲避这场屠杀，但他们迟早还是得冒死翻越费夫山岭去进攻上面那些巨大的钢筋混凝土工事，这简直就如同自杀一般。”

15日夜晚，获知不利情况的麦克莱恩少将向上级提出增派援军的要求，但未能获得批准。于是他便直截了当地指明目前单靠两个团的兵力要拿下梅斯是不可能做到的事情，对筑垒地域不断发动正面进攻的做法毫无意义。为此第20军军部便放下姿态，允许第90师暂停攻打梅斯的任务，并让该师转而执行一系列目标有限的小规模作战，目的是继续牵制梅斯方向的德军以防止对方将中央的兵力投入其他方向，同时也能尽力减少第90师不必要的伤亡。

9月16日黎明时，战场上已不再下雨，取而代之的是一片很浓重的雾气。由于能见度很低，第357团1营虽然顺利抵达了圣普里瓦拉蒙坦—梅斯道路一带，但又很快迷失了方向。不少美军直到在撞上了康罗贝尔要塞群的外墙后，才明白是自己搞错了行军路线。为了节约宝贵的时间，1营营长临时决定趁德军尚未察觉时从南面直接绕过要塞群，第357团团长还特意从后方将3营调上来为1营提供右翼掩护。可是按照美军官方战史里的记载，1营两个担任先锋的步兵连在随后的推进中突然遭到德军候补军官团的袭击，双方在康罗贝尔要塞群的山脚下发生混战，等德军退去时1营已损失了72名官兵。读者也许会觉得奇怪，为何候补军官团的人会出现在原本属于第1010警卫团的防区内，其实这个问题同样也让美军战史学家疑惑不已。在没有其他证据可以证明的情况下，我们只能推测很可能是候补军官团的一支专门用来防止美军对圣普里瓦拉蒙坦—梅斯道路进行突击的机动预备队。

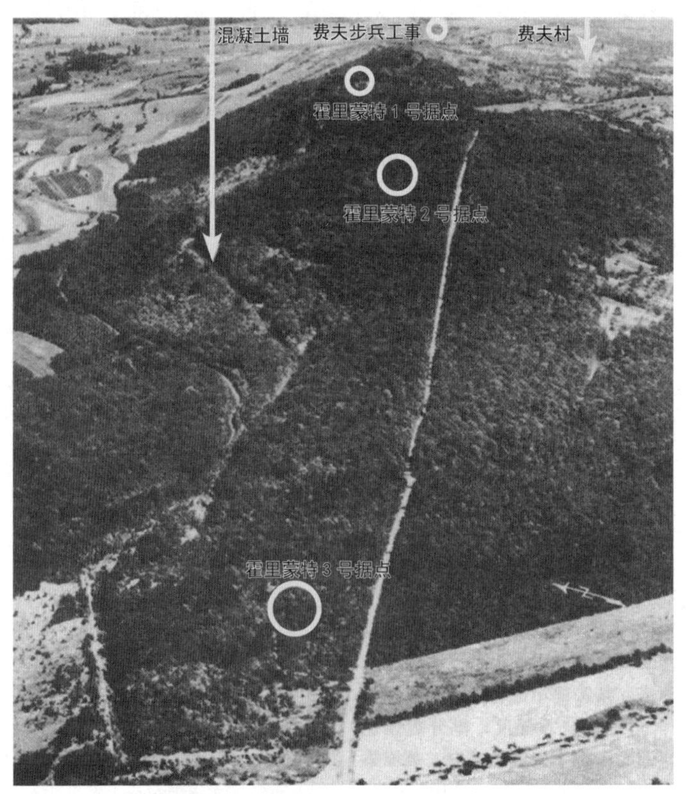

▲ 费夫山岭上的康罗贝尔工事群（霍里蒙特据点）的一张航拍照片。

除了在康罗贝尔要塞群附近麻烦不断外，美军在接下来向芒瑟山涧的进攻中运气依然欠佳。第359团2营的作战计划和前日一样仍然选择从马尔麦森东面的树林地带下手，但他们这次设法避开了前日给攻势造成极大麻烦的德军大型碉堡，然后一路向南突破。负责驻防这片树林高地的德军候补军官团进行了顽强抵抗，当美军好不容易前进 200 码并抵达拉格沃洛—梅斯道路时，2 营已经损失了 15 名军官和 117 名士兵，相当于付出了几乎整整一个步兵连的伤亡代价。

第 90 步兵师的攻势就这么毫无结果地一直持续到了 9 月 17 日。第 20 军军部认为即使是如此规模有限的行动所花费的代价也实在太大，便指令麦克莱恩转攻为守。这无疑给了第 90 师一个极好的喘息时机，在连日血战中筋疲力尽的美军官兵因此获得了近半个月的宝贵休整期，也为他们以后在梅斯的攻城作战赢得了充足的准备时间。

作为除空袭之外美军的唯一火力支援手段，美军炮兵部队在第 90 师的进攻期间也对梅斯筑垒地域的部分地区进行了数次火力压制。不过因受到弹药紧缺的困扰，第 90 步兵师甚至把一个缴获的德军 105 毫米榴弹炮连投入了作战。美军的作战报告提到每当他们向德军的要塞工事展开炮击时，德军方面就会耐心地等到炮击结束后再开始还击，所以看上去光靠炮兵的火力对德军要塞似乎完全没有效果。造成这种情况的原因，主要是因为梅斯要塞群落的炮台一般装备有法国的升降式炮塔和德国的固定旋转式炮塔两种。顾名思义，法国的升降式炮塔拥有能随时降下隐蔽的能力。只要敌方对炮台发动炮击，这些炮塔就会下降 4 英尺（约 1.2 米）左右，等敌军炮击完毕后再重新升上地面进行反击。德国的固定旋转式炮塔虽然是固定结构无法升降，但它们拥有更为坚固的装甲防护，能够有效抵御常规炮弹的攻击。除此之外，炮手还可以在敌方炮击时迅速转移到炮塔下方的隐蔽所内，待对方炮击结束时再回到炮塔内继续作战。

为了对付德军规模庞大的德里昂以及圣女贞德要塞群，美军先后动用了 155 毫米和 240 毫米火炮，却未能伤及其中任何一座炮塔。其实德军也有自己的麻烦问题，他们的要塞火炮大多数缺乏标尺，部分炮弹也因储存不当或因年代久远而出现了失灵的情况。美军第 358 团 L 连连长查尔斯·布莱恩在回忆拉格沃洛附近的战况时说：“我们那时正在遭受来自圣女贞德要塞群的炮击，德军不断向我军阵地射来 8 英寸或 10 英寸口径（实际口径为 100 毫米或 150 毫米）的重炮炮弹，但其中大概有近 2/3 都是哑弹。我记得曾有一枚这样的哑弹在命中拉格沃洛的路面后，直接反弹卡在了附近一所房屋的门框上方，把正在那里驻防的一个机枪组吓得不轻。我立即告诫那些机枪手别急着出来，让他们等工兵来拆掉这枚炮弹以后再出屋。第二天当我回到现场时发现那枚炮弹已经不见了，但我知道工兵部队的拆弹手们还没有来过。后来从别人的叙述中我才得知，原来是一名机枪手觉得从窗户爬出去太麻烦，他就使劲将那枚炮弹推了出来，然后再将它扛到了路边的一处浅坑里埋掉了。”

另外这里还有一件值得一提的趣事。美军于10月间搜集到少量有关第462步兵师状况的情报，其中就有一份原本译自美国9月19日《星条旗报》文章的德文简报。《星条旗报》的原文声称德军的候补军官团已经被击退8千米，此外还夹杂着其他一些胡言乱语。由于德文简报的末尾还注明了候补军官团团长的辛辣批语，所以它很明显已经被候补军官团的官兵传阅过了。可是部分美军情报人员却愚蠢地将简报的前半段内容信以为真，实在令人觉得相当可悲。

9月19日那天，第3集团军的参谋部在接到麦克莱恩的作战报告之后认为第20军已经到了其进攻能力的极限。另外他们还猜测德军很有可能从蒂翁维尔方向威胁第90师薄弱的左翼，所以立即向沃克发出指示，说会在20日前后派遣一批新的后备部队前来支援第20军的行动。

第3骑兵侦察群那位年轻的波克上校在9月27日写给自己妻子的信中，对其部队的状况作了如下的描述：“我的防区几乎每天都在扩展，于是上级为我增派了一个营的炮兵和一些工兵部队，用以补充新近损失的侦察中队。但最令我吃惊的是，他们居然把第1巴黎团派来增援我的部队。”所谓的“第1巴黎团”其实是在1944年8月解放巴黎的共产党部队，有两个营总共大约超过2 000人。根据《解放梅斯》一书的法国作者德尼将军引用蒂翁维尔警察局局长的说法，“巴黎团”的大部分成员都是恶棍和罪犯，他们装备低劣且毫无纪律可言，完全不能作为作战部队投入一线的战斗。然而巴顿此刻确实没有任何后备力量可以用于支援沃克，所以第20军也只好勉强地欢迎了巴黎团的到来。这批法国人后来被送到第3骑兵侦察群的防区，却因为经常做出一些小偷小摸的行为而屡遭当地人的白眼。

▲ 圣女贞德要塞中的一座100毫米榴弹炮台，炮台安装有3座德式旋转装甲炮塔。

9月27日，波克上校又接收了来自第807坦克歼击营的一批作战车辆，原本紧张的心情也得到了少许的宽慰：“从这时候起，我的部队终于与北面的第83步兵师以及南面的第90步兵师建立了紧密的联系。除了梅斯地区外，我军已经肃清了摩泽尔河西岸的所有德军，并建立起了一条长达 41.6 千米的稳固防线。但我很清楚要攻下梅斯城区实属不易，未来肯定还有更激烈战事在等待着我们。”波克说得一点都没有错。假如第 20 军的部队在下一个月里还不能抓紧时间从两翼突破德军防御的话，围攻梅斯的设想是否能成功，就要被打上一个大大的问号了。

陷入僵持的梅斯战局

到目前为止，沃克针对塞耶河以及梅斯的正面进攻都已经被德军挫败，这也宣告了梅斯之战第一阶段的终结。直到 9 月 17 日之前，第 3 集团军还在计划着要如何在十天之内飞速跨越莱茵河，可到了现在这个地步谁都明白这样的美梦已经再也不可能实现了。数天之后，从荷兰方向又传来了另一个坏消息，说是蒙哥马利的“市场 – 花园”行动同样遭到了德军的重创，英军地面部队正在忙于将残余的空降部队撤离阿纳姆。到 9 月中旬时，德军的齐格菲防线除了在亚琛方向上被美军突破外，整体依然保持完好的状态。很多盟军参谋人员都无奈地承认除非能出现奇迹，否则盟军就只好放弃闪电式进军的打算，开始一步一个脚印地朝鲁尔区方向前进。

由此一来，盟军内部对于“重点进攻”和“宽大战线”的争论再次被搬上了议程。那些支持“重点进攻”策略的人都强烈地抵制艾森豪威尔的主张，他们认定正是因为艾森豪威尔的“宽大战线”策略，盟军的兵力才会过于分散，并使德军能够在几个方向上仅用少量的二线部队就阻挡盟军的进军。如果早一点采用蒙蒂的主张，德军在西线上的抵抗早在 9 月初就会彻底崩溃。但是巴顿以及他的一批追随者却对此再次提出了激烈的反驳。照巴顿的意思，假如能早点为洛林攻势提供充足的补给，他就会轻松地一路打过莱茵河了。对于巴顿或蒙蒂的意见，艾克自己则提出了第三种较为折中的看法。他觉得只有当作为重要深水补给港口的安特卫普完全恢复运输能力，盟军后勤部门才有可能同时为两个不同方向上的集团军群提供足够的物资保障，也只有到那个时候最高统帅部内的战略分歧才会平息。

9 月 22 日，艾森豪威尔在凡尔塞的新总部里向除蒙蒂之外的盟军全体高级指挥官正式宣布，未来行动的第一步将以夺取比利时以北的安特卫普为重点，准备为今后向德国本土的进军打下坚实的物质基础。这一新的作战计划要求加拿大部队应首先肃清荷兰方向上的斯海尔特河道，这样一来蒙蒂的第 21 集团军群就可以在美军第 1 集团军的侧翼掩护下继续向德国的鲁尔工业区挺进。从艾克的设想中我们不难发现，盟军最高统帅部在考虑战略部署的时候似乎总喜欢把巴顿的第 3 集团军晾在一边。在盟军参谋的眼里，巴顿向洛林和萨尔地区的推进不过是一个次要方向上的作战行动。为了保证北面的蒙哥马利能够得到行动的优先权，他们甚至决定要进一步削弱对巴顿的补给供应。布莱德利在会后不久就接到了上级的指示，要他在盟军高层采取新的大规模攻势之前“尽力限制第 3 集团军的活动”。

布莱德利于是马上给巴顿写了一封信，要巴顿在 9 月 23 日前往凡尔登与他会面。在凡尔登巴顿得知他必须立即把自己的第 7 装甲师借给霍奇斯，而他手下的第 15 军也将被调给正在南线作战的德弗斯的第 6 集团军群。这个消息对巴顿来说真是晴天霹雳，他将眼看着自己心爱的第 3 集团军被人一点点的肢解。此外布莱德利还补充说，第 3 集团军攻打梅斯的任务很有可能会被移交给辛普森的第 9 集团军，而后者当时作为一支新组建的部队刚刚抵达法国参战，正准备从第 1 集团军和第 3 集团军之中插进来支援霍奇斯和巴顿两人的进军。

对于布莱德利的命令巴顿自然感到异常失望，他觉得上级的意图基本是把沃克的部队钉死在了梅斯，那样一来他就只能依靠埃迪的第 12 军来执行突破莱茵河的任务。9 月 18 日，巴顿向第 12 军下令，要该军先设法夺取莱茵河上的桥梁，然后以

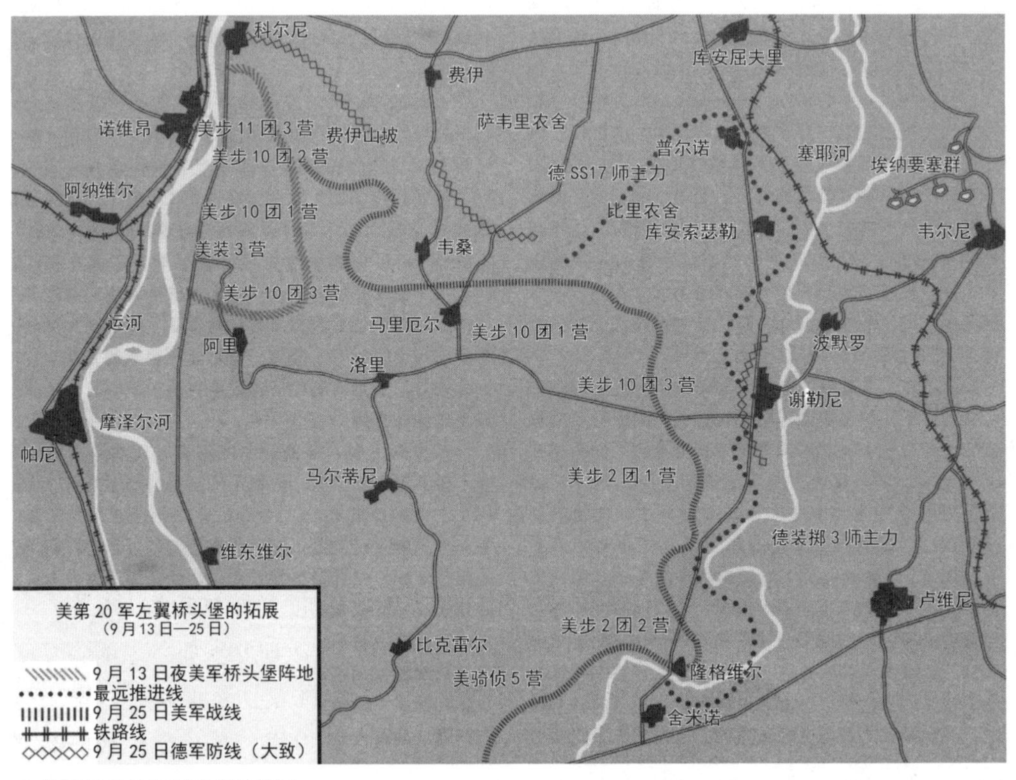

▲ 美第 20 军左翼桥头堡的拓展。

一个师的兵力坚守住桥头堡，并以另一个师肃清摩泽尔河和萨尔河一带的德军。然而战后有不少战史学者都认为巴顿的这个计划实在太过自信和冒险，埃迪在没有足够兵力和预备队的情况下根本不可能完成这么复杂的计划。更何况他们现在还有一个梅斯这样的巨大筑垒地域没有剪除，如果美军装甲部队贸然朝着莱茵河方向突进的话，德军说不定就会从梅斯主动出击并截断美军的退路，到那个时候要后悔可就来不及了。

幸运的是，就在埃迪的第12军真的准备开始实施巴顿的计划之前，德国人却抢先一步展开了行动。由于希特勒发现巴顿的左翼第20军受到梅斯筑垒地域的阻挡，他便产生了使用装甲部队对第3集团军的右翼进行迂回打击的想法。为此，希特勒于9月17日命令托菲尔的第5装甲集团军向美军第12军展开了大规模的反击。可令他没有料到的是，很多在法国新近组建的装甲旅因为准备仓促且缺少足够侦察部队，结果在与美法联军的交战中纷纷败下阵来。德军此次惨痛的失败让元首大为光火，他当即解除了布拉斯科维茨的职务，让巴尔克前去接替指挥G集团军群。

从表面上看，曼托菲尔的洛林大反攻只给美军带来了极其轻微的损失，但德军的这次行动还是对巴顿造成了一定的负面影响。埃迪的第12军由于事先未能察觉到德军的突然袭击，所以也使他们原本的行动计划完全乱了套。巴顿虽然曾对采访他的新闻记者们抱怨说是蒙哥马利和高层的“某些幕后黑手”一再破坏他的天才设想，但他私下里也不得不承认盟军目前糟糕的后勤才是造成他被困在梅斯的罪魁祸首。9月25日，巴顿给布莱德利写了一封信，坦然承认自己在有关补给方面的一些问题上的确有些过于冲动。巴顿同时也同意了布莱德利要他转攻为守的建议，只是他很担心德军是否会在发现美军的动向后趁机从梅斯向其他战线调兵。布莱德利便耐心地开导了他的老战友，并建议第3集团军在转入防御的时候尽可能不要埋雷、挖壕或做出其他诸如此类可能触动德军神经的举动。巴顿于是提出在前线设置警戒哨所以及在后方部署机动的防御力量的办法，结果得到了布莱德利的赞许。照巴顿自己的话来讲，接下来他将度过一个月令人难熬的僵持期。不过只要上头一下达进攻令，他就会立即行动起来继续率军前去征服纳粹德国。

布莱德利在与巴顿达成协议后又给艾森豪威尔写了信，首先通知他巴顿已经同意转入防御，然后要他允许巴顿适当对自己的一部分战线做出适当的调整。布莱德利这里所说的“适当调整”，其实就包括了对梅斯筑垒地域的一次重点突破攻势。由于位于梅斯西南的德里昂要塞群先后在多尔诺和阿纳维尔两次战斗中给第5步兵师造成极大威胁，所以当沃克的第20军接到新的指令后，他们马上意识到现在应是到了对这座大型要塞群采取行动的时候了。虽然第20军的参谋人员在沃克的授意下立即积极投入作战计划的制订工作中，但也并非是所有人都对这个命令感到振奋。例如第11步兵团L连连长赫伯·威廉姆斯上尉就在战后的回忆录中对此颇有埋怨之语："一旦将军们回到司令部中做起他们的美梦，就是我们这些可怜的下级官兵要上前线去为他们拼命的时候了。"

就像前面已经提过的那样，德军在洛林反击失败之后又重新调整了指挥系统。赫尔曼·巴尔克将军和他的参谋长梅林津上校（后升任少将）很快走马上任，开始担负起整个G集团军群的指挥工作。在9月18日与元首会面时，巴尔克得知盟军今后很有可能在斯海尔德河口至梅斯一线停止进攻并转入防御状态。希特勒对此颇为得意，因为这样一来他就可以继续准备即将在阿登地区打响的大规模反击了。他随后命令巴尔克让部队不惜一切代价坚守阿尔萨斯—洛林地区，以防止盟军在那里的突破分散自己宝贵的预备队。梅林津在战后的回忆录中提到："我们都知道美国第3集团军已经停止了在梅斯一带的进攻。他们的这个决策是否正确对我来说没多大意义，我只知道G集团军群能因此摆脱来自巴顿的巨大威胁，部队还能充分利用这段时间重新组织防御力量，这样我就很满意了。"

德国人的表态清楚地证明，他们其实早在三个月之前就开始积极筹划未来阿登反击了。除此之外，就算第3集团军能够按时抵达莱茵河，第3集团军的后路仍会受到来自梅斯的巨大威胁。这个问题是巴顿等人所无法回避的，也是压在沃克心头的一块石头。

第七章 强攻德里昂要塞群

我们之所以会把有关美军第 5 步兵师攻击德里昂要塞群的战斗过程单独作为一章，是因为这是第 20 军转入防御之后唯一例外的一次攻坚作战，也是一次与梅斯之战本身有着密切关联的重要军事行动。

从之前德美双方的一系列交战中读者可以发现，德里昂要塞群无疑是德军在摩泽尔河防线的一个重要环节。该要塞群不但火炮数量多而且规模庞大，战时可容纳超过 2 000 人的守军。就战术角度而言，由于德里昂要塞群的主体坐落在芒瑟山涧北方出口附近的高地上，作为梅斯西南门户的它便能与邻近的凡尔登要塞群和圣女贞德要塞群共同形成交叉火力，从而给试图从南方进攻梅斯的敌军造成极大的威胁。

有些令人颇为费解的是，美军在攻打德里昂要塞群之前依然没有掌握有关梅斯筑垒地域防御能力的确切情报。我们都记得第 90 步兵师在从蒂翁维尔南下支援梅斯方向的作战前曾占领过一座颇为完好的要塞群——冈特朗日要塞群。这座位于蒂翁维尔以西的大型工事群原本是法国人在“二战”爆发前用来加强马奇诺防线的，后又在 1940 年重新落入了德国人之手。照理说第 5 步兵师的人应该在进攻德里昂之前先去调查一下冈特朗日的情况，但他们却什么也没有做，也没有跟第 90 步兵师进行过任何这方面的沟通。9 月 21 日，第 20 军军部将一份标题为《梅斯要塞》的秘密文件递交给了欧文少将。第 11 步兵团团长尤伊尔上校的女儿朱里娅 · 尤伊尔小姐也在战后为战史研究者们提供了一些战时文件。就这些材料的内容来看，战史学家们发现它们其实都是美军根据空中侦察照片以及当地法国平民的叙述仓促组织的筑垒地域相关情报，几乎毫无准确度可言，所以也就没有给作战行动带来任何的帮助。

▲绰号“丘比团长”的第 11 步兵团团长查尔斯 · 尤伊尔上校。此照摄于 1944 年 11 月 20 日。

德里昂要塞群于 1899 年开始动工，最初命名为“皇太子要塞群”。德国人建造它的目的是要在梅斯周围完成一道完整的要塞链防御体系，整个工程项目于 1905 年全部完工。然而在经过残酷的第一次世界大战后法国人于 1918 年占领了梅斯，他们很快又将“皇太子要塞群”改名为“德里昂要塞群”，以纪念在凡尔登战役中牺牲的法国著名英雄人物德里昂上校。德里昂要塞群规模巨大，整座要塞群以多角形结构设计建造，总占地面积约 355 英亩（长大约 1.6 千米，宽大约 500 ～ 800 米），是当时仅次于圣女贞德要塞群的梅斯第二大堡垒。由于德里昂要塞群的发电设施、通信系统、医院和驻军隐蔽所全部位于中央，所以德军采用建立数层铁丝网和一系列宽阔的反坦克壕沟的方法来保护主体要塞的安全。在武器配置上，德里昂要塞群同样拥有强大的火力。要塞群本身总共拥有包括两个各装备三门 100 毫米炮以及两个各装备三门 150 毫米炮的要塞炮兵连，它们的火力可以完全覆盖从阿尔村通往德里昂的道路，而东南角上装备有三门 100 毫米炮的“摩泽尔炮台”也可起到掩护侧翼的作用。为了给要塞守军提供足够的保护，德国人除构筑了五座混凝土结构的大型碉堡外，还建造了大量的机枪掩体、驻军掩蔽所、带装甲的观察哨以及四通八达的地下通道系统，真可谓是固若金汤。

早在“一战”时期，德国人就打算利用梅斯周围的要塞群抵挡法国集团军规模的攻势，并对德里昂要塞群的战斗能力寄予了厚望。当时西欧各国陆军唯一有效的攻城方式就是采用大口径的火炮不断削弱防御方的抵抗力量，而德军正希望法军能够把大部分力量都投入梅斯这里，以使他们的史里芬计划能在比利时方向上获得更大的胜机。但令小毛奇等人没有想到的是，法国在开战后并没有像他们所预料的那样行动。法军参谋部从未制订过围困梅斯要塞的计划，他们的主力部队后来从南面绕过了梅斯，并从南锡一带向德军发动了洛林攻势。德国人对此自然是无比失望，德里昂要塞群在整个大战中的唯一作战记录，就只有 1918 年间曾动用要塞火炮对进攻穆松地区的美国远征军进行过一次短暂的压制性射击。

“一战”过后的数十年间，德里昂要塞群都一直默默无闻地矗立在芒瑟山涧附近的高地上。要不是 1944 年 9 月爆发的梅斯之战，它恐怕就要像马奇诺防线上的

▲ 从南向北鸟瞰德里昂要塞。

那些巨型堡垒一样毫无建树地度过自己的余生了。经过德军的有效抢修，重新恢复活力的德里昂要塞群先后投入多尔诺以及阿纳维尔附近的防御作战，不仅严重干扰了美军的渡河行动，还给试图从芒瑟山涧那里通过的美军步兵带来了重大伤亡。蒙受惨重损失的美军自然将德里昂要塞群视为眼中钉并开始制订应对方案，他们在9月初调遣了一部分原本执行轰炸布列斯特任务的战机，让它们前去对要塞群进行轰炸。沃克随后又于9月17日准备发起代号为“雷电行动”的空地联合作战，试图以第7装甲师和第5步兵师这两支部队在9月21日前达成突破塞耶河的目标。为消除德军要塞群对地面部队的威胁，美军计划首先以重型轰炸机对它们进行轮番轰炸，然后再以炮兵和中型轰炸机掩护步兵前去对要塞群的工事进行突击。

第12集团军群的空中支援作战军官在看过沃克的计划之后，立即提出了反对意见。由于第1集团军此刻正在积极进行亚琛方向的突破任务，所以大部分的空中力量都被调去支援霍奇斯了，巴顿的第3集团军于是便又一次被搁置到了一边。在这位作战军官看来，空中力量的不足使美军无法出动重型轰炸机。他最多只能在天气允许和高层同意的情况下，为沃克的作战行动提供一批数量有限的中型轰炸机。至于这些轰炸行动的成效，我们都可以从本文开头的相关作战报告中找到确切的答案。

虽然没有争取到足够的空中掩护，第11步兵团团长尤伊尔上校在下级的鼓励下仍然向欧文少将提议，说他可以带兵拿下德里昂要塞群。这个建议立即引起了第5步兵师参谋们的兴趣，毕竟该师是在先前遭受德里昂要塞群炮击受损最多的一个师。美军估计要塞群内此时仍驻扎有候补军官团的三个连，所以决定动用第11步兵团的2营来肃清德军的抵抗。战后不少研究者对美军的这种做法提出了批评意见，他们认为在传统的要塞攻坚战中进攻一方至少要出动三倍于守军的力量才会获得成功，而第5步兵师却只出动了一个营，所以这种进攻手法是相当令人觉得奇怪的。说到第11步兵团2营，我们应该还记得该营在多尔诺桥头堡争夺战中曾遭受惨重的伤亡，这支单位在战斗一结束就前往后方休整并吸收了大量的补充兵。除

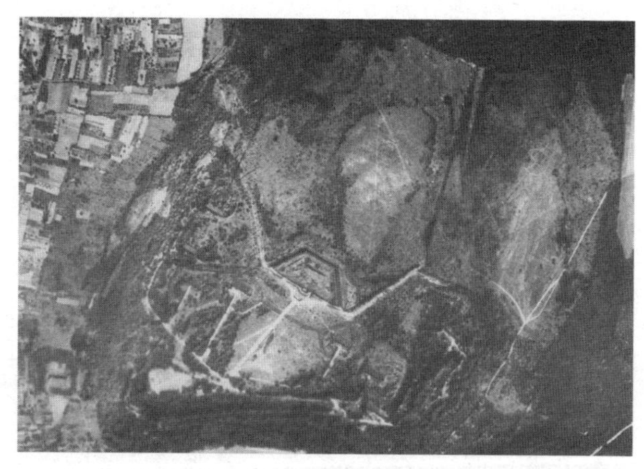

▲ 1944年9月12日从空中俯拍的德里昂要塞群，从中可清楚地看到梯形的中央要塞和四周的堑壕。

▲ 从较低的飞行高度拍到的另一张德里昂要塞群照片，这是从西往东方向，不远处背靠摩泽尔河的村落是阿尔村。

此之外，2 营此刻还调换了一名新的营长。原先担任营长的凯利・莱蒙中校现已回国担任华盛顿特区的新职，而他的位置被 J.T. 拉塞尔（J.T.Rusell）少校所取代。战后，莱蒙中校在一次回忆时说他之所以没有参与制订攻打德里昂要塞群的计划，是因为他对这个行动没有丝毫的兴趣。

曾随第 11 步兵团 G 连经历过多尔诺桥头堡争夺战的安迪・麦克格林后来写道："到 9 月中旬为止，2 营之中已经没剩下多少仍拥有作战经验的人了。大多数的 2 营老兵都已在三周之前的多尔诺之战中阵亡，而刚派来的新兵们仅受过短期的训练，胆子也不大。我很清楚在未来的战斗中我们不能依靠这些家伙打仗，只有等他们积累一定的作战经验后才行。但问题是在经过德里昂要塞群一役后，他们之中又会有多少人幸存下来？"

自从强渡塞耶河的行动失败后，撤至后方的第 5 步兵师已经大幅收缩了自己的防线。虽然该师获得了一批新的弹药补给，但这仍不能解决战线过长而造成的问题。好在德军这段时间内也没有能力发动反击，否则第 5 步兵师将无法腾出手来执行攻打德里昂要塞群的任务。

位于第 5 步兵师左翼的第 90 步兵师此时也同样进行了一次整顿。为补充前些日子里进攻梅斯筑垒地域所遭受的损失，麦克莱恩干脆将滞留在蒂翁维尔附近的第 358 步兵团也调到了梅斯，该团原先的防区则由波克上校指挥的"波克战斗特遣队"（即经过补充的第 3 骑兵侦察群）负责接替。第 358 团在抵达前线后被派到格拉沃洛一带，其中担任先锋的 3 营在芒瑟山涧附近建立了防线。9 月 27 日，麦克莱恩向第 20 军军部提出让第 358 团占据芒瑟山涧附近所有通道的建议，以便他的师能迅速跨越芒瑟山涧前去进攻位于格拉沃洛东面的圣女贞德要塞群。

麦克来恩的野心未免过大。第 358 团刚从蒂翁维尔赶到第 90 师的战区，士兵们还没有来得及喘口气，就又得冒着大雨急行军去穿越泥泞难行的芒瑟山涧，他们很快就因疲惫不堪而再也无法前进，无奈之下麦克莱恩只好放弃了继续尝试的念头。第 90 师又一次转入防御，开始将各营轮流调往后方进行补充和再训练。但在随后的日子里，耐不住性子的麦克莱恩又一次萌生了进攻的欲望。尽管在口头上他一再宣称“目前最关键的任务还是要确保夺取德里昂要塞群的行动能够顺利进行”，但私下里却仍在悄悄制订以两个团攻打圣女贞德要塞群的新计划。按麦克莱恩的设想，只要拿下圣女贞德要塞群，美军就能获得一个侧翼方向上的坚固据点和良好的炮兵观察哨，并能为第5步兵师攻打德里昂要塞群的作战提供必要的火力支援。

可惜第11步兵团2营的广大官兵可不会和麦克莱恩一样乐观，毕竟空中力量的严重短缺使沃克的“雷电行动”随时面临夭折的危险。这种预计果然变成了现实，从9月19日至25日，一再拖延的“雷电行动”到最后终于被放弃了。布莱德利在发给沃克的电报中承认，单靠第12集团军群目前的实力还不足以向梅斯筑垒地域发动如此大规模的空地联合作战，他们只能为第5步兵师提供数量有限的空中支援。第11步兵团团部的一名副官库珀上尉在其9月22日的作战日志里写道：“今日，团部的莫尔斯上尉搭乘一架空中观测机在德里昂要塞群上空逗留了整整三个半小时。尽管莫尔斯利用这个机会绘制出了一份要塞群的大概轮廓图，但就是没有一架我军的战机能够前来进行轰炸。后来我们从团长尤伊尔那里才得知原先的‘雷电行动’已被取消，这个消息让大家都感到无比的失望。尤伊尔上校甚至愤怒地向上级提出抗议，说他如果得不到空中掩护的话就拒绝执行进攻任务。”

在描述进攻德里昂要塞群的具体作战经过之前，我们有必要先介绍一下美军的战前准备工作。大约在9月20日前后，一些美军军官从巴黎带来了一批1:20 000的洛林地区地图，从而给营级和连级军官的作战带来了极大的便利。随他们一同到来的是一位曾参与马奇诺防线建造的法国工程师尼古拉斯（Nicolas，后升任少将），他当时是作为第3集团军的要塞工事顾问，而被派到第20军这里来协助沃克的工作的。更让人高兴的是，尼古拉斯还带来了另一位重要人物，此人就是战前曾在梅斯担任过法军工兵部队司令的莫斯卡·托内利耶（Monsieur Tonnelier）。在1940年德军入侵法国之前，他就将梅斯要塞的全部设计图纸藏到了法国南部的里昂那里。现在这些图纸都被美军一一找到并迅速地送到了第20军军部，由一批专业的地形图绘制人员对其进行了仔细的研究。

▲ 德里昂要塞群中央要塞区域的航拍照片。

为了节约时间，第一批图

纸全是从法国的原版上直接翻印的，但它们却因过于复杂而很难被部队所采用。法国工程师尼古拉斯于是在空中侦察单位和地形图专业人员的配合下另外制作了一批近乎完美的图纸，不仅标出了梅斯周围的地形以及所有要塞群具体火力配置，甚至还以三维形式详细勾画出每一座碉堡的内部结构。当这些工作完成后，由尼古拉斯领导的小组又为马奇诺防线绘制了结构图纸，并为其他部队制作了一批梅斯要塞群的小比例模型以供作战研究之用。

从9月26日至30日，第19战术航空队的P47战斗轰炸机携带着1 000磅炸弹和凝固汽油弹对梅斯进行了数次空袭，而下面便是一名美军士兵在9月26日亲眼目击的一次空袭情况："当时我军的一批高级军官刚好都在靠近德里昂要塞群的一座观察所内，所以他们正好瞧见了P47机群从3千米的高度上对凡尔登要塞群进行轰炸的整个经过。我记得自己那时看到一架'雷电'式战机不顾德军的高射炮火网从高空俯冲直下，几乎到快要坠地的高度才猛然抬起机头并投弹。当炸弹命中时，两股巨大的爆炸烈焰从要塞的炮台上升腾至半空，而那名P47的驾驶员则驾机转了个小弯，接着回过头来用机枪子弹猛烈地扫射了德军的高射炮炮位！这名飞行员真是一个勇敢的家伙，他在打哑了德军高炮后直接爬升到安全的高度，不禁让观察哨内的所有人都为他的表现大加赞赏。"

9月27日，天空晴朗无云，实在是美军发挥空中力量的最佳时机。为能使空中掩护起到应有的效果，第11步兵团团长尤伊尔上校命令部队等到下午2点15分再发动进攻。担负进攻任务的美军部队以第11步兵团的2营为主力，另外还包括了一个坦克连、一个烟雾施放连以及一个医护连。负责火力支援的是美军第19野战炮兵营以及另一批处于待命状态的师属火炮，只要一有需要就能立即投入战斗。在对德里昂要塞群的勘测方面，由于尼古拉斯的小组还没能及时完成所有要塞群的结构图纸，所以目前第11步兵团只能靠一些基础的地形图以及要塞群的地表工事结构图来实施进攻。当美军部队开始在位于目标西南的树林中集结的时候，他们的战斗轰炸机仍在用炸弹和火箭弹对要塞群进行持续不断的空袭。第11步兵团随后在阿纳维尔以西数千米处的巴永维尔（Bayonville）建立了指挥所，但团长尤伊尔上校却不顾危险另外在靠近德里昂要塞群的树林中建立了自己的前沿战术指挥部。

攻击行动发起之前，装备有203毫米以及240毫米火炮的八个美军炮兵连向德里昂要塞群展开了密集的火力覆盖，迫使炮台内的德国守军不得不将部分炮塔降下来以规避美军重炮的打击。尤伊尔上校决定先以2营的E连和G连从要塞群的西侧展开进攻。德军最初没有做出回应，直到美军开始逐步逼近要塞群时他们才动用机枪和迫击炮朝美军步兵猛烈开火，而尤伊尔也立即下令向战区施放烟雾，试图以此来遮蔽德军的视线。在烟雾的掩护下，2 营的士兵进抵离要塞群中央主体要塞大约 300 码的距离，可接下来就被来自西北角的一些机枪掩体以及面前的铁丝网和反坦克壕沟挡住了去路。虽然有部分 E 连的士兵在剪除铁丝网后找到了一条通过壕沟的堤道，却根本无法接近他们的目标。美军的一些坦克歼击车在接到前方的召唤后及时赶到现场，但他们的火力对混凝土结构的机枪掩体没有任何效果。

直到夜幕降临 2 营的两个连还是无法前进半步，团部于晚上 6 点 30 分下令他们撤回原地。这次进攻虽然没有成功，美军的伤亡却极其轻微，一共仅有 18 个人失去了作战能力。经过这次教训，美军认为要塞群外围的铁丝网才是他们进攻的最大障碍，否则士兵就能接近到足够距离，用把炸药包塞入射击孔的方式来摧毁德军的机枪掩体。

9 月 28 日，天空下起了暴雨，巴顿、沃克以及欧文三人在第 20 军军部见面并共同商讨了该如何对付梅斯的筑垒地域。这一次巴顿没有发火，而是鼓励欧文利用这段时间让第 5 步兵师好好地休整一下。反倒是沃克对第 11 步兵团攻打德里昂要

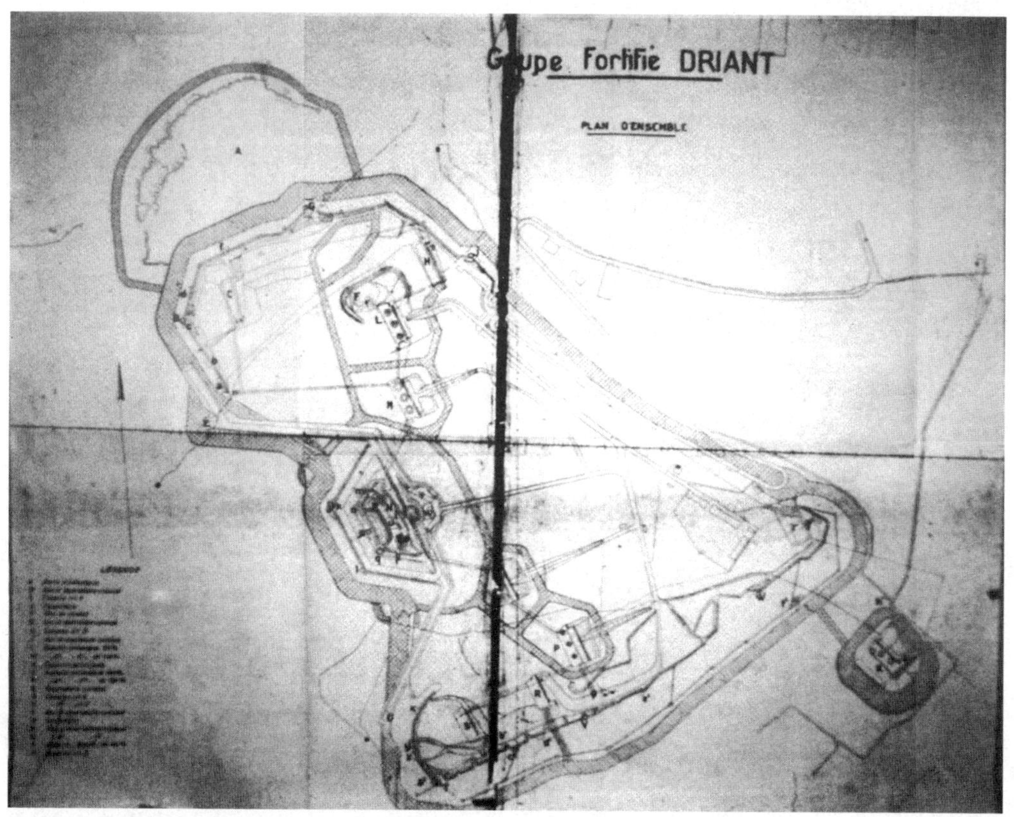

▲ 美军通过翻印法国原版图纸而制成的德里昂要塞群结构图。

塞群的进攻结果十分不满，他认为是该团严重缺乏进取精神的关系才使进攻遭到了挫折。对于沃克的指责欧文提出了激烈的反驳，他认为没能拿下要塞群的原因是因为战前缺乏足够的情报。欧文还特别指出空中侦察照片没有明确标示出要塞群周围的密集铁丝网以及众多机枪掩体的确切位置，而且第5步兵师之前也从未接受过攻坚作战的特别训练，所以说这次失败至少还是情有可原。巴顿在听完两名手下的意见后，下令第5步兵师于9月29日以后重新恢复攻势。欧文少将其实比谁都清楚自己部队目前的能力，也知道德里昂要塞群是一块难啃的硬骨头，他只是在遵从沃克和巴顿的意志行事罢了。第20军军部的作战记录显示，尽管第5步兵师到9月底仍控制着两段总长为19.2千米的防线，但该师的阵亡、负伤和失踪的人员已经高达3 056人，并先后接收了近4 000名的补充兵。根据这些统计结果，欧文觉得在没有足够实力的情况下最好的方法还是暂缓攻击，等到足够的补给和增援到达后再去攻打德里昂要塞群，然而这一想法却再次遭到了巴顿和沃克的驳斥。欧文也许对巴顿的命令没有多少抵触的意思，但让他最不能理解的还是沃克中将的态度。因为在之前的几场激烈战斗中，沃克一直表现得相当有忍耐力。即便是在突破塞耶河时遭遇到重大的失败，他也一直没有对欧文和西尔维斯特两人横加责难。于是我们只能猜测，可能是这场已经拖延过久的拉锯战终于也让素有“斗牛犬”之称的沃克失去了耐心，从而促成了他对欧文的不满。

▲ 美军 P-47 战斗轰炸机正在轰炸德里昂要塞群。

▲ 开始进攻之前，美军曾动用数架炮兵观测机对德里昂要塞群进行空中侦察。

好在这场高级指挥官之间的分歧并没有影响到第11步兵团，作为团长的尤伊尔上校利用停火机会制订了

▲ 美军第 11 步兵团部分团部人员的合影，左二是团长尤伊尔上校。

一份新的作战计划。当天下午，一批由尼古拉斯小组刚绘制完成的要塞群结构图被送到了尤伊尔的手里，另有一批炸药起爆装置也同时到达，这都为第 11 步兵团的进攻提供了一定的保障。根据尤伊尔的设想，他的第二轮攻势将于 10 月 3 日发动。到时第 11 步兵团 2 营会动用两个波次的步坦联合突击来攻打德里昂要塞群，另外 1 营 B 连也将为这次进攻提供支援。在任务安排上，尤伊尔命令 1 营 B 连负责进攻要塞群的西南角，还让 E 连同时从西北方向进攻要塞群，而 G 连则留下做预备队。在火力支援上，第 20 军的全部军属炮兵会全力为第 5 步兵师提供弹幕掩护，战斗轰炸机也将赶来压制要塞群的火力。除此之外，美军还会出动一个由 11 辆中型坦克、五辆轻型坦克、四辆 105 毫米自行火炮和两辆装甲推土机组成的坦克连，其成员都是事先经过挑选的有经验的车组，用来专门压制德军的工事火力。为了探明更为安全的进攻路线，来自 B 连的里德尔（Reeder）技术军士于 10 月 2 日自告奋勇地带领一批人对德里昂要塞群进行了一次战前侦察。被惊动的要塞守军试图阻止美军的企图，但里德尔还是设法穿过了要塞群西南面的铁丝网并抵达了计划中要夺取的 F 炮台（即摩泽尔炮台）。在安全折返后，他又领着坦克连的一名军官按原路对 F 炮台做了另一次侦察，而且同样毫发无损地完成了任务。

由于要塞群周围障碍物曾给美军的进攻带来很大困难，于是给第 11 步兵团的工兵们临时开发了一种用于攻坚的爆破器械。与平时常见的爆破筒、炸药包或火焰喷射器不一样，这种被称为“蛇”的奇特武器不仅有着古怪的模样，使用方式也与众不同。来自第 7 战斗工兵营的列兵托马斯·塔克（Thomas Tucker）后来向我们做了以下的描述：“当时我所在的班奉命去帮助步兵制作一种能透过铁丝网清除要塞群周围德军散兵坑的特殊装置。这种叫作‘蛇’的东西其实是一根根直径约 152 毫米，长度超过 15 米，并在前端安装了爆炸物的钢管。在作战时它们将被安装在坦克的车首下方，再由坦克把它们推过铁丝网障碍之后引爆。出于安全考虑，所有工作都是在德里昂要塞群西南的树林中进行的，而且前后仅仅用了一天左右的时间。”

虽然第11步兵团这次的战前准备做得很充分，但进攻日当天天气的再次转坏使得美军的战斗轰炸机无法按时出动。仅有少数战机于当天傍晚姗姗来迟，并对要塞群投掷了几枚用处不大的燃烧弹。中午12点，久等空中支援不到的欧文少将只得命令第11步兵团按时展开进攻。由于失去了空中掩护，美军的进攻从一开始就出了问题。一辆坦克在规避德军火力时意外地遗失了它的爆破器械，坦克推土机和其他坦克也先后被一些难以逾越的堑壕挡住了去路。等美军步兵好不容易在烟雾屏障的掩护下接近到铁丝网跟前时，大多数坦克上的爆破器械不是弄丢了就是遭到遗弃，美军工兵花了好长时间才把它们重新安上坦克。

在随后的战斗中，经过重整的B连开始从要塞群的西南角尝试突破德军的防线。他们先用爆破器械从铁丝网中炸出一条通道，然后把德军的碉堡留给坦克处理，步兵则利用附近地面上的弹坑以及生长在要塞顶上的矮灌木，逐步向作战地图中标出的3号碉堡和4号碉堡方向推进（在某些地图上这两座碉堡被标成S和R）。虽然负责领路的里德尔因遭遇德军的轻武器阻击而不幸负伤，但B连的人因为早已通过任务简报熟悉掌握了要塞内部的地形，所以他们的进攻并未受到多大的影响。到下午2点B连部队在坦克和工兵的大力配合下杀入了目标区域，基本完成了第一阶段的突破任务，然后准备向两座混凝土结构的大型碉堡直接发起攻击。

▲ 1944年9月末在以一处德军掩体构建的营部，第11步兵团第2营营部军官在商议德里昂要塞进攻计划，从中可以识别出其中一些人的姓名及身份：

1. 新任营长拉塞尔少校。
2. 拉塞尔少校的卫兵。
3. G连连长格里上尉。
4. 营部情报官韦伯·伍德上尉。
5. 营部作战官丘奇上尉。
6. 斯坦利·康纳上尉。
7. 拉塞尔少校的司机。
8. 第19战术航空指挥部的联络官。
9. 不明身份的士兵。
10. 第11步兵团第2营的军官，但无法确定姓名。

与B连相比，从西北方向上展开进攻的E连就没有这么走运了。尽管E连试图通过难缠的铁丝网障碍物，但德军的防御火力远比B连方向上的密集得多。在激战中，试图填平堑壕的美军坦克推土机被德军打得失去行动能力，负责支援的坦克则由于遇上陡峭的高地斜坡而无法跟随步兵进入要塞内部，只能留在外围十分勉强地用主炮压制德军的少数火力

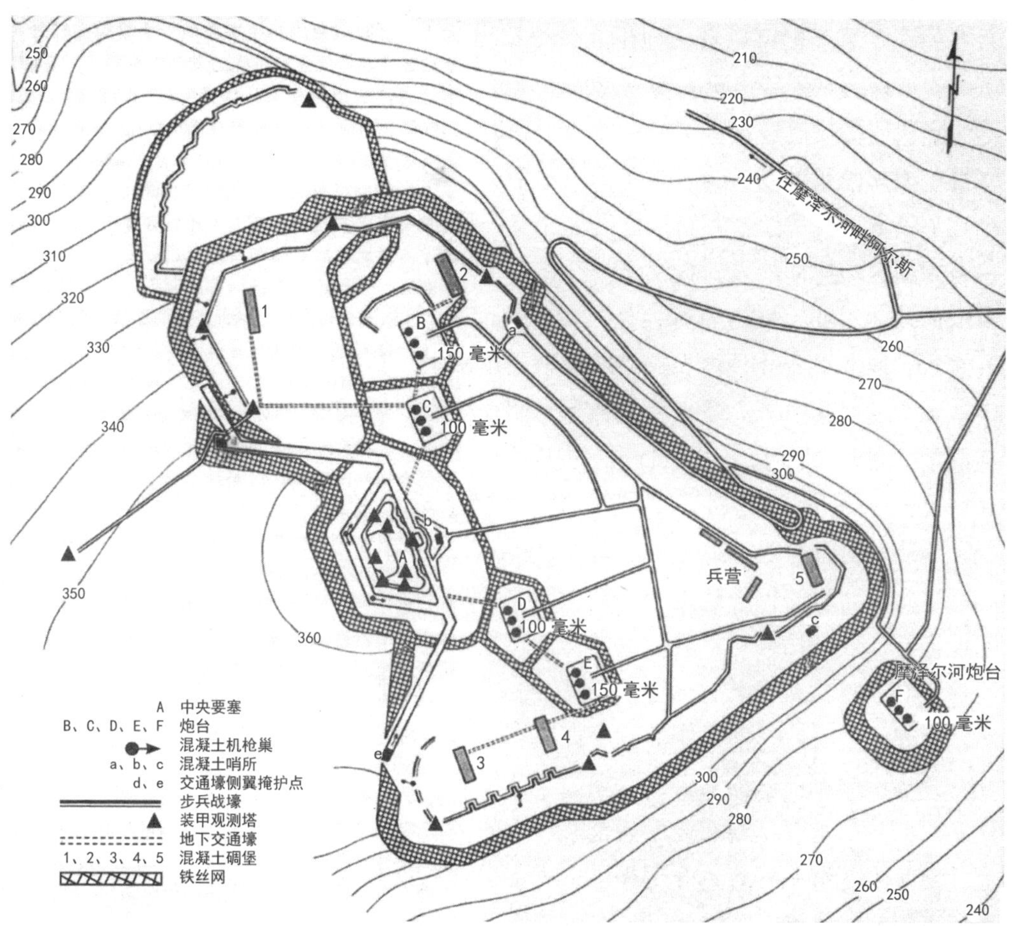

▲ 德里昂要塞平面图及主要设施。

点。战至傍晚 E 连仍然无法前进一步，于是被迫在铁丝网前转入防御。在其后的四天内，德军不断向 E 连的阵地打来凶猛的炮火，完全压制住了该连的行动。当 E 连最终从高地上撤出时，全连 140 人里仅有 85 人得以生还。

既然无法从要塞群的西北角打开缺口，美军便把全部希望寄托在西南方向的 B 连身上。在攻打 3 号碉堡和 4 号碉堡的战斗中，B 连连长安德森上尉亲自率领一批先头突击班以及数名无线电操作员和传令兵进入一线参战。当其中一名无线电操作员刚准备进入 3 号碉堡旁的一座混凝土机枪掩体时，却发现里面仍有德国人。接到通报的安德森上尉独自沿着一条壕沟悄悄地接近那座掩体，接着朝射击口内先后投掷了两枚手雷。根据安德森的说法，这两枚手雷一定给德军造成了不小的惊吓。等他刚进入掩体，却惊讶地发现里面的敌军早已通过掩体后面的地道逃走了。我们之前已经提到德里昂要塞群的各个炮台、碉堡和观察哨都是用复杂的地下通道互相联系着的。守军不仅可以自由地出入各个据点，也能神出鬼没地对进攻方发动反击。所以安德森所见到的情况其实一点都不奇怪。

确认该掩体已经被肃清的安德森上尉随后按原路返回，但在半路上他又对另一座机枪掩体起了疑心。为了以防万一，他先从后方又召来几个排，然后从自己的传令兵那里要了几枚手雷，再叫上一名士兵一同前去探察敌情。在同伴的掩护下，安德森先朝这座掩体的入口投掷了一枚白磷手雷。当烟雾散尽后安德森发现对方仍毫无反应，就小心地靠近目标，然后再往里面补了两枚手雷。在剧烈的爆炸声过后，大约六名德军举着一件白衣踉踉跄跄地走了出来，其中还有三人受了重伤。经过讯问，美军发现其中一人是来自候补军官团3营的一名军官，接着还从他嘴中套出该营的指挥官是个叫魏勒（Weiler）的德军上尉，当时正奉命率领全营保卫德里昂要塞群。

为能迅速占领西南角的两座大型碉堡，B连的主力先后对它们展开了数次突击，不过事实证明这些拥有超过102毫米厚混凝土外墙的碉堡并不那么容易对付。它们不仅拥有双层结构，而且其顶部的防护也足以能抵挡住大型炸弹的爆炸威力，美军的坦克和自行火炮即便是接近到只有30码的距离也只给碉堡的外墙造成轻微的损坏。从理论上说，这些碉堡的唯一弱点在于其后部是完全敞开的，那里仅有一条堑壕和几扇供守军出入的铁门，只要美军能绕到背后对入口实施爆破，德军也就守不住了。但是由于美军现在已经失去了进攻的突然性，临近德里昂的其他德军工事和炮兵部队于是纷纷开始为守军提供火力支援。密集的机枪火力和迫击炮弹不断砸向安德森的部队，差不多完全压制住了B连。

就在这个关键的时刻，B连的列兵霍姆伦德（Holmlund）不顾德军的密集火力冒险爬上3号碉堡的顶部，用力踢开碉堡通风井的遮掩物并把一根爆破筒塞了进去。在随后发生的一场剧烈爆炸中，3号碉堡冒出了滚滚的浓烟。整座碉堡的地下结构尽管遭到了严重的破坏，可是爆炸造成的伤亡却不大。除了一些被炸得晕头转向的德军从地下掩体中逃出来外，他们中的大多数人还是设法通过地下通道及时转移到了4号碉堡。由于霍姆伦德的英勇表现，他被授予了一枚杰出服务十字勋章。虽然霍姆伦德在后来的要塞作战中牺牲，但他在攻打3号碉堡时所做出的功绩却是无法磨灭的。

B连在占领3号碉堡后试图利用地道直接进攻4号碉堡，但很快就被德军早就布置好的机枪打了回来。安德森随后又指挥部队从地面上向4号碉堡发起两次突击，这除了给部队平添更多伤亡之外仍然一无所获。到最后美军还是靠一辆自行火炮从后面轰开了4号碉堡的外墙，B连1排才得以冲进碉堡并逐屋肃清躲藏在里面的德军。与此同时，B 连 3 排在四个喷火小组的支援下绕过碉堡朝着最南面的 F 炮台冲去，而 B 连 2 排也在霍恩（Horn）少尉指挥下迅速占领了 D 炮台（有的地图上标为 O 炮台）。也许是轻易到手的胜利让霍恩丧失了警惕，当他和另一名士兵刚准备进入 D 炮台一旁的中央要塞（地图上标为 A）时，突然被不知从何方射来的子弹打倒在地，导致两人当场阵亡。

尽管到下午时 B 连已基本达成了计划中的多数作战目标，安德森上尉却还有很多其他的难题需要解决。由于 B 连人员过于分散，安德森现在要完成的第一个目标就是缩短并巩固自己的防线。他于是在 3 号碉堡设立了指挥部，把坦克和步兵全部集中到碉堡周围准备抵御德军的反击。

为了监督对德里昂要塞群的攻势，美军的数位重量级人物于 10 月 3 日那天先后走访了第 11 步兵团的团部。库珀上尉在日记中写道：“当天上午，欧文少将于 9 点 30 分抵达团部后首先听取了尤伊尔上校有关缺乏空中支援的诉说；之后巴顿将军来到了这里，并在 11 点 45 分讲了个非常有趣的故事，逗得不少的在场者都哈哈大笑起来。为了打发时间，欧文少将紧接着也讲了个惹人发笑的笑话。然而团部的电话却一直没有响，这也意味着空中支援很

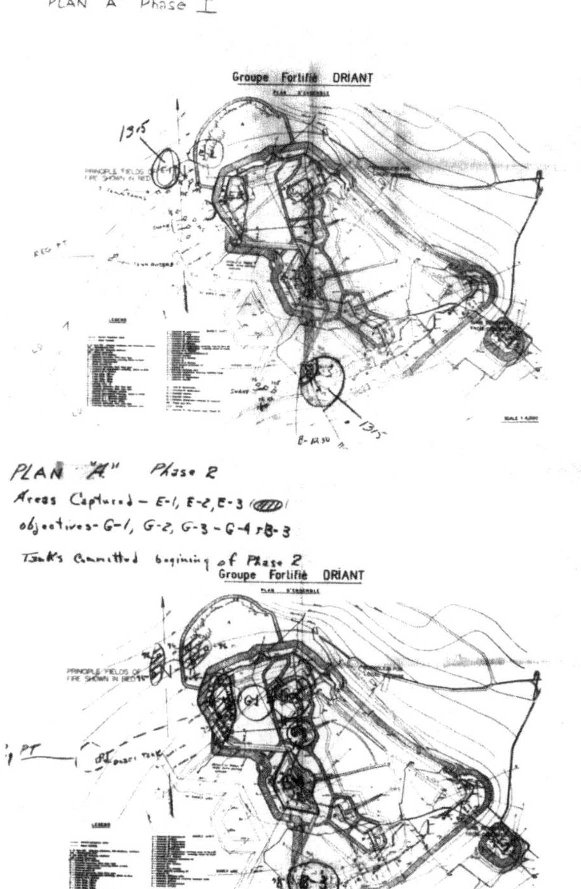

▲ 第 11 步兵团团长尤伊尔上校自己收藏的一批当年进攻德里昂要塞群时的作战计划草图。其中包括了 A 和 B 两个进攻计划，这两个进攻计划都是以第 11 步兵团第 2 营的两个连为主力分别从南北两个方向同时进攻要塞群的中心区域。上面是 A 计划的两张草图。

1：A 计划第一阶段。图中斜线区代表德军的防御火力，带字符的圆圈代表负责支援步兵的美军坦克、自行火炮和坦克推土机（其中拖着长尾巴的方块代表携带有特殊爆破装置的坦克）。E–1、B–1、G–1 等则是代表各连各排需要夺取的目标地区。

2：A 计划第二阶段。显示了如何用位于西南方向的 B 连和 G 连逐一夺取重要目标的行动。

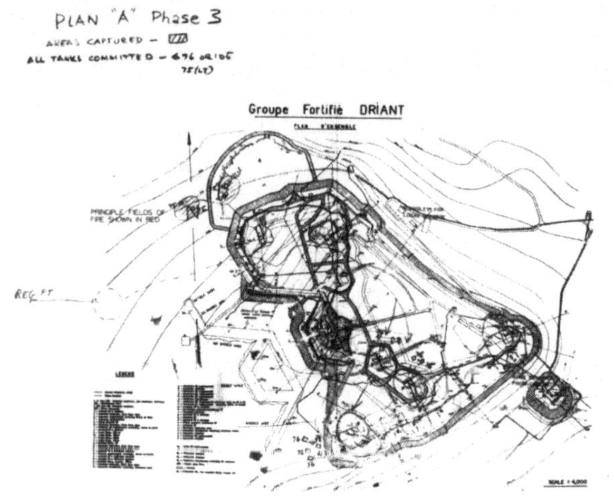

A 计划第三阶段的草图。显示了美军在实现基本作战目标后如何扩大和巩固占领区域的行动。

可能不会来了。”从库珀的话语中我们可以看出他其实对上级的这些“即兴表演”并没有多大的兴趣，而且他也知道就这么干坐在指挥部内等待的话并不能改变前线的僵持局面。巴顿和欧文一直到下午 5 点才指示尤伊尔把作为预备队的 G 连也投入战斗，但那已经太晚了，夜幕的降临使格里上尉的 G 连只能跟在 B 连背后原地待命。即便他们当时能立即对要塞群北面的 B 炮台和 C 炮台采取行动，格里恐怕也不敢派这些缺乏经验的新兵摸黑绕过 B 连的右翼前去攻打炮台。

既然美军不愿在夜间发动进攻，德军便借这个机会从阿尔村和芒瑟山涧两地调来了援军。10 月 3 日深夜，获得加强的德军候补军官团从要塞群各处的地下通道内突然涌出，打得美军 G 连措手不及。当夜的战况一度相当危险，如果不是欧文少将后来把第 2 步兵团的 K 连派来堵截的话，格里上尉的部队很可能就会被德军彻底击溃。

德美双方就这样一直打到 10 月 4 日凌晨，第 11 步兵团仍只是占据着要塞群西南的一小块区域。对于德军来说，3 号和 4 号碉堡其实并不十分重要，他们只要确保中央要塞和北面的炮台不被攻占便可继续打下去。但美军就不同了，他们的三个步兵连中已有两个遭到重创，损失了 110 人，几乎达到了 50% 的伤亡率！欧文少将一方面叫尤伊尔继续坚持下去，一方面也接到了来自巴顿的严厉命令：“就算是要耗尽第 20 军的每一个人，也要给我打下德里昂要塞群！”

在上级的巨大压力下，第 11 步兵团只得重新鼓起勇气对德军的炮台和中央要塞发动了第三轮进攻。但德军一方的支援火力实在太过强大，造成美军在大白天时不但无法顺利发动地面攻势，就连补给也得靠坦克在炮兵观察员的引导下送至前线。安德森上尉和格里上尉被迫将部队转移至堑壕和碉堡掩蔽处以躲避德军的持续炮击，几次试图靠地下通道偷袭德军的努力也均告失败。天黑之后，候补军官团照例又从地下钻出向美军发动了猛烈的反击。熟悉地形，善于隐蔽，而且还掌握了通信优势的德国人在夜战中占了很大便宜，几乎使攻守双方的角色完全调换了位置，真不知如果没有尤伊尔的死守命令的话会出现什么样的情况。

10月5日，美军仍被德军炮火死死压制在西南角上。虽然要塞群本身的多数炮台无法对两座被美军占领的碉堡进行直射，但布置在摩泽尔炮台上的三门100毫米火炮仍能以空爆的方式攻击碉堡以及那些试图接近它的美军。第11步兵团团部于当日下午接到了来自G连连长格里上尉的一封电报，其中的措辞不禁让团部的人都吃了一惊："目前的形势简直是糟糕透了。德军不间断地炮击和夜间反攻让我军的士兵们都疲惫不堪，多数人整整48小时内都没有进食或是休息过。其实我自己就连能不能熬过今晚都吃不准，G连已经完了。在德军的突击渗透下，很多排的阵地都遭到了切割，短兵相接的恶斗让G连伤亡惨重。到目前为止，负责协同G连作战的K连和B连也未能取得任何进展。今天下午德军的炮火又一次重创了我军，G连几乎被完全孤立在了碉堡内部，甚至都无法外出搬运阵亡战友们的尸体。在攻打要塞群的战斗中，我发现我军的火力对那些拥有1米左右厚度外墙的工事几乎毫无作用，就连战斗轰炸机都未必能炸穿它们那厚达381毫米的顶部结构。另外G连里的多数补充兵都严重缺乏作战经验，一旦失去了带队军官他们便会茫然不知所措，甚至陷入混乱的状态。根据以上这些情况，我认为单靠三个连的兵力根本不可能获胜。所以我建议请火速增援我们或准许我们先撤退，另派重型轰炸机来摧毁这个该死的要塞群。否则的话，德军部署在周围高地上的炮兵迟早也会将我军置于死地。如果第11步兵团真要想拿下德里昂要塞群，就得尽它的全力来攻。不过就我所知，我们现在离这个目标还差得很远。"

格里上尉虽然如实向团部通报了战场上的实情，但很明显作为团长的尤伊尔上校并不喜欢收到这样一封"充满悲观意味"的电报。不久之后，格里上尉就被勒令回国，却不幸在伦敦的大街上由于随身佩带的鲁格手枪意外走火而丧命。

也许有读者会问，既然格里上尉在电报中把德军炮火描述得如此厉害，那当时美军的炮兵又都在干什么呢？美军的炮兵部队当然也不是吃素的，如果不是由于弹药紧缺而只能选择支援步兵进攻的话，他们早就对德军部署的要塞群周围的炮兵进行反击了。从作战效能来看，美军的军属重炮自然能给德军的夜间反击带来一定的威胁，但它们却对无比坚固的要塞工事无计可施。第20军的炮兵战史是这么写的："在进攻德里昂以及凡尔登要塞群的战斗中，我军的203毫米和240毫米榴弹炮无法有效摧毁德军的要塞炮炮塔。虽然曾有数次直接命中的记录，但那些炮弹都被对方炮塔的厚重装甲弹开了。"根据战后对德里昂要塞群的一次走访调查，人们果然发现几乎所有的要塞炮炮塔装甲的表面都留有被美军炮弹命中后的凿痕，但均未出现被直接击穿或炮座脱位的迹象，由此可见梅斯要塞群防御能力的强大。

在另一方面，欧文少将眼看着战斗陷入了僵持，于是赶紧下令向仅剩100多人的B连和G连输送援军。第5步兵师的副师长阿兰·沃诺克准将再次临危受命，开始组织一支战斗特遣队前往救援苦战中的第11步兵团。5日夜晚，筋疲力尽的第11步兵团2营被第10步兵团1营换下了战场，第2步兵团3营和整个第7战斗工兵营也于6日上午先后赶来支援。尽管上级命令这支新组建的“沃诺克战斗特遣队”于10月7日恢复对要塞群的进攻，但为了避开德军的优势火力，这次的行动将以地下攻势为主。从作战地图上看，3号以及4号碉堡的地下通道系统连接着D炮台和E炮台（有些地图上标为P炮台），然后又一直延伸到中央要塞的内部。因此美军打算用一支部队从地面上吸引德军注意力，并派主力部队通过地下通道向德军的中央要塞发起奇袭。但他们的进攻计划却在不知不觉的情况下走漏了风声，传到了德国人的耳朵里。就在10月6日的夜晚，美军某个步兵班刚刚占领4号碉堡南面的一处观察哨并建立了与营部间的联络。在营部工作的联络员为了确保通信畅通，当晚曾数次向观察哨询问情况，得到的回答都是“没问题”。所以营部后来自然也向观察哨交代了次日攻击计划的具体细节。然而美军并未发觉这个观察哨其实早已被德军夺回，当时负责接电话的那个人也并不是什么美军军官，而是一名会讲流利英语的德国人！

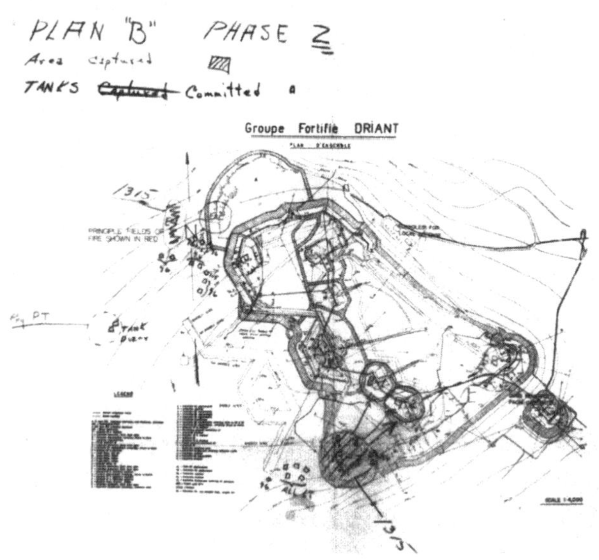

▲ B计划第二阶段的草图。显示美军如何从西南角扩大战果的计划。

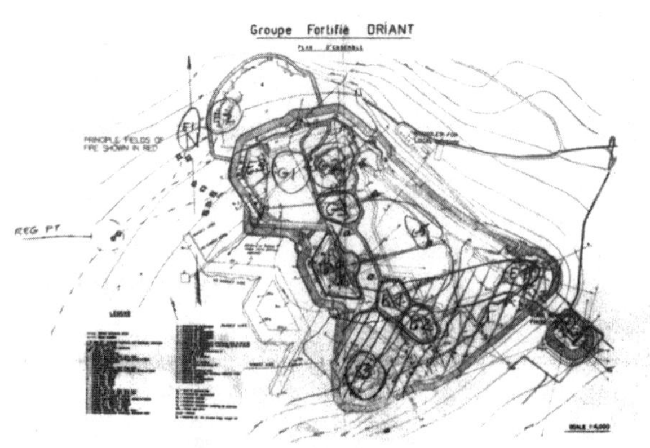

▲ B计划第三阶段的草图。带斜线的区域是美军实际攻占的地区。

美军的这个致命疏忽很快给自己的行动带来了麻烦。直到10月7日的战斗打响之前他们还依然蒙在鼓里，一点也没发觉自己的作战计划已经被德军完全掌握。第10步兵团1营于当天上午10点按时发动地面进攻，没费多大力气就收复了前日第11步兵团丢失的大部分的地区。可出乎他们意料的是，这其实是德军预先计划好的防御作战步骤之一。等第11步兵团大意地以为自己已经获得全胜之际，德军的候补军官团却从两翼围拢上来，并在下午向美军发动了凶猛的反扑。第10步兵团1营措手不及之下只好仓促应战，但根本无法抵挡住德军的两面夹击。混战之中，美军的两个步兵排被全歼，1营B连的连长和两名炮兵观察员也被德军俘虏。危急时刻，第2步兵团3营终于赶来增援1营，但除了能勉强守住1营的阵地之外，他们也丧失了再次发动进攻的大好时机。

地面攻势失败之后，美军不顾作战顾问尼古拉斯的强烈反对，又把希望寄托在从地下发动的奇袭作战上。首批进入4号碉堡的地下通道的是第10步兵团C连和一批随行的工兵，美军的开路先锋没走多远，前方便出现了一扇紧锁着的铁门，而且怎么也打不开。由于通道异常狭窄（仅有0.9米宽、2.1米高），工兵只能使用炸药在这扇50毫米厚的门上炸了一个洞，但当他们探过头去查看情况时，才发现另一边大约6米长的通道已经被德国人用诸如火炮防盾之类的金属垃圾完全封住了。

要彻底清除这些堵路的东西可以说是相当困难，美军工兵先要等切割用的专用器材从后方运过来才能展开清理工作。

▲美军第7战斗工兵营的人正在加紧打造“蛇”。这种头上安装了烈性炸药的钢管将由坦克负责运至一线，作战中也是由坦克将其推过德军的铁丝网障碍物后引爆，作用就类似一种超长的爆破筒。

经过半天时间的努力，到10月8日中午美军终于打通了地下通道，然后来到通往E炮台的另一扇更为厚重的铁门前。虽说要炸开这扇铁门并不困难，但问题是每次爆破时所产生的刺鼻气体和呛人的浓烟都会迫使美军暂时撤出地下通道，而且就算是佩戴了防毒面具也不管用。更糟糕的是，通道另一边的德军似乎也有所行动，因为美军能清楚地听见从通道两侧传来的敲击声和挖掘声。第2步兵团3营的战史中对此做了如下描述："有经验的士兵们很快意识到德国人正试图埋设炸药，并准备炸毁整条地下通道。为了阻止他们的阴谋，第7战斗工兵营的人于是将一个60磅重的蜂窝状炸弹安置在铁门上。因佩里奥（Imperio）少尉和另外八名士兵则戴上防毒面具，准备在起爆后立即钻过洞去夺取E炮台。然而这次剧烈爆炸却让所有人都赶紧逃出了地下通道，浓烈的黑烟甚至灌入了碉堡上层的美军临时安置处，把很多不幸的伤员都呛了个半死。一些聪明的士兵纷纷跑到碉堡的观察口或射击孔处透透气，此外还有一些不要命的家伙干脆直接冲出了碉堡。"

整整2小时过后烟雾才完全散尽，因佩里奥少尉于是返回地下通道以检查爆破的成效，但结果却令他大失所望。那个蜂窝状炸弹仅仅在铁门上开了一个小洞，而德军则趁机用机枪向美军射来密集的火力，把所有人一下都打趴在了地上。这时，一个名叫克拉坎普（Klacamp）的美军工兵在其他战友的协助下不顾狭小通道的限制，开始发疯似的堆起一个掩体来。就算德军从门洞里塞入一捆炸药并引爆，也没能阻止克拉坎普等人的行动。等"街垒"建好后，克拉坎普又在上面设法架起了一挺机枪，然后便与另一边的德国人展开了间歇式的持续对射，双方一直打到夜幕降临也未能分出胜负。

▲ 德里昂要塞的中央要塞近景鸟瞰图。此照摄于梅斯战役结束后，而美军第11步兵团在10月初的进攻中始终没有将其占领。照片右下方还可以看到两辆"谢尔曼"坦克的残骸，它们是在当时的进攻战中被德军部署在周围高地上的炮火摧毁的。

由于战况再次陷入僵局，上级被迫取消了从地面进攻D炮台和E炮台的计划。担任美军特遣队指挥官的沃诺克准将随后为第2步兵团3营进行了补充，并把该营和第10步兵团1营的剩余人员一同调往3号碉堡处驻扎，结果把这座原本空间就十分有限的碉堡搞得几乎人满为患。10月9日上午，第2步兵团3营的通信联络官唐纳德·沃伦（Donald Walen）与3

营营长康诺尔（Connor）中校以及营部作战军官汤普森上尉冒着被德军火力打死的危险，一起从要塞群西南方向的树林里狂奔500码后到达3号碉堡以便了解实情。当他们看到碉堡内到处都拥挤不堪时，便决定在夜里把3营的两个连转移到碉堡外面的西北方向驻扎。等这一移防工作完成后，沃伦等人在4号碉堡里建立了通信站和3营指挥部。沃伦在战后提到由于德军的猛烈炮击，他所在的临时通信站就如同被猛敲的大钟一样晃个不停，搞得他一整天都头晕眼花，根本无法安心工作。

尽管已经撤换了一批作战部队，美军却依然得靠轻型坦克才能完成对要塞内部队的补给。轻型坦克行驶时发出的巨大声响使它们经常会遭到德军的袭击，美军的战史对此也有详细的描述："德军只要一听见坦克的引擎声，他们就会朝整个区域打来密集的炮火，迫使我军只能派人将补给一次次地徒步运回碉堡。当时负责接收补给的是麦克唐纳军士长，他指挥着15名士兵专门负责搬运弹药、食物和其他作战物资。一天下来总共有七名士兵负伤，麦克唐纳为此后来获得了银星勋章的表彰。在他们运回的物资之中包括了一批氧气面罩、40副防毒面具，以及一只用来清除地下通道和碉堡内部爆炸烟尘用的鼓风机。可是当工兵开始使用鼓风机时才发现，这个东西本身扬起的尘土要比它吹除的还要多。"

第7战斗工兵营B连的托马斯·塔克当时也参加了地下通道内的战斗，以下则是他的回忆："10月9日，我所在的班奉命前去支援正在要塞群内苦战的步兵部队。出发之前，我们首先与负责支援的坦克部队在离要塞群西南方向500码远的树林外碰了面。为了能让每辆车至少都能搭载五名工兵，这些坦克都只配备了驾驶员。在仔细检查了装备后，大家纷纷上车。我当时被安排在其中一辆坦克的炮塔里，可我并不喜欢那样。坦克往往会成为德军优先攻击的目标，这么做只会让我们冒更大的风险。等我们到达要塞群3号碉堡跟前时，几颗突然袭来的炮弹迫使我们赶紧从车上拽下自己的装备，然后飞速跑进一旁的堑壕中躲避起来。在一名向导的带领下，众人小心地穿过铁丝网，通过一扇铁门来到3号碉堡的上层。其实我们在3号碉堡并没有待很久，我记得自己当时曾去查看过连接着3号以及4号碉堡的地下通道，但从那里传来阵阵刺鼻的气味很快就把我熏了出来。"

抵达碉堡的塔克等人马上便接到了他们的第一个任务，于是他继续描述道："上头后来要我们回到外面去帮忙搬运坦克运来的补给物资，这可不是件轻松的工作。虽说坦克的卸载地点离碉堡并不远，但要扛着沉重的包袱在密集炮火下经过的话就完全是另一回事了。碉堡外面到处可见大量的弹坑和被炸得只剩枝干的树木，每一次的往返历程都是至关生死般的考验。记得当时有不少战友在通过碉堡门前的铁丝网时被弹片击中，可我却顾不得那么多了。另外我还记得自己每次进入碉堡

▲ 在这张照片里我们又看到了第 164 页的照片中出现过的两辆美军坦克残骸，而这张照片是从中央要塞的顶部拍摄的，可以看到实际上在两辆残骸的左侧还有一辆炮塔被炸飞了的“谢尔曼”，而这三辆残骸几乎都位于D炮台的正顶部。

时，都会经过一名正在操作无线电的军官身旁。尽管我那时并不知道他是谁，但在45年后的一次战地重游活动中我们两人却意外地相遇。更有意思的是，他居然和我一样住在圣地亚哥城，于是我们很快就成了好友并经常进行互访与交流。”

补给卸载完成之后，塔克参与的第二个任务是为夺回E炮台南面一座大型观察哨的部队运送补给，这意味着他和他的战友们又得在3号炮塔和观察哨之间往返穿梭了。与前面的情况不同，这次的距离足足有数百来码长，而且一路上除几处浅坑之外就基本很难找到合适的隐蔽处。塔克对此抱怨说：“要不是后来在观察哨的东边找到一个散兵坑的话，恐怕我自己早已没命了。这个坑也许是我军士兵在被德军俘虏之前挖的，现在却成了我与查克·莱瑟的临时休憩所。在我军攻占观察哨之后的三天里，每当天黑前我们两人就会离开观察哨前往这个散兵坑过夜，等天亮时再重新返回原地。虽然德国人在白天一直对我军狂轰滥炸，但在夜里散兵坑的四周却安静得出奇。为防止德军偷袭我们，我和莱瑟两人一般会在散兵坑外放置一些手雷，只要周围一有动静我们就会立即用这些手雷进行自卫。除要面对来自敌军的威胁，我还记得第10步兵团重武器排曾在观察哨的顶上安置了一挺机枪。由于它当时正好是对着我们散兵坑的位置，我和莱瑟一度十分担心机枪在射击时会不会出现误击的意外，幸好这样的事情从未发生过。一天早上就在我俩刚准备返回观察哨的时候，突然听到从观察哨方向传来了清脆的声响。最初我们以为是德国人，于是赶快躲回了散兵坑。过了一会儿两名我军通信部队的人出现在视野中，他们正拖着一捆电线经过这里，准备在观察哨的东面进行布线作业。我和莱瑟松了口气，于是将他们拦下并告诉他们说这里是右翼位置上的最后一个观察哨，再过去的话可能会有危险。但他们却回答说‘没问题，不用担心’，然后抬着电线继续前进，我们之后就再也没见过他们。”

从10月3日到8日，这种如同猫捉老鼠般的混战使美军遭到了惨重的损失。第5步兵师总计约有21名军官和485人不是阵亡便是受伤或失踪。这个数字对于一场原本只是小规模的作战行动来说不能不说是相当高昂的代价。10月9日，巴顿派盖伊将军前去与沃诺克、欧文和沃克等人商议是否有暂缓攻击的必要性。沃诺克准将在会议上直截了当地指出如果想要扭转局面就必须调整战术，另派部队从两翼围困德里昂要塞群并将守军全数埋葬于地下通道内。盖伊将军对此提出了反对意见，他认为沃诺克的方法至少需要额外的四个步兵营，而这对于预备队早已枯竭的第5步兵师来是说简直就是天方夜谭，所以他强烈支持立即取消进攻德里昂要塞群的行动。虽然盖伊的看法意味着美军将完全放弃对梅斯的正面进攻，但巴顿最后仍表示了赞同，从这一点上来看巴顿的决定还是相当明智的。

与此同时，美军仍在继续攻打要塞群。第2步兵团的人设法将先前建在地下通道里的掩体加高到了1.8米左右，并在上面架设了一支巴祖卡和一挺机枪，准备以此来封锁住通往中央要塞的整条通道。然而在10月9日下午2点，通道内却突然发生了一次剧烈的爆炸，当场炸死四人，炸伤八人，另有23人因为烟尘而出现不同程度的窒息现象。到底是什么引起了这次爆炸至今仍无定论，有人猜测是美军工兵爆破作业的意外导致了这场悲剧，也有人认为德军事先安置在通道侧壁上的爆破装置才是造成这一事件的罪魁祸首。从另一方面讲，尽管这次爆炸的威力几乎是上次那个蜂窝状炸弹的三倍，但它却并没有炸塌整条地下通道，实在是让人觉得有些不可思议。等烟雾散尽之后，美军派人进入地下通道对其进行紧急抢修，另外还让一名士官率领两名士兵负责把守通道掩体以抵御德军的反击。这简直是如同自杀一般的任务，很多工兵都被从通道侧壁上反弹的子弹击倒。后面的人只能将战友的尸体拖走，再顶替他们的位置继续进行修复作业。

地下通道内的战斗就这样断断续续地又拖延了三天三夜，情况也开始愈变愈糟。美军的淡水供应正在逐渐减少，弹药也差不多打光了。虽然这场战斗基本已经临近终结，但少数还能战斗的士兵却仍旧如同老鼠一样在要塞的地下通道内不停穿梭，试图做最后一次努力。至于其他的人，除了那些伤患之外基本都累得只能瘫坐在碉堡里，一边带着迷茫的表情等待上级下一步的指令，一边还要忍受德军的炮击或是从地下通道内不断涌出的呛人烟尘。总之他们已经失去了最后的获胜希望，是到了该下达撤退令的时候了。

10月12日夜晚，身心俱疲的沃诺克战斗特遣队奉命撤离德里昂要塞群，担任后卫的工兵部队随后开始对要塞群的设施进行爆破作业。第7战斗工兵营的托马斯·塔克回忆说自己的工兵班在撤退前，曾在要塞群西南角的所有碉堡、掩体、观察哨以及地下通道内埋设了6 000磅的定时炸药，然后他便同战友们一起返回位于德里昂西南方向的树林。德军可能没有察觉出美军已经撤离，他们在晚上11点30分照例对要塞群进行了一次猛烈的炮击。大约也就在1小时之后，回到树林里的塔克等人听见从要塞群方向传来了惊天动地的剧烈爆炸声，由此看来工兵的爆破目的已经达成，要塞群西南角上的所有设施一定被完全摧毁了。

▲ 托马斯·塔克，此照摄于1944年12月。

梅斯之战中伤亡代价最大的一次区域攻坚作战就此画上了休止符。第5步兵师在十天内有64人阵亡，547人受伤，187人失踪，另外还损失了六辆坦克。其血腥程度让很多人想起了1916年索姆河战役头一天中英军攻打蒂耶普瓦附近德军多面堡时的惨状。至于德军方面的伤亡并没有十分确切的数字，德国国防军在10月19日的公报中称：“在德里昂要塞群附近的激战中，候补军官团3营营长魏勒上尉以及沃斯纳和霍曼两名中尉表现出了英勇无畏的作战精神。在一个多星期的战斗中，他们成功地率领突击队先后击败了进犯中央要塞和地下通道的敌军，为此将特别对这些军官予以表彰。”

通过德里昂这一仗，美军高级指挥官终于意识到直接进攻筑垒地域是个完全错误的决定。试图从侧翼包抄或围困这些拥有大量外围据点的工事群根本就是行不通的，而且从兵力对比上说，就算美军能够再调来四个步兵营，如此狭小的弹丸之地也根本容不下这么多人。由于德里昂要塞群的地表部分完全处于德军炮兵部队的攻击范围内，美军的密集队型反而会成为他们的最佳目标。能做到快速突破的唯一办法，就是让英国人派遣重型轰炸机用特种炸弹将德里昂夷为平地，但我们很难想象巴顿会厚着面皮去求英国人帮他的忙。在目前人员紧缺的情

▲ 梅斯战役结束后的12月拍摄的一张照片。两名美军士兵正在德里昂要塞北边的C炮台上进行炮击效果检查。注意他们背后有辆德军半履带装甲车，那是用来防止美军步兵从后方偷袭碉堡而布置的临时火力点。

况下，想要动用后备军力继续正面攻打梅斯筑垒地域几乎是不可能的，而且即便打下了德里昂要塞群，梅斯城外还有另一道要塞链需要解决。

然而并不是所有的美军将领都接受了这个教训，巴顿就是其中之一。我们都还记得在第 5 步兵师发动攻打德里昂要塞群的战斗之前，巴顿对梅斯的存在似乎兴趣不大，他那时只是一再地催促沃克加快进军速度而已。可如今在进攻失败之后，他对梅斯的关注程度却又一下子达到了顶点。布莱德利在他 10 月 13 日的日记里写道："对于欧文少将我没有做过多的责备，他的部队毕竟已经尽了全力并付出了最大的牺牲。但当我发觉巴顿还在悄悄地对德里昂一带进行侦察行动时，实在是对他的表现大感失望。'看在上帝分上，乔治！'我对他大声地喊道，'我向你保证你会获得机会的。等我们获得足够的补充后，就能对梅斯实施钳型攻势并进攻它薄弱的后部防线。所以说，你根本没有在这里继续耗下去的必要！'听了我的话后巴顿点了点头，但他接着仍旧固执地反驳说：'你要知道，布莱德，那可不是什么毫无意义的进攻。我正在利用梅斯让手下的新步兵师获得一个锻炼实战经验的机会！'"布莱德利对于巴顿的这个回答无言以对。巴顿大概已经忘了，美军此刻并没有什么"新的步兵师"可用于实战，唯一在德里昂碰得头破血流的只是那些可怜的补充兵部队。为了避免美军在梅斯栽更大的跟头，布莱德利决定先暂时避开咄咄逼人的巴顿，以后另找机会跟他好好地解决一下意见分歧。

美军部队
1. 第 11 步兵团第 1 营 B 连
2. 第 11 步兵团第 2 营 E 连
3. 第 11 步兵团第 2 营 G 连
4. 第 735 坦克营混成连
5. 第 2 步兵团第 3 营 K 连
6. 第 10 步兵团第 2 营 B 连
德里昂要塞守备群
铁丝网
铁丝网
▼事件
1. 第 11 团第 2 营 E 连于 9 月 27 日下午 2 点开始进攻，但在铁丝网区域被阻碍，天黑以后被迫退回出发线。
2. 10 月 3 日中午 12 点重启进攻之时，E 连冲入要塞的努力失败。
3. B 连的进攻濒临失败之际，列兵霍姆伦德往 3 号碉堡的通风管里塞了两根爆破筒，爆炸将碉堡内的德军逼退，使得该连得以在要塞内获得一个立足点。
4. 下午 5 点 30 分，G 连被加强给已经渗入要塞西南角的 B 连，以期获得更多胜利。
5. 彼得森战斗群于下午 4 点试图向 E 连发起一次反攻，但遭到盘旋上空的 P47 战机轰炸。
6. G 连于晚上 6 点 30 分向 D 炮台和 E 炮台发起突然袭击。
7. G 连试图继续冲入要塞中央位置，但德军在晚上 7 点发起一次反攻，迫使美军撤退。
8. 10 月 3 日夜，G 连在 E 炮台的东南面建立一条防线，重整旗鼓。
9. 德里昂要塞守备群退入碉堡和地下掩体，以召唤附近凡尔登要塞和马里沃要塞炮火的方式反制美军的攻击。彼得森战斗群攻击了 3 号和 4 号碉堡，但遭遇严重损失。
10. 10 月 3 日天黑以后，第 208 训练营第 3 连约 150 人试图增援德里昂要塞，但被美军炮火所阻碍，第二天该部才逐渐进入要塞。
11. 10 月 4 日，彼得森战斗群肃清了 D 炮台和 E 炮台周围的残留美军。
12. 摩泽尔炮台的火炮不能压低轰击附近的美军阵地，因此在 10 月 4 日，其火炮被用来向要塞西南角外面的树林发射空爆弹，以打击美军上山增援部队。
13. 10 月 4—5 日，第 2 步兵团 K 连试图冲入要塞东南角，但被德军的反攻所阻止。
14. 10 月 6 日上午 7 点 15 分，两辆四号坦克歼击车进入要塞以支援第 19 燧发枪兵连的一次进攻。进攻在美军炮火的打击之下于上午 8 点 30 分停止，但德军坦克歼击车摧毁了两辆美军坦克。10 月 6 日夜，要塞西南角内已经严重减员的美军部队被第 10 步兵团派来的连队替换，计划在 10 月 7 日恢复进攻。
15. 10 月 7 日美军进攻重启，第 10 步兵团 B 连再次试图扫荡要塞东南角，但德军的一次反攻将该连两个排全歼，B 连连长也被俘。
16. 10 月 7 日，施特塞尔战斗群第 3 和第 4 连约 160 人在要塞外的西北面重新部署，打算进攻要塞正面的美军，但进攻在美军炮火的打击下失败。
17. 第 2 步兵团第 3 营换下第 2 营，试图夺取 4 号碉堡与 E 炮台之间的地下通道，但被装甲门和垃圾所阻止。
18. 10 月 9 日约下午 4 点 50 分，德军反坑道小组爆破了地下通道中的炸药，挫败了美军突入炮台的企图。
19. 最后一支美军步兵部队于 10 月 12 日晚上 11 点 30 分撤离德里昂要塞，要塞内的爆炸则一直持续至 10 月 13 日凌晨。
德军部队
德里昂要塞守备群
A. 1 号碉堡
B. 2 号碉堡
C. 3 号碉堡
D. 4 号碉堡
E. 5 号碉堡
F. 150 毫米炮台
G. 100 毫米炮台
H. 100 毫米炮台
I. 150 毫米炮台
J. 摩泽尔河炮台
K. 中央要塞
L. 彼得森战斗群
M. 施特塞尔战斗群第 4 连（10 月 10 日）
N. 施特塞尔战斗群第 3 连（10 月 10 日）
O. 施特塞尔战斗群第 12 连
P. 第 208 训练营第 3 连

▲ 德里昂要塞进攻行动。

第八章　10月间的对峙

正当德里昂要塞群之战逐步升级之际，美军补给以及人员短缺的问题不但没有改善，反而还在不断扩大。在第20军长达64千米的战线上，仅有两个兵力不足的美国步兵师以及一些骑兵单位与四个德国师处于相互对峙的状态。从9月21日至10月11日，辛普森手下的第83步兵师奉命从卢森堡赶到蒂翁维尔附近，暂时代替波克的第3骑兵侦察群协助防守第20军脆弱的左翼防线。而第3骑兵侦察群则在这段日子里重新集结起分散在摩泽尔河一线上的所有中队，并于10月12日返回梅斯以北驻防，第83步兵师也因此回到第9集团军的作战序列中。恢复实力之后的第3骑兵侦察群不仅拥有三个骑兵侦察中队，另外还得到一个坦克歼击营、一个炮兵营以及法本上校的第1巴黎团的有力支援。尽管第1巴黎团在10月末离开蒂翁维尔前往科尔马战线，但波克上校却并不觉得扫兴。其实波克很高兴能撇掉那些被称为“包袱”的法国共军，没了这批人他反而能更自由地指挥骑兵部队执行侦察巡逻任务。

波克在10月13日的日记里写道：“那天，我们群里一位年轻有为的排长唐斯少尉兴冲冲地跑来指挥部，对他的中队指挥官说他发现摩泽尔河对岸的德国人有在中午打盹的习惯，所以他愿意渡河前去抓个舌头回来，结果获得了上级的同意。于是唐斯少尉就在一名中士的陪同下划着小船摸上了对岸，并成功俘虏了一名正在散兵坑内熟睡的德军。德国人根本没有料到我们会发动如此大胆的突袭，他们过了很久才发现有人失踪，但那时已经晚了。在我方机枪和迫击炮的掩护下，唐斯等人顺利地将俘虏带回到指挥部里，而且几乎毫发无损。”由于这次突袭行动的圆满完成，唐斯少尉被授予了一枚杰出服务十字勋章。但令人惋惜的是，一星期后他却在一次试图援救两名被俘军官的行动中，被一枚子弹击穿头部而不幸阵亡。

有不少人总喜欢将梅斯之战的僵持阶段与1916年的西线战役做对比，我们来看看两者之间到底有哪些不同之处。10月间的梅斯战况与“一战”相比的确有很多相似的地方，但作为守军一方的美军却要以少量的兵力防守相对更为漫长的战线。由于后备力量的不足，美军只能把工兵部队和其他附属单位调来填补一线各个警戒哨所之间的空隙。沃克此时非常担心德军会发动突然袭击，所以他赶紧下令把一些受创严重的部队陆续调往后方的指定地点进行补充和重组。然而德军却并没有来，他们自己仍有些问题需要处理，所以未能在10月向美军采取主动攻势。这是第20军自从诺曼底战役结束以来，头一次获得这么长时间的休整机会。很多刚入伍的年

▲ 进入亚琛的美军第 1 步兵师第 26 步兵团第 3 营部队。

轻士兵利用这个宝贵时间，纷纷往家里写信以通报平安。至于那些曾与德军进行过殊死作战的老兵们，在甚感自己仍然生存的欣慰之余也开始享受起美好的时光来。毕竟在梅斯的荒郊野外跌打滚爬了一个多月后，他们终于能洗个热水澡，换上干净的衣物和制服，并欣赏到玛琳·戴德丽和杰克·木尼两人的劳军慰问表演了。

为了避免重蹈德里昂的覆辙，沃克于 10 月 21 日设法在蒂翁维尔西北的马奇诺防线一带展开了有针对性的训练项目。第 2 步兵团 3 营的唐·沃伦后来回忆说，从 21 日至 27 日这一周时间里，3 营都在费里尔村（Filliers）附近进行有关攻坚作战的特殊训练。与此同时，尤伊尔上校的第 11 步兵团也陆续后撤到阿纳维尔附近的阿里村内进行重整。自从该团 G 连连长杰克·格里上尉离职以后，原先担任 3 营营部作战军官的理查德·德斯特上尉接替了他的职位。德斯特本人后来在日记中写道：“直到现在，我还清楚地记得自己刚抵达阿里村以西 G 连阵地时的失望心情。原本我以为会在这片树林里遇到一支由 125 名官兵组成的队伍，可相反我却只找到了 40 名眼窝深陷、胡子拉碴、精神颓丧的列兵。虽然与预期的想法相去甚远，但该做的还是要做。在接下去的几天里，我在怀特中士的帮助下为全连官兵布置了新的任务，甚至还为其中的一些参加过德里昂之战的人写了勋章申请书，多少也解除了他们的一些自卑心理。”

就当前的战略背景来说，盟军的进攻重心仍在北方的荷、比、卢三国一线。蒙哥马利的第 21 集团军群于 10 月展开了肃清荷兰斯海尔德河口的行动，而加拿大第 1 集团军正在拼命设法从德军防线上打开一条通往安特卫普以北地区的通道。经过一个月的激战，盟军的扫雷坦克在 11 月 3 日抵达安特卫普，但这个港口直到 11 月底才完全恢复运输能力。在另一方面，美军第 1 集团军正继续进行他们在亚琛的作战行动，10 月 21 日美军终于攻占亚琛，这标志着盟军已经占领了德国境内的第一座大城市。从总体上看，盟军的最终目标依然没变，这意味着巴顿的第 3 集团军只有在补给情况改善以后才能继续进攻梅斯。其实巴顿也可以充分利用现在的对峙时期，来为自己的部队建立更多的补给物资储藏站，以便做好朝鲁尔区发动最后大跳跃攻势的准备。

对巴顿而言，无法率部杀敌恐怕是最让他难熬的事情。那时候的他整天就像一只被关在笼子里的老虎一样在司令部中来回踱步，实在无事可做的时候就开始狠抓部队的纪律，搞得全军上下人人自危。随着“血胆将军”的声名又一次在新兵们的口中盛传起来，美军内部却开始流传起一部卡通影片，说什么运输部门的司机宁愿绕道行驶 100 余千米，也要避开第 3 集团军所在的洛林战区。不过话说回来，虽然美军内部对于巴顿的行为多少都有些看法，但我们却看不出他们的士气有什么下降的趋势。广大的美军士兵仍然十分敬重巴顿，他们唯一的困境是糟糕的天气。持续的降雨经常让官兵们过着浑身湿透的日子，不断下降的气温和凛冽的寒风也在时刻折磨人的神经。在那段艰难的日子里，能在一间满是老鼠的谷仓里美美地睡上一觉已经是十分奢侈的享受，大部分的弟兄只能整天待在浸满了泥水的散兵坑里消磨时间。我们这些现代人可能会觉得奇怪，“二战”中的美国军队既没有装备防水睡袋，也没有任何可供更换的保暖内衣。很多士兵的军靴都已经开裂，这使得战壕足病得以四处蔓延，并让各种非战斗性伤亡的数字不断攀升。更糟的是，有时就连生火吃饭都成了一大难题，于是大家不得不靠啃 K 级战地口粮勉强度日。一个多月下来，平均每名士兵只有在四周之后才有可能享受一次洗澡和替换衣裤的机会。有人因此开玩笑说，那时候巴顿的手下个个都有那一股子难闻的臭鼬味！第 11 步兵团 L 连连长赫伯·威廉姆斯上尉写道：“恶劣的气候似乎永远都没有尽头。临近冬季时气温不但再次下降，而且雨季的时间反而更长了。梅斯附近的土地纷纷化作了泥泞的海洋，好在之前我早已把部队的驻地迁移到附近的山林内，这才避开了泥沼的威胁。为了避免出现更多的战壕足病患，我当时下令全连士兵实行轮换站岗制。根据规定，每名士兵必须在天亮之前和傍晚之前分别站一至两个小时的岗，我觉得这么做至少能让他们的堑壕和散兵坑在早晚变得稍微干燥和舒服一点。”

尽管生活条件极差，足智多谋的美军士兵们还是通过各种实践，学会了该如何应对这种不利环境的方法。第 2 步兵团的一名迫击炮手劳伦斯·尼科尔在第 5 步兵师的战史中曾

▲ 第 5 步兵师的厨师正在制作早餐薄烤饼，热食对于长期在凄风冷雨中作战的士兵来说自然是最受欢迎的。

▲ 在一幢已经遭受破坏的房屋前用餐的第 10 步兵团士兵。

讲述过他的经验："我当时正和我的同伴安迪一起待在一个 2.4 米长、1.5 米深的散兵坑里。为了抵御德军的炮击，我俩先在坑上铺了不少树枝以及一层 1 米厚的泥土。除此之外我们唯一需要担心的便是那些无处不在的泥浆，于是我们又在坑周围堆上一圈沙袋，并把经过伪装的帐篷覆盖在坑口的土层上方以防止雨水渗漏进来。我觉得自己已经尽了全力，就等有新的部队前来支援我们了。"

尼科尔的愿望此刻终于有了答案，美军第 95 步兵师于 10 月中旬搭乘军列风尘仆仆地赶来支援第 5 步兵师，很快就接管了后者在摩泽尔河一带的防区。这些刚到来的美军新兵们带着忐忑不安的神情注视着远方陌生的田园地带，然后便在各位长官的带领下进行了首次侦察巡逻。正如同预料的那样，第 95 步兵师还没有做好足够的战斗准备。他们在德军的反击下没坚持多久就给对方赶了回来，自然也没能侦察出对方的兵力配置情况。不过在之后的战斗中，第 95 步兵师似乎逐步找到了感觉，所以并没有像其他新兵部队那样一上来就碰了个头破血流。但是也有部分战史学家推测，这可能是第 5 步兵师 44 天来的连续进攻已经消耗了大量德军后备兵力造成的，也从另一角度说明了欧文部队在梅斯之战第一阶段的确起到了主心骨的作用。

就在第 5 步兵师被第 95 步兵师替换之前，还发生了一件值得一提的趣事，这件趣事甚至还把巴顿本人给卷了进来。和世界上古往今来的所有军队一样，食物和美酒总能对美军产生极大诱惑力。早在第 5 步兵师还待在兰斯城的 9 月初，来自该师师部的路易斯安那州温菲尔德人林登·艾伦（Lyndon Allen）上尉以及从普林斯顿大学毕业的威廉·帕特里克上尉，便瞄上了城内一座还不为外人所知的香槟酒仓库。在把仓库征用为临时的指挥部以后，他们设法在两天内将仓库内的所有库存搬入了仓库的地下室，接着又将仓库交还原主，并与他作了"随时可以派人前来索取香槟"的约定。但让艾伦等人没料到的是，美军后勤部门在数星期后也来到了兰斯。一位名叫萨切尔（Thatcher）的美军准将在寻找办公地点的时候看中了艾伦藏

美第95步兵师简介

1918年9月4日，准备被派驻海外参加“一战”的第95步兵师在俄亥俄州的谢尔曼兵营组建，麾下的两个步兵旅——第189和第190步兵旅立即展开战前训练。不过由于停战协定在11月11日签订，该师最终没有投入欧洲战场，而是在12月解散，所有官兵不是复员就是被编入其他部队。

1921年6月24日，该师再次作为预备役部队在俄克拉荷马城组建。1942年5月，随着哈里·特华多尔（Harry L. Twaddle）少将成为新任师长，该师在得克萨斯州的斯威福特堡进行了整编，再度恢复为正规步兵师，两个步兵旅被撤裁，新编成第377、第378以及第379等三个步兵团作为主力部队。接下来的两年时间里，该师辗转全美各地进行训练，并在训练期间确立了新的师徽——一个在阿拉伯数字9中间嵌有罗马数字V的标志，V在罗马数字中是5，由于又是英文单词“胜利”的首字母，因此该师还未参战就得到了一个“胜利师”的绰号。

1944年8月10日，该师所有部队在波士顿港分乘两艘运兵船前往英国的利物浦，8月17日抵达，三周后又前往英国南部港口南安普敦登船开赴法国诺曼底，9月15日在奥马哈海滩登陆。到达法国之后，第95步兵师没有立即投入作战，它的大部分士兵被上头拉去充当“红球特快”运输线上的卡车驾驶员，将各类物资从瑟堡经巴黎运往前线，然后再将空油桶和德军战俘运回来。一个月之后，由于梅斯前线战况吃紧，第95步兵师先被转到第9集团军的序列下，然后再分批搭乘军列开赴梅斯前线加入第3集团军的第20军麾下。

10月19日，该师正式投入战斗。作为梅斯之战后期美军的主要突破和北线攻城力量，第95步兵师发挥了至关重要的作用。11月18日，该师与第5步兵师在梅斯外围会合，标志着梅斯包围圈的完全封闭。第二天早上，该师的步兵和坦克就冲进了梅斯城中。梅斯之战后，第95步兵师又前往萨尔河一带参加了对齐格菲防线的进攻。1945年2月，第95师被交还给辛普森的第9集团军，先后经历了莱茵兰和鲁尔包围圈两场重要战役，接着向德国腹地进军。欧洲胜利日那

▲ 哈里·特华多尔于1888年6月2日生于俄亥俄州的克拉克菲尔德。1938—1941年在战争部的行动与训练局任职，1941—1942年在乔治·马歇尔将军麾下担任一名副参谋长。1942年5月出任第95步兵师师长，并成为了仅有的11名在“二战”中从参战到战争结束都只指挥一个师的师长之一。获得过杰出服务十字勋章和银星勋章，1948年退休。1954年12月12日在印第安纳州莱克县的哈蒙德去世。

▲ 第95师师徽。

酒的仓库，之后便意外地发现了地下室中的美酒。直到第 5 步兵师正式投入梅斯之战前，艾伦和帕特里克两人依然蒙在鼓里毫不知情。某天他们突然想起了这些秘藏的香槟酒，于是就亲自返回了兰斯。但当艾伦刚迈入现已成为后勤司令部的仓库时，他不仅吃惊地发现那批香槟早已落入了萨切尔准将之手，还被告之如果随便动用的话就会面临军法的审判。

艾伦和帕特里克一气之下将此事通报了第 5 步兵师师部的后勤军官麦克基中校，而后者立即打电话给兰斯方面要讨回这批香槟，结果却被萨切尔准将坚决回绝了。为此麦克基又联系了第 3 集团军的参谋长大卫·盖伊少将，并通过盖伊的关系向兰斯方面发了一个电报，上面写着："如果再不交出香槟的话，巴顿将军就要亲自派一个步兵营来强行将它们搬走了！"

就这样，第 5 步兵师又重新获得了仓库香槟的管理权，而艾伦和帕特里克两人也各自分得了一箱美酒作为对自己的小小补偿。

天，该师已挺进到了莱比锡附近，随后担任了两个月对德国本土的占领任务。1945 年 7 月，第 95 师班师回国准备投身到对日作战的最后阶段，但由于日本提前宣布无条件投降，该师便由此结束了它在整个"二战"中的征战经历。

第 95 步兵师在欧洲战场待了近一年，战斗天数 151 天，其中连续战斗天数超过了 100 天，遭受了 1 128 人阵亡、4 783 人受伤、394 人失踪和 65 人被俘的损失。在梅斯之战中，担任该城最后一任要塞司令的基特尔将军也对该师的表现予以了肯定，甚至还送给它一个"梅斯铁汉"的称号。直到今天，第 95 步兵师仍作为一支训练单位发挥着它的余热，其指挥部也依然设立在今天的俄克拉荷马城。

"二战"中的第 95 步兵师编制序列

第 377 步兵团	第 95 军需连
第 378 步兵团	第 95 通信连
第 379 步兵团	第 95 侦察队
第 358 野战炮兵营	第 795 军械连
第 359 野战炮兵营	第 320 工兵营
第 360 野战炮兵营	第 320 医护营
第 920 野战炮兵营	第 95 反谍分队

德军 10 月间的形势

原德军 G 集团军司令官布拉斯科维茨于 9 月末被撤职之后，巴尔克接任了布拉斯科维茨的职务。9 月 20 日，巴尔克及其参谋长梅林津两人被希特勒召去开会。元首在会上先向巴尔克等人透露了未来阿登攻势的部分细节，然后又要求 G 集团军群尽可能地节约兵力，以确保阿尔萨斯—洛林地区的安全。

10 月初，德军情报部门探知巴顿突然终止了对梅斯的全线进攻。虽然并不清楚未来的战局到底会如何发展，德军高层还是保持了高度的警惕。对于美军下一步的进攻方向，巴尔克的参谋长梅林津觉得美军的最终目标仍是要突破梅斯的防御并进抵莱茵河，所以他便对美军的行动做了一番预测："考虑到'一战'初期，法国卡斯泰尔诺将军的部队曾在萨林堡（Chateau Salins）和莫拉日（Morhange）之间被鲁普雷希特将军指挥的德军击败过，而巴顿又是个熟知历史的战将，所以我认为巴顿今后的打算会和过去的法军一样，他也会选择从梅斯和孚日山脉之间的'洛林门户'地段上打出一个缺口来，然后再率军进入萨尔。如果我的估计没错的话，美军 10 月间的攻势将很可能会同时进攻蒂翁维尔和萨林堡两地。他们会以蒂翁维尔方向上的辅助攻势吸引我军主力，然后集中全部力量进攻萨林堡地区，并在突破我军防线后拿下萨尔布吕肯。只要这个计划能够顺利实现，美军就能从背后一口吃掉梅斯的筑垒地域。"

▲（左）赫尔曼·巴尔克 (1897—1982)，生于但泽。1913 年参军进入德皇陆军，"一战"中是名连长，"二战"中历任第 1 步枪兵团团长、第 3 装甲团团长、第 11 装甲师师长、第 48 装甲军军长、第 4 装甲集团军司令、G 集团军群司令，荣获过钻石双剑橡叶骑士十字勋章。（右）冯·梅林津 (1904—1997)，生于布雷斯劳。1924 年参军，"二战"中历任第 3 军情报参谋、第 197 步兵师作战参谋、第 1 集团军情报参谋、第 2 集团军情报参谋、非洲军情报参谋、第 48 装甲军参谋长、第 4 装甲集团军参谋长、G 集团军群参谋长和第 15 装甲集团军参谋长。

根据梅林津的这一判断，德军于是加紧利用 10 月初的宝贵休战期对梅斯驻军进行了一次大规模的整编。第 462 步兵师奉德军最高统帅部的命令离开了梅斯城，开始与候补军官团等部队一起担任筑垒地域的外围防御任务。而在另一方面，由于西线新组建的一批国民掷弹兵师急需人手，第462步兵师的人员便不断被抽去补充这些部队。梅林津在其回忆录中抱怨："从9月下旬至10月初，第462师原有的三个步兵团被替换了两个，就连候补军官团也不例外。补充进来的都是些二线部队，这就使该师的战斗力一下子下降了很多，简直就是在拆梅斯守军的台。"

为了提高守军的士气，德军向候补军官团的成员们制作了一批绣有"梅斯1944"字样的荣誉袖带，担任原团长的冯·西格罗特上校则升任少将。这么做多少也肯定了候补军官团在梅斯之战初期的功绩，只可惜该团现在基本已经是名存实亡。不久之后，作为候补军官团的上级单位的第462步兵师被改编成了第462国民掷弹兵师。虽然该师仍拥有三个团的兵力，但每个团仅下辖两个步兵营，师长换成了吕贝少将，参谋长是齐默尔曼少校。

虽然后来接替吕贝少将担任梅斯要塞司令的基特尔（Kittel）将军声称梅斯守军中还包括了一支被称为"德里昂要塞群守备营"的部队，但我们却找不到任何的相关证据可以证明该部队的存在。战后从德国国家档案馆中搜集到的一批有关第462国民掷弹兵师在梅斯之战后期发布的相关公文，便是如下的四条作战指令：

1944年9月18日第14号指令：由于汽油短缺，所有的车辆现应立即转为驮马运输。

1944年9月28日第24号指令：由于洛林地区是德国的一部分，洛林居民同时也受德国法律的保护，所以严禁向居民索要任何肥皂、畚箕和扫帚之类的物品。

1944年10月11日第37号指令：有必要对于军队内部印刷品的混乱规格进行统一的规范。

1944年11月5日第60号指令：禁止利用德国国防军的金属器具制作任何"纪念品"。

第462步兵师在10月5日后的战斗序列表

1. 第1215国民掷弹兵团，由原候补军官团的剩余人员改编而成，团长为冯·施特塞尔上校。
2. 第1216国民掷弹兵团，由原第12军区士官生团的剩余人员改编而成，团长为施托尔茨上校。
3. 第1217国民掷弹兵团，由原第1010警卫团的部分人员改编而成，团长为里希特上校。
4. 第1462炮兵团，下辖三个轻炮兵连和一个重炮兵连，团长为帕尔姆上校。
5. 第1462反坦克营，下辖三个连，营长为劳腾施莱格上尉。

6. 第 1462 燧发枪兵营，营长可能是原先指挥福斯补充训练营的福斯少校。
7. 第 1462 工兵营，营长为哈泽尔曼上尉。
8. 第 1462 通信连，连长为弗里默上尉。
9. 第 1462 野战补充营，营长为格拉沃尔上尉。

除了对筑垒地域里的守军进行重组之外，德军还动用一门部署在梅斯近郊的巨型铁道炮向美军进行过骚扰性射击。10 月 5 日，美军第 20 军的一个位于雅尔尼（Jarny）的炮兵观察哨突然被一阵剧烈的地面震动所惊扰。他们在确认遭到了德军重型火炮的攻击后立即派出一批人前去搜集炮弹的弹片，结果其中一名外出的情报助理军官被过分警觉的哨兵开枪打伤了腿部，不得不返回英国去接受治疗。经过对弹片的计算分析，美军确认攻击他们的应该是德军的一门 280 毫米火炮，但由于该炮平时都有在射击之后立即躲入坑道的习惯，所以要找出它所在的确切位置也并非是一件易事，美军只好耐心等待对方的再次现身。10 月 7 日，当德军火炮刚开始其第二次攻击时，美军等候已久的重型火炮立即向所有预先估计的地点展开反击，并可能对这门火炮造成了一定的伤害。两星期之后的 10 月 19 日，该炮又从梅斯东南向雅尔尼发射了 20 余发炮弹，而美军在第二天便接到了情报说有一门巨大的德军铁道炮正在梅斯的一所维修工厂内进行整修，于是立即采

▲ 梅斯战役袖带正式设立于 1944 年 12 月 28 日。它有双重目的，一是授予 1944 年 8 月 27 日—9 月 25 日在冯·西格罗特上校率领的候补军官团内作战的官兵，或是当时受该部指挥的其他性质防御作战人员，他们只要参与特定防区战斗达到七天，或是在战斗中受伤或阵亡，就可以永久作为战斗荣誉进行佩戴或保存；二是作为第 6 步兵候补军官学校的传统徽标，学校的所有军官、士官、文职官员和学员在校期间都可以佩戴，调职或毕业之后就要摘除。这是“二战”德军所设立的最后一款战役袖带，估计最终颁发的数量不超过 5 000 条。

取了行动。在空中侦察机的支援下，美军第733野战炮兵营使用他们的155毫米火炮向目标发射了120余发炮弹，不但彻底摧毁了德军的铁道炮，还击毙了一批正在忙着搬运弹药的德军炮手。

此时负责防御梅斯南部桥头堡一线，继续与第20军对峙的德军部队依然是SS第17装甲掷弹兵师。由于在9月间与美军的激战中损失惨重，该师接收了一批质量一般的补充部队。尽管质量有所下降，但照第3集团军参谋长柯克上校的话说，第17装甲掷弹兵师却仍不失为一支令人头痛的部队，“几乎无时无刻不会对第20军的行动造成一定的负面影响”。此外，柯克还提到SS第17师曾在10月31日夜间渡过摩泽尔河并对科尔尼村进行过侦察。但当这批德军于次日上午出现在巴永维尔附近时他们意外地遭到了美军的伏击，战斗中有数人被俘。美军从他们身上搜出了一幅地图，结果惊喜地发现上面也标有SS第17师师部的所在地位置。美军于是在11月8日出动重型轰炸机对梅斯东南方向的佩尔特里（Peltre）进行了猛烈轰炸，给SS第17师的指挥部造成了相当严重的破坏。

▲美军在获知SS第17师师部所在地点后，首先安排了空中侦察拍照。（上）佩尔特里村的航拍照片。（下）在以上图为基础的局部放大照片中，美军标定了两处SS第17师师部所在的房子，圆圈1是情报参谋所在建筑，圆圈2是师部指挥所及军官食堂。

与南部不同，德军在梅斯以北方向一共部署了两个师的兵力，即位于蒂翁维尔附近的第19国民掷弹兵师，以及10月间刚从丹麦赶来接替第559国民掷弹兵师的第416步兵师。前者一共拥有两个团，但均在9月的战斗中受到了一定损失，实力下降为最初的80%左右，尽管如此，梅林津还把它部署在最右翼的位置上以阻止美军从蒂翁维尔一带强渡摩泽尔河。后者则是一支没有什么作战经验的单位，作战兵员的年龄也较大。由于第416师中有很多大胃王，所以德军高层经常会

▲ 对佩尔特里村的轰炸完成之后，美军再次拍照确认轰炸效果，可以看到圆圈 1 和圆圈 2 里面的房子都已经受到了严重损坏。

把第 416 师戏称为“奶油师”。梅林津认为第 416 师只适合担任警戒任务，于是便把该师部署在第 19 国民掷弹兵师的左翼，也就是蒂翁维尔的内线位置上。

虽说经过调整后的梅斯守军仍占据着对美军的数量优势，但他们的机械化程度却从未获得过任何的改善。在后勤补给方面，盟军的空中优势也严重限制了德军的运输能力，多数军列和物资输送队只能选择在夜间行动，才能勉强维持对梅斯的日常供应。和巴顿的一样，巴尔克也经常抱怨上级老是忽视洛林的后勤供应，而把关注的重心放在北面的荷兰以及比利时。在内心深处，巴尔克其实是相当反对希特勒的阿登反击计划的。他认为这么做最多只能让战争继续拖延一两个月，更不要谈什么彻底挽救西线局面并与盟军坐下来进行停战和谈了。面对盟军在机械化上的巨大优势，巴尔克只能拿出他那少得可怜的机动预备队来与之对抗。自从第 3 和第 15 装甲掷弹兵师陆续撤离洛林战区之后，巴尔克曾向龙德施泰特要求调遣四个步兵师和三个装甲师前来支援洛林的德国守军，但到最后仅有第 11 装甲师于 11 月初抵达了第 1 集团军的战区，其他部队依然只是镜花水月。按照巴尔克和梅林津的想法，梅斯筑垒地域内的守军只能继续采取守势并尽可能地缠住美军第 20 军，不让它与同时从梅斯南面进攻的第 12 军在莱茵河附近汇合。为了达到这个目的，缺乏重型

▲ SS 第 17 师师部指挥所及军官食堂所在的楼房废墟，由美军摄于佩尔特里村被占领之后。

反坦克武器的德军在筑垒地域内埋设了数以千计的地雷，希望能以此拖住美军装甲部队的后腿。除此之外德军在 10 月里还下令严格限制弹药的配给，以备未来作战中的不时之需。

其实不用说德军，当时就连美军自己也在进行弹药的配给限制，但他们的目的是要在补给状况改善之前为建立补给站做准备。在弹药紧缺的困难时期，不少美军炮兵部队都在使用缴获的德军火炮和德军弹药。美军第 3 骑兵侦察群的指挥官波克上校在一封报告中提到由于 105 毫米和 155 毫米火炮弹药即将告罄，第 244 野战炮兵营（当时作为附属单位正在协同第 3 骑兵侦察群作战）的营长弗雷德·休斯中校便派人临时征用起蒂翁维尔近郊冈特朗日要塞群内的两座 100 毫米火炮炮台来。经过检查，休斯中校挑选了其中六门炮组成了“蒂翁维尔炮兵连”，并为其制作了精确的炮击射表。几天之后，听闻这个消息的巴顿也赶来进行了视察。为了给将军演示射击过程，休斯中校将一名正在试图渡过摩泽尔河的德军选为了攻击目标，但兴致勃勃的巴顿将军表示要亲自操炮，于是他在另外五名士兵的帮助下缓缓摇下了炮管并朝那名德军开了一炮。可惜由于这种“一战”火炮的设计过于老式，炮弹飞行速度也过慢，所以结果也没有打中对方，只是吓了那个德国人一大跳而已。根据波克上校的说法，尽管第 244 野战炮兵营准备在以后的日子里好好利用这些火炮，但他们也许没有想到自己已经没有多少开炮的机会了。就在一个多月之后，上级因为担心德军的阿登反击会影响洛林安危而下令工兵部队对冈特朗日要塞群的所有炮台实施了爆破，将它们全都变成了一堆废铜烂铁。

第 90 步兵师对迈齐埃 - 莱斯 - 梅斯隘口的进攻

如果读者稍微查看一下洛林地图的话，就会发现在梅斯筑垒地域以北的费夫山岭与摩泽尔河之间有一处范围颇大的隘口。自梅斯出发的主要公路和铁路正是途经这里的冲积平原并延伸至北方的蒂翁维尔，从而形成了一条能够直接避开筑垒地域进入梅斯城的通道。1870年普法战争期间，被普军包围在梅斯的法军正是从这个隘口上的迈齐埃－莱斯－梅斯镇附近进行了突围。虽然他们当年的努力最终还是失败了，却给在1944年被梅斯筑垒地域阻滞的美国人带来了一些灵感。

▲ 10月2日，自梅斯之战开始以来，第5步兵师终于收到了由红球特快送来的第一批补给品。

我们应该还记得美军的第7装甲师早在9月时就曾一直深入如今已是工业城镇、人口达3 000多的迈齐埃－莱斯－梅斯镇近郊。西尔维斯特少将在9月10日—14日这段时间里数次派遣手下的A装甲战斗群试图进入迈齐埃－莱斯－梅斯镇，但都被来自摩泽尔河对岸以及镇内两座巨大熔渣堆上的德军火炮赶回了亚贝树林（Bois de l'Abbe）。9月中旬，当第7装甲师主力南下阿纳维尔后，第90步兵师第357团接管了从圣普里瓦拉蒙坦到塔朗日为止总长为8千米左右的防区——塔朗日（Talange，位于迈齐埃－莱斯－梅斯以北靠近摩泽尔河畔的小镇）。但由于第90步兵师的主力当时都集中在梅斯的正面忙着攻打那里的筑垒地域，所以迈齐埃－莱斯－梅斯隘口一带暂时平静了下来。美军第357团和对面的德军第12军区士官生团只是互相对峙，双方都没有任何采取主动进攻的意图。

直到9月24日，第90步兵师师长麦克莱恩才把注意力又重新聚集到迈齐埃－莱斯－梅斯隘口上来。一周以来，麦克莱恩的另两个团在正面攻打梅斯的战斗中损失惨重，这种情况迫使他向第20军军部提议是否可以利用迈齐埃－莱斯－梅斯隘口的有利地形做一次规模有限的进攻尝试，结果得到了沃克的同意。按照沃克的意思，虽然第20军此刻已经基本转攻为守，但他仍得用一些地区性的小规模攻击行动牵制德军有限的防御兵力，以确保自己继续占据战场上的主动，而且只要等援军一到他就能立即恢复对梅斯的进攻。第5步兵师攻打德里昂要塞群的行动就是在这个思想指导下进行的，而第90步兵师对迈齐埃－莱斯－梅斯隘口的进攻自然也不例外。与德里昂要塞群之战不同，麦克莱恩认为自己的兵力有限而德军仍然占有交通系统以及兵力补充上的便利，所以为了尽可能地减少伤亡，美军第90步兵师于是在开战前做了大量的准备，并确定了各个部队的突袭目标。

10月3日，就在德里昂要塞群之战打响的同一天，隐蔽在亚贝树林里的第357步兵团两个连也向迈齐埃－莱斯－梅斯镇发起了突然袭击。德军士官生团根本没有料到美军的行动，措手不及之下仓促迎战，结果被美军杀得大败，小镇以北的一座熔渣堆也很快落入美军之手，美军部队也因此获得了一个能俯瞰全镇的极好观察点。根据战后某些美军老兵的回忆，这次突袭行动是由一名手持双枪的美军中士带领的。他在率部冲锋中以“真正的西部牛仔风格”用自己的手枪朝出现在两侧的德军不断开火，并独自冲上了那座巨大的熔渣堆。然而就在中士冲到最上层的时候，他却被一颗子弹击中头部，结果成了整个突击行动中三名阵亡者之一。

德军在稳住阵脚后自然向美军发起了凶猛的反扑，但美军却死死守住熔渣堆不放。无奈之下德军只有暂时解围，退到镇内的各处据点里准备对美军实施长期围困。由于迈齐埃－莱斯－梅斯镇本身是一座经过要塞化的工业城镇，所以镇内到处都是可以为守军提供掩护的石墙建筑、工业厂房和事先埋设的雷场。美军尽管靠奇袭占据了熔渣堆，却也一时无法知晓到底有多少德军躲藏在全镇。他们只有先用大炮将全镇夷为平地，然后才能一座废墟一座废墟地逐一清剿那些仍企图负隅顽抗的德军。

10月6日下午，一队美军战斗轰炸机对迈齐埃－莱斯－梅斯镇展开了空袭，并给该镇造成了较大的破坏。10月7日清晨，第357团团长巴思（Barth）上校下达第16号作战令，指派2营从熔渣堆方向出发，在坦克、坦克歼击车以及炮兵的火力掩护下展开对全镇的肃清行动。几乎就在同一时刻，德军也向熔渣堆发起了反击，但很快就被击退。美军两个连在没有遭到任何抵抗的情况下顺利抵达了小镇以北，德军最后还是靠着预先埋设的反步兵雷雷场才勉强阻挡住2营的继续挺进。同日傍晚，德军从第19国民掷弹兵师调来了大批增援部队，并在摩泽尔河对岸陆续集结起了三个炮兵营。经过连夜准备，德国人几乎将迈齐埃－莱斯－梅斯镇改造成了一座巨大的堡垒。以市政厅为核心，街道上几乎每栋房屋都被他们用铁丝网、地雷和沙袋变成了坚固的据点。

好在第357团2营对此早有准备。在接下来的几天中，美军一直在炮火的掩护下用爆破装置以及火焰喷射器耐心地逐步朝镇南方向推进。例如在攻打镇南的另一座熔渣堆时，美军先朝它发射了许多干扰德军视线的烟雾弹，接着派遣工兵逐一清除了德军设置在周围的障碍物和地雷，然后才将坦克派上来压制德军的火力点。而在小镇主街道的争夺战中，美军发现整条大街都被德军设置在另一侧的88毫米炮所封锁，于是便从街道两侧房屋的地下室入手，准备用挖地道的方式一座座的夺取附近的所有建筑物。为了预防德军的伏击，美军在每次行动前往往都会准备一只由

5 加仑汽油桶改装而成的“莫洛托夫鸡尾酒”，一旦地道挖通就立即将这个特大燃烧瓶塞入另一边的地下室，把隐藏在阴暗角落中的德军烧得狼狈不堪。

到 10 月 11 日，巴斯上校觉得时机已经成熟，于是建议第 90 师师部马上向迈齐埃 – 莱斯 – 梅斯镇投入第二个步兵营，准备绕过主街道旁的花园区对驻防中央街区的德军主力进行包抄。但麦克莱恩觉得只用一个营的兵力已经是绰绰有余，所以他拒绝了巴斯的提议，仅仅指派 3 营前来接替了 2 营的进攻任务。10 月 13 日，巴斯顿上校又接到了来自第 3 集团军的一道有关节约弹药的指令，上面要求停止使用所有超过 76 毫米口径的炮弹，结果使得第 357 团 3 营每日的弹药消耗量一下减少了 90% 以上。这其实是巴顿的部队补给供应不足的又一体现，所谓西线盟军总是拥有近乎无限作战资源的说法纯属子虚乌有，否则他们也用不着去搜罗和使用那些缴获的德军火炮了。

很明显，要在没有足够兵力和炮兵支援的情况下拿下迈齐埃 – 莱斯 – 梅斯镇，将是一项非常困难的任务。美军的推进速度一下子慢了下来，部队的伤亡也开始逐步增加。不过巴斯上校并没有气馁，他反倒是将这看成是一次考验美军巷战能力的绝佳机会。根据他的命令，第 357 团的各级军官都为自己的部队规划了细致的作战步骤，甚至连班排一级都以书面的形式向上级反馈了他们的行动计划和要夺取的目标。为了瓦解对方的心理防线，美军这次还出动了少见的宣传连。当时担任第 90 步兵师副师长的威廉·韦弗曾试图用高音喇叭规劝镇内的德军速速投降，但他的努力没有收到任何效果。

▲ 被美军炮击之后满目疮痍的迈齐埃 - 莱斯 - 梅斯镇，而德军也利用这些废墟展开了顽强防御。

既然德军铁了心要顽抗到底，那就只有面对毁灭一途。随着麦克莱恩在数天之后被提升为第 19 军军长，曾在 D 日率第 29 步兵师部队登上犹他海滩的詹姆斯·范弗里特准将（没什么好介绍的吧，不认识的人出去罚站）便接下了第 90 步兵师的指挥权。与常常会忽略部队能力的麦克莱恩不同，范弗里特一上来就不顾巴顿的弹药使用限制令，要求立即恢复对第 357 步兵团的火力支援保障，并把夺取迈齐埃–莱斯–梅斯镇的日期限定在 11 月 2 日之前。在进一步完善了作战计划后，多数参谋人员都认为如果要彻底粉碎德军的抵抗就要扫平作为其防御重心的市政厅，这个想法获得了范弗里特的首肯。10 月 20 日，美军将一辆 155 毫米自行火炮开到距离迈齐埃–莱斯–梅斯市政厅只有 150 码的距离处，并对其发射了十发炮弹。六天之后，一个美军步兵连试图突入已经千疮百孔的市政厅下层，但很快又被德军用火焰喷射器给逐了出来。27 日，美军成立了四支十人制的突击小队向市政厅发起第二轮进攻，其中有三支先后被德军新埋设的地雷和铁丝网挡住了去路，只有第四支突击队设法从一个被自行火炮打出的窟窿爬进了废墟内部，并与德军展开了肉搏战。只可惜他们最后还是寡不敌众，除一人幸免以外，其余的人不是战死就是受了重伤。

10 月 29 日，第 357 团再度调集五个步兵连，并在大量支援火力的配合下把死守迈齐埃–莱斯–梅斯镇的残余德军团团围困起来。这一次范弗里特改变了战术，他命令第 90 师的师属炮兵主要负责压制德军的炮火反击，第 357 团 3 营的三个连从南面猛攻德军位于市政厅附近的中央防线，另有两个连同时从北面迂回到中央防线的后方对其进行夹击。美军炮兵的不间断射击将主街道附近的所有建筑统统化为了瓦砾，甚至还引爆了不少地雷。受到猛烈打击的德军在惊慌失措之下纷纷逃离隐蔽所，结果马上就陷入美军的包围，不得不放下了手中的武器。战至黄昏，除市政厅和东南的少数房屋外，美军已经基本控制住了迈齐埃–莱斯–梅斯镇。

10 月 30 日，镇内所有残存的德军都被肃清。当第 357 团的人踏进一片废墟的市政厅时只见遍地都是被炸得残缺不全的德军尸首。尽管第 357 团团长巴斯上校在当天上午的最后战斗中不幸受了重伤，但他还是和 3 营营长马森中校一起获得了由范弗里特亲自颁发的杰出服务十字勋章，以表彰他们对攻克迈齐埃–莱斯–梅斯镇所做出的功绩。经过统计，美军第 357 团在这次战斗中总共大约有 300 余人伤亡，但在最后两天的突击中却仅损失了 55 名官兵，这也充分证明了在巷战中支援火力的必要性。这一仗更重要的意义在于第 90 步兵师通过此战扫除了挡在进军道路上的一大障碍，也为今后他们从北面迂回到梅斯后方的作战行动打下了坚实的基础。

第九章　最后决战的临近

美军的作战计划

在前一章里我们谈到第 3 集团军在 1944 年 10 月内暂时停止了对梅斯的全线进攻，摩泽尔河一带也逐渐平静下来。然而盟军高层在这段时间里并未放弃希望，他们仍在积极制订新的作战计划，恢复向莱茵河的进军也指日可待。

10 月中旬，担任盟军最高统帅的艾森豪威尔发现自己正面临着两种抉择：首先他可以在冬季到来之前停止一切军事行动，通过安特卫普来为自己建立更多的前线补给站和物资堆放点。等到积累了足够力量之后，再于来年初春重新向鲁尔区发起攻击。其次他也可以凭借现有的资源继续把仗给打下去，这当然是有一定风险的，而且是否能获得成效也依然是个未知数。由于考虑到暂停攻势也会同样给德军带来休整的有利时机，所以艾森豪威尔决定采用第二种战略。10 月 18 日，艾克为了向手下将领征求意见而把蒙哥马利和布莱德利二人召到布鲁塞尔开会。蒙蒂在会上先是和往常一样坚持己见，认为只有他才是进攻鲁尔区的关键人选，所以必须优先保障他的物资供应。不过这一次蒙蒂却改变了以往的态度，他终于承认了巴顿在阿尔萨斯—洛林地区的行动也是不可缺少的环节之一，甚至还肯定了第 3 集团军对其侧翼掩护的重要性。艾克于是委托布莱德利前去通知巴顿：我们已经为你的向莱茵河的继续进军开了绿灯。

对于巴顿来说最高统帅的默许只是形式上的，他现在最担心的自然还是部队的补给问题。第 3 集团军的参谋人员在 10 月 30 日的一份作战报告中声称："我军目前还无法做到在 48 小时内重新开始进攻。"到 11 月 5 日，虽然美军已经在战线后方连续开通了数条直通摩泽尔河地区的铁路，但是第 3 集团军内可供装甲部队活动之用的柴油和备用轮胎的数目却仍旧不足。在军备补充方面，沃克的第 20 军于 11 月 6 日获得了一批新的弹药补给，多少缓解了该军由于大量使用缴获火炮所带来的补给困难。以上这些情况都说明美军的补给状况正在逐步改善，虽然恢复的速度依然十分缓慢，但第 3 集团军总算可以开始集结兵力并重新制订针对梅斯的进攻计划了。

由于埃迪少将的第 12 军自有任务在身，沃克的第 20 军当仁不让地再次担任起了主攻梅斯的任务。此时聚集在第 20 军麾下的部队除原来的第 5、第 90 和第 95 等

▲ 威廉·莫里斯（1890—1971），生于新泽西。1911 年从西点军校毕业，战中赴法国参战并曾负伤，1942 年起指挥第 6 装甲师，1943 年指挥第 2 装甲军，继而从 1944 年 9 月 22 日起指挥第 10 装甲师，阿登战役之后开始指挥第 6 军，“二战”结束后先后在战争部人事处及南方指挥部任职，1952 年退休。

三个步兵师外，还获得了刚从美国本土赶来的第 10 装甲师的支援（师长是莫里斯少将）。就总体兵力来看，该军一共拥有 30 个步兵营，大约 500 余辆坦克和超过 700 门的火炮，此外军部这次还为各师专门配备了对付筑垒地域工事用的大型工兵架桥设备和各种爆破器材。根据布莱德利于 11 月 3 日下达的作战令，第 20 军将在 11 月 8 日派遣第 95 步兵师从正面大力压缩德军的突出部，同时又以第 5 步兵师和第 90 步兵师从南北两个方向上迂回到梅斯的后方。只要美军一旦形成对梅斯的包围，第 10 装甲师就会从第 90 步兵师开辟的桥头堡上越过摩泽尔河，并向萨尔发起攻击。

在实施进攻之前，美军对第 20 军的部署进行了大规模的调整。从 10 月 31 日至 11 月 2 日，沃克先是命令第 5 步兵师从阿纳维尔后方重新返回塞耶河一线，接下来他又将第 95 步兵师的第 358 和 359 团移动到梅斯筑垒地域以西，并把作为首轮进攻突击主力的第 90 步兵师和第 10 装甲师部分单位派往梅斯以北的奥梅斯附近。然而要完成这么大的部队调动就得迷惑德军的情报部门的眼睛，第 90 步兵师为此专门在奥梅斯布设了不少的伪装火炮和发声装置，试图以此来假装美军部队正在这里进行大规模的集结。为加强欺骗效果，第 95 师第 377 团 1 营还奉命伪装成第 90 师 359 团前往坎日村进行佯攻性质的渡河作战。11 月 3 日至 6 日，第 90 师的主力从奥梅斯悄悄地转移到 24 千米外伯斯德卡腾努树林（Bois de Cattenom，位于蒂翁维尔以北）中的进攻出发点，士兵们不但摘除了臂章，甚至还抹除了车辆上的标记。德军第 1 集团军司令克诺贝尔斯多夫将军在 10 月 24 日与巴尔克的通话记录中，说他发现美军第 90 步兵师“已经从梅斯正面撤离，但去向不明”，至于美军第 5 步兵师则“正在替换蒂翁维尔附近的第 95 步兵师”。这些德军高层之间的联络内容都说明美军战前准备的种种努力的

▲ 被迫在没膝的大水中修筑步行桥的美军工兵。

▲ 1944 年秋，持续不断的暴雨将梅斯以南的摩泽尔河河谷变成一片汪洋，背景中的山坡是穆松高地的一部分。

确有了效果，德军果然尚未捕捉到正准备向他们发动奇袭的第 90 步兵师的踪迹。但是事情并未到此结束，没等第 90 步兵师的官兵们安下心来，一支美军巡逻队很快发现在第 90 师进攻出发地东面的贝格索莫斯林村（Berg–sur–Moselle）内仍有德军活动的迹象，这意味着整个伯斯德卡腾努树林可能都处于他们的监视之下。第 3 骑兵侦察群的部分单位应范弗里特的要求，于 11 月 3 日夜间前往贝格索莫斯林村去拔除德军的据点。美军部队在次日黎明时登上了该村北面的一处高地，但德军下午的一次反击又将他们赶了下来。11 月 5 日，第 3 骑兵侦察群在其附属炮兵营的大力配合下重新夺回了高地并占领了贝格索莫斯林村。这次行动一共打死打伤 60 多名德军并俘虏了 45 人。由于损失轻微，波克上校被授予铜星勋章，另有两名士兵获得了杰出服务十字勋章的嘉奖。

决战之前德军的布防情况

由于梅斯地区深陷战火的关系，如今已经很难查找到德军各个基层单位在最后决战前的详细情况。但根据从战后各种德军档案以及作战记录中发现的信息，我们至少能从师级和军级的角度对德军当时的防御计划做一个大致性的分析。

11 月初，德军第 1 集团军属下第 82 军的三个师正在梅斯以北的防线上担任防御。这些部队分别是负责保卫梅斯城的第 462 师、驻扎在梅斯—柯尼希斯马克一线的第 19 国民掷弹兵师（兵力接近 9 000 人，师长是卡尔·布里泽梅耶上校），以及驻扎在柯尼希斯马克—萨尔河一线的第 416 步兵师（大约 8 500 人，师长是库尔特·普夫利格中将）。整个第 82 军没有坦克，只有少量的反坦克炮和自行火炮，另外还有一支装备苏制火炮的小规模炮兵部队。

此刻在梅斯以南面对美军第 5 步兵师的还是他们的老对手，隶属于 SS 第 13 军的 SS 第 17 装甲掷弹兵师。SS 第 13 军的参谋长库尔特·艾内姆上校认为自从 10 月

19日美军停止全线进攻以后，他们的动向就成了一个谜。其实无论是德军最高统帅部还是西线指挥部都弄不清楚美军将从哪里以及如何展开他们的下一步行动。照克诺贝尔斯多夫将军自己的看法，虽然美军从两翼突破德军的防线之后会让梅斯变成一个被孤立的突出部，但第1集团军也可以利用美军还在费力蚕食梅斯筑垒地域的时机，稳当地把部队撤到齐格菲防线的后方借以保存自己的实力。德军西线最高统帅龙德施泰特也认为梅斯的战略价值不大，他在10月初就曾两度试图劝说希特勒放弃梅斯但都没有获得批准，结果只有作为希特勒喉舌的德军最高统帅部还在固执地坚持己见，要求所有德军坚守梅斯一线并把这场仗给继续打下去。

德军就这么一直等到了11月，美军方面却依然没有任何大的行动。有些战史资料声称G集团军群参谋长梅林津根据一份错误的情报（里面提到美军第14装甲师可能来到了蒂翁维尔）猜测美军可能会在蒂翁维尔一带发动渡河攻势，于是他便给第19国民掷弹兵师和第416步兵师临时增派了五个野战炮兵营，并在蒂翁维尔的对岸埋设了近2万枚地雷。但也有与之相反的说法认为德军完全没有料到美军会在蒂翁维尔以北发动新的进攻。例如克诺贝尔斯多夫在10月29日与巴尔克的电话中谈到美军由于战线过长，有可能无法从阿纳维尔或蒂翁维尔两地重新发动针对梅斯的钳型攻势。他觉得美军更有可能重新调集力量对梅斯筑垒地域进行重点突击，而不是冒险从两翼迂回到梅斯的侧后薄弱地区。无论上述两种说法是否正确，德军方面的确承认美军第90步兵师后来从蒂翁维尔以北发动的奇袭达到了出其不意的效果，甚至还比G集团军群预测的进攻日期11月9日早了一天。

▲海因里希·基特尔（1892—1969），生于巴伐利亚的格罗尔茨霍芬。1911年参军进入巴伐利亚第2步兵团，“一战”中担任过排长和连长，“一战”后继续在第20步兵团服役，“二战”爆发后至1941年5月一直指挥第42步兵团，随后转入高级指挥官预备役，1942年5月起先后出任多个城市的城防司令，1944年8月12日在担任利沃夫城防司令期间获得骑士十字勋章，11月出任梅斯城防司令，11月22日在梅斯被俘，1947年获释。

除了情报上的岔子外，驻防梅斯的德军还险些出现兵员不足的问题。新任要塞司令的基特尔将军走马上任后没几天，他手下的防御兵力就遭到了削弱。11月1日，第19国民掷弹兵师临时将第462国民掷弹兵师的第1216团借走他用。第1217团被迫分出一部分兵员，外加一个重型要塞机枪营和一个要塞守备营共同组成了新的“安东团”，以填补第1216团离开后留下的防御空缺。好在不久之后SS第38装甲掷弹兵团被作为预备队调到梅斯城郊，使梅斯城周边的防御力量重新恢复到了1.2万余人，其中约有5 500人是经验丰富的正规部队。基

▲ 1944 年夏美国陆军航空队的重型轰炸机对梅斯的铁路编组站进行猛烈轰炸时的场景。通往梅斯的铁路线到 11 月中旬仍保持着畅通，到美军将梅斯成功合围之后城中德国守军的补给才被切断。

特尔本人是东线战场上有名的防御战专家，要不是吕贝少将在 11 月 2 日心脏病突发，他也不会立即被第 82 军军部召唤到梅斯。11 月 4 日，基特尔在里贝普雷兵营（Riberpray Barracks，是一座位于梅斯城中心，建立于 18 世纪的大型防御工事）的地下室内建立了自己的指挥部和直达各周边要塞群的通信网络，开始正式接管梅斯的防御工作。

在炮兵实力上，第 462 国民掷弹兵师一共拥有南北两支炮兵单位。负责指挥梅斯北方炮兵群的弗格尔上校以普拉普维尔要塞的火炮为核心，而指挥梅斯南方炮兵群的帕尔姆上校则以他的第 1462 炮兵营为主力。到 11 月初为止，弗格尔的北方炮兵群一共拥有 30 门左右的远射程要塞炮仍处于待命的状态，而且没有柏林方面最高统帅部的工兵司令的允许，任何无关人员都不能随便出入普拉普维尔要塞。至于帕尔姆的南方炮兵群主要拥有两个 105 毫米榴弹炮营、一个重型防空营和两个轻型防空营。11 月 15 日，一辆德军军列为梅斯运来了大批炮弹，德军的弹药供应基本得到了满足。炮兵部队现在的唯一问题是没有足够的机动能力，不但缺乏可以拖曳重型火炮的运输工具，甚至连驮马的数量也因洛林居民拒绝向德军提供马匹而开始逐渐减少。在后勤供应方面，基特尔声称运往梅斯的最后一批食物补给是11月12日到达的，他当时估计自己的部队最多还能继续坚持作战两至三个星期。到11月17日最后一辆军列抵达梅斯之后，整个筑垒地域的补给就被美军完全切断了。

战后有不少战史学家认为，11月之前美军在进攻梅斯时遭到的挫败除了战备不足之外，很大程度上也是缺乏足够兵力这个因素所造成的（三个师对四个师）。直到美军利用10月的休整期又派遣了两个满员的师投入战场（第95步兵师和第10装甲师），方才扭转了他们在兵力上的劣势。从德军方面来说，虽然他们也利用对峙阶段向梅斯增派了援军（第416步兵师）并使兵力继续与美军持平（双方都是五个师），但德军的整体素质和兵员总数却反而有所下降。所以当重整旗鼓后的美军第20军重新向梅斯发动攻击时，也难怪德军会抵挡不了对方的钳型攻势开始纷纷撤退了。随着德军侧翼防线被突破以及梅斯城陷入合围，德军第1集团军也一下子失去了与基特尔的所有联络。对德国人而言，梅斯守军的最终命运在未来的几个月内都成了一个未知数。

第十章　美军11月梅斯总攻的开始

自从第3集团军在11月3日获得布莱德利的第12号作战令后，巴顿便一直耐着性子等待11月8日总攻日的来临。在这之前，他已命令沃克手下的第95步兵师一边分兵巩固蒂翁维尔北面的迈齐埃–莱斯–梅斯隘口，一边对于坎日村进行佯攻以吸引德军的注意力。11月7日傍晚，正焦急等待着天气预报的巴顿却接到了一份令他失望的报告，说是在未来的24小时内阴雨天气将不会有任何的变化。盛怒之下，巴顿打电话给沃克命令部队在次日不顾恶劣天气照原定计划实施进攻。如果我们光以巴顿的观点来看，第90步兵师无疑是梅斯战役后期美军北翼攻势的先锋部队，理应把它的作战经历放在显眼的位置上。但是读者们应该明白，历史上很多重大战役中的主攻部队往往都离不开其他方向上友军部队的大力配合，所以在展开对第90师渡河作战的描述前，我们就有必要先提一下第95步兵师第377团在迈齐埃–莱斯–梅斯隘口和于坎日村两地进行的辅助攻势。

巩固迈齐埃-莱斯-梅斯隘口

迈齐埃–莱斯–梅斯镇内的战斗刚刚结束没过两天，第377团的2营和3营便被抽调到迈齐埃–莱斯–梅斯镇替换下已经在那里作战多日的第90师第357团。这些从未经历过重大战斗的新兵们刚一到达目的地，上头就传来消息说在镇子南边的熔渣堆以及布里厄古堡（Chateau Brieux）附近的树林内仍有德军活动。看来美军只有先肃清这些德军的残余部队，才能保证迈齐埃–莱斯–梅斯隘口的稳固。第377团K连在11月8日夜间对熔渣堆进行了一次试探，结果直冲上去的士兵都被埋伏在顶上的德军机枪火力给打得七零八落，损失了几乎整整一个排的兵力。与此同时，负责从另一个方向进攻布里厄古堡的I连也在漆黑一团的情况下陷入了路边泥沼和德军雷场的围困之中。等他们好不容易脱离危险，德军每隔30分钟进行一次的精确炮击又令很多侥幸进入树林的I连官兵陷入了混乱状态。当时志愿担任进攻古堡任务的I连列兵保尔回忆说：“由于在树林内遭到了德军的突然炮击，大多数人在散开之后很快都迷了路。我只好独自一人扛着肩上的巴祖卡，在伸手不见五指的黑暗树林中不断穿行。幸好有格里斯中士的喊话，我才重新找到了自己所在的班。为了确保战友们不再掉队，中士命令所有人都在左臂上缠上一块白布作为识别

▲ 被 1944 年秋季凶猛的大水包围的梅斯近郊某高地，水边可以看到一艘美军的橡皮艇。

标记。数十分钟过后，我班遇上了另外两个排的友军并开始陆续收拢其他掉队的人员。当晚泥泞的地形再加上很多人又都身负重荷，使得部队后来的行军速度极其缓慢。由于周围视野有限，我在走了没多远后不小心跌入了一个足有两米深的弹坑，而且一时间因为坑壁太滑怎么也爬不上来。等我好歹脱险时，同伴们都已经走远了。"

爬出弹坑的保尔虽然竭力跟上了大部队，却又不幸陷入了布里厄古堡外围德军机枪掩体的火力网之中。眼看战友们都无法突破德军的火力封锁，保尔的同伴博德纳起身向德军掩体打了三枪，德军机枪立即转过来朝他猛烈射击。博德纳当时感到就像有人用棒球棍猛击自己的右腿，于是叫了一声"真他妈该死"，接着便一头栽倒在了地上。保尔见状赶紧跑过来，一边按着博德纳的伤口为他止血，一边瞧着格里斯中士在两名士兵的陪伴下用钳子剪断了古堡前的铁丝网并钻了过去。为了保护无法行动的博德纳，保尔决定继续趴着等待合适的时机，但是仅仅在几分钟后一颗德军的炮弹就在他的脚边爆炸，令他受了重伤。"我当时感到自己的脸部、胳膊、腿部和腹部都被弹片穿透，剧烈的疼痛让我觉得仿佛一切都完了。"

博德纳和保尔到底还是幸运的，他们在负伤后很快被同伴们送到了后方的野战医院接受治疗。在随后的几天里，重整旗鼓的第 377 团派遣 I 连和 K 连朝熔渣堆和布里厄古堡再次发起了轮番突击，迫使德军在 10 日匆忙撤离前炸毁了摩泽尔河的堤坝。然而这次爆破行动不但没有逼退美军，反而造成迈齐埃 – 莱斯 – 梅斯镇南面的部分地区被大水给淹没，还淹死了一些正在布里厄古堡地下室中死守的德军士兵，古堡因而陷落。直到今天，我们仍能从布里厄古堡的遗址上看到当年双方激战时留下的痕迹，而 I 连的老兵们也在 1991 年的一次纪念集会上为遗址竖立了一块纪念碑。

于坎日桥头堡上的佯攻

为了能让德军相信美军的确会从蒂翁维尔以南进攻梅斯，第95步兵师在发动迈齐埃–莱斯–梅斯肃清作战的同时也派遣第377团1营前往于坎日村执行一次小规模的渡河行动。此前上级估计到德军肯定会注意到于坎日附近的美军活动，所以第377团1营的士兵在抵达摩泽尔河畔之前预先摘掉了臂章并故意大量发送假情报和假电文，使德军误以为是第90步兵师的第359团来到了于坎日桥头堡。1营这次行动的主要任务是渡河夺取离于坎日仅有不到3.2千米路程的小村因梅尔丹日（Immeldange），然后等待后续援军的到达。美军认为如果行动成功就有可能吸引德军的注意力，从而大幅提高第90步兵师在蒂翁维尔以北主攻的突然性。

11月7日黎明的恶劣天气使美军无法出动战机，但第320战斗工兵营的一个连仍在炮兵支援下渡过了摩泽尔河并设法排除了德军布置在岸边的铁丝网和雷场。晚上9点，第377团C连搭乘17艘冲锋舟过了河，悄悄地挺进到离对岸400码远的位置上安营扎寨，一开始没有遭到德军的任何抵抗。由于德军的前哨阵地都设在离河岸较远的公路两侧，而第19国民掷弹兵师第73团也未能及时发现美军的行动，看来第377团1营最初的行动的确达到了出其不意的目的。

直到天亮，从公路哨所中外出巡逻的德军哨兵这才发觉已经近在咫尺的美军。尽管他们马上呼叫了炮火支援，但大部分的炮弹因为距离过近而落到了C连阵地的后方，给正在岸边架桥的第320战斗工兵营造成了很大麻烦，最终不得不停止了施工任务。除此之外，8日夜晚摩泽尔河的突然泛滥还造成河堤出现决口，大片的河水漫过了冲积平原，几乎淹没了通往因梅尔丹日村的一半公路，美军的电话通信因此中断，C连只能靠无线电通信设备才勉强维持住与营部间的联络。到9日上午，第377团1营已有两个步兵连和一个重武器排渡过了摩泽尔河。为了避免被汹涌的河水波及，这些部队随后在博特朗日村（Bertrange）以东的一处山丘上建立了防线，但德军的炮火也很快降临到他们的头上。幸好四周全都是烂泥地，炮击才没给美军造成太大的人员伤亡。现在需要面对的难题是该如何给这些被困在山丘上的部队输送补给物资，否则他们迟早都会被德军持续不断的炮击击溃。经过反复商议，美军最后决定采用派遣炮兵观测机空投补给的这一办法。从11月9日下午开始，先后有十架L–4观测机飞临博特朗日上空，以7.5米低空投掷的方式给被困部队送去了近1 080份K级战地口粮，4.6万个弹匣、4 000发12.7毫米口径机枪弹以及大批医护用品。除此之外1营的一批医护兵也从于坎日村方向搭船试图前往被困部队所在

▲ 梅特里希要塞上的一座 75 毫米升降式装甲炮塔。

的山丘搭救伤员，其中有两人在出发后不久便被湍急的河水冲上了一处德军阵地，遇上了两名外出巡逻的德国兵。这两个美国人原本以为德军会向他们开枪，对方却一眼瞧见了美军钢盔上的红十字标志，并用一口标准的英语热情地为他们引路。然而将信将疑的美军医护兵没有按照德国人指引的路线继续前进，而是干脆返回了他们的出发地点去向营部重新问路。经过又一次的努力，他俩终于顺利过河来到了博特朗日村，但又不幸撞上了另一名德军军官。出乎美军意料的是，这名德军军官先对他们打招呼，然后又用英语说道："这里并没有美军部队驻扎，我们只是在照顾你们的一名伤患而已。想知道你们自己的部队在哪吗？喏，就在那里。"他指了指身后美军被困部队所在的那片山丘，接着便转身离开了。

两名美军医护兵的这次意外经历让他们对德国人又有了新的一层认识，看来德国人并不是像上头宣传的那么坏。而在另一方面，美军观测机不顾机翼结冰的危险，继续对山丘上的部队进行空投援助。11 月 10 日，为了防止空投的迫击炮炮弹补给在投下后发生爆炸，美军飞行员先飞往被德军占据的博特朗日村做了几次试验，发现确实没有问题之后才回到山丘上空把这批宝贵的弹药投放下去。随着包围山丘的大水终于在 11 月 11 日夜间开始逐渐退去，第 377 团 1 营趁机将后援部队陆续运至对岸。工兵部队也在一旁开动所有机械吸引德军炮兵观察员的注意，整个行动中没有出现任何的意外伤亡。

与预期计划相反，到 11 月 12 日为止，第 377 团 1 营在于坎日桥头堡的佯攻似乎并未能起到吸引足够德军后备部队的目的。虽说洪水的侵袭的确给美军的行动带来了很大的妨碍，但德军一直到洪水退去之后仍旧没有朝博特朗日方向派遣任何增援，这就说明他们要么可能已经察觉到美军在于坎日的渡河进攻只不过是一次规模不大的行动，要么就是德军高层意图在判明美军的确切进攻目标之前暂时有所保留。无论如何，照当时的情况来看，如果美军不在这个方向投入更大规模的战斗特遣队便无法拖住第 19 国民掷弹兵师的部队，第 90 步兵师在蒂翁维尔以北的进攻即便在最初达成了奇袭的效果，到最后可能也会因为失去侧翼方向上的支援而陷入非常危险的境地。

第 90 步兵师强渡摩泽尔河

对“老牌手”师的广大官兵来说，未能在 9 月初就从蒂翁维尔附近顺利跨越摩泽尔河这件事一直是他们的莫大遗憾。尽管面前只有这么一个障碍，但因为受到梅斯战况以及气候条件的干扰，第 90 师直到三个月后才获得了重新进攻摩泽尔河的机会。照新任师长范弗里特的说法：“我师第 357 团在迈齐埃 – 莱斯 – 梅斯的胜利已经充分证明了小伙子们的能力，只要他们能顺利完成强渡摩泽尔河的任务，第 3 集团军或许就能更早一步到达莱茵河。”

11 月 6 日，隐蔽在伯斯德卡腾努树林中的第 90 步兵师对从伯斯德卡腾努到加维斯（Gavisse）一线的沿岸地区进行了战前侦察，发现那里是一片面积大约有 1 平方英里的冲积平原，而在河对岸与之相对的分别是柯尼希斯马克村与马林村（Malling）。从地图上看，如果美军能够顺利渡河，进攻部队的左翼就会得到东北方向上部分山麓的掩护，德军也不大可能从这个方向对美军发动反击。只要第 90 师在柯尼希斯马克与马林两地之间建立稳固的桥头堡，美军后续部队就能沿着几条东南走向的山涧公路一路猛攻并完成对梅斯后方的迂回。根据美军的情报，德军方面在这一地区的主要据点是位于马林村西南马奇诺防线上的梅特里希要塞（Quivrage de Metrich），以及位于柯尼希斯马克村西南方向的一座同名要塞。就前者来说，尽管它装备有一批 75 毫米和 135 毫米的要塞炮，但这些火炮都已经失去了射击的能力，德军也只是将这座要塞当成临时的驻军掩蔽所。而柯尼希斯马克要塞的情况就完全不同了。该要塞建于 1914 年，是“一战”期间德军梅斯 – 蒂翁维尔筑垒地域的一部分。“一战”德国投降之后法军将它作为巩固马奇诺防线防御的后备防御据点。由于要塞的规模有限，它一共只装备了四座 100 毫米要塞炮，这些火炮都在 1940 年的法军大溃退时被暂时封存起来，直到德国占领军于 1944 年秋重新启用要塞时才重新恢复了作战能力。美军认为柯尼希斯马克要塞会对渡河部队造成严重威胁，为了确保登岸滩头的安全就一定要将这座要塞彻底摧毁。为了避免德里昂要塞群之战悲剧的重演，第 90 步兵师在前一个月里专门进行了攻坚作战的战术演练，如今正好可以将他们的训练成果用在进攻柯尼希斯马克要塞的行动之中。

11 月 7 日，巴顿为了给第 90 步兵师的官兵打气，特地亲自走访了该师的树林驻地并向高级军官们发表了一次例行的演讲：“今天我在第 90 师的防区内巡视了一

▲ 柯尼希斯马克要塞区域鸟瞰，左上方不远处可以到巴斯昂村。

整天，本想让你们的混蛋手下个个都变得生龙活虎，但结果却发现根本没必要这么做，我只需要向他们稍稍打个招呼就行了。这些狗娘养的已经知道该如何去打仗，见了德国人也不会害怕。我觉得没什么可多说的，相信他们也一定能完成这次关键性的渡河任务。”受巴顿讲话的鼓舞，第 90 师在当天夜间加快了进攻准备的速度。所有的步兵渡河用的船只和舟桥器械均已就位，该师的三个步兵团也在次日傍晚之前进入了各自的预定出发位置。根据计划，从右翼进攻的第 358 团将从伯斯德卡腾努村附近强渡摩泽尔河并派遣 1 营攻打柯尼希斯马克要塞，该团另外两个营也会沿着艾尔桑日树林（Bois de Elzange）两侧的公路一直向东南方向挺进。从左翼进攻的第 359 团将从马林村附近渡河，并负责占领对岸的高地。在上述两支部队达成任务目标之后，作为预备队的第 357 团将最后一个投入战斗，负责肃清柯尼希斯马克村以及沿途山岭上的梅特里希要塞。一旦第 90 师的三个团打通东南方向的进军道路，他们就能与从梅斯南方攻过来的第 5 步兵师汇合，并将梅斯包围圈的口袋扎紧，随后美军第 10 装甲师也能渡过摩泽尔河前去进攻萨尔地区。

除了地面攻势外，美军计划从 11 月 8 日起首次集中使用大量战机对梅斯和萨尔等地进行大规模的空中打击，代号为“麦迪逊行动”。攻势发动的头一天里，第 19 战术航空队不顾天气的影响出动了 389 架次的战斗轰炸机先对德军的集结地和交通枢纽进行了空袭。紧接着在 11 月 9 日，第 8 航空队又以 1 299 架次的中型和重型轰炸机持续轰炸了梅斯和萨尔的德军工事群。对“麦迪逊行动”的调查报告认为，重型轰炸机群由于受到云层的干扰只能从 7500 米的高空实施轰炸，导致轰炸的命中精度和破坏效能明显不足。仅有一至两成的炸弹击中了梅斯筑垒地域里的七个目标，而飞往蒂翁维尔的 36 个中队里只有三个中队对首要的两个地面目标进行了攻击，但结果却无一命中。虽然美军的空袭行动几乎未对梅斯防御工事造成任何实质性的破坏，但它还是严重地干扰了德军的通信联络，并给在远方观望轰炸过程的美军官兵带来了心理上的莫大鼓舞。

11 月 8 日深夜，第 358 团和第 359 团的突击营悄悄地来到 400 码外的摩泽尔河畔，开始在各自的指定地点做渡河前的准备工作。由于连日暴雨的关系，负责搬运冲锋舟的工兵必须先费力地通过一大片事先布置了铁丝网和篱笆的烂泥地，然后才能在齐腰深的河水中帮助士兵们陆续登船，有很多工兵因此在数次往返之后累得筋疲力尽。虽说摩泽尔河的突然泛滥给渡河行动造成了不小的困难，但也给美军带来了另外两个意想不到的好处：其一，河水的暴涨迫使在对岸负责一线警戒的德军纷纷撤退到了后方的高地上，这就使得岸边的德军散兵坑和堑壕一下变得空无一人；其二，德军预先埋设在岸边的雷场也被河水淹没，美军的冲锋舟于是毫发无损地越过了这些障碍。在接下来的行动中，美军基本达到了战术上的奇袭效果。直到另两个营的美军在次日凌晨 5 点开始渡河时，缓过神来的德军方才动用炮兵向美军进行了反击，只可惜为时已晚。

第 359 团 C 连的罗科·杰达罗（Rocko Gedaro）中士回忆了当时的情况：“11 月 8 日那天我是跟随第二批突击部队渡过摩泽尔河的，所有的一切我至今还记忆犹新。第 359 团的支援部队在黎明前的 4 点用大炮和机枪朝对岸的德军阵地实施了火力压制，5 点我和战友们一同登上冲锋舟，并在三名桨手的协助下奋力向对岸划去。为了阻止我军渡河，德军从对岸打来了一个照明弹，接下来船队便遭到了德军迫击炮的猛烈攻击，有几艘冲锋舟在混乱中被炮弹掀起的大浪打翻，但仍有不少船只不顾德军的炮击冲上了数百码外的河滩。等船刚一靠岸，我和另外六名同伴便立即跳下来准备随时迎接德军的火力，令人感到奇怪的是，德国人根本就没朝我们开枪射击。在离河滩不远的地方，有一条 1.5 米深、0.6 米宽的无人堑壕横在那里，并向右一直延伸到一片树林跟前。由于位置良好，这条堑壕于是成了我们几个人的临时宿营地，德军在 10 多小时过后才向我军发动了第一次反扑。我记得在傍晚天黑之前，一批数目不明的德军从远方的开阔地上朝我所在的堑壕位置冲来，结果被打了个落花流水，很快就逃了回去。现在回忆起来，如果我当时知道他们真这么不经打的话，也不会事先将自己缴获的鲁格手枪抛入摩泽尔河了。此后数小时内都没有任何战斗发生，但到午夜时德军那边似乎又有了动静，我能听见堑壕前方传来的声响以及一名负伤德军士兵的凄惨呻吟。和我预料的一样，我们在第二天天亮时果然看到两名手持白旗的德军医护兵正在搬运战场上的尸体和伤患，其中一人还在不停地打手势要我们不要朝他们开枪。遵照战场上不攻击医护人员的原则，我最终还是放过了

▲第 359 步兵团 C 连的罗科·杰达罗中士。

这些德国人。”

11 月 9 日中午，美军 359 团在加维斯方向上的渡河行动似乎进行得相当顺利，该团全部三个步兵营都按原定计划安全地渡过了摩泽尔河并夺取了马林村，美军然后沿着马林到佩蒂埃坦日（Petite–Hettange）的道路向凯兰村（Kerling）方向一路挺进。作为交通枢纽的凯兰村对于美军来说是至关重要，只有拿下了这个村子，第 90 师才能完全打通左翼山涧地形上的进军通道。防守凯兰村的德军在四门反坦克炮的支援下试图进行顽抗，但第 359 团 3 营不等他们组织完毕就发动了突击。随着反坦克炮阵地的陷落，德军在凯兰村内的抵抗也随之瓦解。9 日下午，仍在马林村河岸边的堑壕里担任防御的杰达罗中士等人受到了不明枪手的骚扰，不断飞来的子弹打得众人几乎无法露头进行观察。他对此显得非常恼火：“由于很久都无法判断对方所在的位置，我便猜想一定是遭到了躲藏在树上的德军狙击手的攻击。为了逮到他们，我便叫上我的两名同伴，准备采用打几枪换一个位置，再打几枪再换一个位置的办法来对付这些可恶的狙击手。德国人果然中计，我只要一移动他们就立即向我开枪，这样一来就把自己的位置暴露给了我的同伴。经过一番短暂的战斗，先后有两名躲藏着的德军都被击毙。由于他们事先用皮带将自己系在了树干上，所以这两具浑身弹孔的尸体都没有直接掉落地面，而是挂在半空中不断地晃荡。几分钟后，我又听到似乎有人朝我们所在的位置跑来，于是叫其他人暂时不要动，自己独自一人来到堑壕外准备伏击对方。没多久，又一名德军狙击手出现在我眼前，他似乎没有发现我的存在。于是我便从他背后悄悄地逼近，用枪抵住对方的后背并用德语喊道：‘把手举过头顶！’这名德军乖乖地照办了。当他转过脸来时，我发现那不过是一个 20 岁不到的娃娃兵，身上除了一把手枪之外并没有携带任何其他的武器。这个年轻的德国人看上去显得相当害怕，也许正是因为亲眼看到自己的两名同伴都被我们击毙，他才会丢了步枪从树上跳下来，结果正巧被我逮到了。回到堑壕后，我派人把这名德军送往后方去接受审讯。他应该并不知道自己能够活下来其实是相当运气的，因为我们这里几乎人人都痛恨狙击手的存在。其他步兵只要一逮到德军的狙击手可能会立即处决他们，要不是碰上我，这个小兵也许早就没命了。”

正当第 359 团在马林村一线奋战的同时，美军右翼的第 358 团也没有闲着。尽管第 358 团 3 营营长在帮忙搬运一艘冲锋舟时由于步枪意外走火而伤及了双手，不过这并没有影响到全营在伯斯德卡腾努村附近的渡河作业。3 营 L 连连长查尔斯·布里安（Chales Bryan）描述了 11 月 8 日夜间的战况：“在我的印象里，强渡摩泽尔河的行动让我感到既危险又刺激。当晚河水的泛滥使岸边变得泥泞不堪，每艘冲锋舟都需要八个人一起帮忙才能搬运到指定的登船地点。等我们到达对岸时，发现集结点附近的一座水泥厂房其实是德军的一个通信联络站。我便派出一支突击队前去摧毁它，他们很顺利地完成了这个任务。深夜时分，两名经过厂房的德国巡逻兵在黑暗中落入了我军的伏击，其中一人被突击队员开枪打死，另外一人也在负伤之后被擒。3 营营部以及医护连在天亮之前接管了这座厂房，那名受伤的德国人也被带到一间房屋内接受治疗。次日凌晨 4 点，K 连和 L 连的人马越过厂房后方的铁路线，逐步接近了前方的柯尼希斯马克要塞。根据上级的命令，攻打要塞的任务被交给了 1 营来执行，所以我下令不要惊动要塞里的守军，让 3 营主力从要塞旁悄悄地通过。尽管如此，3 营仍在山脚下意外遭遇了一个德军的观察哨，不过幸好哨所内的德国人当时都在休息，很多人都没弄明白是怎么回事就成了我们的俘虏。少数试图顽抗的德军也都被刺刀给挑翻了。一名刚从诺曼底负伤后返回部队的中士由于性急，怎么也无法拔出刺入德军胸膛的刺刀。无奈之下他只好开了一枪，不仅把面前的德国人打了个脑袋开花，还把自己弄得浑身是血。那的确是很糟糕的情况，尤其是当气温上升之后，大家都闻到了从中士身上传来的刺鼻血腥味。他自己当时也一定受到了不小的精神刺激，当晚就因为战斗疲劳的原因被撤出了战斗。”

第 358 团 3 营绕过柯尼希斯马克要塞前往因格朗日（Inglange）之后，负责主攻要塞的 1 营部队迅速跟进并占据了河岸边的巴塞安村（Basse Ham）。以这个小村为跳板，1 营首先派遣侦察分队对 800 码外要塞所在的高地进行了侦察。和其他梅斯防御工事的结构类似，柯尼希斯马克要塞的主体由三座混凝土碉堡以及一座炮台构成。除各种驻军掩体和装甲观察哨外，要塞外围也被铁丝网、石墙以及堑壕团团环绕，唯一不同的地方在于它没有在石墙边设置那种高大的铁栅栏。当时负责防守柯尼希斯马克要塞的德军部队，是第 19 国民掷弹兵师第 74 团的 300 余名官兵。光从人数上看其实力与进攻的美军基本旗鼓相当，但就作战能力和训练组织程度而言，他们要比美军以往的对手——候补军官团差了不止一个等级，更何况美军这次是有备而来，他们在此之前已经做了大量要塞突击作战的战术演练。9 日上午 7 点 15 分，第 358 团的 A 连和 B 连用爆破筒干净利落地清除了要塞外围的几处铁丝网障碍物，紧接着便有大批美军快速越过反坦克壕沟并攻入了德军驻守的第一道堑壕。要塞守军没有料到美军会来得如此之快，他们赶紧派人增援要塞碉堡周围的各处观察哨所，然后又动用迫击炮对美军所在的堑壕进行压制。然而美军根据事先的侦察早已得知要塞部分堑壕因为年久的关系早已杂草丛生，他们利用这些掩护灵活地从一个位置转移到下一个位置，反倒令德国人无谓地浪费了不少的迫击炮弹。从德军的反应来看我们不难看出他们的战术问题，如果他们的经验更丰富一点，就应该懂得如何利用要塞碉堡附近的各个机枪掩体组成交叉火力来防止美军利用堑壕系统攻入要塞中心地区，再配合观察哨对美军进行炮火压制，可他们并没有这么做，美军于是很容易便到达了各个碉堡的大门口。受德里昂之战教训的影响，第358团1营这次没有急着进攻要塞的地下通道系统，他们转而采用其他更为妥当安全的做法。只见两名美军工兵先用34磅的炸药炸开一处碉堡的外墙，接着又将另一捆炸药安置在碉堡下方地下通道的阶梯上。随着一声巨响，躲藏在地下通道内的多数德军都被剧烈的冲击波和刺鼻的浓烟逼了出来，乖乖地当了美军的俘虏。而在另一座碉堡内，美军则往通风管中倾倒了大量汽油，然后再投入几枚手雷，基本也获得了同样的效果。从战术运用上说第358团的作战方式无疑是成功的，这种进攻方法的唯一缺点就是速度太慢，而且为了弥补爆破作业时炸药和汽油的不足，美军甚至不得不派观测机前来空投了500磅重的额外装备。

▲ 11月9日，一辆途经摩泽尔河东岸巴斯昂村村口的第90师救护车。我们可以清楚地看到仍未撤除的德语公共汽车站牌，上面的Diedenhofen是蒂翁维尔的德语名称。

到11月9日天黑前，美军已有八个步兵营渡过了摩泽尔河，第358团2营也肃清了柯尼希斯马克村并运来了一批防御用的牵引式反坦克炮。随着对岸上的七座村镇纷纷落入美军之手，第90步兵师的桥头堡如今已扩大至9.6千米长、3.2千米宽。也许有人会认为美军已经获得了初步的胜利，其实不然。第90步兵师的工兵部队目前还没有在河上架设过任何一座桥梁，对渡河地点的空中支援也尚未恢复，所以说东岸的美军正面临着被德军切断后路的危险，形势仍不容乐观。范弗里特命令工兵部队夜间乘船向对岸运送补给，结果也遭到了德军炮兵的严重阻挠。更糟

▲ 柯尼希斯马克村被美军占领之后，一张摄于村子入口处的照片。

的是，西岸的烂泥滩被再次上涨的河水所淹没，导致好多试图规避炮击的船只不是因为撞上了半露在水面上的篱笆而沉没，就是螺旋桨被水下的铁丝网缠住而失去了行动能力。当少数幸存下来的船只抵达对岸后，卸完物资的工兵又得帮忙将桥头堡的重伤员一一抬进船只，再冒着德军炮火返回西岸。根据美军战史的说法，当时执行任务的某些工兵都是后方临时补充进来的替补人员，他们根本没有受过工兵的技能特训，也经不起实战时的炮火考验。范弗里特尽管为此感到非常恼怒，但也无可奈何。

11 月 10 日黎明前，德军向美军左翼发动了首次反扑，第 359 团 3 营抵挡不住德军的攻击而放弃了已经到手的凯兰村。战后的调查认为，是凯兰村内某些对德国持同情态度的法国人事先将美军的具体布防情况透露给了德国人，才导致了这次防御战的失败。为了夺回作为今后第 10 装甲师必经之地的交通枢纽，范弗里特在天亮后下令以炮兵部队配合第 359 团前去攻打凯兰村，接着还让作为预备队的第 357 团立即包围中央山岭上的梅特里希要塞以吸引德军预备队的注意力。可到黄昏时，

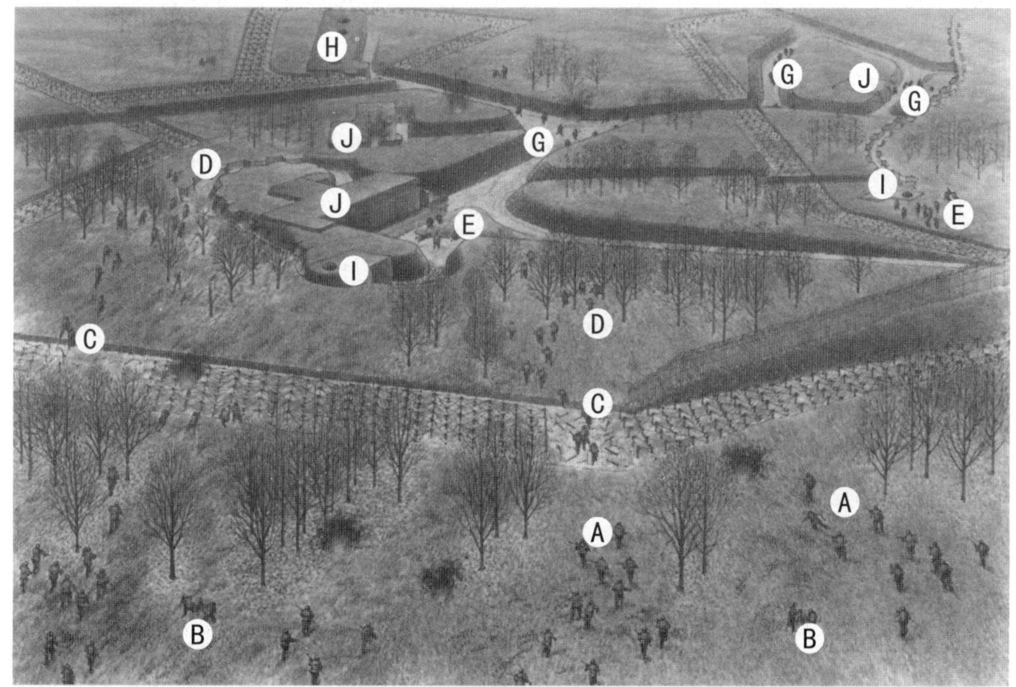

▲ 第 90 步兵师第 378 团第 1 营进攻柯尼希斯马克要塞图解：
步兵班逼近铁丝网 (A)，与此同时迫击炮组为步兵冲锋提供猛烈的支援炮火 (B)。步兵班冲过已经由战斗工兵炸开的铁丝网 (C)，与此同时战斗工兵在混凝土碉堡和兵营 (I 和 J) 上安装炸药。冲进要塞区域的步兵 (D) 前往攻占前沿堑壕阵地 (E)，被奇袭的德国守军冲出掩体进入防御阵地 (G)，并开始用迫击炮打击堑壕中的美军步兵。其间，装甲炮台中的 4 门 100 毫米炮 (H) 向北面的美军部队开火。

第359团不仅没能顺利拿下凯兰，就连在夜晚渡河前来支援凯兰作战的第359团1营也被德军炮兵赶了回去。与右翼相比，战场另一端的情况也不算太好，第358团1营也在忙着继续肃清柯尼希斯马克要塞，只有第358团的另外两个营在艾尔桑日山岭上获得了微小的进展，交战双方于是暂时陷入了胶着的局面。至今没有任何一个坦克或坦克歼击营前来支援第90步兵师，美军唯一的火力掩护是正在西岸泥沼中奋战着的炮兵部队。美军工兵在马林村对岸的架桥速度因此受到很大影响，工程部队指挥官预计这座桥至少也得再花一天时间才能全部完工。战后曾有不少战史学者认为德军的反应实在太慢，他们早该在24小时之前就调兵遣将，将尚未得到有力支援的第90师赶下摩泽尔河。只可惜，范弗里特这次选择的攻击位置正好是德军第416步兵师和第19国民掷弹兵师的接合部，这意味着德军必须用军一级的指挥系统来协调这两个师的联合防御作战，而要完成这项工作就需要更多的准备时间，这也是为何德军无法在美军渡河当天就向桥头堡发动反攻的主要原因。

11月11日上午寒风凛冽，又饿又累的美军士兵在范弗里特的严令下准备再次展开全线突击。然而令范弗里特没有想到的是，德军第19国民掷弹兵师恰恰也在这个时候向第90步兵师的左翼发起了第二次猛烈的反击。位于桥头堡战线最左端的第359团1营刚刚出发就遭到了来自马林村以东树林方向大约150名德军和三辆自行火炮的进攻。多亏1营在前夜渡河时带来的几门反坦克炮，两辆德军自行火炮先后被击毁。但是处于行军状态的1营并未能挡住德军步兵的突然袭击，剩下的一辆德军自行火炮也向美军溃散的队伍猛烈开火。为了挽回危局，A连一个仅剩十人的步兵排向德军左翼发动了英勇的冲锋，由阿尔伯特·布德上尉指挥的另一个排也在炮兵掩护下向德军右翼进行了反击。在激战之中，布德上尉不幸负伤，但他坚持不下火线并一直坚持到了德军撤退的那一刻。与此同时，在马林村以北的高地上，第359团的3营阵地也遭到了德军步兵和自行火炮的围攻，双方刚一开始就进入了激烈的

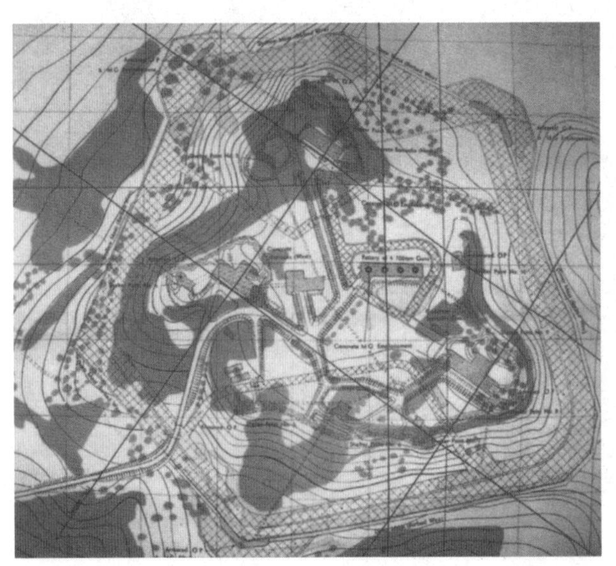

▲ 美军工兵部队在法国工程师的帮助下绘制的柯尼希斯马克要塞平面图。

白刃战状态。由于交战距离过近，3 营的阵地本身被己方的支援炮火波及，混战之中两名连长相继阵亡。要不是因为其他美军的激烈抵抗和德军缺乏足够预备队而退走，3 营的中央防线很可能会出现崩溃的局面。

德军的反击被粉碎之后，位于柯尼希斯马克山岭上的第 357 团在经过一天时间的准备后，终于向梅特里希要塞发起了攻击。虽然这座马奇诺防线上的大型防御工事在 1940 年时曾一度拥有 21 门火炮和 1 400 人的驻军，但到了 1944 年 9 月，德军仅仅在这里部署了一支不到 250 人的守军，几乎所有的炮台都失去了作战能力。为了减少伤亡，美军动用炸药彻底摧毁那些不能直接拿下的碉堡和掩体。如果发现哪里有较为激烈的抵抗，美军也并不派人直接进入地下坑道，而是暂时将目标包围起来，准备用围困战法迫使里面的德军最终投降。尽管如此整个行动也并不轻松，第 357 团必须再花一天时间才能完全肃清要塞周围数量众多的掩体。与此形成对照的是第 358 团在第 90 师右翼战线上的作战经历，该团终于在 11 日获得了突破性的进展。当天上午，一支大约 100 多人的德军增援部队在柯尼希斯马克要塞南方被第 358 团 2 营截住，全部乖乖做了俘虏。而在另一方面，第 358 团 1 营也总算将要塞内的德国守军逼到了山穷水尽的地步。随着地面上的最后几座要塞掩体被纷纷摧毁，残存的 150 名德军便计划沿着一条 400 码长的地下坑道从要塞西南方向突围。

▲ 被第 90 步兵师的进攻炸得千疮百孔的梅特里希要塞。

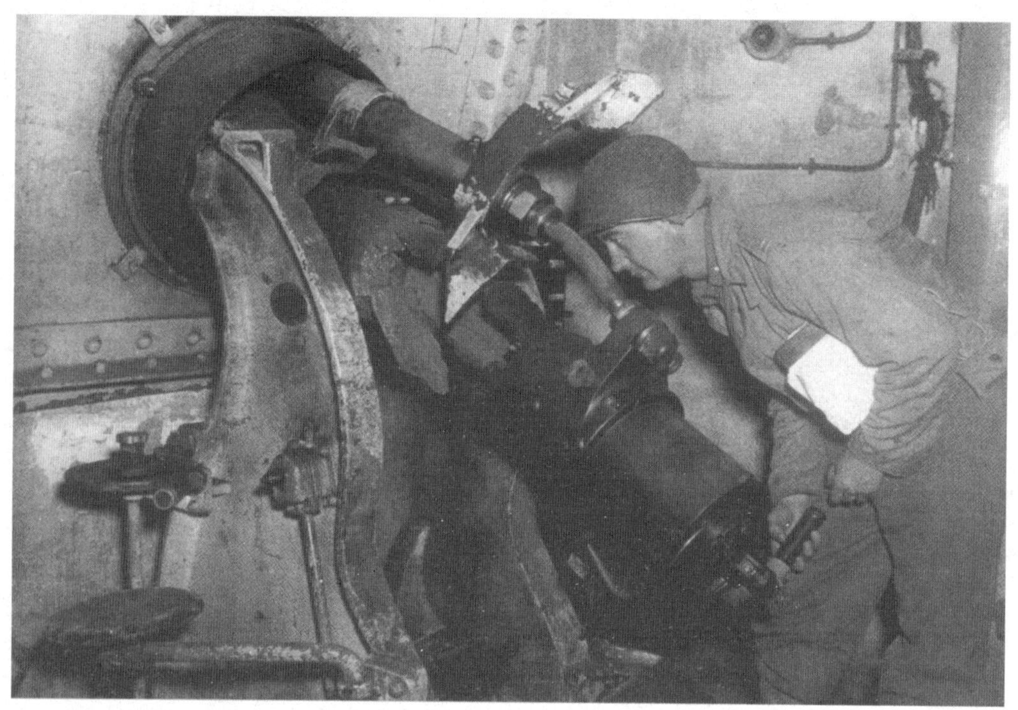

▲ 一名美军军官正在检查梅特里希要塞内部一门 75 毫米火炮的炮座。这些法制火炮虽然射程较短，却拥有惊人的射速，幸好美军进攻时该要塞的所有火炮均已失去了作战能力，否则第 90 步兵师将付出更大的伤亡代价。

但当他们刚从那里的一处地下井口中钻出来时，却被把守在那儿的 2 营 G 连逮了个正着，于是只好束手就擒。

柯尼希斯马克要塞之战最终以美军第 358 团的全胜而告终。德军的伤亡数字不详，只知道大约有 300 名德军被俘，而美军方面总共有 111 人阵亡或负伤。从这次战斗中，美军充分体会到了完善作战计划的必要性。不过话说回来，美军第 358 团面对的德国守军到底不是如同候补军官团一样的精锐部队。和惨烈的德里昂要塞群战况不同，美军这次能够完全包围柯尼希斯马克要塞并不断投入援军。而且就防御能力来看，柯尼希斯马克要塞的结构也远不如德里昂要塞群那么复杂和坚固，这意味着进攻一方可以不用进入地下设施，只需采用分割包围要塞各个区域的办法就能逼迫守军投降。

11 日这天恰好是巴顿的生日，布莱德利为此特意打电话来向他祝贺。可是巴顿却对马林村附近的渡河作业大发牢骚："整整两天我都在期盼工兵部队能够加快舟桥的建造速度，好让坦克歼击营能够马上越过摩泽尔河，但这个想法全都因为德军的持续炮击而未能如愿。今天我得知桥梁终于得以完工，一开始还喜出望外，没想到才通过了几辆工程卡车和两辆 M10 坦克歼击车之后，德军突然而来的炮击就把它的末梢部分给击垮了。桥梁的坍塌使第三辆快到对岸的 M10 一下子翻倒在了河里，这个场面让在一旁观望的工兵们也全都瘫坐在了泥地里，有些人还像孩子一样痛哭起来。我后来让工兵部队立即修复受损的桥梁，却在傍晚时发现当河水水位降低的时候，对岸河滩上居然埋有德军的地雷！看来只有先拆除半截舟桥，清理这些麻烦的东西，否则我的坦克部队就根本无法冲出对岸的桥头堡。”

美军对马林村舟桥的修复工作一直持续到了 11 月 12 日，几天以来一直暴涨的摩泽尔河终于有了退潮的迹象。而在另一方面，德军高层终于发觉单靠第 19 国民掷弹兵师一支部队根本无法节制仍在继续不断扩展的美军桥头堡。经过几天与西线最高指挥部的协商，上头决定把正在休整的第 25 装甲掷弹兵师部分单位调往马林村桥头堡以支援那里的守军。由于油料紧缺的关系，德军的装甲战斗群未能在 11 日上午赶到指定进攻集结点。当它在深夜抵达考特维尔（Kaltviller）附近时，西线最高指挥部却发现先前准备从希雷克村（Sireck）方向发动的迂回作战计划因为需要通过狭窄的山涧地形而无法实施，于是只能就近选择从凯兰村以东直接向美军第 359 团的防区发起攻击。11 月 12 日凌晨 3 点，德军第 35 装甲掷弹兵团的两个营级战斗群在十辆坦克和突击炮的支援下突然进攻了凯兰村外的美军哨所，迫使第 359 团 3 营又一次放弃村落。3 小时之后，德军部队沿着佩蒂埃坦日道路两侧发起全力突击，并直接威胁到了马林村桥头堡以及第 359 团 2 营后方阵地。为阻挡德军的继续突破，2 营 G 连在佩蒂埃坦日树林中设下埋伏，以他们仅有的重机枪和迫击炮死死地缠住从道路南面逼近的一路装甲掷弹兵，不让他们能够分出力量来支援正在快速挺进的装甲车辆。在激战中，G 连的列兵奥利弗独自操作一挺 M1919 机枪，先后打死了大约 22 名德军士兵。而前来支援他的福雷斯特·埃弗哈特中士则干脆拆掉了迫击炮的支架，直接用它射击那些几乎冲到眼前的敌人。美军战史中对埃弗哈特的战斗经历做了如下描述：“当德军步兵和自行火炮几乎快要突破 2 营的左翼防线时，H 连迫击炮班的福雷斯特·埃弗哈特中士带着另一名炮手快速穿越树林抵达 400 码外的 G 连位置上仅存的一处机枪阵地。在那里，他俩用手头的一门迫击炮配合列兵奥利弗的机枪，试图挡住大批德军步兵的连续冲击。对于那些逼近到阵地跟前的敌人，埃弗哈特先冲过去向他们投掷手雷，然后再用拆掉炮架的迫击炮对他们进行近距离射击。经过 15 分钟的搏杀，约有 30 多名德军被他们击毙，G 连的阵地也因此得以保存下来。但这还没有完，埃弗哈特接着又跑回 H 连所在的右翼阵地，指引他的战友们不断向进攻的敌人倾泻密集的迫击炮火，然后又用他的手雷战法与德军展开对决。30 分钟之后，德军抛下 20 多具尸体，在战斗中表现英勇的福雷斯特·埃弗哈特也因其优异杰出的表现而获得了国会荣誉勋章的表彰。”

不过G连伏击仍未能完全拖住德军的腿，德军前锋依然在朝佩蒂埃坦日村的方向继续挺进。布置在该村村口的三门美军反坦克炮中的两门先后都在混战中被摧毁，但第三门炮终于勉强地将德军阻挡在了佩蒂埃坦日村东南的十字路口上。第359团2营营长布思（Booth）中校赶紧将一支由厨师、司机和文书人员组临时拼凑而成的杂牌军派到村子西南的树林里协助防御作战，用各种轻武器和巴祖卡火箭筒劈头盖脑地砸向暴露在十字路口处的德军侧翼，一时间打乱了对方的阵脚。也就在这个关键性的时刻，部署在摩泽尔河西岸的大约20个美军炮兵营一起开始发威，当天摩泽尔河东岸上仅有的两辆M10坦克歼击车也在兰德中士的要求下及时赶到了战场，这无疑大大增强了第359团的战斗决心。有了炮兵的有力支援，美军坦克歼击车很快便击毁了两门德军突击炮，并迫使第三门受伤的突击炮掉头逃跑。在美军密集的弹幕攻击下，已经损失200余人的德军纷纷开始朝凯林村方向撤退，而从道路北面进攻的另外一支德军也在激烈的白刃战后被第359团其他部队击退。2营营长布思立即命令E连和G连部队乘胜进行了追击，德军的后撤行动立即变成了溃退，大批失去掩护的装甲掷弹兵不是被打死打伤，就是成了美军追击部队的俘虏。第25装甲掷弹兵师所寄予厚望的反击行动就这么彻底失败了，这场战斗总共造成400多名德军伤亡，150余人被俘，另有四辆坦克和五门突击炮被毁。在美军方面，第359团虽然也在德军的反击下遭到重创，但该团还是在12日下午重新收复了大多数的失地，并确保了马林村桥头堡的稳固。

除了惨遭失败命运的佩蒂埃坦日村反击作战外，德军中央防线上的梅特里希要塞也在美军第357团的不断蚕食下摇摇欲坠。经过一夜的准备，获得后方部队增援的第357团在12日以两个营的兵力对要塞发动了全面进攻，而在激战中牺牲的L连一等兵塞耶也因为他的无畏表现而被追授了国会荣誉勋章。他的嘉奖令中是这么写的：“在自身职责的感召下，一等兵塞耶在肃清蒂翁维尔以北一处德军要塞工事的战斗中扮演了极其重要的角色。11月12日上午，由于友军受到一座德军碉堡的火力压制，塞耶不顾危险飞身越过山岭上的数道堑壕，独自冲向距防御工事侧面不到20码的一处山坡背后，接连杀死了隐蔽在那儿的12名德军，希望以此吸引敌军的注意力，好让战友们有机会从开阔地上迂回到碉堡的后方。德军当然不会就此罢休，塞耶所在的位置很快便被大批德军团团包围，但他依然继续英勇抵抗到了生命的最后一刻。相信如果那天没有塞耶的自我献身精神，L连就不可能以较小的伤亡代价冲上山头，第357团也不可能在夜晚到来之前占领整座要塞。”也许是受到第357团作战精神的鼓舞，已占领柯尼希斯马克要塞的第358团随即不顾连夜作战的疲劳，派遣 2 营和 3 营进攻了山脚下的瓦梅斯特罗夫村（Valmestroff）和艾桑日村（Elzange）。德军即便拿出了以木头和塑料制作的新型地雷，也未能阻挡住士气高昂的美军。两个村落都在下午落入美军之手，第 358 团的进攻矛头也得以进一步地向东南方向扩展。

▲ 福斯特・塞耶（1924—1944），生于宾夕法尼亚州申特县。1943 年参军，1944 年 11 月 12 日阵亡，1945 年 10 月 19 日被追授国会荣誉勋章，葬于家乡的霍华德镇。

到 11 月 12 日夜晚，第 90 步兵师的桥头堡已经得到巩固，马林村附近的跨河舟桥也完全恢复了通行能力，两个排的美军坦克和更多的支援部队正从那里跨越摩泽尔河，而美军工兵部队正在伯斯德卡腾努村方向积极打造另一座大型舟桥，以便为未来第 10 装甲师的渡河行动做好完全的准备工作。尽管形势对美军颇为有利，范弗里特仍丝毫不敢放松警惕。他很清楚第 90 师在经过连续五天的激战后实力已经有了明显下降，德军的抵抗也没有完全崩溃的迹象。为了能在缺乏空中掩护的情况下有效保护自己的部队，范弗里特下令暂时继续固守桥头堡，等摩泽尔河西岸的炮兵部队全数渡河以后再恢复下一轮的进攻。

德军对于己方部队未能有效钳制美军桥头堡的扩展，产生了两种完全不同的评论。其中一派认为第 19 国民掷弹兵师不仅战斗力低下，而且还在战斗中犯了防线过于分散的毛病，因而容易遭到美军的集中突破。另一派人则考虑到装备差距的因素，认为该师在防御中的表现依然是可圈可点。但无论众人的评价如何，G 集团军群司令官巴尔克因为顾及美军可能从梅斯南面发动新的迂回攻势，最后还是放弃了所有反击美军桥头堡的计划，命令蒂翁维尔附近的所有部队进入全面防御。也就是从这时开始，第 90 步兵师完全掌握了梅斯以北战场上的主动权，胜利的天平也逐渐开始朝美军一边倾斜。

第 95 步兵师在蒂翁维尔的渡河作战

从第 90 步兵师打响强渡摩泽尔河第一枪的时刻起，沃克就一直在密切关注范弗里特部队的动向，然而从前方传来的战况却开始让沃克坐立不安起来。持续两天之久的摩泽尔河泛滥现象不仅使第 90 步兵师的架桥作业受到严重影响，还让第 95 步兵师在于坎日村桥头堡的佯攻行动逐渐失去了应有的牵制效果。11 月 10 日上

▲ 奥特雷·马隆(1914—2005)，生于路易斯安那州什里夫波特。1935 年从西点军校毕业，“二战”之后在朝鲜战争中还担任过第 25 步兵师第 35 步兵团团长和第 5 机械化步兵师师长，1992 年退休，最终军衔为少将。这是其上校时期的照片。

午，沃克决定派第 95 步兵师在蒂翁维尔另外开辟一个桥头堡，好让待命已久的第 10 装甲师能够快速渡河前去支援范弗里特。沃克之所以会选择蒂翁维尔，主要是因为那里是连日来唯一不受河流泛滥侵袭的渡河口，而且美军部队已经牢牢地控制了整个西岸城区。经过再三权衡，这个任务被交给了第 95 师的预备队——第 378 步兵团 2 营来执行，该营营长马隆（Maroun）上校随后从第 95 师师部参谋长哈维·戈莱特利（Harvey Golightly）上校那里接到了相关的任务指令。10 日下午 3 点刚过，马隆从师部急匆匆地赶回他设在巴迪利村（Batilly）的指挥所，与 2 营的参谋们一同开始筹划即将展开的作战行动。虽然此时马隆的部队离蒂翁维尔还有 35.2 千米的路程，但作战执行官格兰辛（Granzin）少校提议可以利用黑夜的掩护和蜿蜒的山涧通道让部队悄悄地开往目的地，这样就能避开德军的耳目，马隆于是采纳了他的意见。经过连夜行军，第 378 团 2 营于 11 日凌晨 4 点抵达蒂翁维尔。为了不惊动对岸的德军，马隆命令工兵部队先去准备船只，然后才让先遣队开赴城区以南的渡河集结点。根据工兵的实地勘察，美军发现对岸上有一座大型火车站，而在车站背后则是一座法国人于 18 世纪建造的防御工事——于斯要塞（Fort Yutz）。尽管当时要塞的石墙外围筑有一道堑壕，但要塞守军并没有装备任何规格的火炮，就连工事的顶部也早已杂草丛生。

11 日上午 8 点 30 分，美军由詹姆斯·普兰德加斯特（James Prendergast）指挥的 E 连为先锋展开了第一波的渡河行动。德军第 19 国民掷弹兵师第 74 团某部最初由于一时的疏忽大意放过了头两艘冲锋舟，直到第三艘冲锋舟即将抵达对岸时他们才开始动用机枪和迫击炮进行拦截，但 E 连的 150 名官兵仍在一个半小时之内顺利地渡过了摩泽尔河，反倒是随后跟上来的 F 连遭到了德军火力的集中打击，直到傍晚之前也没能完成指定的作战任务。为了削弱德军的防御，E 连在渡河之后花了大半天时间肃清火车站附近的德军火力点，而马隆上校也接到了来自沃克的又一道命令，要他动用全营的兵力扩展桥头堡并拿下尤斯要塞东北方向高地上的乌于斯村（Haute-Yutz，尤斯要塞东南的附属小村）。马隆因此命令 F 连在夜幕降临后再恢复渡河作业，这次除了少数船只被湍急的水流弄翻之外，其他绝大部分安全地抵达了对岸的火车站。受此鼓舞，2 营的 G 连和 H 连也赶紧抓住宝贵时机在 12 日黎明前登上了东岸。

F 连在天亮后继续向内陆深入的过程中发现了两座通往于斯要塞的“桥梁”，但它们其实只是法国人在 1746 年建造用来控制摩泽尔河水位的水闸过道而已。经过一个半小时的炮击，F 连在河对岸坦克歼击车的火力支援下向于斯要塞发起了突击。该连 2 排在上午 7 点实施的一次突然袭击中击毙了大约 11 名德军，占领了要塞南端的水闸过道。但 F 连其余部队对要塞北端水闸过道的进攻却被德军的猛烈反击阻挡在要塞入口一扇厚重的铁门跟前，并因此损失了 20 多人。退回重整之后，马隆命令 G 连一个排从南面吸引住德军的注意，接着派遣一批携带爆破装置的 F 连 2 排突击队员从北面对水闸过道旁的要塞铁门进行爆破。随着要塞大门被炸，美军攻入了于斯要塞。经过大约半天时间的激战，除了少数德军退入地下通道继续进行顽抗之外，美军基本控制住了要塞的大部分地面设施。

与此同时，蒂翁维尔以北桥头堡上的战况也在不断扩大。当巴顿在 12 日获知德军装甲部队向第 90 步兵师发动反扑时，他立即让沃克向马隆上校转交了有关在蒂翁维尔修建跨河桥梁以及彻底肃清于斯要塞周边地区的命令。当天下午，第 378 团 2 营开始执行第 5 号作战令，计划攻占包括巴塞于斯村（Basse-Yutz，于斯要塞东北的另一附属小村）和伊朗格要塞在内的所有德军据点，并试图与被孤立在 9.6 千米外于坎日村桥头堡上的第 377 团 1 营重新恢复联系。和柯尼希斯马克要塞的结构类似，伊朗格要塞是座建立在蒂翁维尔以南高地上的大型防御工事，总共装备有四门 100 毫米要塞炮。对于没有任何装甲部队支援的第 378 团 2 营来说，它无疑是一块最最难啃的硬骨头。经过一番匆忙的夜间补给，F 连与 G 连终于在 13 日中午前肃清了于斯要塞内的所有德军。与此同时，美军工兵部队开始在摩泽尔河上修建跨河舟桥，接着又将大量劝降传单射入巴塞于斯村内规劝德军投降。这一办法果然起了效果，2 营在 13 日夜晚兵不血刃地拿下了巴塞于斯村，由此获得了与第 90 步兵师建立直接联络的交通枢纽。

巴塞于斯村被降服之后，临近的乌于斯村随即成了美军的下一个目标。14 日早晨 6 点 45 分，G 连在炮火支援下从于斯要塞出发向乌于斯村展开进攻，紧接着 E 连和 F 连也一同冲上了村子南面的山丘。经过 2 小时的激战，G 连于 8 点 30 分攻占了目标村落，E 连和 F 连也在上午 9 点 40 分抵达山丘顶部并俘获 11 名德军。至此于斯要塞的周边地区已经全部被美军占领，是到了该进攻伊朗格要塞的时候了。在开战之前，马隆上校委派詹姆斯・比尔林斯（James Billings）少尉和一名翻译一同前往要塞试图规劝守军立即放下武器，但作为要塞指挥官的德军少校却傲慢地拒绝了美军的要求。由于考虑到该要塞可能会对蒂翁维尔的架桥行动造成妨碍，马隆只得下令全营立即展开突击。

进攻伊始，美军军属155毫米和240毫米重炮对山顶上的伊朗格要塞进行了持续火力压制。从乌于斯村首批出击的F连先肃清了伊朗格树林中的德军机枪阵地，然后和跟上来的E连一同越出树林地带，兵分两路朝着要塞展开突击。德军对此早有准备，他们马上动用要塞内的六门120毫米迫击炮向E连进行回击，并以密集的机枪火力挫败了E连从西南迂回要塞的第二次尝试。E连在进攻中损失了32人，被迫撤回伊朗格树林进行休整。与此同时，从北面进攻要塞的F连经过艰苦的努力终于登上了高地的半山腰，不过他们因为缺乏爆破筒和各种爆破器材的原因，就连在突破铁丝网障碍时也显得相当吃力。大约在4小时之后，F连的两个排终于攻入了一座外围碉堡并缴获了三门布置在堑壕中的120毫米迫击炮，美军工兵部队也完成了蒂翁维尔舟桥的架设任务，使两个排的坦克歼击车、数门反坦克炮以及一批后勤单位得以越过摩泽尔河抵达于斯要塞。获知这个消息的马隆上校立即把G连投入支援作战，到傍晚时大约有四个排的美军部队抵达了伊朗格要塞外围，德军于是全数退入要塞内准备死守到底。天黑之后，从于斯要塞赶来的H连为进攻部队运来了大量急需的爆破器材，美军侦察兵随后摸黑确认了五处需要优先摧毁的德军据点位置。15日黎明，F连连长阿戴尔上尉率领全连在81毫米迫击炮的掩护下冲上山顶，以两人一组的爆破队炸开各个碉堡的铁门，其他班组则将10磅重的集束爆破装置塞进工事内部并引爆。在战斗中，2营的布萨德中士勇敢地独自冲向一座德军碉堡，虽然他在冲锋中双膝中弹并在返回的时候再次负伤，但他连续击毙了四名德军还俘虏了另外的12人，因而荣获了一枚杰出服务十字勋章。

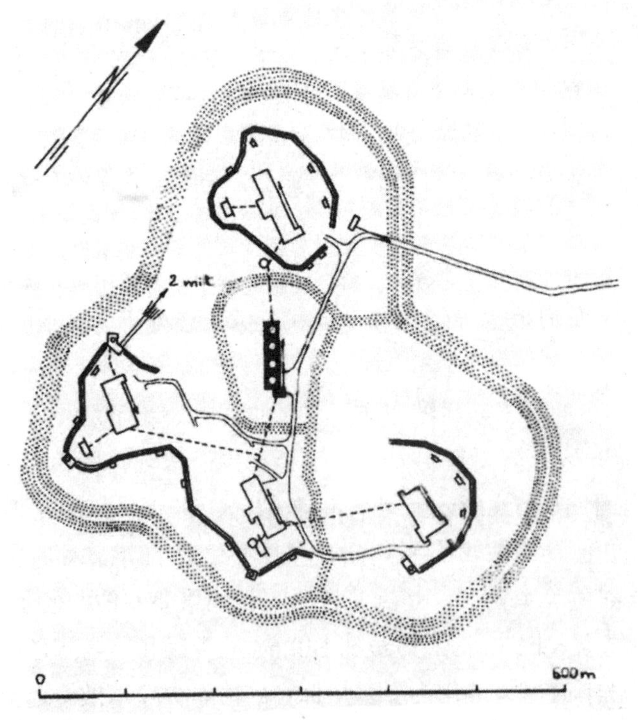

▲ 伊朗格要塞平面图。

其实防守伊朗格要

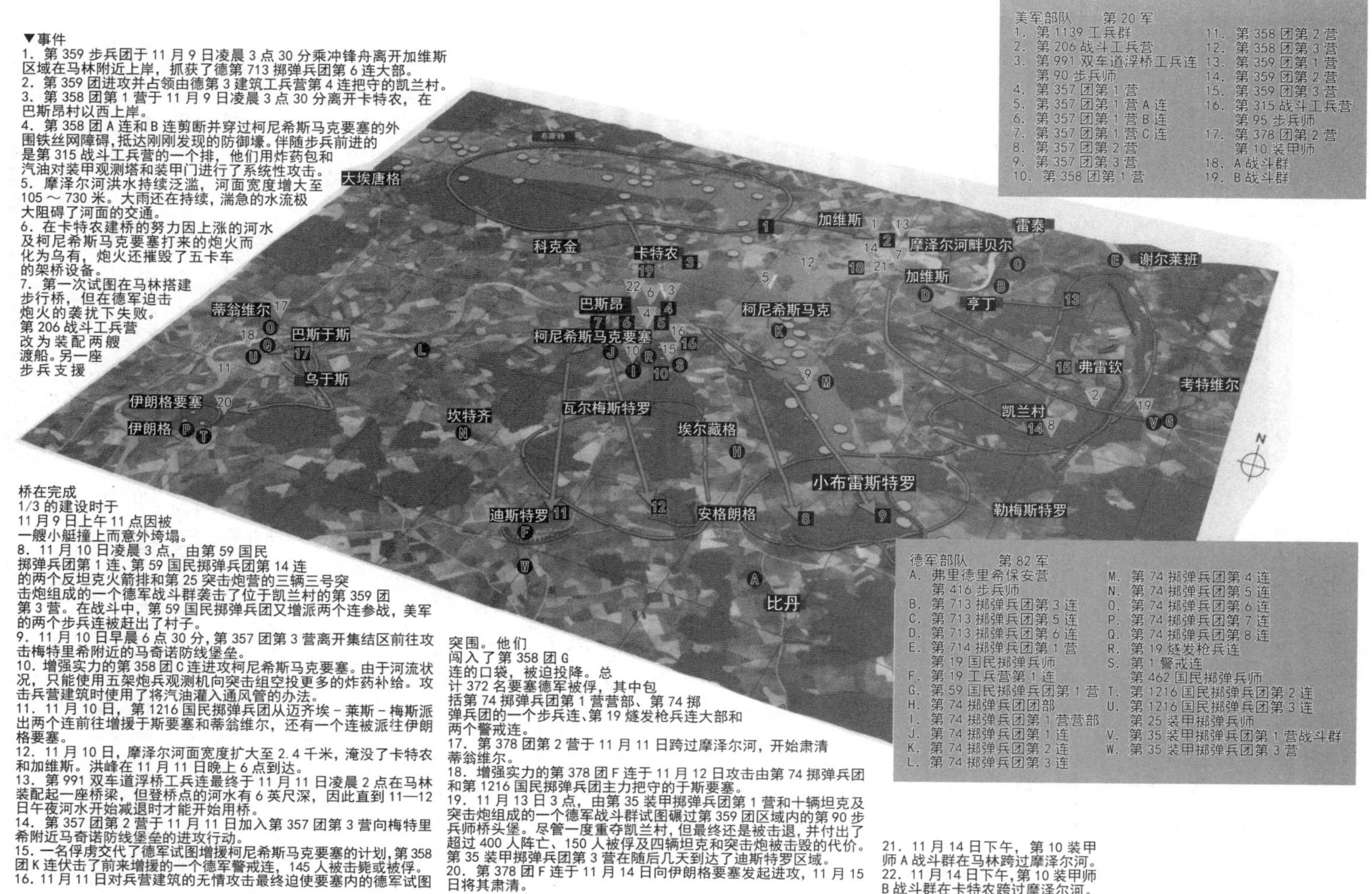

▲梅斯以北蒂翁维尔方向上美军的突破与进展图解（1944 年 11 月 9 日至 14 日）。

▲ 伊朗格要塞区域鸟瞰。由于从这里可以很好地观察到渡河点，因此美军在蒂翁维尔附近的渡河行动受到这座要塞上的四个据点的极大威胁。这张鸟瞰照片是自西向东拍摄，蒂翁维尔在左侧，已经超出了照片的拍摄范围。

塞的多数德军部队在前天夜晚就已经撤离了要塞，其中甚至包括那名曾夸下海口要“战至最后一人”的德军少校。等美军发动攻击时要塞内还有近 200 名守军，所以德军的抵抗未能坚持半天就崩溃了。15 日上午 10 点 40 分，最后 67 名残存的德军向 2 营正式投降，美军清点了要塞内的另外 74 具德军尸首，可惜马隆上校本人却在最后的激战中因背部负伤而被担架队抬下了火线。11 月 23 日，第 95 步兵师师长特华多尔将军亲自走访了第 378 团 2 营，高度赞扬了马隆上校的作战指挥能力并给他颁发了一枚杰出服务十字勋章。除马隆之外，第 378 团 2 营也于 1945 年 3 月获得了杰出部队嘉奖令的表彰，在嘉奖令中就提到了他们在蒂翁维尔渡河行动中的出色表现：“在为时五天之久的激烈战斗中，尚未获得多少经验的第 378 团 2 营经受住了战斗洗礼的严酷考验。在营长马隆上校不幸负伤的情况下，2 营全体官兵团结一致英勇奋战，以 200 余人的伤亡代价一共歼灭德军 300 余人，俘虏 215 人，还夺取了摩泽尔河东岸上的两座要塞，由此圆满完成了上级交代的渡河作战任务，并为第 20 军最后攻占梅斯城打下了坚实的基础。”

但是伊朗格要塞的陷落并不意味着第 378 团 2 营就可以如释重负。就在美军攻占要塞的前天夜晚，第 95 步兵师师部接到了一条来自于坎日村的求援电报，这意味着桥头堡附近的第 377 团 1 营部队有了麻烦。第 95 师师长特华多尔将军于是委派罗伯特 · 巴肯（Robert Bacon）上校（原第 90 步兵师第 359 团团长，在范弗里特接管第 90 师时被转调至第 95 师）临时接管了第 378 团 2 营和其他装甲支援单位的指挥权，以便在结束伊朗格要塞之战后迅速组织一支战斗特遣队前往南面的于

▲ 11 月时美法两军的高级将领在蒂翁维尔共同合影留念。从左到右：1940 年的法国战役期间曾一度担任戴高乐上司的吉罗将军、美国第 3 集团军司令巴顿、美国第 20 军参谋长科里尔上校、以及摆出一副斗牛犬姿态的第 20 军军长沃克中将。

▲ 美军宣传部队的摄影师在调查蒂翁维尔以北的布鲁斯铁矿时（怀疑德国人在这里藏有 V1 飞弹），意外地遇上了一群法国工人。

坎日村去执行救援任务。那么于坎日村那里到底发生了什么事情？

自从 11 月 11 日大水退去之后，第 377 团 1 营在两岸之间建立了一座 230 米长的重型舟桥，所有部队在两天之内都已顺利渡过摩泽尔河。13 日早上，第 95 师师部指示 1 营向北面伊朗格村发起进攻，希望他们能与马隆上校正准备从蒂翁维尔南下的第 378 团 2 营建立联系。最初 1 营的进攻颇为顺利，不费吹灰之力就拿下了博特朗日和因梅尔丹日村。但在继续向北突进的过程中，美军遭到了德军第 19 国民掷弹兵师属下第 73 团部分单位的袭击。由于抵挡不住德军反坦克炮的轰击，1 营被迫分成两队分别撤回博特朗日和因梅尔丹日。这次败退不但造成两村之间的道路被德军切断，就连 1 营营部与摩泽尔河西岸炮兵部队之间的联络也中断了整整 24 小时。尽管美军炮兵在次日天亮前总算恢复了对第 377 团 1 营的火力支援，德军仍在各种轻型装甲车辆的掩护下一波又一波轮番冲击村落外围的美军防御阵地。当晚 10 点，1 营营长向第 95 师师部发去了“情况危急”的电报，然后两者间的通信又再次中断。到 15 日上午，“巴克战斗特遣队”终于在千钧一发之际赶到了战场，方才挽救了已经濒临崩溃的 1 营防线。在美军坦克和自行火炮的强大火力面前，攻入博特朗日和因梅尔丹日的德军只得放弃了即将到手的胜利果实，并在下午 1 点灰溜溜地撤离了村落。由于第 377 团 1 营的建制在解围战斗结束时已经变得残破不堪，巴克上校干脆将它也编入自己的战斗特遣队里，这样就使得整个特遣队的兵力达到了一个步兵营（第 378 团 2 营与第 377 团 1 营的混编）、一个骑兵侦察中队（第 95

▲ 架设在于坎日桥头堡上，长度足有 230 米的重型舟桥。该桥是美军工兵部队在法国建成的最长的舟桥。

骑兵侦察中队）、一个坦克歼击营（第 801 坦克歼击营）以及一个坦克连（第 778 坦克营 D 连）的规模。有关巴克战斗特遣队接下来的作战情况，我们将在下一章里继续介绍。

第 10 装甲师跨越摩泽尔河

在沃克原先的进攻计划中，第 10 装甲师应该跟随第 90 步兵师一同在蒂翁维尔以北强渡摩泽尔河。从 10 月 8 日开始，该师一直都在离蒂翁维尔西北 8 千米远的莫尔凡日（Molvange）一带焦急地等待进攻令的下达。按第 20 军参谋部的估计，一旦范弗里特的部队建立了稳固的桥头堡，第 10 装甲师就会立即跨越摩泽尔河，然后兵分两路分别朝着萨尔河渡河口以及尼德河上的重要枢纽波桑维尔（Boulzanville）进发。只要占领了波桑维尔，美军就能切断通往梅斯城的铁路和公路运输，从而彻底断绝德军对梅斯的增援和补给。

对于第 20 军来说，攻占梅斯只是全军渡过摩泽尔河后的附带效应而已。美军参谋人员并没有忘记当前最关键的问题是要在萨尔地区建立桥头堡以便向莱茵河继续挺进，所以在有关该如何有效运用第 10 装甲师这支机动打击力量的议题上，他们决定还是把梅斯留给沃克手下的几个步兵师来解决。梅斯周围的复杂地形以及数量有限的公路系统自然也是影响第 20 军军部战略考虑的主要因素。在上一节里，我们已经看到第 90 步兵师是如何在马林村桥头堡熬过那五天的。我们也清楚唯一能真正对第10装甲师有用的公路，就只有从凯兰村向东北方向萨尔地区延伸的那条公路，但问题是单靠这么一条公路显然是远远不够的。德军肯定也清楚凯兰村公路枢纽的重要性，一定会继续派重兵拦截美军。第10装甲师只有采用多路同时进攻的策略，才有可能打破德军的封锁。

▲11月10日的蒂翁维尔摩泽尔河畔一景。这年秋季在洛林地区下的雨量是30年来最多的一次，尽管蒂翁维尔区域的河道不像卡特农那里的那样泛滥，但也好不了多少。图中可见路标已经被淹没在大水中，而路标上有两个地名，一个是诺维昂，一个是梅斯。

在另一方面，由于摩泽尔河水位的持续上涨，要第10装甲师按计划从马林村桥头堡附近渡河的机会已变得十分渺茫。要不是马隆上校的第378团2营从蒂翁维尔拼命开辟出另一个桥头堡的话，第10装甲师恐怕在两周之内都无法前进半步。11月12日，被派往蒂翁维尔的第1306工兵团在勘察之后认为该地非常适合建造大型桥梁，河岸两侧的坚固护墙也能有效防止摩泽尔河河水的暴涨。在随后的两天时间里，大批身着雨衣的美军工兵便冒着风雨开始飞速建造起一座大型跨河钢桥来。为使建桥工程免受德军炮火的威胁，美军在蒂翁维尔两岸施放了两道烟雾屏障，另外还派遣马隆上校的部队前去攻打南方的伊朗格要塞。经过不懈的努力，第1306工兵团在14日上午9点30分终于完成了一座号称当时全欧洲最长的跨河钢桥。14日下午，第10装甲师B战斗群和一批步兵支援车辆首先从桥上跨越了摩泽尔河，接着向北朝第90步兵师的桥头堡方向高速挺进，最后在凯兰村一带进入待命状态。与此同时，第10装甲师A战斗群也很快跟随B战斗群来到马林村桥头堡，并替换下了在那里坚守了数天的第359团守备部队。

11月15日，一切准备完毕的第10装甲师从马林村出发，兵分三路开始了打通公路交通线的作战行动。三天之后天气逐渐转好，美军航空兵和炮兵随即大幅加强了对第10装甲师的火力支援。到11月19日，美军战斗特遣队已经从数个方向上完全打通了前往萨尔的通道，其他美军步兵师也在同日完成了对梅斯的合围。根据这个情况，第20军军部于是命令第10装甲师迅速前往萨尔，而把肃清梅斯城的任务留给第5步兵师和第95步兵师来执行。

第5步兵师在梅斯以南的迂回攻势

与梅斯以北的情况不同，欧文少将的第5步兵师早在9月中旬就已经渡过了摩泽尔河，到11月为止该师已经在战线后方度过了近一个月的休整期。此时此刻巴顿为了从侧翼支援第20军包抄梅斯城，便指派埃迪的第12军开始进攻洛林平原地带的弗尔克蒙（Faulquemont）。正因为如此，第12军的第6装甲师需要借道第5步兵师的阿纳维尔桥头堡，但这一举动恰恰让德国人误以为第6装甲师将会与从北面突进的第10装甲师在弗尔克蒙汇合。根据德军情报部门的预计，这样一来美军就很有可能在梅斯后方再度形成第二个大包围圈，从而大大加剧了德军西线指挥部对洛林—萨尔战局的忧虑。

虽然有关第12军的作战行动原本不属于本书涉及的范围，但有趣的是该军的进攻策略恰恰与“一战”时期法军的一次后期攻势不谋而合。1914年8月，法军将领福煦指挥的第20军为了缓解德军主力集团在比利时方向上的突破，同样选择从洛林地区的萨林堡发动大规模攻势。尽管这次攻势最终在德军的猛烈阻击下归于失败，但法国人又在六个美国远征军步兵师的配合下于1918年间重新卷土重来。只可惜就在他们准备朝弗尔克蒙发动全面进攻之前，德国人却出人意料地投降了，不禁让当时的美法联军失望到了极点。

11月初，第5步兵师在重整完毕之后取代了第95步兵师，并返回了他们在塞耶河一线的老阵地。三个步兵团分别沿着谢勒尼—隆格维尔勒斯舍米诺一线依次摆开阵势，准备随时朝东北方向发起进攻。按欧文的设想，第2步兵团和第10步兵团将担任主攻，而把第11步兵团暂时留在后方保卫第5步兵师和第12军的接合部，等到时机成熟的时候再前往梅斯城执行协助肃清德军抵抗的任务。为达到这个目的，第5步兵师把攻击重点放在了16千米之外尼德河上的桑利索奈德村（Sanry-sur-Nied）。一旦美军拿下该村并进而控制整个尼德河谷，就会切断梅斯以南的德军与萨尔布吕肯以及斯特拉斯堡的联系。

在德军方面，作为欧文老对手的SS第17装甲掷弹兵师恐怕是唯一能在南部战线上继续对抗第5步兵师的部队。该师在10月22日前后曾进行过又一次补充，所以从表面上看实力仍显得相当不俗。但是实际上，新近到达的多数补充部队均是一些缺乏经验、素质一般的二线人员，真正具有战斗经验的只有SS第38装甲掷弹兵团的两个营，外加SS第17战斗工兵营，总共约1 400余人。SS第13军军部自然十分清楚这一点，于是指示SS第17装甲掷弹兵师尽可能避免与美军主力进行决战，而把作战重点放在尼德河一带的据点防御上，借此保存自己的实力。

按照沃克的命令，欧文把第 5 步兵师的进攻日定在 11 月 8 日那天。在此之前，美军侦察队预先对塞耶河一带进行了侦察和巡逻，一方面确定德军的具体布防，一方面也能顺便清理德军在一个月之前埋设的雷场。为了动摇德军的军心，美军宣传部队还动用扩音器对战线另一端的德军阵地进行了反复的宣传广播：“兄弟们，为何你们还要继续战斗？希特勒只会让你们去送死。你们的城市一旦毁灭，谁又来照顾你们的妻儿老小？难道你们认为单靠一颗赤诚的心就能对抗我军的巨大物质优势？”“所有 SS 第 17 装甲掷弹兵师的官兵们请注意，你们的侧翼的友军目前均已被我军击退！如果你们愿意投诚，我们将确保每人每日都将获得两顿热食，另外还有额外的香烟和巧克力配给！”尽管类似的宣传在整个梅斯之战中未能发挥多大影响，但在 11 月里的确有少数 SS 第 17 师的士兵倒戈，并把部队的具体布防情况透露给了美军。

由于第 11 步兵团必须在进攻发动时留下来坚守后方漫长的防线，该团为了补充人手的不足，把厨师跟文书人员也都补充进来充当一线防御部队。回想当初 1918 年时，当法军在同样地点发动对洛林的最后总攻时，他们可是出动了整整 31 个师和 600 多门大炮！除了后方兵员紧缺以外，塞耶河地区在 11 月初的恶劣天气也给第 5 步兵师造成了很大不便。美军后方防线几乎所有的散兵坑都被雨水灌满，汹涌的摩泽尔河河水甚至冲垮了阿纳维尔桥头堡上的所有舟桥，迫使美军后援和补给部队只能转借第 12 军位于南锡等地的桥梁才得以稳固第 5 步兵师脆弱的补给线。与此同时，塞耶河的河水也在不断上涨，没过多久就从原先的 20 码宽拓展到了 200 多码。大多数的临时舟桥都被冲毁，所有可供部队渡河的浅滩也都被河水淹没。老实说要不是当时欧文受到上级的压力，就不会选择在这么糟糕的环境下冒险向梅斯发动进攻。

▲ 11 月 8 日，美军第 5 步兵师一辆拖曳火炮的卡车正在泥泞中艰难前行。

除地形环境因素之外，第 5

▲ 11 月 10 日，马歇尔前来视察第 3 集团军时拍摄的照片。图中左起第二人为巴顿，在他右侧的三人分别是第 20 军军长沃克、第 5 步兵师师长欧文和马歇尔。欧文正手指凡尔登要塞群的模型向马歇尔讲解目前梅斯筑垒地域的情况（稍大一点的是圣布莱兹要塞）。

步兵师与邻近其右翼位置的第 80 步兵师（隶属第 12 军，师长为麦克布莱德）出现了一些作战协同上的摩擦。由于先前沃克只通知欧文要等第 12 军发动侧翼掩护进攻之后再行动，所以欧文几天以来都在耐心地等待第 80 步兵师的行动，却没料到第 80 师师长根本就没有从军长埃迪那里收到与此事相关的任何命令。不少战史学家都对此表示无法理解，因为沃克下达的第 12 号作战令里明确写着第 12 军会在 11 月 8 日发动攻击，然后第 5 步兵师便会紧跟着展开他们自己的迂回突破。但第 3 集团军的作战记录表明，第 80 步兵师在 8 日那天并没有按照第 12 号作战令的内容率先开始进攻，所以当上级发现事情不对再紧急重新下达命令时，第 5 步兵师和第 80 步兵师的部分单位由于准备上的延误而意外地混杂在了一起。美军工兵部队直到 8 日夜晚才抵达塞耶河渡河口并开始架设桥梁，这不仅大大拖延了两军的进军速度，还给各单位之间的通信和交通带来了不少麻烦。

次日早晨 6 点，第 5 步兵师的交通问题终于得到缓解，位于右翼的第 2 步兵团于是率先展开了“红色之钻”的渡河攻势。此时天气已逐渐放晴，但第 2 步兵团在渡河后却发现对岸的舍米诺村内早已空无一人。来自 2 团 1 营的迫击炮手劳伦斯·尼科尔回忆了他刚抵达舍米诺村时的情况：“德军放弃舍米诺村的举动说明他们也许已经撤往后方的尼德河以构筑新的防线，不过这也正好方便了后方部队能顺利跨越塞耶河。前日的连续暴雨使对岸的土地变得湿滑不堪，每走一步我的整只靴子都会没入泥沼之中，于是便只好在前方工兵的引导下，缓慢地逐步通过德军布置在村外河岸上的雷场。幸好在其中多数地雷已被河水淹没，所以并没有给我军造成任何伤亡。在行军途中，我目睹了一次 P47 编队对远方村落的火箭弹空袭，此外还看到一些 B17 和 B25 轰炸机从云层上方掠过的情景。这些飞机都是上级利用短暂的晴好时机派去执行对德军后方据点的轰炸任务的，看来目前我军的进攻情况还算不错。”尼科尔的这段话证明虽然当时梅斯以北的天气仍旧没有好转，但在南方的确还是有部分地面部队目击到了美军航空队为了压制梅斯筑垒地域而发动的“麦迪逊行动”。

9 日上午 7 点，左翼位置上的美军第 10 步兵团也在工兵的协助下全部渡河成功。其中担任前锋的 3 营第一个越过了河边的烂泥地，并把身后的德军据点交给跟随其后的 2 营来解决。过了大约一个小时，2 营前进到 1.6 千米外的乌特奈里农舍（Hautonnerie Farm）前，发现那里除了一片开阔地外丝毫没有任何掩护。更糟的是，德军也和 9 月时对付美军进攻普尔诺拉谢蒂维一样在农舍前埋设了大量地雷。在接下来的第一轮进攻中，从开阔地进攻的 2 营 F 连很快就被德军打得动弹不得。眼看部队在被打散后无法重新聚拢，F 连连长库巴雷克上尉亲自跑去为被压制住的各班各排逐个打气，然后又率领其中一个排带头朝农舍发起了冲锋。在库巴雷克的全力奋战下，乌特奈里农舍最终落入美军之手。与此同时，一批美军轰炸机也飞越农舍上空，对在第 10 步兵团进攻道路前方的戈安（Goin）和波默罗（Pommerieux）两地进行了猛烈的轰炸。

在进攻开始的头一天内，第 5 步兵师的损失还算轻微。第 10 步兵团的两个营和第 2 步兵团全团都顺利突破了塞耶河。11 月 10 日，第 6 装甲师 B 战斗群的拉格鲁战斗特遣队也从第 2 步兵团的桥头堡跟了上来，先后夺取了前方的维格尼（Vigny）和比希（Buchy）两村。到 11 日夜晚，飞速挺进中的拉格鲁战斗特遣队已经渡过尼德河，开始进攻对岸的桑利索奈德村。美军装甲部队的闪电突破无疑为第 5 步兵师的继续进军开了个好头，美军炮兵部队也因此得以推进到尼德河畔，并将东北方向上直通萨尔布吕肯的科塞勒肖西村（Courcelles-Chaussy）纳入炮击范围，给出入萨尔布吕肯的德军部队造成了很大的麻烦。

11 月 12 日，位于后方的第 11 步兵团奉命开始肃清奥皮托树林（Bois I'Hopital）内的德军炮兵观察哨，而第 2 步兵团也及时抵达由第 6 装甲师建立的尼德河桥头堡，先后打退了 SS 第 17 装甲掷弹兵师发动的数次夜间反击。当晚，2 团 2 营营长波尔中校下令让菲奇特上尉的 E 连驻防桑利索奈德村，德军接下来向该村发动了连续六次冲锋，试图把美国人赶出村去。双方之间的激战一直持续到了次日天亮，德军却始终未能达到切断或围困住 E 连的目的。等下午美军坦克和坦克歼击车投入支援后，已经伤亡 200 余人的德军装甲掷弹兵终于撤离战场，菲奇特和他的手下则因为确保了桑利索奈德村的安全而获得了总统集体嘉奖令的表彰。在另一方面，缺少装甲部队的 SS 第 17 师由于无法对尼德河桥头堡发动更大规模的反扑，所以他们只能调集尚还完好的炮兵部队对桑利索奈德等地进行持续炮击，希望能借此来防止美军北上进攻萨尔布吕肯。

随着第一片雪花在13日降临桑利索奈德村，表明梅斯地区已经进入了冬季。第10步兵团于当天先后攻占了已经解除武装的埃纳和伊西两座要塞群，第11步兵团也借德军撤退的时机拿下了数个月前曾屡攻不下的普尔诺拉谢蒂维和库安屈夫里两个村落。到11月14日为止，第11步兵团已逼近凡尔登要塞群近郊，并在激战后夺取了附近的普雷耶尔农舍（Prayelle Farm）。

沃克在13日晚上向欧文发去了贺电，然后又和后者共同商议了今后的进攻计划。欧文在谈话中提议沃克指派奥皮托森林南面的第10步兵团发动对梅斯城的进攻，并让尼德河桥头堡上的第2步兵团撤回到南岸。结果巴顿却以撤离尼德河会暴露第12军侧翼的理由驳回了欧文的后半部分意见，只同意让离梅斯最近的第10步兵团参与攻城。战后曾有很多人认为美军在实施对梅斯的两翼迂回时因过分小心谨慎，导致行动速度比预期的晚了不少。他们的理由其实并不充分，考虑到当时恶劣的天气和美军兵力有限的情况，我们只能认为他们是说对了一半。更何况就在德军抱怨自己缺乏后备军力的时候，美国人也面临着同样的问题。如果巴顿没有指示沃克在11月初倾注其全部兵力冒险对梅斯实施合围，德军就很有可能从其他战场调来一支装甲部队，拦腰截断从南面突破的第5步兵师，并把他们再次赶回摩泽尔河。照此看来，美军在战役的最后关头的确是赌了一把，只可惜德国人未能在这场一对一的较量中坚持到底，结果落了个满盘皆输的下场。

第十一章　逐渐合拢的铁钳

战后大多数的战史研究者都把 11 月 14 日看作是梅斯之战终结的开始，这是很合乎情理的看法。从战略地图上看，美国人的南北铁钳已经逐渐合拢。从 11 月 8 日至 12 日，第 10 装甲师和第 90 步兵师先后从马林村方向越过了摩泽尔河。前者的兵锋直指萨尔河河谷，而后者则挺进到了蒂翁维尔东南的布莱村（Bouley），正试图与西南方向上过来的第 5 步兵师建立联系。为了收紧口袋，沃克下令让梅斯以西的第 95 步兵师主力部队立即投入攻城作战。仅仅一周之后战火就蔓延到了梅斯城内，德军城防部队的丧钟就此敲响。在下面的几节内容里，我们将分别介绍第 95 步兵师、巴肯战斗特遣队、第 5 步兵师在合围梅斯行动中各自的战斗经历。

第 95 步兵师向梅斯的进军

经过两天时间的准备，第 95 步兵师师长特华多尔于 11 月 13 日向全师下达了第 2 号作战令。按照师部的计划，第 95 师的三个步兵团和已经过河的巴肯战斗特遣队将沿着四条进攻轴线杀向梅斯城，其具体进攻路线如下：

部署在格拉沃洛到诺维昂一线的第 379 团，将从圣女贞德要塞群两侧进攻德军第 1217 国民掷弹兵团的防线。

部署在格拉沃洛到费夫山岭一线的第 378 团（欠一个营），将从北面绕过康罗贝尔要塞群和洛林要塞群，并攻打位于费夫山岭东侧的德军“安东团”(第 1217 国民掷弹兵团分离出来的部队，由安东上校指挥，用于弥补第 1216 国民掷弹兵团被第 19 国民掷弹兵师借走后的防御空缺)。

部署在迈齐埃 – 莱斯 – 梅斯和费夫山岭之间的第 377 团（欠一个营），将进攻迈齐埃 – 莱斯 – 梅斯隘口附近的德军第 1215 国民掷弹兵团。

如果上述部队中的前两个团能够顺利突破梅斯的外围筑垒地域，第 377 团就会与巴肯战斗特遣队（下辖第 377 团、第 378 团各一个营）一起攻入梅斯城并肃清城中德军的抵抗。

第 379 团的作战行动

11 月 13 日深夜，第 379 团团长查普曼（Chapman）上校命令 1 营在次日上午穿越芒瑟山涧，并向位于圣女贞德要塞群南面的德军“七矮人”小型工事群发起进攻。美军参与行动的各步兵连都配备了详细的三维工事结构图，所以基本对工事群的火力配置以及各条通道的出口位置了如指掌。除此之外，第 379 团 2 营也会朝着圣女贞德要塞群和吉斯要塞群之间的缺口方向挺进，3 营则被留在后方待命以便随时投入支援，整个作战任务必须在 14 日下午 2 点 30 分之前全部完成。

14 日早晨 6 点，美军的炮兵营首先对德军的三处工事群展开了炮击，随后两个担任突击任务的步兵营迅速展开行动。第 379 团 2 营在推进中遭到德里昂要塞群摩泽尔炮台的火力压制，但该营仍在中午之前成功绕过圣女贞德要塞群并深入德军防线 500 多码。闻讯而来的德军第 1217 国民掷弹兵团一边在吉斯要塞群附近展开新的防线，一边派兵重新封闭了突破口并击退了美军的后援步兵连。如此一来，正在进攻吉斯要塞群的第 379 团 2 营便陷入了进退两难的境地。他们不但遭到来自要塞群方面德军的猛烈反击，更无法与后方的其他友军取得联络。更糟糕的是，从另一方向进攻“七矮人”工事群的第 379 团 1 营也遇到了相同的麻烦。尽管美军先后夺取了北朱西工事群和南朱西工事群，德军却保住了达姆树林碉堡，然后又反过来将第 379 团 1 营的队伍切为两半。到中午 12 点，梅斯要塞司令基特尔将军获知了前方传来的战报。为确保“七矮人”工事群不落入美军之手，他立即派遣福斯上尉指挥的第 462 燧发枪兵营火速赶去支援“七矮人”工事群。但在该营后来向芒瑟山涧发动的反击中，只有部分兵力突破了第 379 团 1 营的防线，不少德军都被隐蔽在山

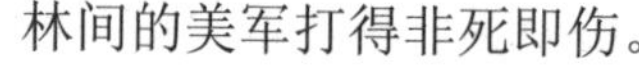
林间的美军打得非死即伤。

▲美军第 379 团团长查普曼上校。

14 日傍晚，美军开始动用炮兵观测机向被围部队投送补给品。来自第 379 团 1 营 A 连的列兵帕特·托恩顿（Pat Thornton）回忆了当时的情况：“由于进攻达姆树林碉堡的行动失败，A 连的幸存者只好按原路返回南朱西工事群待援。夜晚行军的时候天气又潮又冷，只穿了军用夹克的我军士兵都在寒风之中瑟瑟发抖。而那些在上午战斗中被俘的德军战俘们却都穿着厚实的军大衣，自然引起了我军不少人的嫉妒。等 A 连回到南朱西工事群前时，负责驻防的 1 营 B 连却因为看到了那些德军战俘

而向我们猛烈开火射击。由于夜里实在太黑看不清楚，A连连长花了好些工夫才使他们相信那些人不过是被我们捕获的战俘而已。”

在另一方面，第95步兵师师长特华多尔下令让在后方待命的第379团3营立即投入解围作战，不过这个行动因为某些原因直到15日下午才开始。美军救援部队选择2营的进军路线，从圣女贞德和吉斯两个要塞之间斩围杀入。随后3营I连和K连的部队在圣于贝尔农舍附近与德军展开了激烈的战斗，其中K连的一名美军中士英勇地带领一个机枪组接连夺取了数座德军碉堡，并迫使德军指挥官和另外46人纷纷投降。这一据点的陷落使第379团3营最终与被围困的2营建立了联络，不过因为考虑到德里昂要塞群和圣女贞德要塞群有可能再次被封锁，剩下的第379团1营就需要靠自身的力量北上突围而出。在11月16日以后的两天时间里，第379团3营开始加紧拯救那些被围困或被打散的友军部队，同时还派遣炮兵观测机撤离包围圈内部分无法行动的重伤员。直到18日夜晚公路补给线打通为止，第379团的整个救援行动才宣告全部结束。次日上午，撤回吉斯要塞群的德军第1217国民掷弹兵团奉命继续把守高地后方的各个通道，准备将第379围困在“七矮人”工事群一带，以此来减少第95步兵师对梅斯造成的压力。

第378团的作战行动

就在第379团陷入尴尬境地的时候，从中路突破的第378团倒是获得了十分重大的进展。正因为美军在14日事先对费夫山岭上的康罗贝尔要塞群进行了反复的侦察，他们才能发现山岭东侧的防御薄弱环节。有意思的是，1870年间围攻梅斯要塞的普鲁士大军企图从正面攻打费夫山岭，结果未能成功。但在数十年后的1944年11月，美军第378团却采用绕过康罗贝尔要塞群工事的方法，从侧面成功突破了德军“安东团”的防御。可以说，历史在这里出现了一次十分微妙而又惊人的巧合。

▲美军第378团团长梅特卡尔夫上校。

由于第378团的一个营被事先交给了巴肯战斗特遣队，团长梅特卡尔夫（Metcalf）上校于是只能以两个营的有限兵力来实施进攻。不过梅特卡尔夫本人更让人吃惊的一招是让圣雅克（St.Jacques）上尉指挥的团属支援连去负责后方战线的保卫工作。从规模上看，圣雅克的队伍一共才三个排的步兵，好在团长已经另外指派一批通信联络员、司机和其他指挥机构的人员加入其中，并给他们配备了一批反坦克炮、重机枪和缴获的德军火炮。可能有人认为单靠这样一支临时拼凑的队伍来保卫后方实在太过冒险，其实不然。美军通过侦察行动早就得知费夫山岭上德军部队本身的实力不足以防御这么漫长的防线，所以说梅特卡尔夫上校的计划从一开始就估计到了所有的可能性，他的每一个行动步骤都经过了精心的策划和计算。

11 月 15 日清晨，美军炮兵照例向费夫山岭实施了长达 15 分钟的火力覆盖。上午 8 点，第 378 团 1 营借着大雾的掩护从集结地点出发向着山岭的东侧开去。经过 3 小时的行军，1 营 A 连首先对没有装备任何火炮的费夫要塞展开围攻，很快就拿下了这个防御力低下的工事据点。尽管从表面上看费夫要塞的陷落对康罗贝尔要塞群的整体防御不会造成太大的影响，但对美军来说，这一行动已经大大增加了他们作战计划的获胜概率：第一，第 378 团 1 营的突破点正好位于德军第 1215 国民掷弹兵团和“安东团”薄弱的防战接合部上，而且德军防线已经遭到渗透。第二，美军就此消除了德军要塞链上的一处重要火力控制中心和通信联络中心。自从费夫要塞被攻占之后，梅斯西部要塞群的大口径要塞炮全都失去了引导，从而大大减少了美军进攻部队的伤亡。

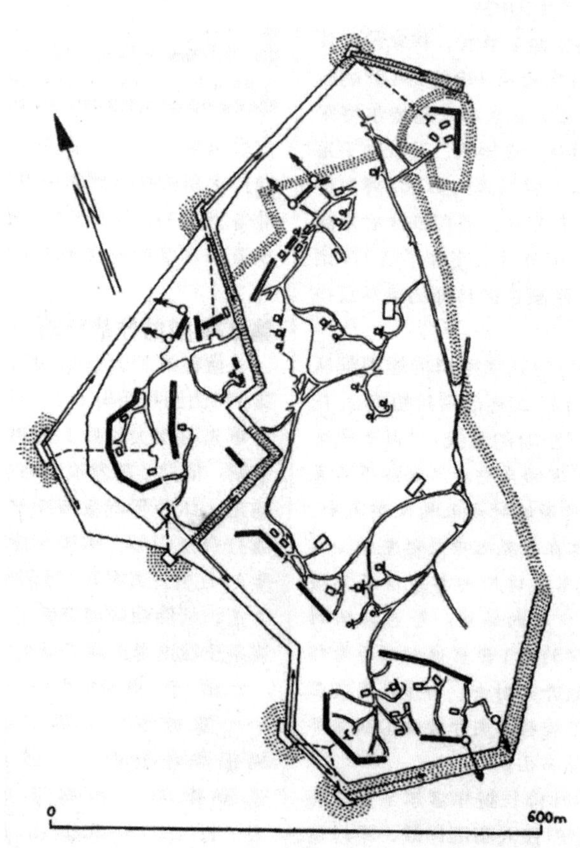

▲ 阿曼维尔采石场工事平面图。

第 378 团突破费夫山岭的消息很快传到了梅斯城，自然令要塞司令官基特尔将军坐立不安。按照他的命令，“安东团”临时拼凑了 200 人的反击部队试图夺回费夫要塞，结果很快就被美军击退。第 378 团 1 营 B 连趁势进行了反冲击，一直将德军赶到瓦皮树林（Bois Woippy）附近方才停止进攻。获胜后的梅特卡尔夫上校于是决定继续加大对德军的压力，他在 15 日夜晚先将第 378 团 3 营调上来与 1 营汇合，接着又在 16 日天亮时指派该营肃清了费夫山岭背后的村庄。从这时候起第 378 团已经可以望见远方的梅斯城，但要说到让部队如何通过被德军要塞群封锁的公路网前往攻打梅斯，以及如何在兵力不足的情况下肃清梅斯周围的防御工事，这些依然还是一个令美军头痛的难题。为此梅特卡尔夫上校下令暂停进攻，准备等后续部队跟上来以后再商议具体的进攻方案。

然而第 378 团的上级此刻已经等得不耐烦了。第 95 师师长特华多尔将军发现第 378 团整整 24 小时都按兵不动，这令他既吃惊又恼火。11 月 17 日，第 378 团接到上级指令，要他们集中兵力并协同巴肯战斗特遣队一起进攻通往梅斯城的摩泽尔河桥梁。但梅特卡尔夫认为在没有完全攻占费夫山岭的情况下冒险攻城是一种不明智的举动，所以他在执行命令时只派了第 378 团 3 营前去夺取桥梁，而让第 378 团 1 营继续留在后方肃清费夫山岭上的德军。到 17 日傍晚为止，康罗贝尔要塞群的大部分工事被美军突击队攻占，与此同时，战线另一端的阿曼维尔采石场也落入第 95 步兵师之手，这意味着美军已经完成了西、北两个方向上对梅斯城的封锁。

17 日天黑之后，前方传来友军部队第 379 步兵团正被德军围困的坏消息。尽管第 378 团 3 营受命执行救援，但当该营抵达西南方向的摩泽尔河畔时，却因为遭到普拉普维尔要塞的火力打击而功亏一篑。第 378 团 1 营随后派遣了一支侦察分队前往普拉普维尔要塞的所在地，以确定要塞内德军驻防部队的规模。不过美军侦察兵在继续南下的途中意外发现附近的洛林要塞群已经无人把守，这个情况不禁让梅特卡尔夫上校大喜过望。从战术角度来看，德军无疑是犯下了相当严重的错误。洛林要塞群原本装备的 100 毫米炮可以轻易地封锁摩泽尔河的两岸，而德军居然如此轻易地放弃了洛林要塞群，只会让美军的渡河行动变得畅通无阻，甚至加速梅斯城的陷落。

11 月 18 日上午，第 378 团 1 营向普拉普维尔要塞展开了首次试探性的攻击。虽然美军一个连试图从要塞顶部攻入，甚至还动用坦克向要塞工事内发射烟雾弹，普拉普维尔要塞还是岿然不动。直到 11 月 21 日第 90 步兵师 359 团前来替换第 378 团 1 营之前，美军所有尝试夺取该要塞的努力均告失败。这对于一座始建于 1868 年的大型防御工事来说，的确是相当不易的事情。

第 377 团的作战行动

从 11 月 11 日起，第 377 团基本已经肃清了迈齐埃 – 莱斯 – 梅斯镇附近的所有德军。占领布里厄古堡的 3 营 I 连开始忙着掩埋之前因为大水泛滥而无法清理的双方阵亡官兵尸体，接着又接收了包括文森特 · 盖格（Vincent Geiger）少尉在内的 15 名补充人员。根据上级命令，已经突破迈齐埃 – 莱斯 – 梅斯隘口的第 377 团应马上开始攻打梅斯城。11 月 15 日上午 10 点，第 377 团 2 营和 3 营准时展开攻势。美军右翼的 2 营沿着通往圣雷米（St.Remy）和梅斯的主要公路和铁路线一路向南突破，3 营也从左翼沿着摩泽尔河河岸同时发动进攻，以便为 2 营提供必要的掩护。文森特 · 盖格回忆说，他的连队在 15 日黄昏前抵达了马克斯村（La Maxe），除了遇上不少德军设置的诡雷并在村内遭遇一匹无人驾驭的马匹之外，一路上并未遭到任何德军的拦截。

第 377 团 2 营在当晚占领了圣雷米村，接着又马不停蹄地赶往瓦皮村。经过逐屋逐户的清剿，瓦皮村在 16 日上午被美军占领，但 2 营的前锋在即将抵达摩泽尔河畔时被甘贝塔要塞以及德鲁莱德要塞挡住去路而无法前进。美军侦察队发现，虽然这两座要塞本身没有装备什么要塞炮，它们却能获得河对岸圣朱里安要塞的炮火掩护，并对第 377 团的侧翼造成致命威胁。第 95 师师长特华多尔将军于是下令第 377 团停止前进，准备等巴肯战斗特遣队解决掉麻烦的圣朱里安要塞后再让第 377 团恢复进军。然而到了 17 日时特华多尔又临时改变了主意，结果第 377 团还是比原计划提前一天抵达了摩泽尔河上的渡口，并与战线左侧的第 378 团 3 营建立了联系。

巴肯战斗特遣队的活跃

作为一支从第 95 步兵师分离出来的机动打击力量，巴肯战斗特遣队自 11 月 11 日起就一直在独自行动。经过一番重新整编，巴肯上校于 15 日率部从博特朗日村出发开始了南下之旅。根据事先侦察获得的情报，美军特遣队的两路纵队首先沿着公路朝艾索莫斯林村（Ay–sur–Moselle）进发，队伍的最前头是担任先锋的坦克和坦克歼击车，后面则紧跟着步兵和运兵车。当两辆 155 毫米自行火炮也陆续加入特遣队后，巴肯将它们也派到前锋位置。只要前方一旦出现敌情，巴肯就会派遣这些

▲ 美军巴肯战斗特遣队部分成员合影，左一为特遣队指挥官巴肯上校。

威力巨大的自行火炮和坦克一起摧毁德军的据点，随后跟上的美军步兵将清除掉那些残余的德军，至于讨厌的狙击手则被交给坦克歼击车的精准火炮来解决。

当时在德军方面与巴肯战斗特遣队对峙的，是临时调配给第 19 国民掷弹兵师的第 1216 国民掷弹兵团。由于前者已经在抵挡美军第 90 步兵师的渡河作战中遭到重创，所以到目前为止，留在梅斯以北的德军部队就只剩下了第 1216 国民掷弹兵团这一支部队。为了保证主力的完整，第 1216 国民掷弹兵团大大收缩了自己的防线，然后又在通往艾索莫斯林村的公路上埋设了大量地雷，试图以此阻挡美军的突进。可惜骑兵军官出身的巴肯上校早就料到这一着，他的两路纵队先后都顺利地绕过了德军雷场，基本没有受到任何损失。巴肯此刻唯一担心的是第 90 步兵师是否能及时跟上自己的突破速度，所以他在 15 日当晚命令部队停下过夜，并把第 95 骑兵侦察中队派去执行巡逻任务，以确定德军不会对其侧翼发动突袭。

11 月 16 日，巴肯战斗特遣队恢复南进。尽管队中多数士兵已经连续六天没有好好睡过一觉，但他们仍坚持拖着疲乏的身子在风雨中继续前行。16 日下午，一批

▲ 美军部队进入摩泽尔河畔艾索莫斯林村时的情景。

原来隶属于第378团2营的士兵在苦战后拿下了马尔鲁村（Malroy），负责驻守圣朱里安要塞的德军马上对他们进行凶猛的回击，将美军死死压制在村内。实际上圣朱里安要塞和普拉普维尔以及克鲁要塞一样是普法战争前后建造的防御工事，都没有装备什么大口径要塞炮。只是德军第19国民掷弹兵师曾于10月奉命将部分师属炮兵集中在此来防御迈齐埃－莱斯－梅斯隘口，所以才能在巴肯战斗特遣队前来进攻的节骨眼上有效地支援第1216国民掷弹兵团。虽说巴肯上校清楚这座要塞是拦在特遣队与梅斯城之间的最后一个障碍，但碍于德军的炮火炙烈，他最后还是不得不撤回了半路上的进攻部队。

梅斯城内的形势

随着美军第95步兵师的快速逼近，梅斯附近的德国守军愈加陷入了不利的境地。11月16日，G集团军群司令巴尔克将军在与他手下的参谋长梅林津商议后，均认为梅斯的陷落已成定局。为了保证萨尔地区以及其他德军部队的安全，他俩决定让第1集团军立即后撤到尼德河一线，只留下梅斯的守军来单独拖住美国人。11月17日，第1集团军司令部将巴尔克的命令传达给了梅斯要塞司令基特尔将军，要他尽一切可能率领梅斯守军与美国人周旋到底。基特尔对此反应相对平静，因为他早在15日就得知了伊朗格要塞陷落的消息，这表示第19国民掷弹兵师与梅斯守军之间的联系已经被切断，他的部队已经被完全孤立了。

自从11月14日接任要塞司令以来，基特尔便一直希望第1集团军能为他提供一些援军，但当时唯一能空出身子前来支援梅斯的就只有SS第38装甲掷弹兵团而已。然而就连这支宝贵的预备队，同样在桑利索奈德村附近的战斗中被美军第2步兵团重创。也就是从那时候开始基特尔只能被动地四处堵漏，例如派遣第462燧发枪兵营对抗第379团进攻“七矮人”工事群的战斗就是其中的一例。如此一来，梅斯城内的守军部队越打越少，可城外的缺口却越变越多。德军每日的伤亡率已攀升到了15%，基特尔指挥部与第1集团军之间的通信也就此中断。为了维持守军的战斗力，第462国民掷弹兵师仅有的少数输送车辆都被调去支援各个仍在继续抵抗的大型防御工事，当地的纳粹党政机关人员则开始纷纷逃离梅斯。11月15日，基特尔命令城内的秘密警察头目安东·邓肯也离开梅斯，却遭到了希姆莱的阻拦，迫使基特尔只能把邓肯派去担任城内掉队人员收容所的指挥官。当天下午，一些法国抵抗组织的成员开始在梅斯街道上陆续出现，部分房屋甚至公开悬挂起了法国国旗。基特尔对此评价说："城内的警察已经渐渐失去了对全城的控制，即便那些从其他地方临时抽调来维持秩序的八个宪兵连也改变不了目前混乱的状况，更别谈让他们去执行什么疏散城内德国居民的任务了。当前最妥当的解决办法也许是立即宣布梅斯为一个公开不设防城市，只可惜作为元首的希特勒是绝对不会同意这样的做法。在他那种'不坚守就灭亡'的原则下，梅斯只能作为一个要塞城市奋战到最后一刻，而不是敞开大门迎接美国人的到来。"

第 5 步兵师收紧口袋

11 月 15 日一整天，第 5 步兵师与南下的第 90 步兵师都在忙着封闭包围圈。不甘心失败的德军自然不会放弃抵抗的念头，SS 第 38 装甲掷弹兵团的一个营试图从尼德河以西包抄第 2 步兵团的后部，但被及时赶到的美军后援部队所击溃。第 2 步兵团在乘胜追击中顺便也进攻了附近的索贝要塞（Fort Sorbey），这座建于 1910 年的防御工事由于只设置了炮位而未能及时装备要塞防御火炮，所以很快就在美军的攻击下陷落。经此一战，德军 SS 第 17 装甲掷弹兵师的实力遭到进一步的削弱。不仅如此，从右翼步步逼近的美军第 12 军也威胁到了该师与梅斯城的通信联络。基特尔因为担心 SS 第 38 装甲掷弹兵团会被美军合围，于是便把该团撤往后方进行紧急休整和补充，同时还指派冯·马茨多夫 SS 少校负责统一指挥所有梅斯以南的 SS 第 17 师单位。冯·马茨多夫 SS 少校在受命之后把他的新指挥部搬到了圣普里瓦要塞，除此之外他还委托德里昂要塞群为其提供必要的火力支援。虽然基特尔并没在战后的回忆中详细说

▲ 梅斯近郊弗雷斯卡蒂机场上被摧毁的德军战机。

明马茨多夫是如何得到这项任命的，但他却一再强调只有此人才适合担任这项重要职务。

从11月16日起，第5步兵师的左翼部队重新恢复了对梅斯的进攻。欧文少将先是委派第11步兵团3营围困住凡尔登要塞群中德军第48要塞机枪营的一个连（该要塞群占地十分大，没有一个营兵力就无法彻底断绝外围德军对要塞群的支援），然后命令第11步兵团2营迅速北上前往梅斯。但没过多久，从奥格尼村朝着梅斯城进攻的美军部队就在弗雷斯卡蒂机场附近遭到德军的顽强抵抗。2营G连连长理查德·德斯特上尉回忆了他在机场的激战经过："G连用了大约一个半小时终于把德国人都逼到了机场的西南角上，当时我正准备率队检查附近的一处建筑物。可还没等我下令行动，队中的一名班长就擅自带了一个班朝建筑的入口处奔去。隐蔽在大门后面的德军立即用冲锋枪将他击毙，跟在后面的新兵们则慌乱地撤了回来。望着前方那具被打得满是枪眼的尸体，我一句话都说不出来。如果他是一名老练的士官，就不会在明知房屋内有敌军存在的情况下不加准备就贸然行动。然而现在G连里的多数士兵都是没有多少战斗经验的菜鸟，只有少数班长具有一定的战斗经验，要他们在战斗中尽量减少自身的伤亡真是难上加难。"

德斯特上尉接着继续描述了一件后来令他感到震怒的事情："为了弄清建筑里到底藏有多少德国鬼子，我于是用手势指令身旁的一名步枪手朝大门不断射击。过了一会儿，从满是弹孔的大门背后突然传来了德国人要求投降的呼喊声，紧接着大约十多名身着灰色军大衣的德国人举手鱼贯走出了那栋建筑。这些可恶的德国佬居然在打死我连一个士官之后又厚着脸皮要我们接受他们的投降——这个情况不禁让我怒火中烧。到后来我才知道，2营在机场附近的战斗中总共损失了四名军官和118名士兵。当时要不是我还有任务在身，我一定会在现场将那些德国鬼子一一亲手解决。"弗雷斯卡蒂机场的例子充分说明只要美军离梅斯城越近，他们就会遭到更为顽强的抵抗。欧文于是指示第11步兵团暂缓攻城，转而让另外两个步兵团恢复攻势以牵制德军的注意力。根据

▲这张照片摄于11月17日，第377团的部队正通过瓦皮村继续向梅斯方向挺进，瓦皮村距离梅斯城区的直线距离只有约2千米。

▲ 11 月 17 日，第 95 步兵师第 378 团第 1 营从西面进入梅斯城外围地区。

这道命令，从中央战线进攻的第 10 步兵团首先夺取了马利村（Marly），接着又朝马格尼村方向挺进。与此同时，战线右翼的第 2 步兵团也聚集起两个营的兵力迅速北上，试图封闭梅斯城后方德军通往萨尔布吕肯的最后一条退路。

从 11 月 17 日起，在美军三个步兵团夹击下伤亡严重的 SS 第 38 装甲掷弹兵团决定抛弃梅斯独自突围。按照梅斯要塞司令基特尔将军的说法，马茨多夫本人在下令部队撤离前并没有通知他本人。所以当美军第 10 步兵团的前锋部队开始围困梅斯城南的克鲁要塞（此地当时是一座党卫军专门用来关押抵抗分子的小型集中营）时，SS 第 38 团也就自然而然没有及时派兵前去救援克鲁要塞内的守军。基特尔在战后的回忆录中对党卫军部队这种自说自话的逃跑行为深感不满：“SS 部队在梅斯工事遭遇危险的时候擅自放弃了防御阵地，结果造成我军南方防线大幅紧缩。按照我的估计，这不会是马茨多夫自己的主意（因为马茨多夫自己并未逃跑，而是留在圣普里瓦要塞内继续指挥作战），恐怕是 SS 第 17 师师长对马茨多夫直接下达的撤退命令。”从基特尔将军的这番话里，我们也能多少看出当时德国国防军和党卫军之间暗藏着的冲突与矛盾。而且更为糟糕的是，这种军内的派系矛盾往往会在战役的关键阶段直接损害到德军的整体作战态势。

▲ 站在弗洛库尔村（位于梅斯东南 15 千米）村口的一名美军摄影师。可以看到德国人的标牌上是把该村称为 Flodaldshofen，同时还注明该村位于梅斯管辖的乡村范围内，标牌下方还写着“盗窃者将被枪毙”的警告。

到 11 月 17 日天黑前，美军第 11 步兵团终于肃清了弗雷斯卡蒂机场内的所有德军，克鲁要塞附近的波尼村也被第 10 步兵团所占领，现在欧文少将唯一要做的就是等待第 2 步兵团完成对梅斯口袋的封闭任

▲ 这张照片也是在瓦皮村拍摄的，照片显示更多第 95 步兵师第 377 团的车辆及官兵杀向梅斯。

务。经过欧文与巴顿两人的商议，第 2 步兵团在把桑利索奈德村桥头堡全部移交给第 6 装甲师的 R 战斗群后，于 17 日深夜开始火速赶往科塞勒村（Courselles-sur-Nied）。作为萨尔布吕肯方向德军军列出入梅斯的铁路枢纽，科塞勒有着无比重要的战略意义，美军只要占领它就能彻底断绝德军对梅斯的补给和支援。结果第 2 步兵团在 11 月 18 日下午不负重望地超额完成了上级交代的任务，他们不仅占领了科塞勒，还攻陷了西北方向上的一座大型防御工事马恩要塞群（之前一直是 SS 第 17 装甲掷弹兵师的师部所在地）。在接下来的行动中，第 2 步兵团 1 营在一个坦克连的协同下改变路线继续北进，并于 19 日上午 10 点 30 分与第 90 步兵师的巡逻队在马莱桥附近胜利会师。也就是从那一刻起，美军第 20 军在经过长达 11 天的努力之后终于完成了对梅斯的合围，同时也彻底粉碎了梅斯城德军集团东逃的最后一线希望。

第十二章　攻陷“梅斯要塞”

攻城战打响

尽管到11月17日为止第20军的大部分部队还暂时被第一道要塞链阻挡在梅斯城下，但包括巴肯战斗特遣队在内的数支美军部队已经开始了攻城准备。特遣队内第378团和第377团的前锋准备在18日强渡摩泽尔河并从西北方向入城，而恢复后方补给通道的第379团主力也终于突破了德军的封锁，开始从西面逐渐逼近梅斯。在梅斯南面，第5步兵师的第10和第11步兵团已经基本肃清了SS第17装甲掷弹兵师的残余部队，正在围攻梅斯城郊的外围德军据点。

对于圣朱里安、克鲁、甘贝塔、圣普里瓦、普拉普维尔、圣康坦、圣女贞德、德里昂、凡尔登和“七矮人”等地的要塞工事，美军准备采用围困的方式坐等德国守军不战投降。这么做虽然减少了攻坚作战出现的伤亡，但也同时大大削弱了攻打梅斯城的美军兵力。由于此时多数法国居民仍未能及时撤离梅斯，所以上级严格限制了炮击的次数和范围，这使得隐蔽在城内的德国守军能在遭到美军炮火打击后得以迅速转移并重新布置新的防线。从梅斯城的布局来看，其中心城区主要坐落在摩泽尔河的东岸，中心城区的周围又分别被数条运河和塞耶河所环绕，由此构成了城内的三座岛屿：圣桑福里安岛、索尔西岛和香比尔岛。熟知梅斯地形的基特尔将军特意将指挥所设在香比尔岛上的里贝普雷兵营内，接着又于16日下令破坏城市外围的主要桥梁。直到18日美军攻势加剧，他才急忙炸毁了连接摩泽尔河北岸城区的最后一座桥梁索瓦热桥，彻底断绝了城内守军和其他外围要塞驻军之间的联系。我们从基特尔的这些举措之中不难看出他那抵抗到底的决心和意志，只不过在

▲ 这张模糊的照片中是一名正在克雷皮–梅斯道路旁稍做休息的第5步兵师士兵，当时该师已经从南面兵临梅斯城下。

美军攻城人马日渐围拢下他的部队并不能坚持多久。11 月 17 日，基特尔从里贝普雷兵营的地下室指挥所里签发了最后一批作战指令，一方面要求所有梅斯守军不顾敌军的重压继续战斗到底；另一方面也开始收缩他的外围防线：

第 1215 国民掷弹兵团奉命后撤到圣康坦要塞群附近，一旦梅斯城陷落，他们就将在该要塞内继续战斗到最后一刻。

“安东团”奉命负责防守普拉普维尔要塞一带，尽可能地迟滞进攻梅斯的美军部队，但由于团长安东上校在前线突然失踪，目前由第 462 国民掷弹兵师的炮兵指挥官福格尔上校临时接替了指挥职务。

第 1217 国民掷弹兵团奉命坚守德里昂要塞群，指挥职务由里希特上校接任。

第 462 燧发枪兵营负责继续保卫“七矮人”工事群，但营部已经随同第 462 国民掷弹兵师的师部人员撤退到了圣女贞德要塞群。

冯·马茨多夫团部分尚未来得及撤退的残余人员被指派返回圣普里瓦要塞，任由美军将其围困，但不得擅自突围或随便放弃该要塞群。

至于梅斯城本身，基特尔另外聚集了一批临时拼凑起来的队伍，负责把守城内各种 18 世纪时建造的古老要塞设施和兵营。为协调和指挥全城的防御作战，他拒绝了随同第 462 国民掷弹兵师师部一起撤往圣女贞德要塞的建议，而是亲自留下来镇守梅斯。基特尔具体的城内防御策略如下：

1. 白天时，机枪火力点应配置在各个街道转角建筑的二三层之上，每处街角上的防御据点都应配属至少一个班的兵力，并在据点入口处布置两名哨兵。

2. 夜晚时，据点防御人员都应迅速撤到一楼待命。

3. 部队人员不许随意在大街上闲逛，各个据点都应提高自己的隐蔽性和伏击作战能力。

4. 在战斗中，应尽量选择攻击毫无掩护的目标，没有必要就不要胡乱抢先开火。

5. 尽量选择较高的位置把守各条主要街道，各个防御据点之间必须形成相互的火力配合。

6. 携带有“铁拳”的坦克小组应布置在一楼，伏击敌军坦克的时候应注意打开窗户。

7. 选择防御据点位置的时候应事先考虑较为安全的走道和补给线路（比如田野和花园，有必要时甚至可以拆墙通过）。

第 5 步兵师的赫伯·威廉姆斯在他的回忆录中提到一点，说美军上级早在 9 月时就曾警告过部队要他们特别提防梅斯居民的敌对情绪。其实这种担心基本上是多余的，因为除少数的亲纳粹派之外，城内绝大多数的法国人欢迎盟军的到来，所以当他们一看到梅斯的德国驻军准备顽抗到底，便纷纷进入各家的地下隐蔽所内躲藏了起来。比较有趣的反而是那些入城美军的反应。空无一人的街道，到处都是德文的街道名，没有姑娘的亲吻、鲜花和拥抱，这种情况无疑令多数美国人以为自己正身处一个到处都是德国人的危险地带。

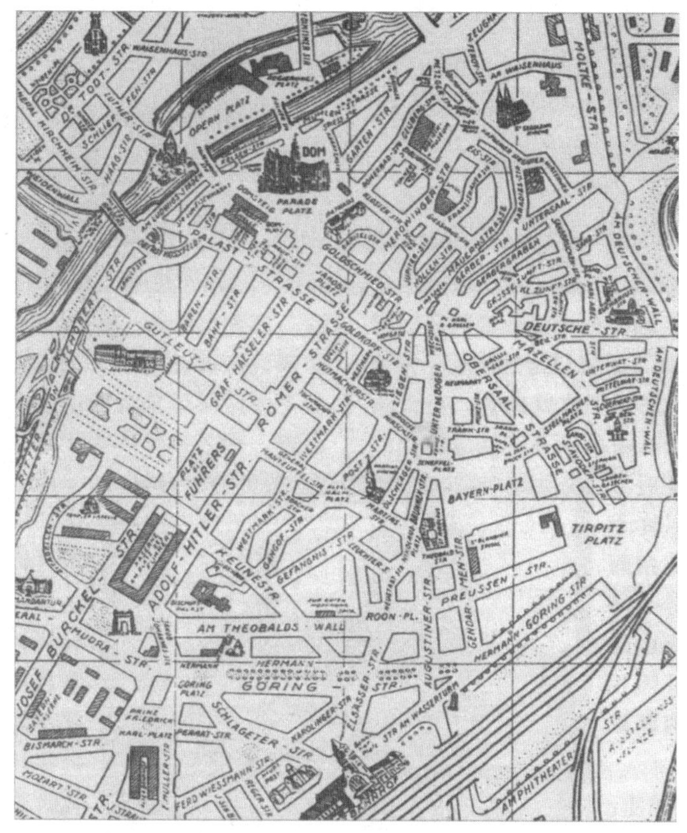

▲ 此图是德占期间梅斯的一张地图局部，可以看到上面满是德式地名，比如什么提尔皮茨广场、戈林大街等等。

然而随着美军逐渐深入梅斯市中心，他们也碰上了愈来愈多外出迎接的法国市民和地下抵抗组织的成员，这才如释重负。抵抗组织的人为美军随后的攻城作战提供了不小的帮助，作为回报，美国人也为抵抗组织提供了不少的武器、腕表以及其他各种从德军俘虏身上搜集来的战利品。

梅斯中心城区陷入包围

美军深知夺取梅斯城的关键，就在于控制连接各个城区的各处交通要道。但因为德军要塞司令基特尔已经抢先一步炸毁了城内的多数桥梁，美军于是不得不把希望寄托在法国抵抗组织的活动上。11 月 17 日在英国 BBC 的宣传号召下，梅斯聚集起一支大约 400 余人的抵抗组织部队，他们的任务是专门负责解除德军安置在城内各处可疑地点上的爆破装置，以尽可能迟滞德军对梅斯实施的“焦土防御策略”。

与此同时，在第 95 步兵师的右翼方向上，第 379 团的三个营正在艰难地突破

▲ 11 月 17—18 日间，梅斯城防司令基特尔将军为阻止美军的继续挺进，下令炸毁了梅斯城周围的大部分桥梁。

“七矮人”工事群后方的德军防线。美军在进攻中将二个连的兵力留在后方负责镇守已经攻占的工事群，同时以 1 营和 3 营的主力部队向东穿越山涧地带，很快就抵达了圣女贞德要塞群和德里昂要塞群的近郊。然而令他们失望的是，前方的侦察兵回报说位于莫林索莫斯村（Moulins–sur–Moselle）的渡河桥梁已经遭到爆破，第 20 军军部只好命令第 379 团暂停进攻，并将他们的作战任务改成围困和肃清德军的两座要塞群工事。

在战线中央，缺少 2 营支援的第 378 团 1 营由于兵力不足一时无法前进，同样只能暂时包围附近的普拉普维尔要塞和圣康坦要塞群。负责守卫这两座防御工事的德军指挥官弗格尔上校和斯特塞尔上校此时正面临着弹药和食物紧缺的难题，还好因为有着周围陡峭山岭的保护，美军只能从正面直接进攻高地上的防御工事，德军部队才能在没有多少支援火炮的情况下继续坚持下去。例如在圣康坦要塞群，斯特塞尔上校聚集了 25 名团部人员和一批工兵，另外再加上第 55 要塞工兵营以及原第 1010 警卫团 2 营的剩余人员，总算勉强拼凑起了多达 650 人的要塞守军。虽然当时要塞内的食物储备还有18天的维持量，却十分缺乏面包、黄油、土豆、盐和咖啡等必需品。用于外围防御的铁丝网严重不足，部队只剩两门重型步兵炮和两门81毫米迫击炮。根据斯特塞尔上校的说法，尽管当时自己的炮兵实力短缺，他还是能运用自己的通信联络设备为德里昂要塞群的防御火炮做必要的引导，以此来阻拦那些试图从西边渡河攻城的美军，甚至还能对那些进入梅斯的美军前锋部队造成一定的威胁。美军高层后来的估计，要不是德军的环城要塞链缺乏畅通补给线，第20军的攻城速度就将大受影响，梅斯城本身估计也会遭到更严重的战火破坏。

除1营和2营部队外，第378团3营便成了唯一能用来夺取从隆吉维尔到梅斯城区圣桑福里安岛之间道路的部队。进攻之前，美军的81毫米迫击炮首先施放了大量烟雾，用来遮挡圣康坦和普拉普维尔要塞内德军的视线。接着第378团3营I连的一个先锋排在一些坦克的配合下，正准备从唯一没遭到破坏的索瓦热桥上通过。可就在这个时候，埋伏的德军却引爆了事先埋设的炸药，结果造成I连大约15名士兵阵亡，并将另外三人切断在了对岸。3营营长约翰·凯利在战后提到当时I连的一名排长克罗福德少尉不顾危险，用一艘橡皮艇将滞留在对岸的三名美军士兵一一带回的整个经过，并赞扬克罗福德“无疑是梅斯之战中的又一英雄”。下面便是克罗福德少尉自己对此事的回忆：

“11月17日深夜11点，I连连长哈德格雷福从营部返回，带来了一项要在次日黎明前夺取通往圣桑福里安岛主要道路的任务。在经过一番任务简报之后，连长委派我的3排跟随一个坦克排为先锋前去占领河上的索瓦热道路桥。根据事先掌握的情报，整段行军路线长约3 000码，需要摸黑经过一段狭窄的隆吉维尔街道才能到达目的地。然而在执行任务途中，我的步兵却在经过最后一个弯道前与前方的坦克排意外地脱了节。由于坦克在行驶中一般都紧闭着舱门，我和我的手下就没有办法及时通告坦克要它们放慢速度。随着搞错方向的坦克纵队越开越远，两支队伍就这么莫名其妙地失散了，我只好重新集合手下人马并按原定路线继续前进。一路上我注意到不少道路旁的树木上都

▲ 梅斯城防司令基特尔将军于11月17日下令摧毁梅斯以西的所有桥梁，只有维系着圣马丁区和圣桑福里安岛的索瓦热桥暂时幸免。不过就在第二天上午，德军趁美军第95步兵师第378团第3营1连冲上桥面的时候引爆了预先埋设的炸药，结果有15名美军士兵当场身亡。图为“一战”前拍摄的索瓦热桥照片。

被德军事先绑了爆破装置，幸好法国的人已经及时拆除了这些诡雷的引信。当时我真希望也能对索瓦热桥做同样的事，可惜这个愿望最终并没有实现。当我的排刚抵达目标桥梁的时候，相当吃惊地发现整座桥居然无人把守，不过德国人也许已经撤到了对岸，正在那里布置新的陷阱坐等我军的到来。无论如何我当时并没有时间仔细考虑这些事情，因为天已经快亮了，要是被德军发觉的话就会相当麻烦，于是我立即命令部下展开夺桥行动。索瓦热桥总长大约有250余码，距离河面大约仅有12码左右的高度。等3排顺利绕过散布在引桥上的大约12颗地雷后，我立即下令将原先的单路纵队改为两路并让手下加速前进。由巴肯中士带领的一队人马冲在队伍的最前头，但当他们刚冲到对岸的引桥段时，埋伏在对岸250码外一栋建筑内的德军机枪突然朝桥面射来密集的弹雨。巴肯手下一人当即中弹倒地，其余人也被压制在后方的桥面上到处躲避四处飞舞的曳光弹。我后来才明白为什么德国人事先很长时间都一直没有开火，他们其实等的就是这一刻，只要我军冲上桥面就能立即引爆事先安置在桥墩上的起爆装置。说时迟那时快，只听得两声震耳欲聋的巨响，索瓦热桥刹那之间一下断成了三截，大量碎石伴随着我军士兵的断体残肢纷纷坠入了汹涌的摩泽尔河。爆炸时总共有15名优秀的士兵阵亡，还令巴肯中士和另外两名士兵困在了对岸。所幸我自己和3班当时刚刚走上引桥部分还没有冲过桥面，这才躲过了这场突如其来的劫难，仅有一颗德军子弹打掉了我的右脚靴跟。还没等我来得及庆幸自己安然无恙，德军又搬来了一门20毫米高射炮，并从对岸左侧的田野中向我们猛烈开火。在此之前我还从未亲眼见过有用小口径高射炮对付步兵进攻的事情。只见到橙红色的火光在我们身后的桥面上不断噼啪作响，但高炮的压制火力未能对我军造成任何伤亡。士兵们的惊慌感很快消失了，他们重新振作起来开始用手中的武器不断还击，而我和哈里根中士则趁这个机会从后方弄来一挺机枪，并将它架在桥边与德军高炮激烈对射，最终摧毁了那门20毫米炮。也许我们当时打得太过精力集中，以致完全忘记了坦克排的存在。好在桥头的激烈枪炮声很快就把走丢了的我军坦克排吸引到了桥头，我于是先带两个人去清理了桥头上的所有地雷，然

▲ 索热瓦桥被炸断之后仍残留在水面上的部分桥墩。

▲ 正在梅斯以东某村庄内一门被摧毁的 88 毫米炮旁用无线电收听梅斯城内作战情况的第 2 步兵团某部，该团没有参与梅斯城内的战斗。

后跑去叫来他们的指挥坦克，要他用主炮轰击那挺隐蔽在对岸建筑中的德军机枪。对方的反击火力很快就被打哑，摩泽尔河两岸也随之立刻安静了下来。数分钟之后，I 连的后援部队陆续抵达现场，但我却从别人那里得知连长哈德格雷福在 3 排攻击索瓦热桥之前在后方的一处街道转角上被流弹击伤退场，此外还有另外九名士兵被来自圣康坦要塞群的炮火打成了重伤。”

尽管 11 月 18 日的夺桥战让第 378 团 I 连付出了相当代价，克罗福德少尉却因为作战有功而接替了 I 连连长的职位。可惜对于拯救对岸三名同胞的事情，他在战后依然只字未提。根据目前一些战史学者的考证，克罗福德当时应该是在摧毁 20 毫米高炮之后，与麦克坎恩中士搭乘了系留在岸边的一艘小船前去救援被困人员的。就在他们快要抵达对岸时他们发现了奄奄一息、正趴在一处被炸塌的桥墩废墟上的列兵布朗。两人先将布朗拉上船后飞快地划回来，让人把他送往后方的战地急

▲ 1944 年 9 月 11 日圣朱里安要塞遭受美军重型轰炸机轰炸时的情景，右下方不远处即为圣朱里安村。

▲ 第 95 步兵师第 378 团的步兵跟在第 735 坦克营 B 连的坦克后面逐步推进。

救站去接受治疗。接着克罗福德和麦克坎恩又再次出发，冒着小船因超载而翻沉的危险，将被困在那里的两名士兵和巴肯中士全部成功地救出险境。

和第 378 团的情况相似，美军第 377 团的两个营也在 18 日黎明时逼近了摩泽尔河北岸的梅斯桑索内城区（Sansonnet）和北城区。2 营的任务是要控制哈芬运河上的一座重要桥梁，但他们必须在进攻时从 53 号大街上经过才能抵达目标桥梁。由于布置在哈芬运河对岸摩泽尔岛法兰西广场（Place de France）上的 88 毫米炮群和 20 毫米高射炮能直接封锁整条 53 号大街，因此才有了“88 毫米炮大道”的外号。美军自然不会毫无准备就发动盲目的进攻，他们事先派侦察兵确定了岛上每一门德军火炮的具体方位，然后才派人前去清除这些具有巨大威胁的武器。在后来的交战当中，大部分的 88 毫米炮和 20 毫米高炮都被负责火力支援的美军坦克摧毁。美军工兵随后意外地发现先前被德军炸毁的哈芬运河桥梁还存在通行能力，第 377 团 3 营于是一边派遣 G 连肃清桑索内城区里的德军，一边派人从桥梁的废墟上直接越过哈芬运河。该营同时还命令工兵部队加快桥梁的修复工作，以便使殿后的军用吉普等轻型车辆能够通过运河。到中午时分，3 营总共俘获了 200 多名德军，前锋部队已经抵达摩泽尔岛背后的摩泽尔河主河道。根据上级命令，3 营开始在河岸边到处搜罗船只准备渡河，而对岸香比尔岛上的德国守军也奉基特尔的命令陆续聚集起来，准备死守他们的司令部所在地。

与此同时，在战线以东，巴肯战斗特遣队正在做攻打德军的圣朱里安要塞的准备工作。圣朱里安要塞是 19 世纪末期设计建造的一座大型防御工事，光是建造在防御堑壕背后的中央碉堡的围墙就足有 12 米高，上面密布着用以指引防御火力的窥探孔。中央碉堡的右侧另有一座辅助防御设施用来提供侧翼掩护火力，同时负责压制试图从桥梁上冲过堑壕的敌军。负责保卫要塞的是一支由大约 362 人组成的德军要塞守备营，指挥他们的则是来自第 1215 国民掷弹兵团、先前曾参加过德里昂要塞群防御作战的魏勒少校。魏勒本人曾计划在 11 月 14 日放弃朱里安要塞并退往塞耶河后方的梅斯城区，但还没等他开始行动就遇上了美军的进攻，于是只好留下来率部死战到底。巴肯战斗特遣队的作战计划主要是派两个步兵营实施对要塞的主攻，等任务完成后再前往贝勒克鲁瓦堡方向并借机强渡塞耶河。18 日上午 7 点，第 377 团 1 营按照计划小心地绕到了圣朱里安要塞的背后，配合从正面进攻的第 378 团 2 营对要塞后方的圣朱里安村落展开突击。德军似乎完全没有料到美军会从他们的背后出现，所以只能硬着头皮匆忙招架，然而即便是动用了小口径防空火炮，可还是没能阻挡住第 377 团 1 营的突破。经过一上午的激烈战斗，圣朱里安要塞外围的多数德军狙击手和机枪掩体被第 378 团 2 营消灭，不过美军接着便遇上了那道难以逾越的防御堑壕，看来只有从侧面的狭窄桥梁进攻一处拥有高墙保护的庭园，才能进入要塞的中央区域。美军于是在重武器连的火力配合下强行从桥梁上冲过，并用炸药炸开了庭园外围的高墙。两辆美军轻型坦克首先攻入了庭院，并用机枪不断扫射中央碉堡上的开口。紧接着一辆美军坦克歼击车又朝着庭院后面 50 码处的碉堡大门不断发射着高爆弹和穿甲弹，可是效果极其有限。无奈之下美军只好拿出了他们的终极武器——一辆 155 毫米自行榴弹炮。但令人大跌眼镜的是，就连这么大口径的火炮也对一座古老要塞的正门毫无办法，迫使自行火炮只能改用不断轰击大门旁边石墙的方式，花费了整整 20 多发 155 毫米炮弹之后才勉强打开了一个缺口。

为了节约宝贵的时间，第 377 团 1 营没有派人留下继续肃清圣朱里安要塞，它把夺取要塞的任务留给了第 378 团 2 营，然后便在坦克歼击车的引导下绕过要塞继续向后方的贝勒克鲁瓦堡开去。我们在文章开头就提到过贝勒克鲁瓦堡的情况，它是一座建于 18 世纪的大型护城堡垒，专门用来防止敌军从东面迂回攻击梅斯城的后方。但在 1944 年年末时，德军已经基本废弃了贝勒克鲁瓦堡原有的防御能力，主要将它当作一座临时的物资储藏所之用，所以第 377 团 1 营的官兵基本没把它当作一回事，多数人认为很快就能夺取这座过于古旧的“仓库”。进攻贝勒克鲁瓦堡的作战行动一开始进行得相当顺利，第 377 团 1 营 A 连迅速抄到建筑物的后方并捕获了一批德军战俘，随后正当 1 营 C 连的队伍经过现场的北角时，却突然遭遇了一次规模巨大的爆炸。贝勒克鲁瓦堡在一瞬间便冒出了熊熊烈焰，毫无防备的 C 连当即有八人被炸死，另有 48 人受了伤。美军方面的调查认为可能是建筑内贮藏的弹药发生了爆炸，不过令人奇怪的是德军方面的战报从未提及贝勒克鲁瓦堡事件的详细经过。这就令我们很难搞清楚这到底是德军故意布置的陷阱，还真是一场意料之外的灾难。总之无论如何，第 377 团 1 营 C 连的官兵都是这次事件中最大的受害者，他们的幸存人员都在当晚被转移到圣朱里安要塞附近去接受进一步的治疗。

在获知第 95 步兵师部分单位已经突入梅斯的消息后，不甘落后的第 5 步兵师也随即加紧了对南面城区的攻势。第 10 步兵团先要解决圣普里瓦要塞和克鲁要塞，

▲ 贝勒克鲁瓦堡的恐怖大爆炸发生后不久，一辆巴肯战斗特遣队的半履带车正在经过这栋熊熊燃烧着的 18 世纪建筑物。

但由于这两个防御工事占地过大的原因，美军很难以有限的兵力拿下它们，更何况多数兵力还要用于向梅斯中央城区的进攻。情报显示，负责镇守克鲁要塞的有 500 多名德军，包括部分炮兵单位、200 多名各处搜罗来的散兵游勇，以及第 22 要塞守备团的部分兵力。欧文认为这些要塞守军过多，可能不利于攻坚作战，于是指令第 10 步兵团和第 11 步兵团分兵对其进行必要的围困，接着另外派遣第 11 步兵团穿过圣普里瓦要塞的防御火力直接攻打梅斯城南。当时参加要塞围困行动的第 11 步兵团 1 营的一名补充兵卡尔·克拉克森回忆说："几天来我军一直在对两座德军大型要塞进行攻击，白天时坦克歼击车会不断向要塞建筑发射穿甲弹，而到了晚上就会有很多宣传战术连队动用扩音喇叭规劝要塞守军速速投降，说只要放下手中的武器，德国人就能获得橙子、口香糖和香烟等各种配给。可是顽固的德军根本就不领情，他们只要一听到类似的宣传广播就会向我们发射白磷弹，想把那些讨厌的扩音喇叭统统烧毁。"

艰难的战事当中有时也会发生一些意料之外的趣事，第 10 步兵团就碰巧有这样的一次经历。梅斯原秘密警察头目安东·邓肯企图在这个时候趁乱逃离陷于包围的梅斯城，11 月 18 日当晚他和一批手下摸黑离开住所，躲入了城南郊外的一处地下酒窖，可令他没想到的是美军第 10 步兵团的巡逻队恰恰在夜间巡逻时发现了他的藏身处。束手就擒的邓肯立即被作为"礼物"带到了巴顿的司令部，并在那里被巴顿好好审问了一番。活捉邓肯的美军士兵原以为他们抓到的是一名德国陆军的高官，其实邓肯就连党卫军也算不上。当审讯结束时，他被作为一名政治犯被第 3 集团军收押起来。①

① 战争结束后，邓肯曾被辗转从美国移送到德国境内的很多美军战俘营，并旁听了纽伦堡对纳粹战犯们的审判。1948—1951 年间，法国人重新对邓肯进行了调查和审讯，最终判处他 20 年苦役，但他只关了没多久就被无罪释放。在另一方面，梅斯要塞司令基特尔将军也开始发觉美军的攻势正变得日趋猛烈起来。南北城区和各个岛屿防区均接到了告急电报，无计可施的基特尔产生了放弃作战的念头。除把市区的指挥权移交给梅尔（Meier）上校外，他还下令切断城内唯一的民用电话系统，然后就把自己关在香比尔岛兵营的地下指挥所内再也不出来了。至此为止，梅斯城与外界的一切通信联络宣告彻底中断。

对中心岛屿地带的进攻

▲安东·邓肯（1905—1985），生于慕尼黑。1922年便与希姆莱结识，也参加过啤酒馆暴动，1930年加入纳粹党与党卫队，1940年7月成为萨尔－洛林地区秘密警察头目，1942年晋升为党卫队旅长，1944年11月19日在梅斯城内被俘。

经过持续半天时间的激烈战斗，巴肯战斗特遣队基本已经夺取了圣朱里安要塞的大部分地上设施。11月19日天刚亮，第378团2营F连的一名美军军官在劳特曼中士的陪伴下通过要塞堑壕前的桥梁，小心地来到防御工事中央的地下通道入口前准备规劝守军投降，结果恰好与一队正准备在被炸开的大门后面布置防御的德军撞了个满怀。负责领队的德军士官本想拔枪向美国人射击，但由于距离过近和空间特别窄小的关系，他最后还是放弃了抵抗的念头。经过与美军军官的交流，这名听得懂英语的德国人同意带着劳特曼去见要塞指挥官魏勒少校，以便商议有关圣朱里安要塞的投降和交接事宜。

在获知友军顺利迫降德军要塞的消息之后，第377团1营重新返回了先前遭遇意外爆炸事件的贝勒克鲁瓦堡。他们在那里意外地发现前日里未能及时夺取的塞耶河桥梁依然完好无缺，只是这次德军方面已经调来了一组机枪试图保卫这座梅斯背后的关键通道。一开始美军并不打算惊动德国人，直到己方一辆满载冲锋舟的卡车从后方出现时，他们才被迫放弃原先奇袭的打算，开始正面强攻目标桥梁。德军的机枪遭遇美军迫击炮的猛烈炮击而失去了作战能力，第377团1营的先锋排一鼓作气地冲过了塞耶河，并在对岸建立了一处临时桥头监视哨。接到前方报告的巴肯上校认为他的部队已经基本完成了从东面突入梅斯的任务，于是他便派遣第95骑兵侦察群去与从城南方向进攻的第5步兵师取得联络，这支美军机动分队最后于上午11点10分在瓦里埃尔（Vallieres）附近与第10步兵团前锋顺利汇合。大约20分钟过后，巴肯上校又命令第377团1营的一个步兵连在一个坦克排的支援下通过了塞耶河桥梁，开始攻击约有700多名德军驻防的梅斯东部城区。负责指挥这些部队的梅斯城防司令梅尔上校打电话向基特尔报告说他可能无法做到率部撤往香比尔岛，所以请求基特尔允许他立即突围。然而还没等近乎绝望的基特尔对梅尔的建议做出决定，美军就已经突破了东部城区防线并活捉了梅尔上校。巴肯战斗特遣队的活跃表现令第20军军部兴奋不已，沃克在下午向巴肯上校发出新的指令，要他再派人去贝勒克鲁瓦堡南方的铁路枢纽站点附近建立另一个联络前哨。不过这次巴肯战斗特遣队就没有先前那么走运，由于在逼近目标时被第5步兵师的部队误认为是德国人，美军特遣队遭到了己方炮兵的猛烈轰击，无奈之下只得暂时撤离现场。

与此同时，在战线北端，已经在哈芬运河和摩泽尔河之间建立立足点的第377团开始奉命向香比尔岛展开了进攻。尽管有部分船只因在强渡时遭到己方炮兵的误击而遭到不小伤亡，第377团仍在傍晚之前占据了一块200码宽的滩头阵地，并俘虏了大约300余名德军。经过不懈努力，第377团2营的全部人马随同3营的一个连在天黑时成功登上了香比尔岛，德军设在岛上的两座大型兵营都被美军团团包围起来，其中就包括了基特尔将军所在的里贝普雷兵营。

而在战线中央，第378团3营正在逐步肃清圣桑福里安岛上的抵抗。美军两个连在坦克和炮兵火力的掩护下于上午登岸，然后便开始横扫这个岛上为数不多的德军据点。3营一路突破到小岛的另一侧，发现通往中心城区的唯一桥梁已经遭到德军的破坏，于是开始重新搜罗船只准备强渡摩泽尔运河。然而就在第378团准备渡河时，上级却紧急下令该团停止前进，这是因为早在11月14日下发的作战计划里，圣桑福里安岛对面的梅斯城区是属于第5步兵师旗下第11步兵团所要夺取的目标（当时第11步兵团还远在梅斯南面的萨伯隆村附近负责清理铁路设施，没能及时赶到这里）。但第378团的官兵却坚持自己的意见丝毫不愿做出任何让

▲这张航空侦察照片摄于1944年11月19日，拍摄区域为梅斯的部分中心城区，腾起熊熊浓烟的就是贝勒克鲁瓦堡。照片的下方和右侧还可以看到两座一大一小的要塞堡垒，下面面积较大的是克鲁要塞，右侧小一点那个是博尔德要塞。

▲ 梅斯最后一任城防司令康斯坦丁·梅尔上校（面向镜头者）被俘时拍摄的照片，与他在一起的是党卫队旅队长邓肯（右侧背对镜头者）。梅尔被俘时的具体情况不明，但从照片来看有可能是邓肯将美军带到了他的指挥部。梅尔上校的骑士十字勋章是于 1942 年 5 月 8 日在担任第 257 步兵团中校团长时获得，但他是何时来到梅斯，以及在担任梅斯城防司令之前是担任什么职务并不清楚。

步，迫使第 5 步兵师最终同意第 378 团继续他们的渡河行动。第 378 团 3 营在下午 5 点时开始强渡摩泽尔运河，其第一轮进攻被对岸贝耶卡瑟恩兵营（Bayern Kaserne Barracks）内的守军击退，但美军的第二轮进攻还是使几个步兵连成功地登上了对岸，从而令基特尔的残余部队陷入了更加不利的境地。

由于找不到合适的渡河地点，同属第 95 步兵师的第 379 团就未能取得和另外两个步兵团一样令人瞩目的战绩。当第 378 团和第 377 团带着高昂士气对梅斯发动猛烈的围攻时，第 379 团却被留在后方担任一些无关痛痒的区域肃清任务。19 日上午，该团先是与正在攻打普拉普维尔要塞的第 378 团 1 营取得了联系，然后经过一系列的交涉，又把原本属于第 379 团进攻目标的圣康坦要塞群也拱手让给了第 378 团 1 营。只可惜第 378 团 1 营的胃口实在太大，他们不久之后便发现单凭一个营的兵力根本拿不下这两座互连一体的德军要塞，所以到最后还是不得不把对圣康坦要塞群的进攻权又重新还给了第 379 团，并衷心期望第 379 团能在次日上午之前占领他们的目标。

与获得重大突破的第 95 步兵师相比，从南面进攻的第 5 步兵师在 19 日的进

▲ 11 月 19 日第 5 步兵师和第 95 步兵师在瓦里埃尔村近郊顺利会师，标志着美军已经完成了对梅斯城区的完全包围。

展就要差上许多。第 11 步兵团依然陷在圣普里瓦要塞和弗雷斯卡蒂机场之间，而第 10 步兵师也在进攻梅斯东南城区时被那里的克鲁要塞绊住了手脚。虽然美军的攻势也许已经稍许落后于他们的进攻日程表，但从总体形势上来看，由于美军的第 5、第 95 和第 90 步兵师已经互相紧密联系在了一起并形成了对梅斯中心城区的全面包围态势，所以梅斯城的陷落只是时间早晚的问题，整个战役的最终结局也早已注定。

基特尔在其 11 月 19 日夜晚所写的日记中描述道："与以往的情况不同，19 日夜间梅斯城内出奇地安静。美军隆隆的炮击轰鸣似乎一下子全都消失得无影无踪，就连原本一直被黑烟所笼罩的夜空也变得格外地明澈。"造成这种状况的主要原因其实是因为美军已经发觉城内的德军已经四散到了中心城区的各处隐蔽所内，为了避免再次出现误伤，他们只能暂停炮击，以便步兵能够在无干扰的情况下解决掉城内

▲ 在狙击手的火力威胁下，这些士兵们全都趴在了围墙边的地上。

德军最后那点残余的抵抗力量。基特尔当天还在日记里提到了他曾有过对梅斯外围的要塞守军进行空投补给的计划，并补充说对圣康坦要塞群和普拉普维尔要塞的弹药空投行动又一次遭到了挫折。尽管参与行动的飞机都曾在 19 日当晚飞临目标上空，但下面的德国要塞守军却因为缺乏信号弹而无法为飞机指示合适的空投区域。读者由此可以想象一下当时的德军处境有多么狼狈和窘迫。

梅斯城的陷落

根据第 95 步兵师原先下达的第 7 号作战令，第 379 步兵团原本需要在 11 月 21 日前肃清梅斯以西的几乎所有要塞和防御工事，其中包括了圣康坦、普拉普维尔、圣女贞德、“七矮人”，甚至德里昂要塞群！很明显这是不切实际的作战计划，第 379 团最终只能选择圣康坦一座要塞来对其实施围困作战，其他的要塞工事则交由别的进攻部队来对付。

11 月 20 日，第 379 团 3 营奉命替换下了圣康坦要塞群附近的第 378 团 1 营，紧接着第 379 团 1 营也随后接替了对普拉普维尔要塞的包围任务。美军在随后的作战中采取尽量降低伤亡的策略，他们并不直接正面进攻德军的要塞，而是一方面派飞机对其进行轰炸；另一方面又出动宣传连继续对德军进行心理战以迫使他们自行投降。在这种双重策略的威压之下，圣康坦驻军司令弗格尔上校被迫做出了一定让步。虽然他拒绝马上放弃抵抗，但还是同意了美军的停火和撤离要塞伤员的条件，并许诺只要梅斯中心城区内的守军投降或他们自己出现食物和弹药供应问题的时候，就会将圣康坦完全和盘交出。

为了对抗美国人的宣传攻势，德军自己也从梅斯城内用无线电不断向城市各地的守军播放各种激励士气的广播，但他们的种种努力并未能起到多少令人可喜的成效。随着各处要塞内部的通风系统和电力供应系统逐个出现问题，那些困守在黑暗而又寒冷的防御工事中的德军士兵们也就愈发地沮

▲ 一块开阔地边域的美军水冷式重机枪火力点。

丧。对他们来说，食物的短缺和弹药的不足倒还算是次要的，对他们打击最大的还是那种处于包围中的恐惧和绝望。虽然德军高层仍然振振有词地到处宣传梅斯守军如何在艰难形势下英勇而顽强地作战，但德军方面被切割、被包围，并被美军逐渐压垮的局面却是连基特尔本人也无法否认的残酷现实。

梅斯之战即将结束的前两天，美军高层为了加快攻城进度而对第 95 步兵师又做了一番战术部署上的调整。根据命令，第 379 团将在 21 日晚把自己的防区交给第 5 步兵师进行托管，然后该团就会在第二天脱离城内战斗并转移到梅斯东南的佩尔特利村（Peltre），准备等第 95 师的友军部队到来后一起开赴萨尔地区作战。正因为这道命令，所有第 95 步兵师的步兵团必须赶在 21 日前后结束城内的肃清作战，这也相当于是给特华多尔将军限定了一个攻占梅斯城的人致期限。

11 月 20 日，第 378 团开始从圣桑福里安岛的另一侧对梅斯中心城区展开渡河攻击。当时查尔斯・克罗福德少尉所在的 I 连在登岸之后，正负责进攻阿道夫・希特勒大街（原瑟蓬诺尔大街）和赫尔曼・戈林大街（原福煦大街），位于其右翼的 L 连也同时进攻了市中心车站附近的铁路设施，为了在抵达目标街道前尽可能避免伤亡，I 连便决定越过 L 连的防区向着另一头的公园方向挺进，然后再从侧翼绕向希特勒大街。克罗福德后来回忆说，在部队行军途中，曾有一名 3 排的排长跑来告诉

▲ 已被肃清的梅斯城内的一条街道，背景有一门 Pak 43/41 型 88 毫米反坦克炮。

他说在公园附近的一所防空洞内有批德军要求向I连投降。克罗福德由于要亲自指挥巷战无法脱身，所以他就指派了一名中士前往防空洞，叫那里的德国人交出所有的武器。最后总共有包括七名党卫军在内的244名德军官兵成了美军俘虏，而克罗福德那时已经率队抵达了希特勒大街。他在自己的作战日志中写道：“等我们刚到达预定目标，希特勒大街上一下子就被梅斯市民的人潮所淹没。这些法国人给我们带来了不少美酒做礼物，还不时有人大声叫嚷着：‘法国万岁！美国万岁！’就我看来，这是梅斯城内抵抗逐渐瓦解的信号之一，相信我军很快就会获得最终的胜利。”克罗福德少尉当时花了不少功夫才让I连官兵勉强摆脱了那些热情过度的法国人，之后他在附近选了一所旅馆（如今的福煦旅馆），并在那儿设立了自己的连部。

到20日中午，第95步兵师师长特华多尔将军确认梅斯北部城区的抵抗已经逐渐停止。11月21日，巴肯战斗特遣队正式宣告解散，第377团1营和第378团2营返回了自己原先的单位。在整整一周的长途作战中，巴肯上校充分发挥了小型混合战斗群机动作战的优势。在他指挥下的战斗特遣队往往能在不断运动中，轻易地从侧翼绕过那些试图与美军进行正面对抗的德军据点守军。而且有了装甲作战车辆和自行火炮的有效火力支援，梅斯城内的巷战也不像原本想象的那么艰难。巴肯战斗特遣队在梅斯之战中的表现，无疑是美军良好运用机动战术的最佳体现，并在长久以来一直受到众多战史学者的高度评价。

正当梅斯以北的德军袋形阵地逐渐崩溃之际，位于梅斯以南的第5步兵师也毫不示弱。第10步兵团1营于11月20日突入梅斯东南城区，开始逐屋逐户地搜索

▲ 福煦大街转角上一辆第801坦克歼击营的M36“杰克逊”坦克歼击车正在监视街道一侧的动静。

每一栋可疑的房屋。美军在巷战中所采用的战术其实相当简单：一个 12 人的班组在搜查房屋之前可以先派数人绕到房屋背后堵住敌军可能逃离的路线，再派数人包围房屋两翼。接下来一支专门组成的主力突击队就会破门而入，反复地仔细搜查房屋内的每一个角落。例如在 1 营 A 连的一次搜索行动中，几名 1 排的士兵发现了屋内藏有一名平民，于是这些美军用步枪抵住他的腰际，差点把此人吓了个半死。当时所有在场的美军士兵都听到他不断地叫嚷“Ruski！Ruski”(意思是“俄国人”)，后来才发现原来这是一名被德军拉来充当苦役的苏联人，于是哈哈大笑之后就把他放了，接着继续前去搜查房屋后方的另一座建筑物。在对其他街道的肃清行动中，德军分散布置的 20 毫米高炮往往会对那些聚集在一起的美军分队造成不小威胁。1 营 A 连最初遭受过一门隐藏在两座仓库中间的 20 毫米高射炮的压制射击，由于对方伪装良好，美军步兵无法直接对高射炮造成任何伤害。幸好连长哈罗威上尉及时呼叫炮兵施放烟雾掩护，并另叫伯汉中士、扎德瓦斯基中士和安德森中士三人搞来一门迫击炮摧毁了它。不久之后，A 连又遇上另一门布置在房屋和围墙之间的 20 毫米高射炮的火力攻击。哈罗威上尉这次和另一名带队士官一起爬上附近的一座高层楼房，然后命令伯汉中士的迫击炮组在阳台就位。经过两次精确的射击，他们便干掉了第二门德军小口径高炮。

11 月 21 日中午 12 点，第 5 步兵师报告说他们基本肃清了梅斯的南部城区，而驻防克鲁要塞的德国守军也已向第 10 步兵团正式投降。到此时为止，梅斯以南就只剩下圣普里瓦要塞和凡尔登要塞群的一部分工事仍处于德军的控制之下。其实早在前一天，这两座要塞工事就已经分别挂出了白旗，不过德军那时候并不是要真的投降，圣普里瓦要塞司令官马茨多夫 SS 少校只是用此来表达要和美军进行和谈的意愿而已。21 日，第 11 步兵团 1 营营长谢尔少校随同一名会说流利德语的军医一同前往圣普里瓦要塞，去与马茨多夫进行交涉。经过会谈，马茨多夫仅仅要求撤离他手下的十名重伤员，而他本人则丝毫没有要向美军投降的意思。虽然谢尔少校本人数次向马茨多夫表示希望他能以大

▲ 从南面攻入梅斯城的第 5 步兵师部队正在逐屋逐户执行肃清行动。

▲ 尽管交战双方已经有了关于停战的谈判接触，但城内的战斗依然没有停止。图为 21 日正在大教堂附近街区作战的一门美军反坦克炮。

局为重率部投降，但顽固的马茨多夫却说什么也不同意，只是一再坚持他会和手下的人一起“死战到底”。即便是在同日下午传来克鲁要塞守军投降的消息后，马茨多夫仍再度拒绝了前来试图规劝他投降的基斯坦因上尉。然而要塞指挥官的决议并不代表他手下广大官兵的共同意愿，11 月 22 日夜晚就有一批德国守军逃离圣普里瓦要塞并向美军投降，此外他们还向美国人报告说由于马茨多夫的一意孤行，圣普里瓦要塞内守军的士气已经降到了最低点，可能不久之后就会出现自行崩溃的局面。在另一方面，美军攻占克鲁要塞之后，第 11 步兵团团部发生了一次人事变动，原来担任团长的尤伊尔上校以健康状况为由突然于 11 月 21 日离职而去。根据该团 2 营 G 连连长理查德·德斯特上尉的说法，其中也有尤伊尔之前因为公开批评对德里昂要塞群的攻击行动而得罪沃克中将的原因。尤伊尔上校从诺曼底战役开始就一直带领第 11 步兵团奋勇作战并赢得了其部下的广泛尊敬，他在梅斯解放日到来前夕的调离对整个第 11 步兵团无疑是巨大的损失，沃克最后委派布莱克上校接任了尤伊尔的职务。11 月 22 日，刚刚走马上任的布莱克就将自己的新团部设在了梅斯城内最豪华也是最著名的皇家旅馆内。这所旅馆之所以会那么有名，就因为它在战时经常会成为希特勒访问梅斯时的下榻地点。不过令人觉得奇怪的是，除了第 11 步兵团外还有不少部队声称曾做过同样的事情。例如克罗福德少尉就曾回忆说，当时第 378 团 3 营也在皇家旅馆里设立了营部，至于其说法的真实性就不得而知了。

也许有人会问：“既然梅斯的南北城区都已经陷落，那么梅斯的那位要塞司令基特尔将军最后到底怎么样了？”那么我们现在就来对此做个解答。对基特尔司令部所在地香比尔岛的最后围攻实际始于 11 月 20 日，担任主攻的是第 95 步兵师第 377 团的两个营。从左翼突破的 2 营奉命肃清北半部分岛屿，至于南半部分则交给右翼位置上的 3 营来对付。第 377 团 2 营在进攻中不断遭到隐蔽在街道两侧楼房内的德军狙击手以及各种轻武器的猛烈射击，因而进展相当缓慢。其中 F 连和 G 连的部队都曾被一栋坚固的石墙建筑阻挡了整整 2 小时，最终迫使 G 连的米勒中士不得不爬到邻近一所楼房的屋顶上，用巴祖卡火箭筒摧毁了德军的机枪火力点。当烟雾

▲ 虽然梅斯城内的大部分建筑在最后的激战中遭到严重破坏，但城中心的天主教堂却幸运地逃过了一劫，主体依旧保存完好。

散尽，只见一名德军军医从建筑内跑出来向米勒打招呼，想让他允许自己搬运阵亡同胞的尸体。米勒于是干脆直截了当地要求德军立即投降，没想到对方很爽快地就同意了。到夜幕降临时，2 营基本已经控制住了整个北半部分岛屿，基本达成了他们的任务目标。与此同时，第 377 团 3 营也在努力朝着基特尔所在的里贝普雷兵营方向挺进，但他们所遭遇到的德军抵抗明显比 2 营更为凶猛。根据基特尔的描述，当天他的司令部有部分上层房间已经在美军的攻击下起火燃烧，另有部分美军借机渗透进了兵营一角。里贝普雷兵营是座 18 世纪时建造的古老防御工事，其地下部分建有四通八达的联络通道，部分通道甚至从兵营一旁的烟草加工厂下方穿过，一路朝着贝尔岛医院（Belle Isle Hospital）的方向延伸。最令基特尔担心的倒不是对兵营的正面攻击，而是别处的美军可能会利用兵营地下通道对其指挥所发动奇袭，于是他事先在各个关键地点都布置了埋伏。正像基特尔预料的那样，美军第 377 团 3 营 I 连发现了附近一处发电设施内有条直接通往兵营的地下通道，于是立即派遣数支巡逻队前去探路，结果均被预先在兵营地下布防的德军喷火器小队赶了回去。

▲ 11 月 21 日，里贝普雷兵营里的德军在第 377 团第 3 营 I 连的进攻之下终于支撑不住，派人前来商议投降事宜，位于照片右侧的是法军联络官韦塞莱上尉。

11 月 21 日上午，I 连主力正面突入兵营的底层楼面，盘踞在二三层楼面的德国守军与美军进行了激烈的交火。I 连迫于压力随即叫来了第 807 坦克歼击营的一个排，用密集的炮火将兵营的上层建筑打成了一片废墟。I 连连长盖格少尉回忆了这场德军司令部围攻战最后时刻的战况：“21 日攻打里贝普雷兵营的恶战令 I 连付出了众多的伤亡代价。当天上午坎菲尔德少尉和奥顿中士先后都被德军狙击手打伤，后来就连连长阿里克斯·麦克因特里上尉自己也中了弹。连长在被担架队抬走之前要我接替他继续指挥I连进攻，我于是叫人去喊来了几辆我军的坦克歼击车和几门反坦克炮，要他们一起帮忙清理一下兵营的上层楼面。经过数分钟的持续射击，德军兵营的北角被轰出了一个大洞。兵营里的德国人随即摇起了白旗要和我们商议受降事宜，但又强调说一定要军官出面他们才肯投降。作为全连唯一最高军衔的军官，我于是从废墟瓦砾堆中翻出一块衣物布料，临时做了个代表少尉的杠杠别在我的衣领上（第95步兵师在攻城之前曾要求所有军官摘除军服上的识别标志）。等谈判成功后，德国人还请求我们提供担架队来帮助他们撤离兵营废墟中的伤员。”

▲ 德军俘虏们被聚集起来进行搜身。

美军本来以为只要能攻下里贝普雷兵营就能顺利逮到基特尔将军，但这个希望却落了空。基特尔本人其实早在美军开始进攻兵营时就亲自参加了兵营保卫战，并在21日上午11点左右因膝盖负伤而被部下通过地下通道迅速转往设在附近烟草工厂内的临时医疗救护站点进行救治。里贝普雷兵营陷落数小时后，第377团3营K连和I连的一支联合巡逻队在烟草工厂附近遇上了一名被德军俘虏的第5步兵师士兵，此人向美军巡逻队员透露了他们要找的基特尔将军其实就在这座烟草工厂内。得知消息的美国人自然都兴奋不已，他们立即派出一个排包围了烟草加工厂，没花多少工夫就冲到了楼上的临时手术室。当时已经动完手术的基特尔将军仍处于半麻醉的状态，等他完全清醒以后，带队的美军军官要求他立即下令梅斯周边要塞内的守军投降，却遭到了基特尔的拒绝。他的理由有二：第一，他在兵营陷落前已经把

▲ 德军俘虏们被押往城外的战俘营。

▲ 此照摄于 1944 年 11 月 22 日。照片中一位名叫约瑟夫・巴泰勒米的神父站在梅斯城区的瓦砾堆上。

最高指挥权正式转给了圣康坦要塞群指挥官斯特塞尔上校；第二，他认为梅斯周围的要塞防御工事仍有继续战斗的实力。总而言之，美国人原本打算举行一个让基特尔将军交出佩剑的受降仪式，这不仅是新闻记者所期待的头条热门新闻，也是在梅斯地区苦战两个多月之久的美军官兵的共同心愿。可如今这些希望全都化为了泡影，I 连连长盖格少尉后来只能把从基特尔将军身上搜到的一块贵重怀表交给了特华多尔将军，可是特华多尔却没有收下，此后这块怀表的下落就不知所踪。照盖格的描述，它的价值相当于整整一卡车的 VAT69 威士忌，实在是一件不可多得的昂贵战利品。

战至 11 月 22 日，梅斯城内就只剩下香比尔岛上里贝普雷兵营的守军仍在抵抗，为了能尽快占领兵营，第 377 团 3 营只能不断派人投掷白磷手雷来驱赶躲在地下通道内的德军。当天下午 2 点 35 分，第 377 团团长通知特华多尔说梅斯全城已经基本处于美军的控制之下。仅仅 3 分钟以后，第 20 军军部也获知了这个消息，这意味着长达近三个月之久的梅斯之战已经正式宣告结束，美军接下来要面临的问题就是该如何处理那些仍滞留在梅斯周围要塞工事中的德国守军。当时有人估计梅斯战后繁重的处理任务需要美国军队至少再多花三星期的时间，才能帮助戴高乐政府完成对梅斯筑垒地域的占领和移交工作。

第十三章　战役终结

梅斯之战的结局

和诺曼底战役刚结束时的情况一样，美军在梅斯之战结束后根本没有多少时间庆祝自己的胜利。为了阻截已经退往萨尔—莱茵河一线的德军 G 集团军群，第 20 军必须马上抽调兵力对其进行追击。当沃克的部队在梅斯城内作短暂停留期间，第 3 集团军司令官巴顿亲自前来向他们表示祝贺。不过巴顿在亲临梅斯时只走访了欧文的第 5 步兵师，并称赞他们是“令他骄傲的士兵，同样也是令国家为之骄傲的士兵”。特华多尔的第 95 步兵师当时几乎被遗忘，那些曾在梅斯浴血奋战的“胜利师”老兵们直到 50 年之后的 1994 年，才在里贝普雷兵营一旁竖起了一尊纪念他们解放梅斯城的纪念碑。

尽管第 95 步兵师没有赢得应有的荣誉，但特华多尔将军还是以自己的方式于 11 月 22 日通告全师官兵，赞扬了部队在整个梅斯之战中的优异表现：

“你们中的很多人也许还记得我在 11 月 8 日时说过的那句话，当时我告诉你们，通往梅斯的道路也就是通往德国本土的道路，只要你们能够占领梅斯，第 95 师就无愧于‘胜利之师’的称号。当你们听到这些话的时候，很多人还只是刚入伍的新兵。但在如今的两星期之后，你们中的很多人都已经成长为经验丰富的战斗老手。在梅斯筑垒地域内的激烈战斗中，你们已经充分地证明了自己的勇气、毅力和战斗技巧。很少有部队能在它的首场战斗中获得如此重要的胜利，你们的出色表现已经大大缩短了我军进入德国本土并获得最终胜利所需要的时间。我作为第 95 步兵师的师长已经心满意足，并为你们感到骄傲和自豪。”

▲ 通向梅斯的一条道路，这里在 11 月中旬已经被打开。

其实单从特华多尔的发言来看，我们就会意识到第 95 师只是在梅斯之战的最后攻城阶段发挥了关键性的作用。如果该师没有获得第 5 步兵师的大力协助，只凭自己的实力要实现肃清梅斯城内所有敌军的目标，恐怕也是相当困难的。欧文的第 5 步兵师无论在作战经验还是参战时间上都远远超过了特华多尔的部队，而且正是第 5 步兵师在九十月里的持续进攻大大削弱了德军城防部队和周围要塞工事的防御力量。我们已经看到，第 462 国民掷弹兵师在与美军的长期消耗战中逐渐走向灭亡，而 SS 第 17 装甲掷弹兵师、第 19 国民掷弹兵师和第 416 步兵师等其他德军部队也在梅斯这个巨大的绞肉机里连续遭到重创，最后只好撤往萨尔。所以说，如果只是片面地注重第 95 师而忽视第 5 步兵师的功绩，同样也是不公平的。

可惜的是，有关双方在梅斯的作战伤亡情况至今仍未能统计出一个较为准确的数字。就拿第 5 步兵师的伤亡报告为例，该师在 11 月的头三星期内共有 185 人阵亡，1 044 人受伤，147 人失踪。由于这些数字里有可能包括了不少非战斗性伤亡人员，所以也就无法准确判断美军真正的作战伤亡到底是多少。我们只清楚第 5 步兵师主要的损失都是在 9 月时产生的，很多连队在连续不断地恶战后都损失了近一半的兵力。另外在德军方面，梅斯要塞司令基特尔将军也提供了他的一些数字，认为整个围城战期间大约有 400 名德军阵亡，另有约 2 200 余人受伤。但很多战史学家认为基特尔所说的只是在他直接指挥控制下的守军损失情况，所以这些数字可能过低。与此相反，美军第 20 军军部的统计则认为他们的部队在 11 月间抓获了 14 368 名德军战俘，另外击毙 3 800 人，击伤 7 904 人——这些数字就又显得过高了。

▲ 11 月中旬，梅斯之战的主要战斗结束后，正在军官引领下撤离梅斯的德军战俘。

占领梅斯后，第 20 军奉命立即撤离梅斯城区并让法国人前来接管。由于巴顿命令沃克在 11 月 25 日前后重新开始进军，第 95 步兵师和第 5 步兵师便获得了四天的休整期，转而开始担负起消除梅斯周围防御工事威胁的任务。至于没有直接参与攻城行动的第 90 步兵师和第10装甲师也随之暂时停止推进，开始为第20军向萨尔地区的全面进攻做准备。

梅斯防御工事的最终命运

到11月22日为止，虽然梅斯城已经被美军攻占，但城市外围还剩下凡尔登、圣普里瓦、德里昂、圣女贞德和普拉普维尔繁五座大型防御工事需要美军来做“最后的处理”。根据欧文少将的命令，美军第5步兵师的三个下属步兵团分别派兵继续对它们进行包围和监视，以防德军做出任何意料之外的举动。

11月23日上午8点，凡尔登要塞群的守军由于食物耗尽，最先向美军表示出了投降的意愿。第11步兵团3营的执行军官约翰·阿克夫少校接受了德军的投降，于是第48要塞机枪营残存的两名德军军官和另外148名下级官兵纷纷走出凡尔登的工事群，并向美军放下了手中的武器。曾参加惨烈的多尔诺桥头堡争夺战的3营K连随即派人爬到要塞建筑顶上挂起一面美国国旗，正式宣布该防御工事已经被第5步兵师占领。

11月24日，美军第2步兵团完全控制了“七矮人”工事群，由此彻底切断了圣女贞德要塞群和德里昂要塞群之间的联系。为了规劝上述两地的德军尽快投降，第2步兵团便起草了一封劝降公文并将它分别发往两座防御工事。其中的内容如下：

“梅斯城已经陷落！

“你们的城防司令梅尔上校出于避免平民伤亡的考虑，已经向我军投降（其实是在突围时被擒）。你们的要塞司令官基特尔将军和SS将领邓肯等人也相继成了我军的俘虏。梅尔上校让我们转告你们，美军的战线已经深入梅斯后方30千米之处，多数德军洛林地区的守军均已退往齐格菲防线。梅斯之战已经完结，继续抵抗已经没

▲ 12月13日，美军第26步兵师第101步兵团人员在举着停战白旗的德军特使的带领下进入梅斯要塞体系中最后一个宣布投降的圣女贞德要塞。

有任何战术价值。你们已经尽到了作为士兵的责任和义务，是时候考虑一下该如何拯救自己生命的时候了。”

美军一方面发出劝降信；另一方面却仍在用不断炮击要塞的方式来加大对德军的心理压力。在这种不利处境下，德军各位要塞司令的反应不尽相同。圣康坦要塞群的司令官斯特塞尔上校至少曾两次派人带着求援信试图突破美军的包围前往第82军军部，但担任这项重要任务的德军士兵都被美军的巡逻队逮住，信也被他们搜走。11月27日，第2步兵团要求圣女贞德要塞指挥官福斯少校无条件投降，但遭拒绝。至于之前态度一直十分强硬的圣普里瓦要塞指挥官马茨多夫SS少校却突然改变了立场，表示愿意与美军进行协商。11月29日，第11步兵团团长布莱克上校与打着白旗的马茨多夫本人进行了两次会谈，后者最终同意在下午4点将要塞交出，这一决定让马茨多夫与手下22名军官和488名士兵（其中有80名伤员）统统成了美军的俘虏。12月1日，布莱克上校又与翻译官基斯坦因上尉一起前往圣康坦要塞群，试图用对付马茨多夫的方法规劝要塞司令斯特塞尔上校速速投降，结果斯特塞

▲ 12月6日圣康坦要塞群指挥官向美军正式投降时的情景。从左到右：美军第11步兵团第2营的史密斯上尉、美军第11步兵团团长拉塞尔少校、拉塞尔的司机斯皮尔上尉、德威·吉尔中校以及德军要塞指挥官——第1215国民掷弹兵团团长冯·斯特塞尔上校。斯特塞尔（左）向拉塞尔（右）交出了他的佩枪。

▲ 纪念美军第 95 步兵师在梅斯战役中的贡献的一尊雕塑，它竖立在梅斯中心城区的贝勒克鲁瓦堡北边不远处。

尔当时并不买账。直到五天之后，斯特塞尔才下令在圣康坦要塞群上挂出一面白旗，并通知美军在上午 11 点 30 分前往要塞西边的山脚下与他再见一次面。第 2 步兵团后来派出了 2 营的拉塞尔少校和史密斯上尉出席会谈。拉塞尔少校回忆了当时的情况："12 月 5 日中午，我和史密斯一同驱车前往圣康坦要塞群。在那儿我们遇到了斯特塞尔上校的联络官。从他的口中我们得知上校本人并没有下来，他的意思是要邀请我俩上去参观一下。为了安全起见我叫上了自己的卫兵，然后那名德国联络官就带我们三人去了斯特塞尔的指挥部。我们从西侧的入口来到要塞内部，在里面七绕八拐了好一阵子才到达目的地。当我迈入狭小的指挥所时，斯特塞尔上校本人立即从椅子上站起身来与我握手，然后请我坐下并叫来一瓶卡瓦多斯酒和两只玻璃杯。我那时稍稍觉得有些紧张，甚至怀疑德国人会不会在酒里下毒。但斯特塞尔只管为我们斟酒，祝酒，接着便一饮而尽。几秒钟过后，我看上校并没有出现什么异常，才放心地举起自己的酒杯喝了下去。而在接下去的会谈中双方基本达成了一致，斯特塞尔上校随后也把自己的佩枪交给了我，并表示他要先准备一下，所以要我们等到第二天再来。次日下午 1 点，圣康坦要塞群的守军纷纷聚集到要塞顶部，正式向美军第 2 步兵团投降。美军部队总共俘获了 22 名军官、124 名士官以及 458 名饥肠辘辘的德军士兵，另外还缴获了大批的武器弹药。"

▲ 在庆祝梅斯之战胜利结束的纪念仪式上，数名美军将领获得了法国军事荣誉勋章。从左到右：第 20 军参谋长科里尔准将、第 5 步兵师师长欧文少将、第 5 步兵师炮兵部队指挥官范德维尔准将、第 5 步兵师副师长沃诺克准将，以及第 20 军炮兵部队指挥官斯拉克准将。

圣康坦要塞群是第 5 步兵师在前往萨尔之前所受降的最

后一座防御工事。12 月 6 日，刚刚抵达梅斯的第 87 步兵师便接替了这项任务。但第 5 步兵师在转移后仍有少数人员留在了梅斯，以便帮助第 87 师继续进行对周围要塞工事的劝降以及交接工作。12 月 7 日，第 11 步兵团 G 连连长德斯特上尉主持了在普拉普维尔要塞进行的交涉。德军指挥官弗格尔上校在会谈结束时同意投降，德斯特上尉于是跟随他返回普拉普维尔并在要塞前举行了一个简短的交接仪式。

眼见梅斯周围防御工事一一陷落，德里昂要塞群和圣女贞德要塞群两地的守军也就再也坚持不下去了。12 月 8 日，德里昂要塞群司令官里希特上校指派两名士官前往第 87 步兵师的驻地，要求与美军进行协商。由于德里昂要塞群之战是第 5 步兵师所亲身经历的一场关键性的血战，所以沃克特别指示在要塞交接时只有第 5 步兵师的人才有资格接受这份荣誉。为此，第 2 步兵团团长罗夫上校于当天下午 3 点与要塞司令里希特上校一同在要塞山脚下举行了一个长达一个多小时的隆重受降仪式，大约 19 名德军军官和 592 名士兵随后陆续离开要塞前往设在梅斯附近的一处德军战俘临时集中地。12 月 13 日，梅斯筑垒地域中规模最大的防御工事圣女贞德要塞群最后一个放下武器向美军投降，只不过这次负责交接任务的是第 26 步兵师而非第 5 步兵师。包括要塞群司令官福斯上校和第 462 国民掷弹兵师师部成员在内的 500 余名官兵，随后统统成了美军的阶下囚。

也许有人会问，在美军占领梅斯之后的 20 多天里，这些梅斯周边要塞防御工事内的 2 650 名德军到底牵制了多少美军部队？从战后的统计结果来看，美军从 11 月 22 日起总共动用了 9 000 余人来执行对要塞工事的肃清工作。这也意味着沃克的

▲ 11 月 26 日，美军第 5 步兵师第 11 团士兵在圣布莱兹要塞上升起美国国旗。

第 20 军在朝萨尔进军的过程中至少缺少了两个团的兵力，其部队的进军速度自然大受影响。巴顿一开始说要在 11 月 25 日开始他的萨尔攻势，可实际上第 20 军直到 12 月初才重新恢复进军。有不少战史学家认为，如果沃克当时能以足够兵力迅速在萨尔地区开辟出两个渡河桥头堡的话，德军未来的阿登攻势可能就会无法获得出奇不意的奇袭效果。如此看来，德军死守梅斯的做法的确为他们的防守反击策略赢得了不少准备时间。

在梅斯之战的三个月时间里，德美双方都在通过实际的交战来研究防御工事在现代攻防战中所扮演的角色。结果是相当令人吃惊的，他们发现这些“一战”时期建造的要塞堡垒居然能有效地抵挡数十年后的空中轰炸战术和炮击战术。如果德军能在开战前恢复梅斯多数要塞防御火炮的作战能力，并给每座要塞配备足够的作战物资和少量精锐驻军的话，就会给第 20 军薄弱的战线造成更大威胁，同时也能有效阻止沃克在 11 月间展开的第二轮全面攻势，甚至彻底粉碎巴顿对巴斯托尼的救援企图。尽管以上这些都只是战史学者们的事后评价，但梅斯之战至少能从一个侧面为我们再次证明防御工事在古往今来各场重大战役中所发挥的真正作用：它们最多只能为防御方的下一步行动赢得时间，而并不能帮助他们获得战争的最后胜利。

参考文献

[1] Donnell, C.(2008) *The German Fortress of Metz 1870—1944.* Oxford:Osprey Publshing
[2] Kemp, A.(2003) Metz1944：*One more river to cross. Bayeux*:Editions Heimdal
[3] Perri gault, J—C&Meister, R.(2005) *Got zvon Berichingen Tome II.* Bayeux:Editions Heimdal
[4] Zaloga, S.J.(2012) *Metz 1944：Patton's fortified nemesis.* Oxford:Osprey Publishing